高等教育现代化研究丛书

主 编／卢晓中

中国现代远程高等教育实质性增长研究

卢 勃 著

科学出版社

北京

内 容 简 介

本书假设现代远程高等教育追求学生规模数量的增长并非真正意义的增长，进而选取"实质性增长"的视角，从本然的角度阐明了"何为远程高等教育实质性增长"。根据远程高等教育实质性增长分析模型，从实然层面回答了中国现代远程高等教育"为何要实质性增长"。借鉴英美现代远程高等教育实质性增长的经验，从应然层面解答了中国现代远程高等教育"如何实质性增长"。

本书可供从事高等教育实质性增长研究和教育信息技术研究的研究者和高校师生参阅。

图书在版编目(CIP)数据

中国现代远程高等教育实质性增长研究/卢勃著. —北京：科学出版社，2021.11

（高等教育现代化研究丛书/卢晓中主编）

ISBN 978-7-03-070146-6

Ⅰ. ①中⋯ Ⅱ. ①卢⋯ Ⅲ. ①高等教育－远程教育－研究－中国 Ⅳ. ①G729.21

中国版本图书馆 CIP 数据核字（2021）第 214030 号

责任编辑：郭勇斌　彭婧煜　杨路诗 / 责任校对：杜子昂
责任印制：张　伟 / 封面设计：黄华斌

科 学 出 版 社 出版
北京东黄城根北街 16 号
邮政编码：100717
http://www.sciencep.com

北京中石油彩色印刷有限责任公司 印刷
科学出版社发行　各地新华书店经销

*

2021 年 11 月第 一 版　开本：720×1000　1/16
2021 年 11 月第一次印刷　印张：21 1/4
字数：381 000
定价：148.00 元
（如有印装质量问题，我社负责调换）

丛 书 序

在当今时代，现代化已然成为一个时代主题。世界各国都在大力推进国家现代化，以立于世界民族之林。而在国家现代化中，教育现代化又被许多国家置于重要战略地位。进入新世纪，随着教育重要战略地位日益彰显和落实，我国教育现代化进程明显提速。特别是《国家中长期教育改革和发展规划纲要（2010—2020年）》把基本实现教育现代化作为国家教育改革发展的战略目标。2017年出台的《国家教育事业发展"十三五"规划》提出的"十三五"时期教育改革发展的总目标是："教育现代化取得重要进展，教育总体实力和国际影响力显著增强，推动我国迈入人力资源强国和人才强国行列，为实现中国教育现代化2030远景目标奠定坚实基础。"随着高等教育在国家发展、民族复兴中所扮演的角色越来越重要，高等教育日益走向"社会的中心"，中国高等教育现代化也被提到前所未有的高度，推进高等教育现代化是促使我国从高等教育大国向高等教育强国迈进的必然选择，也成为从国家到地方正在掀起的高等教育改革发展热潮的主要路向。

伟大的实践需要伟大的理论。2016年5月，习近平同志在哲学社会科学工作座谈会上指出："坚持和发展中国特色社会主义，需要不断在实践和理论上进行探索、用发展着的理论指导发展着的实践。"同样，中国高等教育现代化实践急需高等教育现代化理论给予指导和引领。高等教育现代化作为一种历史进程，显然它又是一种发展着的实践，如何为之构建和确立科学、适宜的高等教育现代化理论，便成为当前高等教育理论界必须面对并做出解答的重大课题。这也是我们组织出版"高等教育现代化研究丛书"的初衷。

高等教育现代化理论是现代高等教育发展理论的重要内容，高等教育现代化研究也是现代高等教育发展研究的重要组成部分。在我看来，对于现代高等教育发展理论体系的构建，有以下几个基本向度。

一是以多样性作为现代高等教育发展理论的逻辑起点。与传统高等教育发展不同，现代高等教育发展的一个最为普遍的也是最为本质的现象即多样性，这既与教育的价值追求（满足每个人的教育需求和社会对教育的多样化需求）有关，也是高等教育发展到现代的阶段性的特殊现象。应当说，高等教育多样性既是高等教育发展到现代的结果性现象，又是现代高等教育发展出现的种种新现象、新特征和新问题的原因或根源所在，或可称之为原因性现象。比如，高等教育大众化与多样化的互为因果关系也反映了高等教育多样性作为现代高等教育发展的结果性现象，以及出现新现象、新特征和新问题的原因或根源的这一现象。现代高等教育发展理论需要解释这一现象，回答这一现象带来的高等教育发展的种种问题。

二是从高等教育原理与国际比较高等教育相互联系的视角来构建现代高等教育发展理论体系。教育发展理论的出现首先源于比较教育的发展。即在20世纪七八十年代，比较教育学逐步发展为两个主要分支领域，一个是国际教育，另一个就是发展教育。当然，在我国，从发展学的角度研究教育发展问题相对晚一些，发轫于20世纪90年代。21世纪初，人们又提出从教育原理的角度构建发展教育学，即从教育的本质及其规律来探究教育发展问题，甚至有人提出"教育的本质就是发展"。

由此也提出了一个问题，即如何将高等教育原理的角度与国际比较高等教育的角度相联系，来寻求对高等教育发展问题的正确认识。如果说国际比较高等教育为人们认识高等教育发展问题提供了一个"宽度"，那么高等教育原理则为认识高等教育发展问题提供了一个"深度"，"宽度"和"深度"两个向度就构成了现代高等教育发展研究的基本视角。其中，国际比较高等教育的视角，一方面，可为发现高等教育发展的普遍规律提供案例和依据（如高等教育大众化理论）；另一方面，它也可为发现特殊规律提供个案（如印度高等教育发展的"人才外储理论"）。高等教育原理的视角更多的是揭示高等教育发展的普遍性规律，国际比较高等教育角度的"宽度"则时常反映高等教育发展的特殊性。特殊性可以是普遍性的个案（通常包括个案归纳出来的普遍性和普遍性演绎出来的个案），也可以是普遍性的例外，而作为普遍性例外的特殊性可能有以下两种情形：一是这种特殊性可能是高等教育发展的一种现象，深究其本质，与普遍性所反映的高等教育发展本质并无二致；二是这种特殊性可能反映的就是高等教育发展的本质。不论何种情形，我们都需要"透过现象看本质"，这正是高等教育原理的本体功用。

三是构建"发展理论—发展理念—发展实践"现代高等教育发展研究的分析框架。高等教育发展理论作为高等教育发展的理论基础，是高等教育发展实践的理论依据，对高等教育发展实践起指导和引领作用。但高等教育发展理论对高等教育发展实践的指导和引领往往难以直接实现，需要通过一个中介，这个中介就是高等教育发展理念。高等教育发展理念是在一定的高等教育发展理论指导下形成的（广义的高等教育发展理论包括高等教育发展理念），它实际上是高等教育发展主体对高等教育发展理论的一种主观认识、主观态度和价值选择，对于高等教育发展实践可以起直接的指导和引领作用。比如，高等教育发展战略是具有实践性特征的，如果说高等教育发展理论是将高等教育发展问题、发展实践的感性认识上升到了理性认识，那么高等教育发展战略则使高等教育发展理论以另一种精确的形式重新走向高等教育发展实践。

四是以系统发展观作为现代高等教育发展理论的核心理念和思想。从现代高等教育发展理论的系统发展观来观照高等教育发展问题，如高等教育的可持续发展理论等，都贯穿了这一思想理念。

五是关注高等教育自身的发展，尤其是人的发展问题，促使现代高等教育发展理论从工具理性向价值理性转变。这是跟传统的发展理论更多关注教育与国家、教育与社会的关系等宏观问题明显不同的地方。

以上构建现代高等教育发展理论的基本路向，对于建立新时期高等教育现代化理论也同样适合。本丛书着重于对高等教育现代化的理论问题与实践问题进行深入探讨，涵盖高等教育现代化的诸多方面，力图体现高等教育现代化的理论问题研究与实践问题研究相结合，宏观问题研究与微观问题研究相结合等原则。本丛书各分册中既有对高等教育现代化的基本理论问题和专题问题的系统研究，也有对国际高等教育现代化问题和国外高等教育现代化有关专题的比较研究，还有对中国高等教育现代化发展及有关专题的深入探讨。虽然有的专著书名上并没有直接冠以"现代化"之词，但皆为高等教育现代化研究的题中应有之义。

本丛书是广东省高水平大学重点建设学科群——华南师范大学"面向教育现代化重大战略的教育学学科群"，以及华南师范大学高等教育学博士点重点支持的重要成果。各分册的主要撰写者都是本学科领域的学者，他们为丛书的顺利出版付出了艰辛的努力。尽管如此，由于高等教育现代化实践是发展着的，因此，正如"用发展着的理论指导发展着的实践"所表达的意蕴，高等教育现代化理论也必然是发展着的，这便意味着高等教育发展理论体系的完善永远在路上。我们期待各位方家对本丛书提出批评指正，以使我们通过持续的高等教育现代化研究，不断完善现代高等教育发展理论体系和高等教育现代化理论。

卢晓中

教育部长江学者特聘教授

2017 年 4 月

前　言

　　从 1999 年开始，教育部先后正式批准了 68 所院校开展现代远程高等教育试点工作，中国现代远程高等教育试点 10 年（截至 2008 年）招生总数已达 690 万人，试点 20 年（截至 2018 年）累计招生高达 2800 多万人。在试点实践中，有些高校认为只有扩大规模，才能把现代远程高等教育"做大""做强"，因此，追求学生数量的增长，成为许多试点高校的第一选择。学生数量快速增长的同时，学生支持服务不到位、教学资源紧缺、教育质量不高等问题也日益凸显，影响了中国现代远程高等教育的进一步推广和实施。

　　在此背景下，《中国现代远程高等教育实质性增长研究》假设学生数量的增长并非远程高等教育真正意义上的增长，进而选取"实质性增长"的视角，运用马克思辩证唯物主义思想，采用专家访谈法、问卷调查研究法、历史研究法、比较研究法等，从理论和实践的层面，试图探讨"何为远程高等教育实质性增长""远程高等教育为何要实质性增长""远程高等教育如何实质性增长"等问题，为中国现代远程高等教育的进一步开展寻求理论依据和实践指导。

　　本书首先从理论推导（第一至第二章）和实证分析（第三章）的角度，阐明了"何为远程高等教育实质性增长"问题。从质和量的辩证关系看，事物的增长过程有表层的增长变化，也有深层的增长变化；有量的增长变化，也有质的增长变化。相对而言，深层的增长变化或质的增长变化，才是更为实质性的增长。远程高等教育实质性增长，是相对于远程高等教育学生数量增长而言，特指远程高等教育系统要素质与量合理变化提高的过程，它是远程高等教育系统要素及其相互关系作用的结果。远程高等教育实质性增长主要体现在教育团队、课程资源、教学媒介、学生支持服务和教学交互五要素质与量的合理变化提高。在理论推导的基础上，进一步在全国开展大规模的调查实证研究，对问卷调查结果进行了统计分析，并采用多元线性回归方法模拟，认为远程高等教育实质性增长分析模型可通过教育团队、课程资源、教学媒介、学生支持服务和教学交互 5 个要素及其 15 个子因素进行建构。

　　在认识了远程高等教育实质性增长的基础上，通过对中国现代远程高等教育现状的调查研究，分别从教育团队、课程资源、教学媒介、学生支持服务和教学交互 5 个要素及其 15 个子因素出发，探讨中国现代远程高等教育各要素的量变和质变情况，全面分析中国现代远程高等教育实质性增长状况（第四章）。调查研究结果认为，中国现代远程高等教育，自开展试点工作以来，各要素都有一定程度的变化提高，但也存在质和量不协调的地方，需要进一步改进。从实然的层面解答了中国现代远程高等教育"为何要实质性增长"的问题。

通过国际比较，对英国和美国现代远程高等教育实质性增长进行了调查和数据分析，总结了英国和美国现代远程高等教育的成功之处，指出了对中国现代远程高等教育实质性增长的启示（第五章）。在总结分析的基础上，本书认为只有合理的、合目的的、有质量的增长才是现代远程高等教育实质性增长追求的方向。中国现代远程高等教育实质性增长的路径，应以教育团队的变革为先导，以课程资源的建设为内容，以教学媒介技术为载体，以学生支持服务质量的提升为核心，以教学交互的优化为保障（第六章）。从应然的层面回答了中国现代远程高等教育"如何实质性增长"的问题。

希望本书对现代远程高等教育实质性增长的深入研究，能为我国现代远程高等教育的理论探索和实践改革贡献一份微薄之力。

由于作者水平有限，书中难免存在疏漏之处，敬请专家和读者不吝赐教。

卢　勃
2021 年 5 月

目　录

丛书序
前言
第一章　绪论 ……………………………………………………………… 1
　第一节　实质性增长问题的提出 …………………………………… 1
　　一、全球远程高等教育日益扩大 ………………………………… 1
　　二、中国"教育振兴行动计划"的实施 ………………………… 2
　　三、中国现代远程高等教育试点工程的开展 …………………… 3
　第二节　远程高等教育实质性增长研究回顾 ……………………… 5
　　一、经济实质性增长的研究 ……………………………………… 5
　　二、科学知识实质性增长的研究 ………………………………… 13
　　三、高等教育实质性增长的研究 ………………………………… 19
　　四、远程高等教育实质性增长的研究 …………………………… 29
　　五、前人研究综评及有待解决的问题 …………………………… 31
　第三节　概念界定和研究范围 ……………………………………… 33
　　一、基本概念界定 ………………………………………………… 33
　　二、研究对象和范围 ……………………………………………… 36
　第四节　研究方法 …………………………………………………… 37
　　一、历史研究法 …………………………………………………… 37
　　二、专家访谈法 …………………………………………………… 37
　　三、调查研究法 …………………………………………………… 37
　　四、比较研究法 …………………………………………………… 38
　　五、行动研究法 …………………………………………………… 38
　　六、内容分析法 …………………………………………………… 38
第二章　远程高等教育实质性增长的基本内涵分析 …………………… 39
　第一节　哲学视野下的远程高等教育实质性增长 ………………… 39
　　一、质与量的关系 ………………………………………………… 39
　　二、质与本质的联系与区别 ……………………………………… 43
　　三、量变与质变的辩证关系 ……………………………………… 45
　　四、实质性增长的哲学解读 ……………………………………… 46

五、实质性增长的影响要素 …………………………………… 49
　第二节　远程高等教育实质性增长系统要素分析 ……………… 50
　　　一、对远程高等教育要素的一般认识 ……………………… 50
　　　二、远程高等教育实质性增长要素的动态系统分析 ……… 53
　第三节　远程高等教育实质性增长的要素解读 ………………… 57
　　　一、教育团队 ………………………………………………… 57
　　　二、课程资源 ………………………………………………… 59
　　　三、教学媒介 ………………………………………………… 62
　　　四、学生支持服务 …………………………………………… 65
　　　五、教学交互 ………………………………………………… 67

第三章　中国现代远程高等教育实质性增长分析模型研究 ……… 70
　第一节　研究的设计和实施 ……………………………………… 70
　　　一、基本思路与方法 ………………………………………… 70
　　　二、研究问题的假设 ………………………………………… 72
　　　三、相关变量的操作性定义 ………………………………… 73
　　　四、研究的组织实施 ………………………………………… 75
　第二节　研究数据收集与统计 …………………………………… 76
　　　一、验证性问卷的收集 ……………………………………… 76
　　　二、验证性问卷结果的分析 ………………………………… 77
　第三节　中国现代远程高等教育实质性增长分析模型的形成 … 90
　　　一、回归分析 ………………………………………………… 90
　　　二、具体分析模型 …………………………………………… 94

第四章　中国现代远程高等教育实质性增长的状况分析 ………… 99
　第一节　中国现代远程高等教育团队的状况 …………………… 99
　　　一、组织管理者 ……………………………………………… 99
　　　二、远程教师 ………………………………………………… 107
　　　三、教学设计人员与技术人员 ……………………………… 110
　第二节　中国现代远程高等教育课程资源的状况 ……………… 111
　　　一、专业设置 ………………………………………………… 112
　　　二、课程设计 ………………………………………………… 128
　　　三、学习资源开发 …………………………………………… 137
　第三节　中国现代远程高等教育教学媒介的状况 ……………… 143
　　　一、中国现代远程高等教育教学媒介技术的演变 ………… 144
　　　二、中国现代远程高等教育教学媒介的使用情况 ………… 152
　第四节　中国现代远程高等教育学生支持服务的状况 ………… 161

  一、学生特点及其分布 …………………………………………… 161
  二、学术性服务 …………………………………………………… 166
  三、非学术性服务 ………………………………………………… 170
 第五节 中国现代远程高等教育教学交互的状况 ………………… 174
  一、教师与学生之间的交互 ……………………………………… 176
  二、学生与学生之间的交互 ……………………………………… 179
  三、师生与课程内容的交互 ……………………………………… 182
  四、师生与媒介的交互 …………………………………………… 185

第五章 英国和美国现代远程高等教育实质性增长经验分析 …… 188
 第一节 英国现代远程高等教育实质性增长 …………………… 188
  一、教育团队的增强 ……………………………………………… 188
  二、课程资源的增长 ……………………………………………… 198
  三、教学媒介技术的提高 ………………………………………… 202
  四、学生支持服务质量的提高 …………………………………… 206
  五、教学交互的增进 ……………………………………………… 214
 第二节 美国现代远程高等教育实质性增长 …………………… 221
  一、教育团队的强大 ……………………………………………… 221
  二、课程资源的丰富 ……………………………………………… 228
  三、教学媒介技术的创新 ………………………………………… 234
  四、学生支持服务日益个性化 …………………………………… 237
  五、教学交互的深化 ……………………………………………… 251
 第三节 英国、美国现代远程高等教育实质性增长的启示 …… 253
  一、教育团队的启示 ……………………………………………… 254
  二、课程资源的启示 ……………………………………………… 256
  三、教学媒介技术的启示 ………………………………………… 258
  四、学习支持服务的启示 ………………………………………… 258
  五、教学交互的启示 ……………………………………………… 260

第六章 中国现代远程高等教育实质性增长路径分析 ……………… 261
 第一节 远程高等教育团队的变革之路 ………………………… 261
  一、树立远程高等教育实质性增长理念 ………………………… 261
  二、合理的制度安排 ……………………………………………… 267
  三、提升能力和培养素质 ………………………………………… 268
 第二节 课程资源的建设之路 …………………………………… 271
  一、合理设置专业 ………………………………………………… 271
  二、设计动态的课程 ……………………………………………… 273

三、丰富学习资源 …………………………………………… 277
第三节　教学媒介的应变之路 ………………………………… 283
　　一、媒介技术的演进方向 …………………………………… 283
　　二、教学媒介运用选择的策略 ……………………………… 286
第四节　学生支持服务质量的提升之路 ……………………… 292
　　一、以个性化学生支持服务为导向 ………………………… 293
　　二、以学术性服务为核心 …………………………………… 295
　　三、以非学术性服务为保障 ………………………………… 297
第五节　教学交互的优化之路 ………………………………… 300
　　一、优化师生与媒介的操作性交互，提高教学的操作性知识和技能 …… 301
　　二、加强师生与课程资源的信息性交互，促进课程教学内容的理解 …… 307
　　三、形成主体间性交互观，促进教学人际交互 …………… 312
附录一　中国现代远程高等教育68所试点高校名单 ………… 318
附录二　关于现代远程高等教育实质性增长的调查问卷 …… 321
附录三　远程高等教育实质性增长专家访谈提纲 …………… 324
后记 …………………………………………………………………… 325

第一章 绪　　论

第一节　实质性增长问题的提出

一、全球远程高等教育日益扩大

国外远程高等教育从 1836 年英国伦敦大学函授课程开始，已历经 180 多年。1969 年，英国开放大学的成功创办，不仅极大地推动了英国远程高等教育的发展，也在很大程度上激发了其他国家远程高等教育的创建或扩展。世界各国借助远程高等教育，不断推进本国高等教育的大众化、普及化、终身化，并扩大对外招生规模，提升了远程高等教育的国际化竞争力。

国际开放与远程教育协会（International Council for Open and Distance Education，ICDE）原秘书长兼首席执行官雷达尔·罗尔（Reidar Roll）指出，现代开放和远程教育[①]已经成为被全世界接受的教育手段，成为 21 世纪全世界人民获得高质量教育机会的重要途径。以远程教育方式实施的终身教育被认为是社会政治和经济发展的基本要素，新的、先进的教育技术在远程教育的应用，使教育突破了地理意义上的国界。[②]

根据世界贸易组织服务贸易总协定，教育服务是服务贸易的一部分，教育服务主要有四种形式：一是通过远程教育实现（跨境交付）；二是出国留学和培训（境外消费）；三是国外机构在成员国内设立办学机构或合作办学（商业存在）；四是国外教师以个人身份到成员国任教（自然人流动）。[③]远程高等教育被发达国家视为教育产业输出的重要手段，英国、美国等发达国家早已在其他国家开办了远程高等教育活动，抢占全球远程高等教育市场。

现代意义上的中国远程高等教育，自 1951 年中国人民大学的函授教育开始，经历广播电视大学教育，再到现代远程高等教育，距今（2021 年）

---

① 教育部有关文件中，常常把"现代远程高等教育"简称为"现代远程教育"，本书所讲的"远程教育"也是"远程高等教育"的简称。
② 窦梦茹，郝丹. 质量：远程教育和基于信息通信技术教育的关键——国际开放与远程教育协会（ICDE）2006 国际会议综述[J]. 中国远程教育，2006（5）：68-73.
③ 国家教育发展研究中心专题组. 关于 WTO 教育服务贸易的背景材料[N]. 中国教育报，2002-05-13（1）.

只有 70 年的历史。与先进国家相比，中国远程高等教育起步较晚，许多方面还需完善。2001 年中国加入世界贸易组织，加盟的国家和地区的各种教育机构及各类教育产品都可以自由进入全球教育市场，全球远程高等教育的竞争日趋激烈。

国外远程高等教育进入研究者的视野，并专门被研究始于 20 世纪 30 年代。中国开展远程高等教育的专门研究时间也并不长，前期主要以中央广播电视大学（现国家开放大学）系统内的研究为主，自 1999 年全国开展现代远程教育高等试点工作以后，普通高校一部分学者也加入了研究行列，研究力量有所增强。

然而，现代远程高等教育毕竟是新生事物，在全球远程高等教育数量、规模、速度迅猛增长的今天，探索远程高等教育的实质性增长问题，了解现代远程高等教育内在发展规律和逻辑，无疑具有较大的理论空间和研究价值。

二、中国"教育振兴行动计划"的实施

21 世纪，人类正迈向知识型经济社会，经济全球化和信息技术的广泛运用，正越来越深刻地改变着人们的生产、生活、思维及学习方式，人们面临着的终身学习的压力与日俱增；随着社会的不断进步，科学技术快速发展，国际竞争加剧，国家迫切需要建设学习型社会。

中国高等教育毛入学率在 2000 年初只有 10.5%，对于当时约有 13 亿人口的中国来说，普通高校还远远不能满足人们日益增长的高等教育入学需求。为此，需要加强高等教育的开放性，扩大高等教育的受众面。远程高等教育以其跨越教学时空的独特优势，打破传统教学模式，增加教育机会，共享教育资源，满足个性化学习需要，服务于学历和非学历教育，在国家建设学习型社会及提供终身教育方面大有用武之地。

教育部在 1998 年 12 月 24 日颁布的《面向 21 世纪教育振兴行动计划》中明确指出，实施"现代远程教育工程"，形成开放式教育网络，构建终身学习体系。现代远程教育是随着现代信息技术的发展而产生的一种新型教育方式。它是构筑知识经济时代人们终身学习体系的主要手段。充分利用现代信息技术，在原有远程教育的基础上，实施"现代远程教育工程"，可以有效地发挥现有各种教育资源的优势，符合世界科技教育发展的潮流，是在我国教育资源短缺的条件下办好大教育的战略措施，要作为重要的基础设施加大建设力度。教育部对全国现代远程教育工作实行归口管理，负责组织制定全国"现代远程教育发展规划"并组织实施。"现代远

程教育工程"将实行短期国家支持、长期自力运行的发展策略。采用先进的信息技术手段，结合中国的实际情况，不断提高现代远程教育的水平。1999年6月13日，《中共中央国务院关于深化教育改革，全面推进素质教育的决定》（中发〔1999〕9号）出台，指出，"大力发展现代远程教育、职业资格证书教育和其他继续教育""国家支持建设以中国教育科研网和卫星视频系统为基础的现代远程教育网络，加强经济实用型终端平台系统和校园网络或局域网络的建设""运用现代远程教育网络为社会成员提供终身学习的机会，为农村和边远地区提供适合当地需要的教育"。2004年2月10日，教育部颁发了《2003—2007年教育振兴行动计划》，指出："积极发展多样化的高中后和大学后继续教育，统筹各级各类资源，充分发挥普通高等学校、成人高等学校、广播电视大学和自学考试的作用，积极推进社区教育，形成终身学习的公共资源平台。大力发展现代远程教育，探索开放式的继续教育新模式。"

因此，如何遵循远程高等教育自身的增长规律，加强中国现代远程高等教育的政策引导和制度保障，促使中国现代远程高等教育在增加学习机会的同时保障教育质量，是中国现代远程高等教育急需解决的一大问题。

三、中国现代远程高等教育试点工程的开展

1999年3月，教育部《关于启动现代远程教育第一批普通高校试点工作的几点意见》（教电〔1999〕1号）指出："现代远程教育工程是利用现代信息技术，发展高素质教育，落实科教兴国战略的重大工程，经国务院科教领导小组原则批准，由教育部组织规划和实施。工程的实施及普通高校的参与，将使我国远程教育开始进入多媒体交互式发展的新阶段，突破了广播电视学校单一的开办现代远程教育的模式，逐步出现多层次、多规格、多形式、多功能的现代远程教育办学新局面。我国现代远程教育是一项新的事业，必须周密计划、认真实施，要在'统筹规划、需求推动、扩大开放、提高质量'的方针指导下，经过试点逐步推广。"试点的目的是，"充分发挥已有教育资源的效益，利用普通大学自身优势和现代信息技术培养高素质专门人才，为更多的人提供接受高等教育和各种终身学习的机会。从技术、教学、管理等方面开展试验，探索现代远程教育的模式，研究解决可能出现的问题。创造条件，逐步在全国范围内推广，探索适合我国国情的发展现代远程教育的新路子"。2000年7月28日，教育部《关于支持若干所高等学校建设网络教育学院 开展现代远程教育试点工作的几点意见》

（教高厅〔2000〕10号）进一步提出了试点工作的主要任务：开展学历教育、开展非学历教育、探索网络教学模式、探索网络教学法工作的管理机制、网上资源建设。

教育部为中国现代远程高等教育的启动提供了政策支持。1999年，教育部正式批准清华大学、北京邮电大学、浙江大学和湖南大学4所高校和中央广播电视大学开展现代远程教育试点工作。不久，北京大学也被批准开展远程教育试点工作。此后，2000年、2001年、2002年和2003年又分别批准了26所、14所、22所和1所，截至2003年，共有试点高校68所。

试点初期，中国现代远程高等教育增长速度迅猛，招生规模扩展较快，办学规模效应明显。校外学习中心有3 000多个，接受远程高等教育的学生达400余万人。覆盖全国31个省（自治区、直辖市），开设的专业近100种，课程总数近2万门，从业人员近30万人。然而，表面的繁荣，却难以遮蔽内在的问题。例如，部分试点高校在实践中，办学理念不清、定位不准，没有很好地践行中国现代远程高等教育的目标和任务；一味追求招生数量和规模，对校外学习中心管理监控不力，办学不够规范；课程资源重复建设，精品课程不多，难以保障远程高等教育的质量；学生支持服务不够，难以满足学习型社会多样化的需求；部分试点高校与公司合作经营，只注重经济收益，缺乏有效的质量监控体系，"宽进宽出"，严重地影响了远程高等教育的声誉。为规范管理，提高质量，2003年开始，教育部严格控制审批其他高校开展现代远程高等教育试点工作。

中国现代远程高等教育试点工作开展后，教育部制定了"积极发展、规范管理、强化服务、提高质量"的指导方针，在一定程度上控制了中国现代远程高等教育的超常规增长速度。然而，现代远程高等教育自身应该如何实质性增长、如何按照远程高等教育的逻辑和规律来增长等，都是我们迫切需要解决的现实问题。

面对现代远程高等教育这一新生事业，部分试点高校一开始就招收了上万名学生，二三年下来，不少试点高校在读学生已超过2万人，甚至有些试点高校在读学生已超过5万人。试点高校不遗余力招生，学生数量增长了，教育规模扩大了，这算不算是实质性增长？面对大批量学生，如何教学，如何管理，如何提供学习支持服务，如何保障教育质量？这不得不引起我们的思考。

现代远程高等教育较传统高等教育有许多独特之处，其教学对象、教学方法、教学内容，以及采用的教育技术和媒介都发生了许多新的变化，将传统高等教育进行"课堂搬家"，直接"复制"到现代远程高等教育行得通吗？现代远程高等教育究竟与面对面的普通高等教育有何联系和区别？现代远程高等教育试点高校应该如何借助普通高校的力量来整合优质资源以开展现代远程高等教育活动？

笔者有幸参与了某试点高校现代远程高等教育的教学和管理工作，在实践过程中，深感现代远程高等教育的增长受其内在逻辑演绎的影响，在现实中，有些主办高校一味追求数量规模和经济效益，使中国现代远程高等教育在结构、质量和社会效益等方面出现了不少问题。这迫使我们不得不反思：中国现代远程高等教育数量规模的快速增长符合远程高等教育实质性增长的逻辑吗？现代远程高等教育的增长有何理论依据？现代远程高等教育增长的逻辑和规律是什么？究竟什么才是现代远程高等教育的实质性增长？现代远程高等教育实质性增长的要素有哪些？中国现代远程高等教育实质性增长的路径何在？……这些都是我们迫切需要探讨的问题。

第二节 远程高等教育实质性增长研究回顾

关于远程教育或远程高等教育的研究，大多是从经济增长和科学知识增长等视角探讨实质性增长。因此，本书主要选取经济学领域、科学知识领域和高等教育学领域来做相关理论的研究综述，以便为进一步研究中国现代远程高等教育实质性增长问题作铺垫。

一、经济实质性增长的研究

在经济学领域，一开始，人们普遍认为国民生产总值的增长就是经济的增长，于是一味地追求数量的增长。然而，数量的增长并不能改变经济结构、收入分配等内在深层次问题。于是，人们不得不反思：究竟何为经济的实质性增长？经济增长的目的何在？人类社会经济应该如何实质性地增长？正是对经济增长的不断反思，使得人们对经济实质性增长的研究不断深化。

（一）经济增长的数量追求及其反思

早期，人们对经济增长的理解主要是从数量方面加以分析，美国经济学家道格拉斯·格林沃尔德（Douglas Greenwald）在《经济学百科全书》中写道："经济增长是在某一经济中所产生的物质产品和劳务的数量在一段较长时期内的持续增加。"①美国经济学家查尔斯·金德尔伯格（Charles Kindleberger）等指出："经济增长指更多的产出……经济增长不仅包括由于投资而获得的增产，同时包括由于更高的生产效率，即单位投入所生产的产品的增加。"②对经济增长数量的测算通常采用三个指标，即国民收入（national income，NI）、国内生产总值（gross domestic product，GDP）和国民生产总值（gross national product，GNP）。

经济增长数量越大，意味着财富的增加越多，因此各国都在追求国民生产总值的增长。西方国家对经济增长的研究起步较早，以"经济增长"为研究中心，形成了较为丰富的理论体系，特别是第二次世界大战后，西方国家面临重建国家经济的任务，经济增长理论更是受到重视。与此同时，获得政治独立的新兴国家迫切需要改变经济落后的状况，欧美一些经济学家出于抵消社会主义影响和迎合发展中国家经济建设需要的双重考虑，先后提出了形形色色的"经济发展"模式来描述不发达国家的特征，解释其贫困的原因，制定摆脱贫困的战略。于是，世界范围掀起了一股"经济增长"或"经济发展"③的研究热潮。澳大利亚经济学家海因茨·沃尔夫冈·阿恩特在其著作《经济发展思想史》中指出："在第二次世界大战期间及其结束后，在世界的'欠发达'国家……把经济发展作为一种政策目标与发达国家把经济增长提升到主要政策目标的地位很意外地巧合在一起。"④

在相当长的时期里，经济发展实质上是经济增长。正如海因茨·沃尔夫冈·阿恩特所说："在西方战后思想和著作中，经济发展实际上被认为是经济增长的同义语。最先广泛研究经济发展过程和问题的书名为《经济增长理论》。经济发展被定义为'提高普通人的社会水平'，并用人均收入的增长来衡量。"

---

① 道格拉斯·格林沃尔德. 经济学百科全书[M]. 李滔，冯之佩，孙永澂，等译. 北京：中国社会科学出版社，1992：392.
② 查尔斯·金德尔伯格，布鲁斯·赫里克. 经济发展[M]. 张欣，陈鸿仪，蒋洪，等译. 上海：上海译文出版社，1986：5.
③ 在相当长的时期里，人们把经济发展与经济增长视为同义词，并没有进行严格区分。经济发展从活动意义上来讲一直（至少100年之久）被政府用来表示一个国家的土地和自然资源，在第二次世界大战以前没有用来表示社会经历的一种过程，以前用来表示过程的名词是"物质进步"。第二次世界大战以后，有部分经济学家认为，经济增长理论主要是研究发达国家社会再生产过程的理论，以国民生产总值的稳定增加为目标，而经济发展理论主要是研究发展中国家如何由经济不发达状态向经济发达状态演进。于是，经济增长和经济发展也被人们赋予不同的含义。经济增长一般是指一个国家尤其是发达国家国民生产总值的增加。经济发展的含义更广泛一些，它不仅指一国国民生产总值的增加，还强调发展中国家在经济增长的基础上，实现国民经济与社会结构、收入分配状况等方面的改善。
④ 海因茨·沃尔夫冈·阿恩特. 经济发展思想史[M]. 唐宇华，吴良健，译. 北京：商务印书馆，1997：4.

然而，在实际操作中，发展中国家所做的主要工作就是把西方国家经济增长的经验"系统化"，把这些经验及西方经济学的经济增长理论"普世化"。如亚当·斯密经济学的主题是"如何增大国民财富"，托马斯·马尔萨斯探究的是人口增长规律与收入增加的关系，大卫·李嘉图以比较成本学说为基础的贸易理论旨在说明国际贸易会给各国带来怎样的利益。他们研究的问题变换成现代经济学的术语就是："增加财富、摆脱贫困""摆脱人口压力""协调国际经济关系"。[①]战后的"增长或发展研究"热，深化和拓展了经济增长研究领域，并普遍采用数学工具把研究成果具体化，相继产生了多种经济增长模型和增长理论，如卡尔多、琼·罗宾逊、帕森奈蒂的新剑桥经济增长论等。但总的来讲，他们大多强调经济增长的数量化，追求国民生产总值的增长。正如海因茨·沃尔夫冈·阿恩特所说："使经济增长成为考虑发展问题的中心，把国民生产总值尊为最高标准，面对所有的攻击和讥讽，坚定不动摇，这不是一时的任性。想要第三世界的贫穷减轻，生活标准稳步提高，持续的人均收入上升是必不可少的，尽管由于西方医药卫生技术使人口增长率提高，这种情况仍意味着历史上空前的国民生产总值的增长速度。如果要缩小富国与穷国的差距，欠发达国家人均收入增长率必须高于发达国家。换言之，经济增长是使第三世界人民物质上有所改善和消费水平提高的唯一有效方法。"[②]

由于发展中国家"经济发展"以"经济增长"理论为基础，世界上绝大部分国家从 20 世纪五六十年代开始，普遍制定了所谓的发展战略。其基本点是把经济增长，即国民生产总值的增长作为社会发展的首要目标，甚至是唯一的目标，所以，这个战略又叫"增长第一战略"。"增长第一战略"的实施，在一段时期内为不少发展中国家和地区带来了显著的经济增长，但随着时间的推移，这一传统发展战略的弊端越来越多地暴露出来，这个战略连同其理论基础——"经济增长"理论一并受到了广泛的怀疑和批评。

自 20 世纪 50 年代以来，经济增长关注的中心是国民生产总值的增长，各个国家常常把经济增长率作为测量经济状况的指标、制定经济政策目标的依据。弗朗索瓦·佩鲁认为，这种做法相当简单，容易用一个数字表示，但往往会造成很大的错觉，使人混乱。这是由统计资料本身和国家会计核算程序造成的，统计数据没有充分反映生产和分配等关键领域。因此，佩鲁批评："增长概念，对于制定一个适用于发展中国家或被发展

---

① 刘会强. 可持续发展理论的哲学解读[D]. 上海：复旦大学，2003.
② 海因茨·沃尔夫冈·阿恩特. 经济发展思想史[M]. 唐宇华，吴良健，译. 北京：商务印书馆，1997：179.

中国家采用的经济政策,总的来说并不是个坚实的基础。这一概念出于建立模式的需要而选择和突出的经济现象方面,如果脱离其他方面而孤立存在,就会同为富国制定一项战略的任务毫无相干,更不要说为穷国制定战略了……产品总额的增长,如果使自然资源的状况恶化甚至毁灭自然资源的话,就会造成竭泽而渔的结果,这是今日人尽皆知的常识。我们知道,危害人或毁灭人的可能性,不在这一增长率的考虑范围之列,因为它对于用形象语言描述为人类资本贬值的问题漠不关心。"[1]由此,佩鲁辛辣地指出,现行的增长理论和分析,无论有什么优点,实际上都是由那些忽视甚至排除活动者及其活动的经济学家提出来的。既然那种数量型的增长难以表达经济增长的实质,那么该怎么办呢?佩鲁认为必须要明确经济增长的目标和意义。他说:"增长的目的是什么?当前目标是什么?在什么条件下增长是有益的?增长是为什么人的?只是为国际社会中的某些人,还是为所有人?如果我们在讨论为建构模型而假设是均质的那些集计概念时,我们对这些问题的回答怎样才能有现实意义呢?……人不是作为市场的奴隶和被迫接受现行价格体系的生产者和消费者,而是有能力通过精心规划和组织,为改变其环境而从事各种活动的、真正的人及其群体。"[2]因此,经济增长必须考虑人的存在和人的福祉。同时,佩鲁指出:"增长伴之以各种内部结构的变化,根本不存在各种均质的增长和那种空间均衡分布的增长。"[3]他认为,任何一种可观察的经济都是合成的,而不是孤立的。其中,既有明显的经济成分,也有道德、文化等内隐因素。其实,佩鲁是在宏观的、广义的层面理解经济实质性增长问题。

1972年,梅多斯等发表了罗马俱乐部报告《增长的极限》,指出由于人类经济活动呈指数化的增长而造成资源过度开发和浪费,必然会导致自然资源枯竭和环境恶化,从而将导致严重的人类生存危机。他们认为,经济增长由五种互相影响、互相制约的发展趋势构成:加速工业化、人口剧增、粮食短缺和普遍的营养不良、不可再生资源枯竭以及恶化的环境,它们的增长都是呈指数型的(指数型增长的一个特征是以上一期的基数为基础成倍增长,另一个特征是通向极限的突发性,因为极限到来之前只有极短的一期时间)。人类经济增长的五种趋势的物质量构成相互间的正反馈循环,加剧了增长接近极限的可能。人们或许可以采用科学技术手段来解决当前的某些问题,但无法根本解决发展无限性与地球有限性的矛盾,即

---

[1] 弗朗索瓦·佩鲁. 新发展观[M]. 张宁,丰子义,译. 北京:华夏出版社,1987:5-9.
[2] 弗朗索瓦·佩鲁. 新发展观[M]. 张宁,丰子义,译. 北京:华夏出版社,1987:8-9.
[3] 弗朗索瓦·佩鲁. 新发展观[M]. 张宁,丰子义,译. 北京:华夏出版社,1987:6.

或许能推迟危机的出现和延长增长的时间,但无法消除危机。①对此,梅多斯等认为应该停止这种"癌细胞式"的指数增长,尽快实施"自我限制增长"方案——保持人口动态平衡、人口出生率等于死亡率;保持资本拥有量的动态平衡、新增投资额等于折旧额;尽可能地提高土地生产率、减少单位产品所消耗的资源数量和污染排放量。梅多斯等认为,建立一种"全球均衡状态"经济,可以让劳动生产率的提高转化为每个人更高的生活水平,更多的闲暇时间,或更愉快的环境,人们可以过不富裕但却闲适的生活。

20世纪70年代,美国经济学家赫尔曼·戴利提出了"稳态经济",主张必要时应该不惜放弃短期经济增长和资源消耗以维持整个社会长期生存和稳定。"稳态经济"的基本特征②:一是能够为全社会提供一个无限期保持下去的较高的生活水平,并且能够有成效地使全社会成员公平合理地享受这一较高的生活水平;二是能够把环境道德的观念纳入社会福利的范畴,但又不使经济体系受到重大的损失,它可用环境舒适、悠闲生活、社会关心的增加来补偿物质商品产量的减少;三是可以唤起人道主义精神、激发人们的集体主义感,使人们认识到人类的需要包括物质、社会、道德的许多方面;四是可以摆脱某些经济学原理对人们的约束,同时允许对一些经济学概念(财产、税收、公共开支、市场活动)等做新的运用;五是"稳态经济"从生产组织、市场到分配机制都有一套明确且细致的规定,宏观上它是一个稳定的社会,微观上它具有各种具体的稳定机制;它所要求的持衡只是人口数量和资本数量,而技术、信息、知识、收入、生产要素组合等并不要求持衡,通过对这些因子的调整来达到经济稳态。

2000年,世界银行针对人们只求经济增长速度和数量的问题,发布了《增长的质量》。该报告指出,如果各国将促进经济增长的政策与普及教育、加强环保、增加公民自由、强化反腐败措施相结合,就能使人民生活水平得到显著提高。报告认为,经济增长需要速度,更需要质量。报告最后指出,一个国家的财富不仅包括物质资本,同样重要的还有人力资本和自然资本,然而人力资本投资不足和过度开发自然资本的现象依然存在。报告中强调,要实现更好的发展效益,同时兼顾这三种形式的资产是至关重要的。

(二)经济实质性增长的探讨

何为经济的实质性增长?影响经济实质性增长的要素有哪些?经济

---

① 丹尼斯·梅多斯,德内拉·梅多斯,乔根·兰德斯. 增长的极限[M]. 李宝恒,译. 成都:四川人民出版社,1983:15-96.
② 钟茂初. 可持续发展思想的理论阐释与实证分析[D]. 天津:南开大学,2004:137.

学家们对此不断地进行着广泛的探讨。

18世纪中后期，古典经济学的创建人亚当·斯密认为，分工所引起的劳动生产率的提高和生产劳动在全部劳动中所占的比例，是决定国民财富增长的主要因素。

19世纪，大卫·李嘉图将考察经济增长问题的中心从生产过程转到了分配过程，认为推动经济增长的主要原因是资本家将其净收入中除消费外的剩余部分追加投入至生产中所形成的资本积累（报酬递减规律）。马歇尔提出，资本家延迟当前消费及企业家对工商企业的组织管理活动，是导致生产率提高和社会财富增长的主要原因。

20世纪初，约瑟夫·熊彼特则提出"创新"理论，认为资本主义经济发展的根本动力产生于对社会贡献最大的少数企业家的"创新"活动。

20世纪30年代，哈罗德和多马最早建立数学模型来研究经济增长与各种经济要素之间的关系。哈罗德-多马经济增长模型建立在凯恩斯的就业理论和国民收入决定论的基础上，是经济增长的长期化和动态化的描述。其基本论点是：充分就业的均衡增长不会自动达到，政府干预是必要的，政府的宏观经济政策是经济长期稳定增长的必要保证；经济增长取决于储蓄率和资本与产出率之比，其基本公式为：$G=S/V$（式中，G为经济增长率，S为储蓄率，V为资本与产出率之比）。

索洛、斯旺等在哈罗德-多马经济增长模型及其思想的基础上，创立了新古典经济增长模型，该模型认为仅仅用资本和劳动投入并不能解释经济增长的全部内容，只有当外生的技术进步存在，经济才能平衡增长。该理论还认为，在技术条件相似的条件下，各国的人均收入增长率将趋于相等（增长收敛性定理）。

20世纪50年代，美国经济学家舒尔茨在长期的工农业经济问题研究中发现，从20世纪初到20世纪50年代，促使美国农业生产的产量迅速增加、农业生产率提高的重要原因已不是土地、劳动力数量和资本存量的增加，而是人的知识、能力和技术水平的提高。影响经济增长的3个重要因素是知识存量的增加、劳动生产率的提高和经济结构的变化。[①]1962年，丹尼森等进一步发展了该理论，认为对长期经济增长发生作用并能影响增长率变动的因素有如下7个：①就业人数和就业人员的年龄、性别构成；②全部工人的工时数；③就业人员的受教育年限；④资本存量的大小；⑤资源配置的改善状况；⑥规模的节约；⑦知识的进步。上述7个因素，前4个因素属于要素投入量范畴，后3个因素属于全要素生产率范畴。在这7个因素中，

---

① 李变花. 中国经济增长质量研究[D]. 长春：吉林大学，2005：75.

丹尼森等将知识的进步和就业人员的受教育年限视为影响长期经济增长的最重要的基本因素。

新古典经济增长理论虽然意识到了技术进步对经济增长的决定性影响，但是把它看作外生变量，对"索洛技术进步余数"是如何发生的并未做出解释。20世纪80年代中后期以来，围绕如何把"索洛技术进步余数"内生化这条主线，以罗默、卢卡斯、杨小凯和诺斯为代表的经济学家们分别从技术变化、人力资本积累、制度变迁、分工演进的角度，提出了新的经济增长模型，使经济增长理论研究的侧重点和方向发生了转移，因此被称为新经济增长理论。[①]

新经济增长理论认为，知识积累是经济增长的原因，也是经济增长的结果，二者是循环互动、相互作用的。知识积累有4种方式，即物化为技术的知识积累、存在于劳动者的知识（人力资本）积累、随劳动分工演进的知识积累，以及蕴含于制度变迁的知识积累。这4种知识积累方式是有机联系的，技术进步依赖于人力资本，人力资本依赖于劳动分工，劳动分工又依赖于制度变迁。这样，经济增长就是一个以知识积累为基础，技术进步、人力资本、劳动分工和制度变迁等诸因素共同作用的社会过程。

中国学者傅家骥等指出，多年来，中国经济关心的主要是增长的速度，而对于增长的质量却关心不够，盲目求"热"、求"快"就是一个例证。他们认为，决定经济增长状态的主要是五类要素，即人力资本、社会资产、科技进展、生态环境与制度效率。消耗性地使用人力资本、社会资产与生态环境资源，可以实现经济增长，甚至会有惊人的速度，但增长的质量必然是低劣的。因为在消耗性的经济增长中，实质性的增长不会多，增长中的科技含量不会高，新创造的财富不会多。同时他们指出，判断经济增长的质量主要是看是否有实质性的增长、新创造的财富和持续增长。[②]

李变花从经济增长的质量层面研究了实质性增长问题。她在其博士论文《中国经济增长质量研究》中指出，把经济增长等同于 GNP 的数量增长，混淆了经济增长的目的和手段。从根本上说，经济增长的目的是持续地增进人类的效用和福利，因而，如何以最小的代价去创造日益增多的、丰富多样化的、品质不断提高的各种商品和劳务以满足人们不断增长的物质文化生活需要，就成为经济增长本身的含义。因此，经济增长本身不仅仅是一个数量和速度问题，单纯一个 GNP 增长率远远不能说明经济增长

[①] 虞晓红. 经济增长理论演进与经济增长模型浅析[J]. 生产力研究, 2005（2）: 12-14.

[②] 傅家骥, 雷家骕. 靠什么提高中国经济增长的质量: 增加经济中的创新流量[J]. 数量经济技术经济研究, 1996（3）: 7-13.

的丰富内涵。她认为,经济增长是数量和质量的统一。经济增长质量是经济增长的一个重要方面,相对于经济增长的数量而言,它是从社会再生产的角度对一定时期内国民经济总体状况及发展特性所作的综合评价,并综合反映经济增长的优劣程度。①影响经济增长质量的主要因素是生产率、产业结构、技术进步和资源与环境。

(三)经济实质性增长研究的小结

人们对经济增长的研究,从追求无限增长到思考增长的极限,从注重数量增长到注重质量增长,从探讨外部影响到探讨内生机制,从简单的农业、土地、资本、劳动等数量投入分析到复杂的结构、技术、创新等内生因素分析,表明人们对经济实质性增长的了解是一个不断深化的过程。

经济增长是社会生产力的一个特定的构成形态的变化发展,它表现为国民生产总值或国内生产总值或国民收入的增长。很多经济学家都热衷于增长数量的分析。然而,经济的持续增长,必将引起社会经济各方面的变化,即反映在投入结构的变化、产出结构的变化、一般生活水平和收入分配的变化、教育状况的变化、健康卫生状况的变化及生态环境状况的变化等方面。它不仅包括经济增长数量的增加,还包括经济增长质态的变化。这种质态的变化,就是实质性的增长。关于实质性增长,目前有以下几种不同的说法。

第一,从与"数量"对应的"质量"的概念出发,来界定经济的实质性增长。认为经济的实质性增长指的就是有质量的经济增长,它通过经济增长质量的优劣程度来反映,是从社会再生产的角度对一定时期内国民经济整体变化状况及发展特性的综合评价,不仅衡量生产的增长,也反映分配、交换和消费等方面的变化。

第二,经济实质性增长是对其质的规定性的认识和把握。高质量的经济增长应符合以下几项要求:其一,经济增长主要不是靠投入数量的增加,而是靠科技进步的提高;其二,经济增长持续稳定,避免忽上忽下和剧烈波动;其三,物价上涨被控制在合理的限额之内;其四,经济增长伴随着产业结构的优化和总供求的大体平衡;其五,经济增长不以牺牲环境资源为代价。②

第三,从经济系统内部要素来看,经济实质性增长包括土地、资本、劳动、产业结构、技术创新等要素的增长与提高过程。

第四,从增长方式的角度看,一般将经济增长方式分为两种基本类型:

---

① 李变花. 中国经济增长质量研究[D]. 长春:吉林大学,2005:18.
② 李京文. 快速发展中的中国经济[M]. 北京:社会科学文献出版社,1996:233-236.

一种是要素资源的投入、组合和使用上以数量扩张为主而实现的经济增长，即粗放型经济增长方式；另一种是要素资源的投入、组合和使用上以质量提高为主而实现的经济增长，即集约型经济增长方式。粗放型经济增长通常表现为高投入、高消耗、高速度、低质量、低效益；集约型经济增长通常表现为低投入、低消耗、高速度、高质量、高效益。从这一意义上讲，经济的实质性增长就是一种集约型增长，它强调的是整个国民经济中资源配置的优化、经济运行质量的提高、宏观经济效率和效益的提高。

第五，从价值效益的角度出发，经济增长可分为有效的经济增长与无效的经济增长。有效的经济增长不仅体现在当年的实际经济增长统计中，还体现在提高了人们的生产能力与生活水平上，即提高了经济增长的质量；无效的经济增长虽体现在当年的经济增长统计中，但不能改善人们的生活水平，也不能使经济增长能力增强。可见，有效的经济增长即实质性的经济增长，其主要表现为社会实际福利状况的改善程度和经济实际效益的提高。

第六，从可持续性增长的角度分析，决定经济增长的三大因素为物质和金融资本、人力和社会资本、自然和环境资本。消耗性地掠夺、使用生态环境资源，可以实现经济的快速增长，但扣除环境和生存质量的下降造成的损失，实际增长可能是负增长。因此，经济实质性增长应该包括物质、人文和生态的和谐增长。

综上所述，经济活动其实是一个包含生产、投入、产出、分配、交换、消费等过程的社会活动，不同的经济学家站在不同的环节，用不同的视角来分析经济增长，自然会得出不同的结论。

二、科学知识实质性增长的研究

随着自然科学的进步，人们对科学知识增长的研究得以不断深化，主要经历了由强调静态数量积累式增长，到强调动态科学知识实质性增长的过程。

（一）静态数量积累式增长

较早对科学知识进行系统研究的哲学家是古希腊时期的柏拉图和亚里士多德。柏拉图认为存在着两个世界：具体的事物世界和抽象的理念世界。理念世界中的抽象观念是真实的，事物世界中的具体事物是假的，后者不过是前者的虚幻的影子。在柏拉图看来，知识就是对普遍本质即理念的把握，是绝对真的和具有普遍必然性的观念系统。由此出发，柏拉图区分了意见和知识，认为感觉所把握的对象是流变的事物世界，理智所把握的对象是恒一不变的理念世界；前者产生的是意见，而后者才能产生真正的知识。而知识要靠回忆来获得。对理念世界的回忆过程就是知识不断获得的过程。

亚里士多德继承了柏拉图的"真的信念"，认为科学知识就是具有普遍性、必然性的知识。"所谓科学知识，是指只要我们把握了它，就能据以知道事物的东西。"①"通过证明科学而获得的知识具有必然性。"②他的科学知识是必然性知识的思想一直被人们奉为真理。亚里士多德的科学知识增长理论可以简述为：科学开始于前提，科学知识的获得是通过纯粹的演绎，科学知识的增长则是重复演绎这一过程而实现的必然性知识数量上的增加。

16~17世纪，近代科学诞生时期，以弗朗西斯·培根为代表的经验主义和以笛卡儿为代表的理性主义对科学知识的增长问题做了深入探讨。培根倡导归纳法，从事实开始，然后提升到普遍性的原理，他认为："真理不能求知于任何时代的喜好，而是要在自然和经验的指导下来寻找，因为这才是永恒的东西"③，并且"凡建筑在自然上面的东西都会生长和增加；凡建筑在意见上面的东西则只有变化而无增加"④。培根科学发现的模式是：剔除假象—观察和收集资料—科学地归纳—获得科学知识，而科学知识的增长就是这一过程的重复，就是知识静态数量累加的过程。笛卡儿以"普遍怀疑"的态度寻求科学知识的"确定性"，提出了一系列旨在获得真正知识、促进知识进步的"规则"和"方法"。

19世纪，出现了实证主义派别。实证主义的创始人是孔德，他最早提出了实证主义的原则。在孔德看来，科学进步的本质在于不断拓宽人们的视野，积累与增进越来越多的感性材料。孔德把经验视为唯一可靠的知识，一切理论都必须从经验中得到实证。关于实证的内涵，孔德总结了六个方面，即实证知识应是现实的、有用的、确实的、正确的、建设的和相对的。在实证观念的基础上，孔德提出了"三阶段规律"，他认为人类智力的增长和社会的发展经历了三个阶段：神学阶段、形而上学阶段和实证阶段。神学哲学是空想，形而上学是虚构，只有实证哲学是科学的。孔德自称他的实证主义是"科学的哲学"，指出"实证哲学的首要特征是认为所有的现象都服从不可改变的自然规律"⑤。认识这种规律的方法是归纳法。

---

① 亚里士多德. 亚里士多德全集（第一卷）[M]. 苗力田，译. 北京：中国人民大学出版社，1990：247.
② 亚里士多德. 亚里士多德全集（第一卷）[M]. 苗力田，译. 北京：中国人民大学出版社，1990：253.
③ 北京大学哲学系外国哲学史教研室. 十六—十八世纪西欧各国哲学[M]. 北京：商务印书馆，1975：19.
④ 培根. 新工具[M]. 许宝骙，译. 北京：商务印书馆，1984：52.
⑤ 夏基松. 现代西方哲学教程新编[M]. 北京：高等教育出版社，2001：14.

孔德之后，对实证主义哲学有较大影响的当数约翰·穆勒。他提出了著名的穆勒五法（求同法、差异法、共变法、剩余法、求同差异结合法）。穆勒把孔德的实证主义和英国的经验主义结合起来，明确提出归纳逻辑，反对把演绎法视为科学发现的逻辑。穆勒认为，科学理论之所以不断进步，主要在于归纳法的正确使用。因为任何新知识都是来自经验事实的归纳，没有归纳法就不可能有新知识。①

20世纪初期，分析哲学家们开始引入现代逻辑来研究科学，出现了逻辑经验主义，他们认为科学是一种积累的理性事业：科学知识的增长始于科学事实，由归纳通向真理，科学的进步就是通过归纳法从经验确立起来的，即得到证实的真命题，以及由它们构成的理论的累积和真理的不断收集。这种科学增长模式被赫斯称为积累主义观。②从积累主义观来看，理论的更新过程就是新旧理论的归并过程，即先前的理论作为一个特例或极限情况包括在适用范围更大的后继理论之中，并能够被后者导出。

从以上人们对科学知识增长的研究中可以看出，科学知识的增长在他们看来是一个不断反映、揭示或把握认识对象本质的过程，是一个不断发现世界"秘密"的过程。他们普遍认为，科学知识的增长就是一种具有确定性的知识不断直线式积累的过程。

（二）动态科学知识实质性增长

20世纪，尤其是20世纪中叶以来，随着人们对科学知识性质的认识越来越清楚，人们开始对静态数量积累式增长提出了种种批评，并试图在批判的基础上重新认识科学知识是如何更为实质性地增长。

卡尔·波普尔从批判理性主义出发，认为科学知识的增长不是静态的积累过程，而是通过试错不断进化的动态过程。他说："知识进步的方式，特别是我们的科学知识进步的方式，是通过不合理的预期，通过解决问题的暂时办法，通过猜想来进行的。这些猜想受到批判所支配，即受尝试反驳所支配，其中包括了严格的批判性检验。这些猜想可能通过这些检验而幸存下来，但是它们永远不能被证实：它们既不能被视为确定的真理也不能被视为'可能的真理'。"③他把科学知识的增长与进化论联系起来，他说："我们的知识增长是一个十分类似于达尔文叫作'自然选择'的过程的结果，即自然选择假说：我们的知识时刻由那些假说组成，这些假说迄今在它们的生存斗争中幸存下来，由此显示它们的（比较的）适应性；竞

---

① 夏基松. 现代西方哲学教程新编[M]. 北京：高等教育出版社，2001：26.
② 李淑英. 波普尔科学知识增长理论述评[D]. 济南：山东师范大学，2004：11.
③ 石中英. 知识转型与教育改革[M]. 北京：教育科学出版社，2001：191.

争性的斗争淘汰那些不适应的假说……这种境况的陈述意味着它描述了知识是实际增长。"①波普尔用"P1—TT—EE—P2……"表示他的科学实质性增长思想,即科学的增长首先从问题 P1 开始,由于 P1 的存在,促使科学家进行思考与探索;接着,科学家针对问题进行各种大胆的猜测,提出种种假说 TT,TT 提出之后,通过激烈的竞争与批判,并严格接受实验和观察的检验,在检验中纠正错误、消除矛盾 EE,筛选出逼真性较高的新理论;新理论战胜旧理论以后,随着新的证伪材料的出现,新问题 P2 又出现了,于是科学增长又进入下一个更为实质性的增长过程。

1962 年,托马斯·库恩发表了《科学革命的结构》一书,同样反对科学知识数量积累式增长观,他非常鲜明地批判那种旨在描述科学"积累式增长"的科学史观:"如果科学被看成是现代文本中所收集到的事实、理论与方法的集合,那么科学家就是那些努力对这一特殊集合贡献一个又一个元素的人。他们或者成功,或者不成功。科学发现也就成为一种零碎的过程,成为一种将单一或综合的要素不断增加到已有科学技术与知识储备之中的过程。科学史既成为列举这种连续增加的一门学科,又成为记录阻碍这种连续增加的学科。这样,科学发展的历史学家似乎就有两种主要的任务:一方面,他必须决定什么人在什么意义上及时发现了当时科学的事实、规律和理论;另一方面,他必须描述和解释错误、神话和迷信的积累,它们阻止了现代科学文本的构成要素以更快速度增加。许多研究都曾指向这一目的,今天仍有一些研究将这种目的奉为圭臬。"②在库恩看来,科学知识的增长并不是一个新知识不断增加的过程,而是整个科学知识"范式"经由危机阶段而彻底革新转变的过程。他认为科学实质性增长的模式是:前科学—常规科学—反常和危机—科学革命—新的常规科学……在这个模式中,当一套陈旧的范式全部或局部地被一套新的不兼容的范式所取代时,科学革命就产生实质性增长。库恩的范式概念中就包含了观念、信念、社会、心理等因素,科学共同体内在的范式是影响科学实质性增长的重要因素。

20 世纪 70 年代中期,伊雷姆·拉卡托斯等也提出了科学增长模式,即科学研究纲领的进化阶段—退化阶段—新的进化的研究纲领的否证,取代退化的研究纲领—新的研究纲领的进化阶段……简单地说,拉卡托斯等的这种模式就是进化的研究纲领与退化的研究纲领交替转换的模式,也是进步的问

---

① 卡尔·波普尔. 客观知识:一个进化论的研究[M]. 舒炜光,卓如飞,周柏乔,等译. 上海:上海译文出版社,2001:273.
② 石中英. 知识转型与教育改革[M]. 北京:教育科学出版社,2001:192.

题转换退步的问题交替出现的模式。而进化的研究纲领则是指预言得到了事实的确定的研究纲领。他写道,"只要一个研究纲领的理论增长预见了经验增长,也就是说,只要它继续不断地相当成功地预测新事实(进步的问题转换),就可以说它是进步的"①,科学就有了实质性增长。

拉里·劳丹反对科学知识数量积累式的增长观,他认为:"科学本质上是解决问题的活动。"②他把问题分为经验问题和概念问题。而经验问题又可分为未解决问题、已解决问题和反常问题。概念问题可再分为两种:一种是由理论内部逻辑不一致或者理论内部机制含混不清而产生的内部概念问题;另一种是外部概念问题,它主要是由于一个理论与其他理论、其他共同体信念及当时流行的世界观之间的不一致而产生的。经验问题是物质实体"第一阶问题",概念问题是由理论显示的"高阶问题"。科学的进步就是把未解决的问题和反常的问题变为已解决的问题;尽量扩大已解决的经验问题的范围,与此同时,尽量减小或缩小反常问题和概念问题的范围。

科学知识社会学流派突破传统社会对科学知识内涵的认识,对科学知识的产生及实质性增长等问题做出了社会学的解释。其主张科学知识不是对自然的反映,而是科学共同体内部成员之间谈判和妥协的结果,自然在确定科学真理的问题上没有什么发言权,主张科学知识和事实本质上必须是一种社会建构。

(三)科学知识实质性增长研究的小结

从科学知识实质性增长研究的历史进程中,我们知道,科学知识增长首先表现为知识的不断积累、知识量的不断增加。按照逻辑经验主义,科学如同一套容量逐步增大的"套箱",科学知识增长意味着"套箱"越来越大,我们对越来越多的现象知道得越来越多。科学知识是人类认识的集中体现,科学知识使人类不断摆脱蒙昧,远离无知进而走向有知。据此,早期的科学家大多认为科学知识所包含的信息越多,告诉我们的信息越丰富,这样的科学就越"好"。然而,这种观点自20世纪以来受到波普尔、库恩、拉卡托斯、劳丹等科学哲学家的广泛质疑。

确实,从科学系统结构的角度看,科学知识增长不仅表现在知识量的增加上,而且也包括知识要素的整合。这种整合包含两个方面:一是将分散的、不够系统的知识整合,使其成为一个有机的系统;二是消除理论各成分之间的不一致。

---

① 伊雷姆·拉卡托斯,艾兰·马斯格雷夫. 批判与知识的增长[M]. 周寄中, 译. 北京: 华夏出版社, 1987: 112.
② 拉里·劳丹. 进步及其问题: 科学增长理论刍议[M]. 方在庆, 译. 上海: 上海译文出版社, 1991: 5.

例如,在经典电磁学理论发展的第三个阶段,麦克斯韦综合了电磁学的经验定律,统一了静电、静磁、动电和动磁的分散研究,建立了经典电磁学理论。以麦克斯韦方程组为核心的经典电磁学理论得出了更为普遍的结论:电场的任何改变都会引起磁场的出现,同样,磁场的任何改变也会引起电场的出现。不仅如此,经典电磁学理论还预言了电磁波的存在,根据波在真空中或媒质中的传播速度等于光速又进一步预言了光是电磁波。①

消除理论各成分之间的不一致也同样意味着科学知识的实质性增长。经典电磁学理论在建立起来后,随即遇到的一个新的问题就是与经典力学的相对性原理不相符。经典力学遵从力学相对性原理,而经典电磁学理论却只在静止的参照系中适用,不遵从力学相对性原理,将其推广到运动的参照系中就会出现问题。爱因斯坦在创立狭义相对论理论时,所进行的重要工作就是消除经典力学和经典电磁学理论之间的这种不一致。爱因斯坦建立起在惯性参照系中普遍适用的相对性原理,消除了两个理论的矛盾。

在经典电磁学理论发展的初期,科学增长主要表现为经验定律的增加,使我们对电、磁现象有了更多的认识。而在经典电磁学理论发展的后期,科学知识实质性增长则主要表现为统一分散的认识,消除理论各成分之间或理论之间的不一致。无论是增加经验定律,还是对经验定律进行整合,其结果都丰富和深化了我们对自然界的认识,使得我们对客观事物的认识更加全面、更加深入,从而实现了科学实质性增长和进步。

另外,从科学系统的功能上看,科学的实质性增长,意味着系统的功能增强和系统进化到更好的状态。科学作为一个系统有其多方面的功能:描述世界、解释世界和探索世界。作为评价描述世界的"较好"和"较差",就有一个理论与事实相符合的程度问题;作为评价解释世界的"较好"和"较差",就有一个解决问题能力大小的问题;作为评价探索世界的"较好"和"较差",就有一个预测能力大小的问题。在这个意义上,科学的实质性增长和进步意味着理论与事实更加符合,理论解决问题能力的提高和预测能力的增强。

总之,如果对科学做进一步思考,我们就会提出这样的问题:科学知识增长的本质是什么?科学知识增长的目标是什么?科学知识增长如何达到这一目标?等等。当我们这么思考时,实际上我们已经从更为本质的层面探讨和看待科学知识问题。事实上,并非所有的科学知识增长都具有

---

① 孙玉忠. 科学进步及其中间范式[D]. 长春:吉林大学,2004:36.

进步的或实质性的意义。科学知识史中,并非所有的知识增长都朝向科学的目标。广义的科学知识增长往往有三种情况:第一种情况是发生,即科学理论从无到有,从非科学领域进入科学领域,如原子论;第二种情况是科学个体的发展,从科学领域走向非科学领域,进入如哲学、神学及其他的非科学领域,例如经典力学理论建立之后,先是在牛顿那里一度走向神学,然后走向了机械论;第三种情况是科学个体的发展始终在科学的内部进行。前两种情况的研究对于我们理解科学也是有帮助的。但是,在科学历史演变中,其主流趋势是在科学内部进行的。[①]因此,只有以科学系统内部的逻辑演变为核心,以科学知识实质性增长问题的研究为出发点,才能从本质上把握科学知识的增长实质,使我们的研究引向深入,更好地揭示科学知识增长的规律。

三、高等教育实质性增长的研究

高等教育数量规模的增长,反映了高等教育的民主化、大众化和普及化。然而,伴随着高等教育数量规模的增长,高等教育系统发生了哪些"质"的变化?其增长的质量如何?增长的逻辑是什么?应该如何更为实质地增长?有部分学者进行了相关的研究。

(一)沃尔特·梅茨格和伯顿·克拉克的研究

美国社会学家沃尔特·梅茨格于1987年经过对学科演进的4个过程的详尽研究后较早提出了"实质性增长"这一概念,这一概念为阐明一个世纪以来美国新学科的产生及其途径提供了一个有效的分析框架。梅茨格认为,学科增长首先是学科衍生,即从旧学科孕育发展出新学科;其次是学科声望和程序上的从属关系,指先前受排斥的专业被纳入法定的学科领域,标志正式获取学科的尊严和地位,如先前受到古典文科传统排拒的现代语言、现代科学及现代技术等专业领域都获取了合法地位和声望即为佐证;接着是学科扩散,指学科扩展了其专业领域,如经济学持续不断地向更多的学科领域拓展,如教育经济学、政治经济学、生态经济学等。梅茨格认为,其中"学科扩散"正如人们从人类学、经济学、社会学等社会科学所观察到的,已经成为学科扩张的基本模式。学科通过"自我增长机制"不断产生内部分化演变的这种模式,梅茨格称之为"实质性增长"。

---

① 孙玉忠. 科学进步及其中间范式[D]. 长春:吉林大学,2004:8.

伯顿·克拉克引用梅茨格的观点，在分析高等教育系统①微观层面系所的学术专业发展时，提出了"实质性增长"的概念。他在其著作《学术生活：小小的世界，不同的世界》中初步论述了高等教育实质性增长的概念。他指出："美国学术专业演变到当代巨大规模和高度专业化的阶段，通过观察，我们能够确定两种形式的增长，一种是'实质性'增长，另一种是'反应性'增长……所谓'实质性增长'指源于对新学科的纳入而导致的学术群体的增长……它很大程度上是由'专家驱动'的……源自机构特性和学科内容赋予学术的内在主动性；所谓'反应性增长'，源自高等教育消费者不断增长的需求所导致的学术群体的增长，一种伴随学生数量增长而来的学术群体的增长。第二种增长形式是广为人知的现象，是一种被普遍地认作推动规模扩展和重构专业领域的基础力量。"②他还指出，"实质性增长"对于学科系统发展起着决定性作用，他说："美国学科系统自19世纪末期和20世纪早期以来的内涵增长和多样化的发展，归于实质性增长——学科及它们的寄主系统不断纳入新学科所导致的。正像梅茨格所确认的——驱动令人惊奇不已的专业化发展形势的四个过程。"③

沿用微观层面学术专业的实质性增长过程这一思想，克拉克在分析高等教育系统宏观层面（大学层级以上）时，把高等教育系统看作由生产知识的群体构成的学术组织，从高等教育内部揭示高等教育的本质特征，并以学术工作、文化信念、学术权力三者为高等教育系统的基本要素来分析高等教育运行的规律。由此可见，宏观层面高等教育实质性增长，是源于高等教育系统组织要素学术工作、文化信念、学术权力相互作用的结果。克拉克在1994～1996年对欧洲五国大学的案例研究中④，进一步以创业型大学的转型为例，说明了高等教育实质性增长的基本途径包括强有力的驾驭核心、拓宽的发展外围、多元化的资助基地、激活的学术心脏地带和整合的创业文化。

不管是从微观还是宏观，是从狭义还是广义来研究高等教育系统，克拉克都试图"从高等教育的内部进行研究"高等教育的"内在本质"⑤，这里

---

① 伯顿·克拉克把高等教育系统分为六个层级：底部为系、研究所；第二层为学部；第三层为整所大学或学院；第四层是多校园的或联邦的大学；第五层为州、省或市政府；第六层为国家政府或有关部局。他对"系统"这一概念的使用比较松散，有时是以狭义和传统的意义使用，指一个正规的实体的集合体，但是，如果上下文明确，有助于分析和说明概念时，他又自由地扩大系统概念的界线，在广义上使用这一概念。
② 张丽. 伯顿·克拉克的高等教育思想研究[D]. 厦门：厦门大学，2004：115.
③ 张丽. 伯顿·克拉克的高等教育思想研究[D]. 厦门：厦门大学，2004：113.
④ 伯顿·克拉克. 建立创业型大学：组织上转型的途径[M]. 北京：人民教育出版社，2003：3.
⑤ 伯顿·克拉克. 高等教育系统：学术组织的跨国研究[M]. 王承绪，徐辉，殷企平，等译. 杭州：杭州大学出版社，1994：4.

的"内在本质"就是指高等教育的"实质"。高等教育系统中,相对于数量形式的变化而言,质性内涵的变化自然更具有实质性意义。克拉克正是在这个意义上使用了"实质性增长"这一概念,认为高等教育的实质性增长是指在高等教育系统内,相对于学生数量、教育规模的增长之外的更为实质性的增长。而哪些才是"更为实质性的增长"呢?克拉克并没有一一阐明,不过,从其多本著作对高等教育"内在本质"的论述可知,他对高等教育实质性增长的理解是有层级的,正如他对高等教育系统的理解一样,从微观狭义的层面看,系所学术专业的实质性增长是指学科专业内部的分化和演变;从宏观广义的层面看,高等教育的实质性增长是指高等教育系统组织要素(学术工作、文化信念、学术权力)及其相互作用下符合逻辑的、具有内在主动性的变化和发展。克拉克对高等教育实质性增长的探讨,为我们研究远程高等教育实质性增长概念提供了很好的视角和帮助。

克拉克在《实质性增长与创新的组织》一文中写道:"用二元划分的方法,我们可以把实质性增长与反应性增长明显地区分开来……当注册学生数量停滞不前甚至下降的时候,实质性增长的压力却似乎永远不会停止。两者间经常性的冲突对高等教育来说进入了痛苦的系统性的进退维谷境地。"[①]由此可见,高等教育实质性增长是紧紧围绕高等教育核心因素而产生的变化和提高。克拉克认为高等教育的核心是知识,他说:"知识材料,尤其是高深知识材料是任何高等教育系统的目的和实质的核心。"[②]他从组织的观点出发,把高等教育系统看作由生产知识的群体构成的学术组织,从高等教育内部揭示高等教育的本质特征。[③]而如何促进高等教育系统的实质性增长呢?克拉克在其著作《高等教育系统——学术组织的跨国研究》中给予了回应,他以知识为逻辑起点,认为高等教育系统组织要素有三个,一是学术工作,二是文化信念,三是学术权力。学术工作主要涉及学术活动的结构及其运行方式;文化信念是高等教育组织成员的主要规范和共享价值观系统,是大学组织的一种不平常的强有力的象征,包括学科文化、院校文化、专业文化、系统文化;学术权力在工作组织及其伴随的信念中产生,主要是调节学术工作和文化信念冲突的力量。高等教育的实质性增长,就是通过其系统要素的逻辑力量不断促进学科知识发展的过程。

---

① 张丽. 伯顿·克拉克的高等教育思想研究[D]. 厦门:厦门大学,2004:64.
② 伯顿·克拉克. 高等教育系统:学术组织的跨国研究[M]. 王承绪,徐辉,殷企平,等译. 杭州:杭州大学出版社,1994:12.
③ 施晓光. 西方高等教育思想进程[M]. 哈尔滨:黑龙江人民出版社,2002:281.

克拉克以学科知识为逻辑起点，借助梅茨格学科自我扩展的"实质性增长"机制，对高等教育实质性增长的概念做了初步的分析，并从高等教育系统微观和宏观层面做出了自己独特的理解，这为我们研究高等教育实质性增长提供了一定的帮助。然而，克拉克关于高等教育实质性增长的研究并没有展开，还有许多有待斟酌和拓展的地方。例如，出于比较研究各国高等教育的不同情况的需要，他对"高等教育系统"这一概念的使用"比较松散"，因而也影响了其界定高等教育实质性增长概念的严谨性，容易造成概念漂移现象。

（二）马丁·特罗的研究

第二次世界大战后高等教育规模的扩张引发了高等教育入学与选拔、课程与教学形式等方面的一系列质变。马丁·特罗教授以美国和西欧国家高等教育为研究对象，探讨了这些国家高等教育在数量规模增长过程中量变与质变的问题，接连撰写了《从大众高等教育向普及高等教育转化的思考》《高等教育的扩张与转变》《从精英向大众高等教育转变中的问题》《教师与学生》《大学与社会》《从大众高等教育走向普及》等论文和著作。[①]他论述了高等教育的规模扩张与系统性质变化的关系，认为："一些国家的精英高等教育，在其规模扩大到能为15%左右的适龄青年提供学习机会之前，它的性质基本上不会改变。当达到15%时，高等教育系统的性质开始改变，转向大众型；如果这个过渡成功，大众高等教育在不改变其性质的情况下，发展规模直至其容量可达到适龄人口的50%。当超过50%时，即高等教育开始快速迈向普及时，它必然再创新的高等教育模式。"[②]他从量的积累到质的飞跃这一辩证思想出发，进一步剖析了精英、大众和普及三个阶段的高等教育观、高等教育功能、教育内容与课程、教学手段与方法、学生的就学形式、学校类型与规模、社会决策权、学术标准、入学与选拔、学术管理形式和大学内部运作这11个方面所存在的质的变化。高等教育三个阶段的量变和11个维度的质变情况详见表1-1。

关于高等教育大众化的量化标准，特罗解释说："这个划分标准没有任何数学上的支撑，或者说没有统计学上的意义。它是我的一种想象和推断，是一种根据事实而进行的逻辑判断，是我根据自己从事高等教育的经验对当时世界高等教育发展形势的一种判断。数字并不是一个非常重要的因素，并不一定具有实际的意义，5%、15%和50%并不是一个固定的区别

---

① 张洪亚. 马丁·特罗高等教育大众化理论研究[D]. 厦门：厦门大学，2002：6.

② Martin Trow. Problems in the transition from elite to mass higher education[C]. Conference on Future Structures of Post-Secondary Education. Paris，1973：63.

标准，它们并不代表一个点，而是一个区间。你同样可以认为6%、7%属于精英教育阶段，也可以对大众化50%的标准进行新的划分……在本质上，大众化理论是一种预警理论，是对高等教育规模扩张之后人们对此发生的各种变化毫无准备的一种预警，是对已经进入和尚未进入高等教育大众化国家的一种预警，是揭示和解释高等教育活动变化的一种预警。"①高等教育三个阶段及其划分标准的意义在于说明由于高等教育规模在量上的增加，高等教育的质也要发生变化。

表1-1 高等教育三个阶段的量变和11个维度的质变②

维度	阶段		
	精英阶段（15%以下）	大众阶段（15%~50%）	普及阶段（50%以上）
高等教育观	上大学是少数人的特权	一定资格者的权利	人的社会义务
高等教育功能	塑造人的心智和个性、培养官吏与学术人才	传授技术与培养能力、培养技术与经济专家	培养人的社会适应能力、造就现代社会公民
教育内容与课程	侧重学术与专业、课程高度结构化和专业化、学年制、必修制	课程模块化、半结构化、灵活性、学分制	仍有模块化课程、非结构化、课程界限打破
教学手段与方法	重视个别指导法、师徒关系的导师制、小组讨论式	以课堂讲授为主，辅之以讨论式教学	教学形式多样化、应用现代化手段、师生关系淡化
学生的就学形式	住校、学习不间断	走读、多数学生的学习不间断	延迟入学、时学时辍现象增多
学校类型与规模	类型单一、每校数千人、学校与社会间的界限清晰	类型多样化、三四万人的大学城、学校与社会间的界限模糊	类型多样甚至无共同的标准、学生数无限制、学校与社会间的界限逐步消失
社会决策权	少数精英群体	受政治与"关注者"影响	公众介入
学术标准	共同的高标准	多样化	"价值增值"成了标准
入学与选拔	考试成绩、英才成就	引进非学术标准	个人意愿
学术管理形式	学术人员兼任	专业人员、庞大管理者	管理复杂化、专业化
大学内部运作	高级教授控制	初级工作人员和学生参与	民主参与、校外人士参与

特罗从高等教育三个阶段的量变和11个维度的质变去考察高等教育的增长问题，其实就是在探讨高等教育的实质性增长问题。他阐述了高等教育大众化过程的量变和质变问题，只是他关于更为深层的质变方面问题

---

① 邬大光. 高等教育大众化理论的内涵与价值：与马丁·特罗教授的对话[J]. 高等教育研究, 2003（6）: 6-9.
② 资料来源：根据马丁·特罗. 高学历社会的大学：从英才到大众化[M]. 天野郁夫, 译. 东京：东京大学出版社, 1976: 194-195; 国家教育发展研究中心. 2000年中国教育绿皮书[M]. 北京：教育科学出版社, 2000: 86; 马丁·特罗. 从精英向大众高等教育转变中的问题[J]. 王香丽, 谢作栩, 译. 外国高等教育资料, 1999（1）: 1-22. 归纳、整理。

的阐述并未引起人们的重视，大部分人关注的是他划定的高等教育毛入学率达到 5%、15%和 50%的量变问题。

当然，特罗的研究也存在需进一步完善的地方。首先，特罗对大众化过程质的分析从专业到课程，从管理到质量，几乎涉及大学内部活动的所有方面和层次，但这些分析基本上是基于美国的经验来归纳高等教育的变化规律，有一定的局限性；其次，他划定的量变标准，是基于个人观察总结而确定的，缺乏依据和说服力，当他试图用这一标准来展望西欧国家高等教育大众化的进程时，也就出现了他意想不到的偏差；最后，他描述的高等教育的质变没有统一的逻辑标准，因而随意性较大，容易使人理解成有 10 个方面质的变化，也可以理解成有 13 个或 14 个方面质的变化。①

（三）潘懋元先生的研究

中国高等教育学科创始人潘懋元先生对高等教育增长的"量"与"质"问题做了许多研究，主要体现在其《可持续发展的高等教育改革》（1997）、《走向 21 世纪的高等教育思想的转变》（1998）、《中国高等教育大众化之路》（1999）、《高等教育大众化的教育质量观》（2000）、《试论从精英到大众高等教育的"过渡阶段"》（2001）、《中国高等教育大众化的理论与政策》（2001）、《改革开放 30 年中国高等教育思想的转变》（2008）、《高等教育质量建设的理论设计》（2016）、《高等教育"质量下降"是一个真命题也是一个假命题》（2018）、《面向 2030 的高等教育发展：理念与行动》（2018）、《新时代中国高等教育改革与发展：今天、明天与后天》（2020）等多篇论文中。

1. 关于高等教育增长"量"与"质"的概念

潘先生关于高等教育增长的"量"与"质"的概念，是在高等教育大众化背景下提出的，他认为高等教育大众化是一个量与质矛盾统一的概念，高等教育大众化进程（增长过程）包含量的增长与质的变化两个方面。量的增长是指人们所熟知的适龄青年入学率（准确说是在校率）达到 15%～50%。质的变化具有广泛的内涵。类似特罗所言，大众化这一概念的内涵包含了量的增长与质的变化，不能只顾量的增长而不顾质的变化，否则将由于"无法解决增长所引起的问题"而陷于两难境地，最后的抉择只能是"要么进一步增长，要么停止增长"。进一步增长必然要冲破传统

---

① 谢作栩在《马丁·特罗高等教育大众化理论述评》[现代大学教育，2001（3）：13-18]一文中认为有 10 个方面的质变；国家教育发展研究中心在《2000 年中国教育绿皮书》（教育科学出版社，2000：86）一书中认为有 13 个方面的质变；天野郁夫译的《高学历社会的大学：从英才到大众化》（东京大学出版社，1976：194-195）一书中认为有 14 个方面的质变。

的精英教育办学思想和模式，而停止增长则意味着落后于时代。①

2. 提出"质变超前量变"思想

潘先生认为，在大众化进程中，量的增长与质的变化的非均衡性，使发展中国家从精英教育到大众化教育的进程存在一个质的局部变化先于量的总体达标的"过渡阶段"。

潘先生指出，特罗是以量的总体增长作为高等教育发展划分阶段的指标，并且断言：只有在数量增长到15%之后，质的变化才开始。这种"量变先于质变"的断言，只是从西方发达国家（实则只是美国）的发展历程中总结的经验，表面上似乎颇为符合辩证法的量变到质变的转化规律，但不符合发展中国家（甚至也不完全符合发达国家）大众化进程的实际情况。中国高等教育发展的进程，在距离大众化数量增长最低限还很远的时候，就已经出现了若干特罗所列举的大众化阶段质的特征，甚至出现了某些普及化阶段的特征。因此，在量的增长未达到大众化阶段之前，有一个质的超前变化的"过渡阶段"。正是由于有这个阶段，发展中国家可以通过质的局部变化促进量的增长。这既是中国高等教育发展进程的事实，也符合辩证法之"质量互变规律"。这个"过渡阶段"在中国何时开始？潘先生认为大体可以假定为1985年，这一年中共中央、国务院公布了《关于教育体制改革的决定》，出台了若干重要的政策与措施，如改革课程结构、办学体制、招生制度及发展高等职业技术院校等。这些政策与措施，实际上就是若干重要的质的变化。而正是这些质的变化，尤其是多种形式办学，为今天加快量的增长提供了条件。当然，"过渡阶段"的界限是模糊的，因为局部的质的变化是渐进的。

"为什么在发展中国家出现质的局部的超前变化，并且以质的变化促进量的增长呢？"潘先生认为有两个重要的原因：首先是利用"后发外生型"国家的有利条件，在量的增长未达到大众化阶段之前，能够吸收已达到大众化阶段的国家的某些经验，结合国情，超前实施；其次是时代不同、条件不同，特别是世界性的科技发展水平不同。在今天，不论发达国家或发展中国家，不论进入普及化阶段或尚未达到大众化阶段，电子信息网络都或稍快或稍缓地开始进入高等教育领域，从而促使受教育者人数的增长。这就是质的局部变化加快量的增长。

3. 提出"适度超前发展"理论

关于高等教育发展（增长）规模速度问题，在高教理论界，有加速发展、控制发展、适度超前发展等主张。从可持续发展的角度看，潘先生主

---

① 潘懋元. 中国高等教育大众化的理论与政策[J]. 高等教育研究，2001（6）：1-5.

张高等教育适度超前发展。理由是高等教育的发展速度，应当与经济、科技和社会的发展相适应，保证社会主义现代化对于专门人才的需求。但要受国家财力和毕业生就业机会所制约，并且要与基础教育、职业教育的发展取得平衡，同时，高等教育的发展，还要受自身的师资、设备、校舍等条件所限制。数量增长过快，势必降低质量，超过人才市场需求，就业困难，引起社会动荡；增长过慢或不增长，则不能满足经济与社会发展的需求。因此，只能根据种种条件，适度发展。但高等教育的周期较长，不能落在经济与社会发展的后面，必须略为超前。所以，适度超前是符合可持续发展规律的。①

如何理解"适度超前"？潘先生在《中国高等教育大众化的理论与政策》一文中指出，所谓"度"，主要是经济发展的速度，适度超前就是适应经济发展的速度而稍微超前。为什么必须"适度"？因为教育的发展必须与经济的发展相适应。这是由教育外部关系规律所决定的。为什么必须稍微超前，因为教育的周期较长，培养人才为经济发展服务，必须有一个适当的超前量。假如国民经济的年增长率为 8%，则高等教育招生的年增长率可以略高于 8%。如果以此为"度"来回顾 10 年来高等教育量的增长速度，可以说，1998 年以前落后于经济的发展，而在 1999 年之后又大大超过了经济的发展。为什么连续三年大幅度扩招之后，全国高等学校虽然问题不少，但教学秩序总体上还是比较平稳，没有出现历史上那种大起大落的振荡？这是由于前几年招生"欠债太多"，有一定的教育资源储备；加之采取多种形式办学，以及其他有效政策措施，在一定程度上缓和了大幅度扩招与教育资源不足的矛盾。但如果继续高速增长，违反教育与经济关系的规律，恐怕是不行的。因此，当务之急是如何合理地调整增长速度，但不应停止大众化的进程。

关于"规模"问题，潘先生认为，20 世纪 90 年代以来，中国的政策导向是"走内涵式发展的道路"。公立普通高校与成人高校的数量从 20 世纪 80 年代末以来不但没有增加，反而逐年减少。据此，他指出，如果仍然坚持只要"内涵式发展"，势必减少公立高校的生均教育资源，从而影响教育质量。是否应当修改为"内涵式发展"与"外延式发展"并重，而以"外延式发展"为主，这是一个有待讨论的政策性问题。②

4. 主张"质量效益型"可持续发展观

潘先生在《走向 21 世纪高等教育思想的转变》一文中指出，教育质

---

① 潘懋元. 可持续发展的高等教育改革[J]. 辽宁高等教育研究，1997（4）：10-13.
② 潘懋元. 中国高等教育大众化的理论与政策[J]. 高等教育研究，2001（6）：1-5.

量观所指的是用什么标准来评价学生的质量和教育的效果。[①]在理论上，它所根据的是教育目的、培养目标，而在实际上，高等教育质量观是与人才观密切联系的。由于人才观的不同，对教育质量的评价差异可能很大。传统的教育质量观是知识质量观，以知识的多寡、深浅为主要甚至唯一的质量标准。要"转变传统的知识质量观为全面素质质量观"。

潘先生批评急功近利教育发展观，认为这种发展观"重数量、轻质量"，"不论在总结发展成绩或制订发展规划，所见到的都是一系列数字，增加多少专业、多少学生、多少教师、多少校舍与设备，规模如何扩大、学科如何齐全，如此等等。却对于质量如何提高，办法不多，语焉不详，往往是一语带过"。他认为，数量增长是必要的，但从长远办学效益看，质量的提高更重要。他指出，1993年颁布的《中国教育改革和发展纲要》既注意到数量，又注意到结构、质量、效益，四者协调发展，是全面正确的指导方针。但在执行上，由于受重数量、轻质量的思想的影响，"规模有较大的发展"执行得较好。由于经费投入不足、仪器设备老化与不足、领导和教师精力分散，培养人才的质量并未提高。至于高等教育结构，经过多年的调整，一般来说，比较合理；但由于急功近利，又出现了比例失调的新情况。虽然效益明显提高，人们的注意点只是"规模效益"，而不注意"质量效益"，这也是重数量、轻质量的表现。因此，潘先生认为，质量意识要升温，必须转变急功近利的教育发展观为可持续发展的教育发展观。

综上所述，潘先生对高等教育质和量问题的探讨，其实也是从不同角度涉及了高等教育实质性增长问题。潘先生"质变超前量变"的思想超越了特罗只能由"量变"引起"质变"的线性思维，潘先生提出的"发展中国家可以通过质的局部变化促进量的增长"的理论，对于发展中国家高等教育的改革具有很强的指导意义。潘先生从教育外部关系规律出发，提出的高等教育应"适度超前发展"理论，是在中国高等教育大众化背景下，相对经济增长速度而提出的，这跟其"质变超前量变"思想是一脉相通的，也就是说可以根据高等教育人才培养规律"质"的变化来带动社会经济的发展。从高等教育内部关系规律出发，潘先生主张"质量效益型"可持续发展观，认为"数量增长是必要的"，但长远看，"质量的提高更重要"，这其实都是在探讨高等教育实质性增长问题，只是潘先生更多的是从宏观层面探讨，而微观层面探讨得较少。

---

① 潘懋元. 走向21世纪高等教育思想的转变[J]. 辽宁高等教育研究, 1998（6）: 8-13.

（四）房剑森的研究

中国学者房剑森博士在其专著《高等教育发展论》中对高等教育增长方式做了论述，他借鉴经济增长的方式，认为高等教育增长方式有以下几种。①

1. 数量型增长与质量型增长

从质与量的关系来看，高等教育增长分为数量型增长与质量型增长。所谓数量型增长，是指提高学生入学率、扩大招生数和在读学生人数，从而实现高等教育总体规模的增长。质量型增长是指在招生数量基本稳定的情况下，通过挖掘高等教育内在潜力，追求高等教育质量的增长，即追求有质量保障的增长。

2. 内涵式增长与外延式增长

从内含要素来看，高等教育的增长可以分为内涵式增长和外延式增长两种类型。所谓内涵式增长，是指通过挖掘现有高等教育的潜力，提高现有高等教育的内部效率，扩大现有高等教育的招生数量来实现高等教育总体规模的扩大；所谓外延式增长，则是通过增设新的高等教育办学结构来扩大高等教育的总体规模。

3. 规模型增长与效益型增长

从办学效益来看，高等教育的增长可分为规模型增长与效益型增长。规模型增长主要是指通过扩大高等教育的总体规模，以追求更大的规模效益；效益型增长主要是追求高等教育资源的有效利用，提高成本效益，以实现更大的社会需求。

4. 补偿性增长与适应性增长

从办学动机来看，第二次世界大战后世界高等教育增长主要表现为补偿性增长与适应性增长两种方式。高等教育的补偿性增长是指高等教育在较低的起点上，为了弥补与世界先进国家的差距所采取的快速、急剧的增长方式，这种增长在一定时期、一定程度上具有补偿的性质。发展中国家在第二次世界大战后大多经历了这种补偿性增长，像许多发展中国家模仿英国开放大学创建开放大学的做法就是典型的例子。高等教育适应性增长是指欧美先进国家在没有受到外力的压抑和扭曲的条件下，高等教育合乎逻辑的延续和增长。

关于高等教育实质性增长的反思，房剑森博士在其著作中也进行了说明，他借助的美国著名学者彼得·德鲁克关于"区别错误的增长和正确的

---

① 房剑森. 高等教育发展论[M]. 桂林：广西师范大学出版社，2001：9-20.

增长"的研究，十分有助于我们对高等教育实质性增长的理解。

德鲁克形象地指出，要学会区分哪些是肌肉，哪些是脂肪，哪些是癌瘤。区别的规则很简单：在短期内，由单位的资源总生产率的综合提高而导致的经济增长都是健康的增长，应该对此加以促进和支持。那种只是导致了数量的增多而并未在一定的时期内创造出更高生产率的增长就是"脂肪"，一定数量的脂肪可能是需要的，但是脂肪过多会妨碍健康与灵活性，因此对任何没有导致更高生产率的数量上的增长，都应通过管理使之转化为健康的增长。此外，任何导致生产率下降的数量上的增长，都是有害的，除非其处于启动期，否则此种增长应通过最迅速最彻底的手术加以消灭。①

房剑森引用德鲁克这段话，用是否有"单位的资源总生产率的综合提高"来判断究竟是"健康的、正确的增长"，还是"错误的、有害的增长"，其实就是从事物内部系统质与量来分析增长问题。一定数量"脂肪"的增长，只是系统某方面量的增加，对于系统质来讲是表层的，并非实质性的增长；那些错误的、有害的数量增长，是一种逆向的增长，不利于系统功能目标的实现，更不是实质性增长。只有健康的、正确的、有效的增长，才是促进深层次系统质的正态增长，才能称之为实质性增长。据此，房剑森指出："高等教育要淡化数量目标、实行质量效益导向，要将高等教育的增长方式彻底转变到以质量、效益为中心的轨道上来。"②

房剑森的研究运用经济增长理论概括了高等教育四种增长方式，并借助德鲁克的观点来说明正确的、有质量的、有效益的增长才算得上实质性增长。然而，他的研究只是点到为止，并没有做深入的研究。究竟"何为高等教育的实质性增长"？"为何要实质性增长""如何实质性增长"等问题都需要我们做进一步的思考。

四、远程高等教育实质性增长的研究

随着远程教育在各国的深入开展，人们对远程教育或远程高等教育的研究逐渐增多。笔者于 2007 年 1 月通过 PQDD 博硕士论文数据库（摘要库），查到题名带有"远程教育"的有 611 篇，题名带有"远程高等教育"的有 1 篇，有关"远程教育""增长"的有 2 篇。通过中国期刊网，以"远程教育"为题名，搜索到论文 947 篇；以"远程高等教育"为题名，搜索

---

① 房剑森. 高等教育发展论[M]. 桂林：广西师范大学出版社，2001：63.
② 房剑森. 高等教育发展论[M]. 桂林：广西师范大学出版社，2001：86.

到论文 271 篇,直接以"远程高等教育实质性增长"为题名的只有 1 篇。通过中国优秀博硕士学位论文全文数据库搜索,题名带有"远程教育"的有 218 篇,全文涉及"实质性增长"的有 17 篇;题名带有"远程高等教育"的有 8 篇,全文涉及"实质性增长"的有 3 篇。从文献调研情况看,国内外对于远程高等教育实质性增长的研究并不多。

2020 年 6 月,笔者再次通过中国知网进行文献检索,以"远程教育"为题名搜索到论文 20 029 篇,全文涉及"实质性增长"的有 6 篇;以"远程高等教育"为题名,搜索到论文 741 篇,全文涉及"实质性增长"的有 5 篇。其中,博硕士论文库中,题名带有"远程教育"的有 793 篇,题名带有"远程高等教育"的有 36 篇。

国外最先尝试这方面研究的是霍姆伯格,他的著作《远程高等教育的增长与结构》有所论及。[①]他在第一章进行了有关远程高等教育概念的阐述;第二章至第六章讲的是远程教育的增长史,包括起源、早期创办、全面推广、现代增长及错误增长观分析;第七章至第九章围绕结构,分别阐述了远程高等教育实践的原则、理论研究的方法、学科建立等问题;第十章则对当时远程高等教育的地位进行了概述,重点分析了新产生的专门远程教育大学的增长趋势,他认为远程高等教育的增长与结构密不可分,结构当中的双向通信和交互技术、方式和水平上的变化,都是远程高等教育实质性增长的标志。霍姆伯格对远程高等教育的研究侧重于"内源性因素研究"(关注远程高等教育自身涉及的问题),他认为远程高等教育包括两个组成要素——学习内容的呈现和师生、生生的交互。这说明,霍姆伯格抓住了远程高等教育实质性增长的两个核心要素——课程资源和教学交互,并试图建构"有指导的教学会谈"理论体系。这使得他对远程教育理论与实践的贡献巨大,于 1999 年获得了"国际开放与远程教育协会终身成就奖"。但是霍姆伯格缺少对远程高等教育实质性增长全面要素的研究,加之其核心理论主要是针对早期函授高等教育提出的,在当今的远程高等教育界受到了许多挑战。

国内学术界对远程高等教育实质性增长的内涵及有关理论的直接研究还非常少。部分学者对远程高等教育的"系统研究"和"发展研究"有少许涉及。大多数学者的研究都是从"远程教师""课程资源""学生支持服务""媒介技术""教学交互"等方面涉及远程高等教育实质性增长的某一研究问题,这给现代远程高等教育实质性增长的研究带来了一定的局限,但同时也留下了许多有待研究的空间。

---

① Holmberg B. Growth and structure of distance education[M]. Beckenham:Croom Helm,1986.

五、前人研究综评及有待解决的问题

首先,从经济学视角所看到的实质性增长,是源于人们对经济活动长期观察、总结和实践的结果。经济增长既包括量的扩张,也包括质的提高。因此,有关的经济实质性增长理论是根据经济增长理论衍生出来的。经济的实质性增长主要是相对于经济增长的数量而言,它是从质的规定性层面对经济增长的认识和把握,是指有质量、有效益的经济增长,其内涵包括经济增长要素生产率的不断提高,更多地依靠技术进步和人力资本的作用,在经济结构不断优化、经济规模逐渐合理、经济效益不断提高的基础上,采取集约的经济增长方式,不断增强国际竞争力,使经济、社会、资源、环境在良性循环的情况下,国民经济持续、快速、平稳地增长,并不断满足人民群众日益增长的物质文化生活需要。若同理推断,远程高等教育的实质性增长,不能只看学生规模数量的增长,而是应该看远程高等教育内部结构是否合理、质量是否有保障、效益是否有提高,只有合理的、合目的的、有质量的和有效益的增长才是远程高等教育的实质性增长。

其次,从科学视角所看到的实质性增长,并非简单的知识量上的增加,而是非常复杂的知识要素在更高层面的整合、转变、进步、提高或建构的过程。在波普尔看来,实质性增长是通过试错不断进化的动态过程;在库恩看来,是整个科学知识"范式"经由危机阶段而彻底革命转变的过程;在拉卡托斯看来,是进化的研究纲领与退化的研究纲领交替转换的过程;在劳丹看来,是不断提高解决问题能力的过程;在科学知识社会学流派看来,则是一种社会建构的过程。若同理推断,远程高等教育的实质性增长,并非教学知识量的线性增长,而是各种复杂的远程高等教育要素在更高层面的整合、转变或进步的过程。

再次,高等教育视野中的实质性增长,相对于数量形式的变化而言,性质内涵的变化更具有实质性意义。克拉克认为高等教育的实质性增长是指在高等教育系统内,相对于学生数量、教育规模的增长之外的更为实质性的增长,从高等教育系统看,主要通过学术工作、文化信念、学术权力等内在逻辑力量促进学科知识发展,进而促进高等教育的实质性增长;特罗认为高等教育由规模数量的增长,引起了高等教育观、高等教育功能、教育内容与课程、教学手段与方法等 11 个方面的实质性变化;房剑森认为正确的、有质量的、有效益的增长才算得上高等教育的实质性增长。高等教育作为远程高等教育的上位概念,其研究成果自然在很大程度上适用于远程高等教育,然而,远程高等教育也有其特殊性,在当前高等教育实质性增长理论研究比较缺乏、观点又不统一的情况下,更需要我们针对远程高等教育的特殊性,寻求更为合适的理论支持。

最后,本书需要深化研究的问题还有许多空间。需要突破单向度观照的局限,加强整体性研究:从经济学领域、科学知识领域和高等教育学领域已有的研究看,大部分学者都是从各自的视角出发,进行单向度观照有关实质性增长的问题,有必要对事物的实质性增长做整体性的观照。需要系统地进行理论研究:从已有的研究看,有关实质性增长理论的研究并不多,系统地进行理论探讨的更是缺乏,经济学只研究经济增长理论,对于一般意义上的实质性增长理论进行归纳总结的几乎没有,对于"何为实质性增长""为何要实质性增长""如何实质性增长"还没有一个完整的理论体系。需要加强动态考察和实证分析:已有的研究大部分是对数量增长做静态分析,很少对量变与质变做动态考察,根据实质性增长的状况进行全面的调查、跟踪和实证研究甚少。对于科学知识领域,大部分学者认为,科学知识积累得越多越好,至于科学知识的质量如何、知识的量变与质变有什么内在的联系、科学知识实质性的增长究竟如何等,还有待做全面的动态考察和实证研究。

总体而言,需要整合不同研究视角,探究实质性增长理论的真谛。视角,是人们观察问题的角度[1],它从思想上切入研究对象的本质结构,探讨研究对象的本质规律的学术操作手段和理论抽象方式[2],有利于我们看清事物的真相,找到解决问题的切入点。正如克拉克所说,特定的研究视角如同"戏院里的聚光灯","当用强烈光线照射舞台前方的某些动作时就把大家的注意力集中在这些动作,同时把其他特征降到背景和边缘的地位"。[3]然而,面对同样的事物,研究者所选定的视角规定了他怎样去把握这一事物,亦即规定了研究的具体方法与内在逻辑,因而所看到的事物有一定的差异。从经济学、科学知识和高等教育学的视角,所看到的各自的实质性增长是不同的,正如克拉克所指出的那样,不同的研究视角使得对特定事物的研究成果之间存在话语沟壑。他呼吁,"那些分裂知识的人有责任把知识整合起来",进而摆脱对特定事物"更有知识的同时却更加无知"的困境。[3]这就是说,在考察某一事物时,通过打破与沟通不同研究视角的界限,可以展示出事物的新面貌,推进人们对事物的

---

[1] 中国社会科学院语言研究所词典编辑室. 现代汉语词典[M]. 7版. 北京:商务印书馆,2019:1196.
[2] 陈伟. 高等教育多学科研究之评价和超越:关于研究方法论的尝试性反思[J]. 高等教育研究,2003(4):80-84.
[3] Clark B R. Perspectives on higher education[M]. Los Angeles:University of California Press,1987.

认识。这就需要我们用一种整合的思维,从更为上位的哲学层面来解读实质性增长的内涵,才能为研究现代远程高等教育的实质性增长奠定基础。同时,需要寻求度量标准,建构实质性增长的分析模型。在缺乏直接参照使用的远程高等教育实质性增长理论的情况下,需要遵循远程高等教育的内部逻辑,并博取大众的智慧,特别是专家的意见,来建构一个中国现代远程高等教育实质性增长分析模型。另外,还需要采取动态式考察,广泛开展调查研究。可以对研究对象进行跟踪、访问、调查和深入研究,全方位了解其实质性增长状况,以便在动态中把握中国现代远程高等教育的实质性增长。

第三节 概念界定和研究范围

一、基本概念界定

(一)远程教育

亚洲开放大学协会将远程教育(distance education)定义为:学生与教师、学生与教育组织之间,主要采取多种媒介方法,进行系统教学和通信联系的教育形式。这一定义除了强调教师与学生的关系外,还强调了远程教育是通过组织机构采取多种媒介对学生实施的教育影响,它有别于学生的独立学习或自主学习。

1983年,德斯蒙德·基更对远程教育做了描述性的定义:"远程教育是教育致力开拓的一个领域,在这个领域里,在整个学习期间,学生和老师处于准永久性分离状态;学生和学习集体也在整个学习期间处于准永久性分离状态;技术媒介代替了常规的、口头讲授的、以集体学习为基础的教育的人际交流;学生和老师进行双向交流是可能的。它相当于工业化的过程。"1991年,基更针对校园面对面的教育,概括了远程教育的基本特征[①]:①教师和学生准永久性分离(与常规面授的教育相区别);②教育组织的影响(通过教学设计和提供学生支持服务影响学生学习);③应用技术媒介(把教师与学生联系起来并成为课程内容的载体);④双向通信(学生可以主动与教师对话并从中受益);⑤学生与学习群体相对分离(自主学习,可不设学习集体,但有可能召开必要的会议)。

基更的定义有一定的代表性,在远程教育界引用率较高,但其采用描

---
① 德斯蒙德·基更. 远距离教育基础[M]. 丁新,等译. 北京:中央广播电视大学出版社,1996:36.

述性的方法来下定义，只是列举了 5 个方面的特性，未必能列全远程教育的本质特征；再者，其把远程教育比作工业化的过程，在一定程度上忽视了远程教育作为教育活动所具有的特性。

笔者所认为的远程教育，是指教师和学生相对分离的情况下，通过教学媒介，围绕一定的课程计划，系统地进行教与学的教育活动。

（二）远程高等教育

远程高等教育（higher distance education），在不同国家和地区具有不同的表述。如在美国，远程高等教育主要指高等教育水平的"独立学习"（independent studies），在澳大利亚指"校外学习"（external studies/off-campus studies），在德语中有一个专用词汇 Fernstidium，英国开放大学使用"distance teaching"或"teaching at a distance"（远程教学）等。在使用英语的国家中举办远程高等教育的学校机构通常使用以下称谓：correspondence division（函授部）、department of external study（校外学习部）、extensive college（公开学院）、university without wall（无墙大学）、correspondence school 或 correspondence college 或 correspondence university（函授学校或函授学院或函授大学）、university of the air（空中大学）、open university（开放大学）、open learning institute（开放学习学院）、open learning agency（开放学习中心）、open learning centre（开放学习中心）、distance teaching university（远程教学大学）、tele-university（远程大学）、virtual university 或 virtual campus（虚拟大学或虚拟校园）等。在日本称为放送学习；中国台湾用隔空教育或空中大学，中国香港特别行政区用遥距教育，中国大陆（内地）现在仍然使用的词语有大学函授教育、广播电视大学、开放大学、大学远距离教育、网络大学、在线大学等。1998 年 8 月 29 日，第九届全国人民代表大会常务委员会第四次会议通过《中华人民共和国高等教育法》，明确指出："国家支持采用广播、电视、函授及其他远程教育方式实施高等教育。"至此，"远程高等教育"的称谓在中国开始使用。

远程高等教育其实是"远程教育"和"高等教育"的复合概念，相对于校园面对面的教育而言，是指师生在准永久性分离的状况下进行的教育活动；相对于基础教育而言，是指完成中等教育基础上实施的高级阶段的远程教育。按照形式逻辑定义的方法，即"被定义项＝种差+邻近"的属概念，我们就可以对"远程高等教育"下一个完整的定义：远程高等教育是指基于教师与学习者相对分离的情景下，通过教学媒介，围绕一定的课程计划，系统地进行教与学的高等教育活动。

（三）增长

增长概念的运用，较早出现在生物学领域人们对生育和发展的关系的论述中，曾等同于发展，仅指规模的扩大。随后，人们常用增长来描述事物的成长、增高、增加等。在《现代汉语词典》中，增长是动词，指增加或提高，如增长点、增长才干、产值增长等。①

在经济学中，增长通常是指一国生产的产品和劳务总量的增加，即国民生产总值的增加。法国学者弗朗索瓦·佩鲁在其著作《新发展观》中认为，增长是指某一单位（某一较长时期）以相对于居民人数的国民生产总值来表示的规模扩大。② 增长可以用一个数字来表示，但往往又会造成很大的错觉。经济的增长给人类带来物质利益的同时，也在不同程度上引发了资源消耗、环境污染、人类健康受到威胁等严重问题，以致 1972 年米都斯等掀起了"增长极限论"的社会思潮，人们开始从哲学层面反思增长的含义。2000 年，世界银行行长沃尔芬森发布了《增长的质量》一书，他认为，经济增长不仅需要速度，更需要质量。这意味着增长既能为人类带来利益，也会造成危害。

综合来看，增长是一个中性词，它通常指事物产出、规模、数量等方面的增加，也指质量、效益、福祉等方面的提高。

（四）实质性增长

经济学视野中，当人们考究经济增长的内涵和价值时，便会问"增长的目的是什么？当前目标是什么？在什么条件下增长是有益的？增长是为什么人的？只是为国际社会中的某些人，还是为所有人？"③ 这就涉及对"增长"的内在、本质、价值等实质性问题的思考。

科学知识视野中，科学知识的增长是一个不断地反映、揭示或把握认识对象本质的过程，是一个不断发现世界"秘密"的过程。人们普遍认为，科学知识的增长就是一种具有确定性的知识不断直线式积累的过程。20 世纪，波普尔从批判理性主义出发，认为科学知识的增长不是静态的积累过程，而是通过试错不断进化的动态过程。库恩认为，科学知识的增长并不是一个新知识不断增加的过程，而是整个科学知识"范式"经由危机阶段而彻底革命转变的过程。拉卡托斯提出了进化的研究纲领与退化的研究纲领交替转换的科学增长模式。劳丹认为科学知识的增长是

---

① 中国社会科学院语言研究所词典编辑室. 现代汉语词典[M]. 7 版. 北京：商务印书馆，2019：1639.
② 弗朗索瓦·佩鲁. 新发展观[M]. 张宁，丰子义，译. 北京：华夏出版社，1987：5.
③ 弗朗索瓦·佩鲁. 新发展观[M]. 张宁，丰子义，译. 北京：华夏出版社，1987：9.

不断解决问题的过程。科学知识社会学流派认为，科学知识的增长是社会建构的过程。

伯顿·克拉克在分析高等教育系统微观层面（系所）的学术专业发展时，提出了"实质性增长"的概念。他认为"实质性增长"指学科衍生、从属、分化和扩散等内部自我增长演变的过程；高等教育实质性增长，主要是源于高等教育系统要素学术工作、文化信念、学术权力相互作用的结果。

任何事物都是量与质的统一体，因而，事物的增长变化是在量变与质变作用下产生的。就事物增长变化来说，有表层的变化，也有深层的变化；有量的变化，也有质的变化。相对而言，深层的变化或质的变化是更为实质的变化，这种更为实质的变化就是实质性增长。相对于表层的量变而言，深层的量变是更为实质性的增长；相对于量变而言，表层的质变是更为实质性的增长；相对于表层的质变而言，深层的质变是更为实质性的增长。因此，可以说实质性增长是量变与质变之间的一个相对概念，是指事物依靠自身系统要素，通过优化结构，不断增加、提高和深化自身价值的过程。实质性增长既有事实的变化，也含有价值的变化。它是符合事物本质规律的、合理的增长，是符合目的的、有效的增长，是系统的、有质量的增长。

本书使用实质性增长的概念，旨在探讨远程高等教育中相对学生数量的增长而言，更具有实质性意义的变化。远程高等教育实质性增长主要是相对远程高等教育学生数量增长而言，特指远程高等教育系统要素质与量合理变化提高的过程，它是远程高等教育系统要素及其相互作用的结果。

二、研究对象和范围

本书研究的"现代远程高等教育"主要是指相对于传统的、单向传输为主的远程高等教育而言，利用现代计算机网络和卫星通信等先进媒介技术开展的双向互动的远程高等教育。"现代"一词所指的时间范围是一个相对的概念，在不同国家，所指的时间不同。美国从 1985 年开始，逐渐在远程高等教育中使用包括电脑和网络在内的多种媒介技术，因此，美国现代意义的远程高等教育主要是从 1985 年开始；英国从 20 世纪 80 年代中后期开始在远程高等教育使用计算机网络等多种媒介，因此，英国现代意义的远程高等教育主要是从 20 世纪 80 年代中后期开始。在中国，1999 年 3 月，教育部正式发布《关于启动现代远程教育第一批普通高校试点工作的几点意见》（教电〔1999〕1号），以此为界，中国随后的远程高等教育被称为"现代远程高等教育"，代表中国远程高等教育已经由原来的广播电视大学阶段，转入到利用通信卫星和计算机网络等技术开展的现代远程高等教育阶段。因此，本书研究的"中国现代远程高等教育"主要是指从1999年开始至今在中国开展的远程高等教育。

本书的研究对象主要是北京大学、清华大学、浙江大学、中央广播电视大学等68所教育部批准开展现代远程教育试点工作的院校，详见附录一。

第四节　研　究　方　法

一、历史研究法

历史研究法是指系统地搜集及客观地评鉴与过去发生事件有关的资料，以考验那些事件的因果或趋势，并提出准确的描述与解释，进而有助于解释现状及预测未来的一种方法。

本书通过对国内外远程高等教育实质性增长有关的历史文献资料的研究和分析，从历史演变的发生学角度，探寻远程高等教育实质性增长的历史经验和逻辑规律，并以此为基础，推断中国现代远程高等教育实质性增长的路径。

二、专家访谈法

专家访谈法是以口头形式，通过与专家的交流和互动，搜集有关态度、情感、动机、认识或事实性材料的方法。它通过与远程教育专家交流、访谈，广泛征求专家对中国现代远程高等教育实质性增长的看法和意见，并取得专家对本研究的支持和帮助。

三、调查研究法

调查研究法是有目的、有计划地去了解一些实际情况，借以发现存在的问题、探索一定规律的方法。它采用面访调查法和电子（网络）问卷调查法相结合的做法，研究中国现代远程高等教育实质性增长的分析模型，进而探讨中国现代远程高等教育实质性增长的状况。

四、比较研究法

比较研究法是根据一定的标准，对两个或两个以上有联系的事物进行考察，寻求其异同，探求教育的普遍规律与特殊规律的方法。[①]本书通过横向比较英国、美国现代远程高等教育增长的关键因素：教育团队、课程资源、教学媒介、学生支持服务和教学交互等情况，从经验的层面归纳总结现代远程高等教育实质性增长的做法，为研究中国现代远程高等教育实质性增长提供借鉴。

五、行动研究法

笔者作为试点高校现代远程高等教育的教学人员和管理人员，连续几年通过教授"现代教学论"网络课程，组织学生和参与现代远程高等教育的教与学的全过程，采用计划—行动—观察—反思这一循环操作模式，研究和体会现代远程高等教育实质性增长状况。

六、内容分析法

内容分析法原为社会科学家从自然科学借用的定量分析的科学方法，是对历史文献进行内容分析而发展起来的，后来，它成为传播学的一种重要的研究手段。它是对于明显的传播内容做客观而有系统的量化并加以描述的一种研究方法。[②]内容分析法的基本过程包含两个步骤：首先，对需要分析的文本信息进行内容分解，生成单独的"意义单元"，这也是内容的线索信息的确定和提取过程；然后是线索信息集合的解析过程，即按照一定的理论模型，归类解析和量化处理分解得到的"意义单元"，从而分析得到整体内容所表达的含义或者信息。[③]本书中所运用的内容分析法主要体现在对远程高等教学交互的统计分析之中。

---

① 袁振国. 教育研究方法[M]. 北京：高等教育出版社，2000：161.
② 谢幼如，李克东. 教育技术学研究方法基础[M]. 北京：高等教育出版社，2006：140-144.
③ 曹良亮，陈丽. 异步交互中远程学习者教学交互水平的研究[J]. 中国远程教育，2006（2）：12-16，25，78.

第二章　远程高等教育实质性增长的基本内涵分析

第一节　哲学视野下的远程高等教育实质性增长

哲学领域，本质与现象构成一对范畴，它是指事物的内部联系；质与量构成一对范畴，它是指事物的一种规定性。实质性增长问题的探讨，涉及哲学层面的量与质、现象与本质等范畴，特别是量与质之间的关系及其转化问题。

一、质与量的关系

质与量是人类认识史上出现较早的一对范畴。人们认识事物，要回答"是什么"以及它的大小、多少等时，便涉及事物的质与量问题。早期哲学中的东方各派和西方各派对质与量的理解各不相同，前者偏重事物的"质"，后者侧重于"量"。毕达哥拉斯学派把世界数学化，认为"数"使世界万物获得界限，定形与和谐。万物的本原是一，从一生出二，而事物的"质"的多样性又都会转化成数量的差别性。

把"质"和"量"作为范畴明确提出来的是古希腊哲学家亚里士多德。他指出了质与量相关的若干规定。其一，"性质"和"数量"都是"实体"的规定性。所谓"质"的含义有两方面。首先是事物在本体（实体）上的差异，关系到事物是什么和不是什么，这是从稳定态来看；其次是属于变化的偶性，就是说"质"是事物本质上的差异和偶性上的差异。其二，"量"的含义，他指出，凡事物可区分为更多组成部分，就形成量。其中有"可计数的"（指个体的多少）和"可计量的"（指广延的大小）两种。量又可区分为"本性的量"和"属性的量"。其三，运动包括量变和质变。他把运动分成六种：生、毁灭、增加、减少、变更及地点的改变，增加和减少属于量变，变更则指性质的变化。[①]

17～18世纪，哲学家比较重视从质和量的范畴探讨事物的多样性，分别研究了质和量两个方面，并看到了两者的区别。以莱布尼茨为代表，他比较重视质的研究，他认为"单子"才是构造自然的最基础的不可被分解的"原子"或"元素"。"在没有部分的地方，是不可能有广袤、形状、可分性的。这些单子乃是自然的真正的原子，简言之，也就是事物的元素"；"根本不必怕单子会分解"。"单子，不是别的东西，只是一种组成复合物的单纯实体，单纯，就是没有部分的意思"；"复合物不是别的东西，只是一些单纯物的一个堆积或聚集。"他认为单子是独立的、无结构、不可分，具有内在精神运动能力，"在单纯实体中所能找到的，只有这个，也就是说，只有知觉和知觉的变化。也只有在这里，才能包含各个单纯实体的一切内在活动。"[②]以霍布斯、霍尔巴赫等为代表的机械唯物主义者，为了突出事物的现实存在的性质，比较注重量。他们把质分解为个别属性，甚至把质的差别都归结为量的差别，用"广延性"、数量关系去规定物体。有的甚至把质抽象化，认为事物的质是不可知的。[③]

黑格尔在更高的基础上对质和量的问题做了总结，他认为"质是与同一存在的直接的规定性，某物之所以是某物，乃由于其质，如失掉其质，便会停止其为某物。再则，质基本上仅仅是一个有限事物的范畴"[④]。也就是说，质就是一事物区别于其他事物的特殊的直接的规定性，只有在现有存在中才出现质，现有存在是实有物或某物，质是一个具体存在物的规定，它揭示了事物存在的界限。在考察质的现实性时，就要考察量。黑格尔认为"量不是别的，只是扬弃了的质"，"是事物中立的外在的规定性"，"一物虽然在量的方面有了变化，变成更大或更小，但此物却仍然保持其原有的存在"。[⑤]黑格尔在"存在论"范畴里谈的质和量，不像康德所讲的量在质之前，他认为质应在量的前面，即先认识质，然后再对其量做出认识。黑格尔认为质和量是辩证的关系，他用"尺度"来描述质和量的关系、"尺度是有质的定量，尺度最初作为一个直接性的东西，就是定量，是具有特定存在或质的定量。"[⑥]

---

① 亚里士多德. 形而上学[M]. 吴寿彭，译. 北京：商务印刷馆，1981：102-104.
② 北京大学哲学系外国哲学史教研室. 十六—十八世纪西欧各国哲学[N]. 北京：生活·读书·新知三联书店，1958：292-295.
③ 高清海. 马克思主义哲学基础[M]. 北京：人民出版社，1985：213-214.
④ 黑格尔. 小逻辑[M]. 贺麟，译. 北京：商务印书馆，1980：202.
⑤ 黑格尔. 小逻辑[M]. 贺麟，译. 北京：商务印书馆，1980：217.
⑥ 黑格尔. 小逻辑[M]. 贺麟，译. 北京：商务印书馆，1980：234.

马克思和恩格斯批判改造了黑格尔以唯心主义辩证法为基础的质和量的辩证观，形成了以马克思主义唯物辩证法①为基础的质和量的辩证观，恩格斯在《自然辩证法》中谈到质和量时，说道："自然界中一切质的差别，或是基于不同的化学成分，或是基于运动（能）的不同的量或不同的形式，或是——差不多总是这样——同时基于这两者。"②他对质做了说明，即质是一事物区别于其他事物的特殊的内在的规定性，事物具有一定的特殊的质，才与其他事物区别开来。他对质的相对稳定性也做了说明："没有物质或运动的增加或减少，即没有有关的物体的量的变化，是不可能改变这个物体的质的。"关于"量转化为质和质转化为量的规律"，恩格斯说："我们可以把这个规律表述如下：在自然界中，质的变化——以对于每一个别场合都是严格地确定的方式进行——只有通过物质或运动（所谓能）的量的增加或减少才能发生。"③可见，恩格斯运用唯物辩证法揭示了量和质的辩证关系：质变是由量变引起，量变达到一定阶段，就引起事物质的变化。同时，他也揭示了量变引起质变的"严格地确定的方式"，即物质的量或运动的量。所谓物质的量，是指物体的物质组成的成分和数量，在当时主要是指组成物体的化学成分和原子的数量；所谓运动的量，是指物体所具有或所包含的能量。此后，列宁、斯大林、毛泽东等也对质和量问题进行了相关的阐述。总体而言，马克思主义质和量的辩证关系可以归纳为：量和质是事物的两种形式或两种状态；量和质是事物内部包含的两个矛盾对立统一的因素；事物总是在量和质的互相转化中运动变化着，量变是质变的必要准备，质变是量变的必然结果，事物的发展就是由量变到质变，由质变到量变的循环往复而又由低到高的无限过程。

20世纪40年代后，随着系统论、信息论、控制论、耗散结构论等学科的兴起，人们对量和质问题的理解又进入了一种新的境界。④由实体质和量转变为系统的质和量，又由静态质转化为动中之静的稳定态的质和量。质是事物内在的规定性，是一种稳定态。质被更多地理解为"关系质"，"关系质"即从要素相关性中产生的系统质，是一种事物在变动不居的环

---

① 马克思主义唯物辩证法是马克思主义的精髓，它是马克思主义的本原、灵魂和根本理论基础。马克思和恩格斯用唯物主义改造黑格尔的唯心主义辩证法，用辩证法改造以前的唯物主义，并辩证唯物地概括了当代的自然科学成就和总结了无产阶级革命的实践经验，创立了唯物主义的新型哲学——唯物辩证法（即辩证唯物主义），它是马克思主义的科学世界观和方法论。它包含三个基本规律：质量互变规律、对立统一规律、否定之否定规律。
② 恩格斯. 自然辩证法[M]. 于光远，等译. 北京：人民出版社，1984：75.
③ 恩格斯. 自然辩证法[M]. 于光远，等译. 北京：人民出版社，1984：75.
④ 洪昆辉. 当代量质研究面临的若干深层问题[J]. 学术探索，2002（2）：12-15.

境中的一种"稳定态"。事实上，实体—属性与系统—稳定态是人们对事物"质"的两种不同把握方式。实体—属性是从内在与外在的角度来把握质。质是事物的内在规定性，属性是质的外在表现，一事物的质总是要通过它与其他事物的关系及同人（或主体）的关系中表现出来。事物的质在与他物的关系中表现出来就是这一事物的属性。系统—稳定态是从事物与环境的相互作用的过程、状态来把握质的，现代控制论、系统论、信息论及自组织理论揭示了这一方面的丰富内容。按系统—稳定态理论，任何一个系统都具有无穷多种可能状态，但能代表系统质的规定性是那些"稳定态"。因此，一定的系统—稳定态相当于事物的一定质。而从一种稳定态向另一种稳定态的跃迁便相当于事物的质的变化过程。那么，什么是稳定态呢？稳定态是指一个系统在一定的环境影响、干扰面前能够通过一定的信息反馈调控保持自身系统的不变性。从稳定态角度看质的规定性与从属性角度看质的规定性是不同的，稳定态实际上是动态的，它在动态过程中自身表现出来的稳定性，是变化中的稳定。而属性尽管是相关性表现，但本质上是静态的，即事物的质在这一关系中便是这种属性，不是别的属性。从稳定态角度看质体现出来的是质的历史演化，把历史过程和演化存在引进质的研究中来。事物稳定态受事物自组织和它组织两方因素共同影响。耗散结构系统是靠与外部的物质、能量、信息交换维持其存在，即一种事物（耗散结构）稳定态的质，不但取决于事物内部的要素和结构，还取决于事物与环境的相互作用。关于量，则认为是事物存在和发展的规模、程度、速度及事物构成因素在空间上的排列等，可以用数或形来表示的规定性。量的规定性可区分为内涵量和外延量。外延量表示事物存在范围的广度即规模量，可以计算；内涵量表示事物等级程度构成方式、功能过程量，它比外延量更加深刻，是不能用机械方法加以计算的。量的规定性与质的规定性不同，质与事物存在直接同一，量在一定范围内的变化增减并不影响某物之为某物。

　　总体而言，质和量是用于描述事物差异及关系存在的哲学范畴，它们反映同一对象的两个不同方面的规定性。质是在特定层次或维度上，事物作为整体单一存在区别于其他事物的规定性。这里的"事物"泛指一切存在对象，可以是实体存在，也可以是非实体存在，可以是一个静止的存在，也可以是一个动态的存在，等等。"质"所要回答的主要是事物作为整体存在是什么、事物与其他事物有什么差别。质的特征在于不可分割性，质存在于对象的整体性和单一性之中，质是"一"的规定性。量是在特定层次或维度上，事物作为局部、多的存在及局部之间关系存在的规定性。量所要回答的主要是事物的局部是什么、有什么关系、如何组成整体、如何表现整体。量主要用于描述事物内部和外部的关系存在，如对象的内部结构及对内对外的规模占据空间的大小、数量多少、等级程度、变化的快慢、顺序的先后、时空和功能分布的序结构，等等。量的特征是可分割、可组合性，量体现局部之间的关系，量存在于内外关系之中，离开关系，无所谓量，量可以看成是被分解的"质"，量是"多"的规定性。事物的量决定质、组成质、体现质，量是质的内容。任何对象都同时具有量和质两方面的规定性，量和质互为存在的前提，任何质总是量的质，量又总是质的量。①两者的关系是辩证统一的。

二、质与本质的联系与区别

在哲学界，本质通常是与现象对应的，它们是揭示事物内部联系与外部表现相互关系的一对范畴。本质是事物的根本性质，是事物存在和发展的根据，是事物的内部必然的联系。②事物的本质是由它本身所固有的特殊矛盾所决定的。"本质由事物的内在矛盾构成，是事物的比较深刻的一贯的和稳定的方面。"③一事物的根本性质，对于该事物来说，就是它本身的特殊本质；对于其他事物来说，就是它们之间的本质区别。本质和必然性、规律性是同等程度的范畴，但比较起来，本质的含义要更宽泛一些，它是事物内部所包含的一系列必然性、规律性的综合。"本质从整体上规定事物的性能和发展方向。"②本质的存在决定了事物的存在。一事物本质的缺失就表明了该事物的不复存在。但是，事物的本质并不是事物的全部。也就是说，事物的存在不仅需要本质的必然存在，还需要诸多非本质的质等要素的必要存在。就本质与现象的关系而言，本质揭示了事物的内部联系，它决定了事物的性质和发展的趋势；现象揭示了事物的外部联系和表面特征，它是事物本质的外在表现。本质和现象是对立统一的。世界上没有离开现象的本质，也没有离开本质的现象；本质寓于现象之中，并通过现象表现出来；现象受本质支配，是本质的外部形态。简单地说，本质决定现象，现象蕴藏着本质。同时，本质和现象是有差别和矛盾的，本质是比较单一、稳定、深刻的东西，现象是比较丰富、多变、表面的东西。可见，本质是内在的、根本的、起决定作用的，是通过现象体现出来的。现象则在表现着本质和非本质。

从质与量的分析我们知道，质是事物作为整体单一存在区别于其他事

---

① 洪昆辉. 论量与质界定的相对性及相互转化[J]. 中共云南省委党校学报，2003，4（6）：68-71.
② 孔幼真. 现象和本质的辩证法[M]. 福州：福建人民出版社，1984：22-27.
③ 辞海编辑委员会. 辞海（哲学分册）[M]. 上海：上海辞书出版社，1980：84.

物的内部的规定性，质与事物是直接同一的，一定的质就是一定的事物。质是人们区分、认识具体事物的客观依据。质往往通过该事物与其他事物的关系、事物之间的区别表现出来。事物之间的联系是复杂的，因而事物的质常常表现为多种多样的属性。属性指事物的特性、特征，包括形态、动作、关系等。属性是事物本身固有的性质，是由该事物的内部矛盾所决定的。①可见，属性是质的表现，它通过事物之间的相互联系而表现出来，质是事物的内在规定性，是属性的规定性。

虽然本质和质都是指事物的性质，但从严格意义上说，它们是有联系和区别的，具体表现在如下几点。

首先，本质与现象构成一对范畴，它是指事物的内部联系；质与量构成一对范畴，它是指事物的一种规定性。相对于量来说的事物的质，不一定就是事物的本质，事物的本质是事物的根本性质，是由事物的内部矛盾决定的。因此，本质和质在结构层次上是不同的，本质比质要更深一层。②例如，水在标准大气压的前提下，0℃以下就表现为冰，在 0~100℃就表现为液体，变化的仅仅是其存在的状态，即质变，但分子结构基层的东西，即本质没有改变。

其次，本质是间接性的范畴，需要抽象思维才能把握；质是直接性的范畴，可以通过直观感觉思维去把握。所谓间接性，就是不能直接地去认识事物的本质，只能通过现象才能认识；而相对来说，事物的质是能直接认识的，当人们能把一个事物同其他事物区别开来时，也就认识了事物的质。如我们能把光的各种颜色区别开来，也就认识了各种颜色的质的规定性；而对光的本质的认识——电磁辐射则是对光的各种现象概括抽象的结果。

最后，同一事物有可能有多个质，而本质是相对唯一的。事物的存在是复杂的，当我们将事物当成一个单一存在时，它的质是唯一的，但从某种意义上讲事物都是一种复合对象，同一个对象可能同时具有不同的层次、不同的维度、不同的侧面，因而可能具有不同的质。正如恩格斯所指出的，客观存在着的不是同事物相脱离的纯粹的质，"而只是具有质并且具有无限多的质的物体"。③一事物的质是多方面的、多个的，甚至是无限多的。在这些质中，对事物起着最基本、最根本的内部规定作用的质，就是事物的本质。可见，事物的本质相对而言是唯一的、内部规定的，而质可以是多层面的、多个的。

---

① 马治国. 网络教育本质论[D]. 长春：东北师范大学，2003：201.
② 孔幼真. 现象和本质的辩证法[M]. 福州：福建人民出版社，1984：30.
③ 恩格斯. 自然辩证法[M]. 于光远，等译. 北京：人民教育出版社，1984：104-105.

三、量变与质变的辩证关系

关于量变和质变的辩证规律，恩格斯曾经表述为"量转化为质和质转化为量"的规律[1]；列宁表述为"从量到质和从质到量的转化"规律[2]；斯大林表述为"逐渐的量变积累……到根本的……质的变化"规律[3]；毛泽东表述为"质量互变法则"[4]。他们的表述只是个别文字上有所不同，内涵基本上是一致的。按照马克思主义唯物辩证法可知，任何事物都是量与质的统一体，因而事物的增长变化也是在量变与质变作用下产生的。量变与质变既有矛盾的一面，也有统一的一面，它们构成了一对辩证关系，共同促进事物的增长。

（一）量变与质变是相互区别的

在时空层次确定，对象是单一存在的情况下，质是事物作为整体存在区别于其他事物的规定性，而量是事物作为局部及关系存在的规定性，它们各自描述事物的不同侧面。质的特征是整体性、不可分割性，反映差别存在。量的特征是可分割、可组合及反映关系存在。质变是指事物作为整体单一存在区别于其他事物的规定性的变化。量变是指事物作为局部、多的存在及关系存在规定性的变化。

（二）量变与质变是相互统一的

事物都是量与质的统一体。量与质是同一事物不可分割的两个方面。质是量的综合及表现，质是一定量的质。量又是质的基础，量是分解了的质，量是特定质的量。当我们将事物当成一个整体对象的时候它所表现出来的规定性（对外表现为功能属性），就是事物的质。当我们将事物看成局部的组合，或看成多个对象及关系时，它所表现出来的规定性就是事物的量（表现为事物内的结构，要素数量等）。由于事物的整体与组成它的局部是不可分割的，与此对应事物的量质规定性也是不可分割的。因此，量变与质变是相互统一的。

---

① 中共中央马克思恩格斯列宁斯大林著作编译局. 马克思恩格斯选集（第三卷）[M]. 北京：人民出版社，1972：111.

② 中共中央马克思恩格斯列宁斯大林著作编译局. 列宁选集（第二卷）[M]. 北京：人民出版社，1972：608.

③ 联共（布）中央特设委员会. 联共（布）党史简明教程[M]. 北京：人民出版社，1975：118.

④ 毛泽东. 毛泽东选集（第1卷）[M]. 北京：人民出版社，1991：299-310.

（三）量变与质变是相对的

在层次变化的条件下，主体切入的角度不同时，量与质的规定相互转化。在某一层次上为质的东西在更上一层次的宏观层次中则属于量，反之，在某一层次中属于量的在更下一层微观存在中则是质。例如，面对不同化学元素，如果我们是在原子水平上定义它，则这些元素应该是"质"的差异，它们的物理和化学性质都有质的不同。但是，如果换一个层次，在比原子更微观的层次，即深入原子核内部，则这些所谓质的差异立刻变为量的差异，变为原子核内质子、中子与核外电子数目不同的差异。当然，在层次和局整关系确定的情况下，对象的质就是质，量就是量，不可混淆。量变可以导致质变，而质变又会影响量变。因而，量变和质变是可以转化的，是相对的。

（四）量变与质变的联系

量变与质变具有非同步性。一般情况下，事物的量变在时间上先于质变，质变具有时滞性；量变是经常的，几乎每一时刻都在发生，质则是相对稳定的，一种质一旦形成，多少都会维持一段时间，质不会立刻改变；量变往往是连续的，也有非连续的，质变非连续的情况居多，非连续意味着找不到中间过渡，即无亦此亦彼的中介，称之为"飞跃"。质变对应着事物整体中居主导地位的序参量的变化，质变指事物整体性的变化。量变则对应着事物局部及关系结构的变化，量变指事物局部性的变化。一般情况下，能够引起事物序参量发生变化的量变将导致事物的质变。而事物质的变化则改变原有事物整体存在状况，改变其中各要素赖以生存的系统环境，以及要素间的相互关系，甚至直接作用于要素，改变要素的数量及要素质。质变对量变的作用是通过序参量的支配、役使作用影响其他要素及关系实现的。①

四、实质性增长的哲学解读

增长表示事物规模扩大、增加、提高等，事物增长的过程就是一个变化的过程。就事物增长变化来说，有表层的变化，也有深层的变化；有量的变化，也有质的变化。相对而言，深层的变化或质的变化是更为实质的变化，这种更为实质的变化就是实质性增长。具体表现为三个方面。

---

① 洪昆辉. 量质转化论[J]. 云南社会科学，2002（2）：18-22.

（一）相对于表层的量变而言，深层的量变是更为实质性的增长

量变是一种循序渐进的过程，既有纯粹数量方面的变化，也有层次方面的变化。

林夏水针对不同时期数学研究对象的变化，探讨了量的层次性问题。[①]他认为，从抽象程度来看，量有不同的层次和不同表现的形式。量的第一层次为"名数"（人类早期认识到的、与具体事物的质相联系的、表示多少的量叫作名数，它是量的初始表现形式）。量的第二层次为"数"（无名的数，脱离了具体事物的质，表示事物在量上的多少）。量的第三层次为"数量关系"（函数、多项式等表达变动的量）。量的第四层次为"结构"（运算特征的量及抽象代数、结构）。量的后一层次是前一层次及其扩充的概括和抽象，有可能出现无穷层次序列，即量的层次具有无限性。

姜云也认为量包含数量和层次两方面，他用"规模"和"等级"来分析量的二重性。[②]量是质的存在方式，是质的规模和等级的标示，量具有二重性，即规模量是横向伸张量，是质的广度的标示，它的变化与质无关，等级量是纵向进展量，是质的深度的标示，它的变化与质密切相连。规模量的变化不引起根本质变，等级量的变化则引起根本质变。量不是外在于质的另一个东西，它本身就隐含于质之中。质一旦作为现实存在而存在，其表现出来的存在方式就是量。具体事物所具有的量都是时间量和空间量的具体体现和分化，规模量就是空间类量，而等级即时间类量。等级量是一个自成单位的统一整体，不能分割。

量变过程中，不管是数量规模的增加，还是层次等级的提高，其实都是量变由表层到深层的渐进过程，相对于小数量、小规模的增长变化而言，大数量、大规模的变化自然是更为实质性的增长。相对于事物表层的增长变化而言，深层的变化自然是更为实质性的增长。

（二）相对于量变而言，质变是更为实质性的增长

通常情况下，事物的增长变化是先由量变开始，量变到一定程度才引起质的变化。量变是质变的原因、条件和先导，质变需要有量变作为基础，没有量变，质变就难以发生。正如马克思所说："没有物质或运动的增加或减少，即没有有关的物体的量的变化，是不可能改变物体的质的。"[③]从这一意

---

① 林夏水. 论量的层次性[J]. 哲学研究，1992（2）：35-43.
② 姜云. 论量[J]. 陕西师范大学学报（哲学社会科学版），1996，25（4）：68-74.
③ 中共中央马克思恩格斯列宁斯大林著作编译局. 马克思恩格斯选集（第三卷）[M]. 北京：人民出版社，1972：485.

义上说，量变是事物增长变化的起点，量变往往与深层次的质变是不同步的，量变是事物局部及关系结构的一种变化，从表层的局部，到深层的局部，到部分的质变，再到事物整体性的变化，是一个不断向深度演进的过程。

量变和质变相比较，从时间维度上看，量变的时间相对较长，而每一较大的复杂事物的根本性质变，都不是一下子就从旧质转变为新质的，而是在一个较长的时间内经过总的量变过程中的各个阶段才得以最后完成和实现的。从空间维度上看，量变是组成局部及关系存在的变化，相对来讲是表层的；而质变是整体对象的变化，相对来讲是深层的。

总体而言，事物的增长是量变和质变的辩证统一，但相对于量变而言，质变是更为实质性的增长方式，它更有利于实现或改变系统整体的功能和目标。

（三）相对于表层的质变而言，深层的质变是更为实质性的增长

事物都是一种复合对象，同一个对象可能同时具有不同的层次。正如钟阳胜、范英等学者认为的一样，在事物内部，质是一个由构成事物的各个方面、各种特征和特性有机地组成的稳定的联系系统。在这个系统中，构成事物的质的各个要素不是杂乱无序地凑合在一起的，而是按照一定的序列，由简单到复杂，由外层到里层，有规律地组成的一个层次结构的整体。可以把一定质的内部结构大体分为三个基本的层次：表层、中层和基质层。①

表层：构成事物质的外圈，是事物质的表面结构，在事物质的规定中，它不起主要的、基本的支配作用，事物的部分质变的发生，往往首先是从事物的表层打开缺口的。

中层：是事物质的表层与基质层之间的中介，即联系环节，构成事物质的中间部分，是事物质的中间结构。当表层发生的部分质变继续深入，乃至完成之后，事物的部分质变就有可能进入中层发生，其中层部分的消长是由自身及来自表层和基质层的矛盾斗争状况所决定的。

基质层：是整个事物内部结构的基础，处于事物全部内部规定性的核心地位，是事物质的主体部分，在事物内部由构成事物的主要矛盾和矛盾的主要方面所决定，又在本质上反映这种主要矛盾或矛盾的主要方面的规定性，从事物的存在和运动状态来说，它是最坚固、最稳定的部分。基质层就是事物的本质所在。

从表层的部分质变，到深层的质变，乃至本质的改变，是一个质态层

---

① 钟阳胜，范英. 论质的层次结构及其转化规律[J]. 学术论坛，1984（6）：58-60.

次不断加深的过程。就事物增长变化而言，越是深层次的质变，就越可以说是实质性增长。

五、实质性增长的影响要素

事物的实质性增长取决于事物的量变与质变的逻辑演绎，一般情况下，有以下几个方面的要素影响着事物的实质性增长。

（一）组成事物整体的要素的质

事物或系统都是由要素或子系统组成的。例如，金子是由金元素为基质组成的整体，而铁块是由铁元素组成的整体。要素或子系统的质量状态如何，直接影响事物或系统的质量。

（二）组成事物整体的要素的数量

在要素"质"相同的情况下，往往要素数量的多少决定事物整体的规定性。例如，不同数量的质子、中子和电子组成了不同质的元素，不同元素的区别无非是原子量的不同而已，即是中子、质子、电子的数量不同而已。

（三）组成事物整体要素的关系和相互作用

要素的关系如何往往影响事物的存在方式和生存状态。要素的结合方式表现为事物的结构，相同质的要素和相同数量的要素，如果结合的关系不同，其形成整体的规定性也不同。例如，同是碳元素，由于结构不同，可以形成硬度很低的石墨，也可以形成硬度很高的金刚石。

对于非耗散结构系统或事物来说，事物的质主要由组成事物的要素质、要素数量和要素的关系决定。这种事物的存在可以相对独立于与环境的相互作用，如金子的存在和质一般不因外界的作用而转移。

对于耗散结构系统或事物来说，需要系统或事物各要素参与环境的相互作用，即与环境进行物质、能量、信息的交互。耗散结构系统的质主要由组成事物的要素质、要素数量、要素的关系及相互作用（包括参与环境的相互作用）决定。

以上三个方面的要素共同作用决定了事物的增长变化，在这三个要素中任一要素的不同，都将使事物产生不同的变化，这三个要素中任一要素的改变都有可能影响事物的实质性增长。

一般来说，由于决定事物质的各个要素在整个事物中所处的地位不同,对某具体的事物来说,它的质(整体的规定性)实际上是由整体中的主要要素、要素的主要质、要素的主要数量,以及要素的主要关系(含相互作用)决定的。也就是说,由占支配地位事物内的"序参量"决定事物的质(整体规定性)。对于动态存在的、内部是非线性关系的事物,事物内部的序参量及关系决定事物的"质"。事物内的序参量及关系保持稳定不变时,事物整体规定性就不变,表现为质的相对稳定不变,而一旦序参量及关系发生变化,事物整体的规定性也随之变化,表现为事物质的变化。

第二节 远程高等教育实质性增长系统要素分析

要素一词,德文为 Elemente,英文为 essential,有实质的、本质的、基本的、必要的、重要的等含义。在中文中,要素即构成事物的必要因素。[1]事物的演变总是由多种因素综合决定,其中对事物起根本性的、实质性作用的因素,我们称之为要素。要素一词,往往是与系统联系起来使用的概念。因此,我们有必要从远程高等教育系统要素及其动态运作过程对远程高等教育实质性增长加以分析。

一、对远程高等教育要素的一般认识

远程高等教育内部的要素包括哪些呢?目前说法不一,有"二要素说""三要素说""四要素说""五要素说",甚至还有"多要素说"。

(一)"二要素说"

霍姆伯格在 1985 年时,认为在远程教育系统中,远程教育院校和教师是通过发送事先准备好的课程材料和为学生提供学习支持服务两种方式进行远程教学的。[2]霍姆伯格认为与面授教与学的连续双向交互活动不同,远程教与学具有非连续通信的特征。事先设计、开发和发送的课程材料代表教学信息的单向的、非同步的传输,而通过各类双向通信机制实现师生交互、为学生提供学习支持服务,则代表了远程教育中教学信息的双向同步通信与双向异步通信。因此,他认为远程高等教育中主要存在"课程资源开发"与"学习支持服务"这两大要素。

---

[1] 中国社会科学院语言研究所词典编辑室. 现代汉语词典[M]. 7版. 北京:商务印书馆,2019:1526.
[2] 秦磊. 我国高校网络教育的现状与对策研究[D]. 西安:陕西师范大学,2004:14-15.

（二）"三要素说"

胡秀琴等认为，远程高等教育中包含着教师、媒介和学习者三个最基本的要素。[①] 还有人认为，远程高等教育三要素为教师、学生、教学内容，或教师、学生、教学手段。[②]

（三）"四要素说"

凯伊和鲁姆勃尔认为，远程高等教育系统有四个子系统："课程开发子系统""学生子系统""后勤子系统"和"管理子系统"。[③] 其中，课程开发子系统处理和课程开发有关的运行活动主要包括多种媒体课程教学材料的设计、开发、制作、发行和接收。学生支持服务子系统处理和学生有关的运行活动，主要包括对学生的各类学习支持服务活动和各种学生学习过程管理。后勤子系统负责系统所需要的资源（财政的、人员的、物质材料的和能源的等）的采集和更新，包括购置、维修建筑物、基础设施和设备，招聘人员，任命任职，进行培训和思想工作，等等。管理子系统负责协调各种运行活动之间、运行活动与后勤活动之间及系统活动与周围环境之间的关系。

何克抗也认为，现代远程高等教育除了传统的教学系统的教师、学生和教材教学资源三个要素外，应增加一个要素——教学媒体。这四个要素不是孤立地、简单地组合在一起，而是相互联系、相互作用的有机整体。[④]

（四）"五要素说"

远程高等教育的"五要素说"有许多版本，较有代表性的有以下几种。

美国学者莫尔认为，一个远程教育系统首先要决定教学的知识与技巧来源、学生的学习需求及特定的授课内容，这是学科资源（sources）要素。然后是负责课程设计制作的设计（design）要素与负责课程传送的传递（deliver）要素，还有协助学生学习的互动（interaction）要素，以及影响学习环境（learning environment）要素，最后，则是由政策及管理架构来

---

① 胡秀琴，王维. 网络教学中教师、学生与媒体三者地位、作用及相互关系[J]. 山东教育学院学报，2003（6）：5.
② 吴维屏. 试论远程教育的系统观[J]. 现代教育技术，2001（3）：30.
③ Kaye A，Rumble G. Distance teaching for higher and adult education[M]. London：Croom Helm in association with the Open University Press，1981.
④ 李谨. 纵论信息技术与课程整合：何克抗教授专访[J]. 中小学信息技术教育，2002（9）：4-10.

负责与掌控各个要素间的相互关系与进展。①莫尔远程高等教育系统五要素如图 2-1 所示。

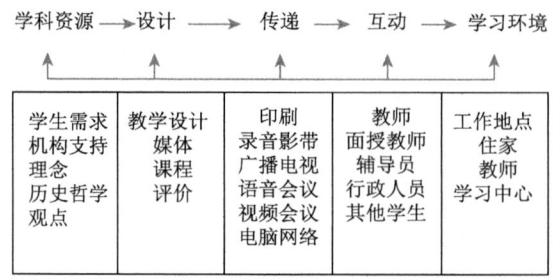

图 2-1　莫尔远程高等教育系统五要素

另一"五要素说"是在教师、学习者、媒介之后加入教学资源、学习过程两个要素，如中国学者高利明就指出，媒介在远程高等教育活动中的角色固然重要，但是，即便如此，它仍然只是一个工具，它的重要任务依然在于为教师进行远程教学资源的开发建设和学习者的远程学习提供过程服务。②"五要素说"还有另外一种版本，那就是在教师、学习者、媒介后面加入教学资源和学习支持服务，仔细分析这种提法，它和前一种提法有异曲同工之妙，前者强调教师"教"和学习者"学"的"教学过程"诸环节，而后者则强调针对教学过程的诸环节，为学生提供一流的学习支持服务。所以，这两种说法，可视为同一种说法。

还有学者引用拉斯韦尔传播的"5W 模式"，即谁（who）、说了什么（say what）、通过什么渠道（in which channel）、对谁（to whom）、取得了什么效果（with what effect），认为远程高等教育也是一种教育传播过程，其有五个基本要素：教育传播者、教育讯息、教育媒介、受教育者及教育效果（也有学者认为教育效果应改为教育反馈）。③

（五）"多要素说"

有学者提出"六要素说"，认为现代教学系统是由教师、学生、课程、方法、时间和环境六要素构成的。④

---

① Moore M，Kearsley G. 远距教育：系统观[M]. 赵美声，陈姚真，译. 松岗电脑图书资料股份有限公司，1999：9.
② 高利明. 现代教育技术[M]. 北京：中央广播电视大学出版社，1997.
③ 张立国，司晓宏. 影响现代远程教育质量的要素及其子系统研究[J]. 现代远距离教育，2006（4）：41.
④ 杨文荣. 现代教学理论与教学改革[M]. 北京：文化艺术出版社，1995：68-72.

也有学者提出"七要素说",分别是学生、教学目的、教学内容、教学方法、教学环境、教学反馈和教师。①

还有学者提出"八要素说",如霍姆伯格在分析了埃尔多斯、莱特等提出的远程高等教育系统模型的基础上,提出了远程高等教育系统最基本的八个要素:学生学习、课程设计、课程材料开发、提供教学通信、为学生提供咨询、课程开发管理(课程材料分发、教学会谈、辅导等)、为远程高等教育创建适合的组织结构,以及系统功能评价。

另外,还有学者从不同层面提出远程高等教育的"多要素说"。从静态看,构成远程高等教育系统的基本要素有传者(教育者)、信息、受者(受教育者)、通道与媒体及远程教育传播机构;从传播过程的环节看,基本要素有教育者处理信息、教育者呈现信息、受教育者接收信息、受教育者处理信息、受教育者作出反应、教育者收集受教育者的反应并进行诊断、教育者对受教育者的学习作出评价、教育者向受教育者提供其学习结果的反馈。②

以上对远程高等教育要素的认识主要有以下几个问题。

一是大多从量上把握教学的要素,没有从质上整体认识,教学要素的分类标准不一,要素的层次混乱,把教学的条件简单地当作教学的要素,混淆了因素与要素、系统与环境的界限。例如,时间作为要素与其他要素并不处于同一层次,环境作为教学的要素也混淆了教学系统与环境的界限。

二是大多从传统的课堂教学角度认识远程高等教育的要素,忽视了远程高等教育教的行为与学的行为的变化与重新组合、科学知识不断涌现对教学资源的冲击,以及现代科学技术与教学媒介的关系。

三是大多从静态的角度来分析远程高等教育的要素,由于没有相对统一的划分标准,因而得出的结论也各不相同。

二、远程高等教育实质性增长要素的动态系统分析

(一)动态演进的系统理论

现代意义上的系统理论,萌芽于20世纪初,形成于20世纪三四十年代。一般系统理论包括系统论、信息论和控制论,主要有四大特点。一是整体性,表现在空间上,是系统具有区别于其他事物和内部组成成分的整

---

① 李秉德. 对于教学论问题的回顾与前瞻[J]. 华东师范大学学报(教育科学版),1989(3):55-59.
② 吴维屏. 试论远程教育的系统观[J]. 现代教育技术,2001(3):31.

体的形态、特征和边界；表现在时间上，是系统具有特定的整体存续和演化的过程。二是有机性，系统的整体性是由系统的有机性，即由内部诸因素之间及系统与环境之间的有机联系来保证的。三是动态性，系统的有机性不是静态的，而是动态的，有机性和动态性反映了系统的不同侧面，动态性强调的是时间上的变化。四是有序性，系统的有机性表现出来的结构、层次，以及系统的动态性所表现出来的渐进分异的方向，都使系统具有有序性的特点。①

20世纪70年代，自组织理论成为系统理论关注的热点。自组织理论包括耗散结构理论、协同学、超循环理论等不同学派。不同理论学派从不同的角度对自组织系统进行了研究，耗散结构理论阐明了自组织产生的外部和内部条件；协同学综合考察了自组织发展的各种内部因素的作用，阐明了系统自组织的机制与内在动力；超循环理论则描述了自组织进化的形式。②一般而言，自组织（系统）指一种有序结构自发形成、维持、演化的过程，即在没有特定外部干预下，由于系统内部组分相互作用而自行从无序到有序、从低序到高序、从一种有序到另一种有序的演化过程。③

20世纪80年代以后，混沌理论、分形理论、复杂适应系统理论等各种复杂性理论相继产生，复杂适应系统理论又成为系统理论研究的热点。复杂系统包含了许多相对独立的部分，它们高度地相互联系和相互作用着。它们大部分是这样的组成部分，这些组成部分要求有再生真正复杂性、自组织、复制、学习和适应系统的功能。④

随着时间的推移，人们对系统的研究和理解日益深入。主要表现在：从孤立的研究对象转向在相互联系中研究；从用静止的观点观察事物转向用动态的观点观察事物；从强调用分析的、还原的方法处理问题转向强调整体地处理问题；从研究外力作用下的运动转向研究事物由内在非线性作用导致的自组织运动；从实体中心论转向关系中心论；从排除目的性、秩序性、组织性、能动性等概念转向重新接纳这些概念；从偏爱平衡态、可逆过程和线性特性转向承认模糊性；等等。⑤

系统理论的产生和发展，不仅对自然科学产生了重大影响，而且从思维方式和方法论等层面上开启了人们探索世界、认识事物的智慧。系统理论并非静止不变的，而是不断在动态中演进，人们利用动态的系统理论的

---

① 颜泽贤，范冬萍，张华夏. 系统科学导论[M]. 北京：人民出版社，2006：36.
② 颜泽贤，范冬萍，张华夏. 系统科学导论[M]. 北京：人民出版社，2006：44.
③ 钟国兴，苗东升. 他组织：系统科学的另一片视野[N]. 光明日报，1999-03-02（2）.
④ 颜泽贤，范冬萍，张华夏. 系统科学导论[M]. 北京：人民出版社，2006：52-53.
⑤ 苗东升. 系统科学精要[M]. 北京：中国人民大学出版社，1998：20.

思维方式和方法论来探索远程高等教育，自然会更为真实地看清远程高等教育实质性增长的要素。

（二）系统与要素的函数关系

系统是指"许多组成要素保持有机的秩序，向同一目的行动的东西"。苏联《哲学百科全书》对系统这个词的解释是："相互有关、相互联系的要素构成的一个确定的整体"，并且指出，"这个定义表示的只是现成文献中系统这一概念的某些最常用的方面，但不是一切方面"。这一词条的作者认为："要想寻求系统这一概念所共同的、标准的定义，需要关于各种类型的系统的对象、它们特殊性和共同性方面的力求充实的概念，然而现实中这种观念还远不充分。因此，对于现阶段的系统研究来说，说明系统这一概念内容的最有效方法是从内容上研究系统这个概念的意义的多样性。作为这种研究的起点，可以把系统理解为相互关联的诸要素的完整集。"[①]

系统作为由诸要素有机构成的整体，并不是简单地等于各要素之和，系统的质是由系统内部的要素及诸要素之间的关系共同决定的。为此，我们可以用一个公式将这一关系清楚地表达出来。即

$$S=\{E, R\}$$

其中 S 表示系统（system），E 表示系统内部诸要素（element），R 表示系统内部诸要素的相互关系（relationship），即系统取决于系统内部要素及其关系。S 并不简单地等于各要素之和，而是要素及其关系的函数。

若把远程高等教育看作一个系统，其实质性增长（growth）过程就是一个动态开放的系统变化过程。远程高等教育系统实质性增长过程可用 G 表示，它等于远程高等教育系统要素 E 及其相互关系 R 的函数。即

$$G=\{E, R\}$$

（三）远程高等教育实质性增长的基本要素

远程高等教育是一个动态开放的系统，其实质性增长更是一个动态变化的过程。我们不能只从静态角度去分析远程高等教育实质性增长的要素。从共时态来看，笔者认为教育者、学习者、课程资源以及教学媒介是远程高等教育的四大基本要素，但在远程高等教育活动中，这些要素并非以固定不变的方式存在，它们常常是以动态的方式存在。因而，我们考察远程高等教育实质性增长时，应从其动态存在方式和动态相互关系来考虑。

---

① 周建中. 系统概念的起源、发展和含义[J]. 浙江万里学院学报，2001（6）：87.

从动态角度看，在远程高等教育中，教育者这一要素，不再是教师个人，它是由教学设计人员、课程主讲教师、资源开发人员、技术维护人员以及管理人员等组成的教育教学与管理团队，因而，远程高等教育教学与管理团队（简称教育团队）是远程高等教育实质性增长需要考查的主要要素之一。

在远程高等教育中，课程资源不再以教材为主，而是需要不断设计和开发教材、光盘、媒介课件、电子图书等多种课程资源，因而，远程课程资源的设计和开发也是远程高等教育实质性增长需要考查的主要要素之一。

远程高等教育中，教学媒介不只是单独使用一种，而是多种媒体综合使用，也不再是单向的传输，而是使用双向互动教学媒介，因而，远程教育教学媒介技术水平与使用也是远程高等教育实质性增长需要考查的主要要素之一。

远程高等教育中，学生不再局限于青少年，而是各种各样年龄阶段的人都有，他们的学习目的、学习动机和学习方式千差万别，需要提供多种支持服务。而学生支持服务，是最能体现学生需求和学习质量的要素，因而，学生支持服务是远程高等教育实质性增长需要考查的主要要素之一。

除此之外，远程高等教育系统要素相互关系 R，它是远程高等教育系统要素关系的存在物，它是教育者、学生、课程资源和教学媒介四要素相互发生关系的体现。四要素间的关系，按三元组合有 4 种，即存在教育者-课程资源-学生、教育者-课程资源-教学媒介、学生-课程资源-教学媒介、学生-教学媒介-教育者；按二元组合有 6 种，即存在教育者-学生、教育者-课程资源、教育者-教学媒介、学生-课程资源、学生-教学媒介、课程资源-教学媒介；加上 4 个要素内部的子关系，即教育者与教育者、学生与学生、课程资源与课程资源、教学媒介与教学媒介等，远程高等教育系统要素相互关系 R 就更为复杂。但系统要素间的关系并不是静态的，而是处在一种动态的变化当中，这种动态变化主要体现在教学交互上。因此，在研究远程高等教育实质性增长时，不可缺少的是考查教育教学交互（简称教学交互）这一要素的动态变化情况。

总之，远程高等教育由于"远程"，师生相对分离，教与学相对分开，要实施"远程"的"高等教育"，关键是在远距离情景下解决教与学的重新整合问题。这就需要既考虑系统要素问题，也要考虑要素间教学交互问题。从动态开放系统来看，我们分析远程高等教育实质性增长时，就应从教育团队、课程资源、教学媒介、学生支持服务和教学交互五个要素来综合考查。

第三节　远程高等教育实质性增长的要素解读

远程高等教育实质性增长主要相对于量的变化而言，从质的变化来阐述远程高等教育的变化，而质的变化需要从远程高等教育内部系统要素及其动态运作过程加以解释。

远程高等教育实质性增长表现在远程高等教育质的规定性上，它是远程高等教育内在要素及其关系发生作用的表征，我们只有从其动态系统要素的变化才能解读远程高等教育实质性增长的内涵。远程高等教育实质性增长涉及的因素很多，从以上对动态系统的分析，我们认为影响远程高等教育实质性增长最基本的要素主要有五个，分别是教育团队、课程资源、教学媒介、学生支持服务和教学交互。

一、教育团队

教育团队是指组织实施远程高等教育组织机构和人员的总称，包括管理远程高等教育的组织机构及行政管理人员、远程教师、教学设计者及技术人员等。

远程高等教育者，从早期的单独作战到现在的团队作战，从教师个人管理行为到大学或政府管理行为，都发生了许多内在的变化。我们可以通过远程教师的演变，来观察教育团队的变化。

（一）以教为主阶段教师的特征

远程高等教育的初级形态——远程函授高等教育，主要是借助普通大学的资源对有高等教育需求的人进行定期的面授，教学者基本由大学教师担任，教师的行为与普通大学教师的行为基本一样。

1. 具有绝对的信息优势

教师占主体地位，教师面授什么，学生听什么，教师教什么，学生学什么，教师几乎成为学生知识学习的唯一来源，学生不会对教师的话提出异议，教师也很少因感受到学生求知欲的压力而不断地充实自己。

2. 对授课内容、形式有绝对的控制力

教师授课是个人行为，教师要讲的内容是什么，该怎样讲，应采取什么样的方式、方法完全由教师控制。

3. 与学生的交流反馈直接且单一

教师主要采用面对面教学,以语言文字为媒介;学生与教师的交流以定期或不定期面授为主,辅之以信函交流。面授时,教师与学生的交流反馈比较及时;单一的信函通信时,则比较延迟。

(二) 以代替性媒介为主阶段教师的特征

随着 20 世纪各种以单向传输为主的教学媒介的出现,远程高等教育中的教师发生了相应的变化,主要表现为以下几点。

1. 教师由"台前"走到"幕后"

这时远程高等教育环境下的教师不再是站在讲台上用自己的一言一行向学生传授知识,而更像是演艺圈的演员"演而优则导",成为导演,在幕后,在学生看不到的地方策划、指导着学生的学习。

2. 教师选择传输控制教学信息

远程高等教育组织者采用多种技术媒介,把事先做好的课件、教材通过广播、电视、录音机等传输给学习者,要求学习者以作业的形式给予回馈,教师对课程目标、课程内容、课程实施、课程评价有较大的控制权。

3. 组织教学技术媒介交互非实时性

这时的远程高等教育组织者主要采用大众媒介(广播电视、卫星电视)、个人媒介(录音录像、光盘)、远程电子通信、计算机辅助教学等单向传输为主的技术媒介,他们通过媒介与学生和教学内容的交互主要是非实时的,因而反馈不及时,难以了解学生学习的状况。

4. 教师与学生的交流方式单一

教师仅能通过单一媒介与学生进行交流,教师看不到学生,学生也见不到教师,他们所能见到的只不过是冷冰冰的技术媒介呈现的信息。师生之间缺乏感性认识,而情感是人类交流很重要的组成部分,因此,教师失去了"身教"这一凸现人本主义的优势。

(三) 以双向教学交互为主阶段教师的特征

20 世纪末以来,双向传输媒介技术日益发达,很大程度上促进了教与学,教师角色和教师行为发生了许多变化。

1. 教师角色走向多元化

随着远程高等教育组织运行的复杂化,单个的教育组织者(教师)已不能满足现实的要求,原来教师的角色开始分化,远程高等教育内出现了决策者、管理者、主讲教师、辅导教师、教学教务管理者、教学设计者、技术专家、技术研发人员、技术支持人员、学习资源管理者、艺术效果设计者、产品发行人、研究者等。要推动远程高等教育顺利进行、保障远程高等教育质量，需要以上各种角色相互协调、通力合作。

2. 教学内容形式的设计需要与专业人员共同完成

现代远程教育中的课程设计不再像传统大学那样，由任课教师独自决定，由于受到网络教学这种形式的限制，课程的设计必须适合网络环境下的教与学，这涉及网络环境下非面对面的教学形式、网络环境下学生的心理状态、支持网络教学的各项技术等。这不是教师能独立完成的事情，它需要与专业的技术人员合作，因此就要求任课教师懂得一定的网络课程的设计原则，才能很好地与技术人员沟通，设计出令人满意的网络课程。

3. 学生学习的指导者和合作者

现代教育技术的发展使教师的作用和学生的地位都在发生着变化，教师正从权威式的知识传授转向花费更多时间判断学生的需要，帮助学生去发现、组织和管理知识，引导学生利用自己全部的兴趣和经验拓展知识范围。

4. 技术媒介的引领者

当今时代，新技术媒介层出不穷，其变化是日新月异的，为适应不断变化的新形势，教师必须与学生一起学习，共同研讨。这时教师的角色不仅是教，而且也是学。教师与学生逐渐形成新的学习共同体。

二、课程资源

课程是一个具有多种理解和含义的概念[①]，本书的课程资源，主要指课程教学知识资源和学生学习资源。远程高等教育的实质性增长，从内容要素来看，课程资源是必不可少的，没有课程资源的增长，就像无米之炊，难以开展远程高等教育活动。高等教育层次的课程资源也是区别于其他层次远程教育的关键。远程高等教育课程资源的增长，除了体现在远程高等教育开设学科、专业、课程的增加外，还体现在课程教学

---

① 美国学者奥利瓦归纳和总结了13种较具代表性的课程观：①课程是学校所传授的东西；②课程是一系列的学科；③课程是教材内容；④课程是学习计划；⑤课程是一系列的材料；⑥课程是科目顺序；⑦课程是一系列的行为目标；⑧课程是学习进程；⑨课程是在学校中进行的各种活动；⑩课程是在学校指导下，在校内外传授的东西；⑪课程是学校全体教职工所设计的任何事情；⑫课程是学习者在学校所经历的经验；⑬课程是个体学习者在学校教育中所获得的一系列经验。中国香港学者黄政杰将已有的课程定义归为四类：将课程视为学科和教材、将课程视为经验、将课程视为目标及将课程视为计划，他进而指出"完整的课程概念，包含了学科（教材）、经验、目标、计划等内涵"。来源：彭虹斌. 课程组织研究：从内容到经验的转化[D]. 广州：华南师范大学，2004：14.

设计的进步上。远程高等教育的课程教学设计思想主要经历了以下三个阶段的演变。

（一）行为主义教学设计

在教学设计发展的早期阶段，它主要吸取了行为主义的理论与方法。行为主义学习理论的观点起源于19世纪末20世纪初，它注重动物或人的外显行为的变化。行为主义学习理论一般把学习看作刺激与反应之间联结的建立或习惯的形成。行为主义学习理论中的程序教学理论对教学设计的重要影响，就是它对教学设计中教学组织形式的思考，教学者在教学过程中设计了一系列有序的刺激项目，即学习项目，学习者从他们所知道的东西开始，通过刺激—反应—强化的步骤学习，从而获得教学目标所要求他们学习的知识。行为主义的代表人物斯金纳在继承行为主义心理学思想的基础上，发展了桑代克的"试误说"和华生的行为主义观。他认为，人类的学习是不断刺激、反应和强化的结果，是通过操作性条件反射对外界刺激做出反应并得到强化的过程。他还通过大量的实验研究得出：任何反应如果得到强化刺激，则有重复出现的倾向，为了形成预期的行为，可以通过有效地安排强化来促进操作行为的形成。[①]20世纪60年代末期，人们开始借助程序教学和教学机器全面地探讨教学设计的各个环节，对教学目标、教学效果、各种媒介的作用及相互关系、各种教学要素之间的相互关系及怎样对教学进行系统分析，怎样才能优化教学全过程等一系列问题进行了系统研究和实践。

（二）认知主义教学设计

在20世纪60年代末及整个70年代，认知主义学习理论逐渐代替行为主义，成为教学设计的指导思想。认知主义学习理论强调人的学习过程是一个学习者主动接受刺激，积极参与和积极思考的过程；学习是学习者在原有认知结构的基础上将新知识同化到原有认知结构中，并引起原有认知结构的重构而实现的。因此，在认知主义学习理论指导下的教学设计更注重学习者认知结构及内部心理结构的分析。在教学问题的解决方法中，认知主义教学设计思想更强调依据所鉴别出来的学习结果的类型，运用其形成规律的内部条件设置外部教学条件，从而将教学理论上升到科学原理水平。在这一时期，教学设计者开始重视学习者个别差异的需要、评估和分析，以及有关认知策略、动机激励和信息呈现策略的研究。有关任务的

---

① 施良方. 学习论[M]. 北京：人民教育出版社，2001：111-136.

分析也从关注行为目标转向对不同的知识和技能领域中不同时期学习者所具备的行为能力的理解。他们试图详尽地揭示学习者学习的内部条件和内部过程，并据此进行教学分析，而且按照人类学习性能所建立的设计方案，可以广泛迁移到同类性能的不同具体学习活动中，并且这种迁移并不受学科的限制。

布鲁纳和奥苏贝尔等从认知角度出发所进行的有关学习与教学的研究成果开始受到教学设计研究者的重视，并成为影响教学设计研究与开发的重要理论依据。加涅和布里格斯的教学设计原理在20世纪70年代也影响深远。加涅和布里格斯认为，教学设计应具备四个前提条件：第一，必须为个体而设计；第二，设计应当包括短期和长期的阶段；第三，设计应当实质性地影响个体发展；第四，设计必须建立在关于人们如何学习知识的基础上。加涅认为人的学习是包括不同层级的，不同类型学习的内部和外部条件是不同的。加涅的教学设计理论正是基于"学习层级说"而建立起来的，教学设计的目的就是为不同学习结果或能力的产生提供最佳学习条件。

（三）建构主义教学设计

在20世纪90年代，建构主义学习理论对教学设计影响较大。这一时期，学习者与教学媒介、教学情境的结合是教学设计发展的一个重要特征。建构主义学习环境中常用的教学方法有支架式教学、抛锚式教学、随机进入教学等。

建构主义学习理论认为情境、协作、会话和意义建构是学习环境中的四大要素或四大属性。

情境：学习环境中的情境必须有利于学生对所学内容的意义建构。这就对教学设计提出了新的要求，也就是说，在建构主义学习环境下，教学设计不仅要考虑教学目标分析，还要考虑有利于学生建构意义的情境的创设问题，并把情境创设看作是教学设计的最重要内容之一。

协作：协作发生在学习过程的始终。协作对学习资料的搜集与分析、假设的提出与验证、学习成果的评价直至意义的最终建构均有重要作用。

会话：会话是协作过程中不可缺少的环节。学习小组成员之间必须通过会话，商讨如何完成规定的学习任务的计划；此外，会话过程也是协作学习过程，在此过程中，每个学习者的思维成果即智慧为整个学习群体所共享，因此会话是达到意义建构的重要手段之一。

意义建构：这是整个学习过程的最终目标。所谓建构的意义是指事物的性质、规律及事物之间的内在联系。在学习过程中帮助学生建构意义就是要帮助学生对当前学习内容所反映的事物的性质、规律及该事物与其他事物之间的内在联系达到较深刻的理解。这种理解在大脑中的长期存储形式形成"图式",也就是关于当前所学内容的认知结构。获得知识的多少取决于学习者根据自身经验去建构有关知识的意义的能力,而不取决于学习者记忆和背诵教师讲授内容的能力。

三、教学媒介

在远程高等教育中,教师与学生在时空上相对分离,教师教的行为与学生学的行为也是分离的,这种分离就是以教学媒介为中介进行联系。远程高等教育中的教和学是河流的两岸,而教学媒介是实现两岸沟通的桥梁。在远程高等教育中,教学媒介扮演着非常重要的角色。媒介是信息的载体和传递信息的工具,教学媒介则是承载和传递教学信息的工具。从语言、文字、印刷材料、图片、黑板、实物和模型,到幻灯、投影仪、广播、电视、网络都是教学媒介。我们认为,传播媒介主要经历了三种形态的转变,分别是口头语言、书面语言、数字语言。远程高等教育教学过程是知识信息传播的过程,它与媒介密切相关,媒介的发展直接影响着远程高等教育的成效。因此,我们需要通过媒介的变化来深入分析远程高等教育实质性增长问题。

(一)传播媒介的三种形态

1. 口头语言

口头语言是一种最基本的传播媒介,麦克卢汉曾形象地把口头语言的传播比喻为"眼睛的延伸",口头语言是一种听觉媒介,它是具体的、形象的、整体的,"它是精微细腻的,无所不包的"[1]。口头语言能够对事物进行具体的描述,还可以运用声音、身体动作进行模仿来增加准确性。但是,口头语言的最大缺陷是稍纵即逝,具有很大的不稳定性和不确定性,难以保存,所能跨越的时空极其有限。

2. 书面语言

书面语言是一种视觉媒介,它是线性的、抽象的、分离的,"作为视觉功能的强化和延伸,拼音字母在任何有文字的社会中,都有削弱其他官能(声觉、触觉和味觉)的作用"[2]。书面语言可以通过刻画和书写来保

---

[1] 马歇尔·麦克卢汉. 理解媒介:论人的延伸[M]. 何道宽, 译. 北京:商务印书馆, 2000: 123.
[2] 马歇尔·麦克卢汉. 理解媒介:论人的延伸[M]. 何道宽, 译. 北京:商务印书馆, 2000: 121.

存,从而使知识的确定性和稳定性得到提高,传播的时空范围也得以扩展。"书面信息的交换不要求发送者和接收者同在,因此传播从它们早期受到时间和空间的限制中解放出来。书面文献将字词从它们的言者和它们最初的上下文中分离出来,削弱了记忆的重要性,允许对信息内容进行更加独立和更加从容的审视。书面文献也使思想和想法可以在它们的原创者死后留存下去。"①书面语言的发展也在改进和丰富口头语言的发展,语言学家发现,"随着书面语言的发展和散播,口头语言和文化获得了更多的稳定性"②。

3. 数字语言

数字语言是一种远离单词、字母、日常话语的人工语言。"口头语言和文字语言被发展来便利人类之间的沟通。用数字来编码并处理信息的数字语言,被开发出来以利于机器和它们的元件之间的沟通。只有通过一种数学中介的转译程序,数字语言才能用于人类和人类之间的沟通。"③但是,从符号与实在的关系来看,数字语言和口头语言、文字语言一样,都是一种符号系统,具有共同的性质。数字语言将人类可识别的所有字词、影像和声音都转化为可由计算机存储和处理的数据,都转化为比特(binary digit,BIT)。数字语言没有改变自然语言和其他传播符号的内容和意义,但是改变了这些符号的使用方式。在这个意义上,可以把数字语言称之为超语言或者元语言。"数字语言创造了一种与符号、语言乃至实在的新型关系。"④从传播特征来看,数字语言是一种比口头语言和书面语言更先进的传播媒介。从传播的时空范围来看,口头语言和书面语言的传播时空范围的局限性较大,往往受到语言载体的影响,以人声为载体的口头传播范围只是人声可以达到的范围,以书籍为载体的文字传播范围受到出版、发行范围的影响。而数字语言则可以跨越时空,进行更大范围的传播,通过计算机和网络延伸到全球的各个角落。从传播的速度、性能和信息迁移的准确度来看,数字语言也比口头语言和书面语言具有更大的优势。尼葛洛庞帝用"原子"和"比特"来形容它们之间的差异。他认为,用口头语言、书面语言进行的信息传播是"以原子的形式散发的,如报纸、杂志和书籍"⑤,而用数字语言进行的信息传播是以比特的形式发送的,"比特没有颜色、尺寸或

---

① 罗杰·菲德勒. 媒介形态变化:认识新媒介[M]. 明安香,译. 北京:华夏出版社,2000:52-53.
② 罗杰·菲德勒. 媒介形态变化:认识新媒介[M]. 明安香,译. 北京:华夏出版社,2000:52.
③ 罗杰·菲德勒. 媒介形态变化:认识新媒介[M]. 明安香,译. 北京:华夏出版社,2000:60.
④ 迈克尔·海姆. 从界面到网络空间:虚拟实在的形而上学[M]. 金吾伦,译. 上海:上海科技教育出版社,2000:前言.
⑤ 尼葛洛庞帝. 数字化生存[M]. 范海燕,译. 海口:海南出版社,1997:21.

重量，能以光速传播"①。数字语言的发明和使用使知识可以实现数字化的生存和传播。数字语言将人类可识别的所有字词、影像和声音都转化为可由计算机存储和处理的数据，都转化为比特。在数字化处理之后，人们依然凭借语言符号（口语和文字）和非语言符号（图片、影像、各种空间艺术和时间艺术）传递信息、表情达意，但是这种使用却达到了新的境界。在文字语言时代，不同的媒介使用的符号各有不同，报刊使用文字和图片，广播使用口语和音响，如此等等。而数字时代，却是各种符号并举，各显其能。同样的信息素材，既有语言符号传递，也有非语言符号表达，还可以文、图、声、像并茂。而且通过网络链接，可以极为方便地由这种符号跳到那种符号，从而多侧面、多样化地传播和接收知识信息。

（二）远程高等教育教学媒介的使用

加里森 1985 年在澳大利亚《国际远程高等教育杂志》上发表了题为"远程教育中的三代技术革新"的论文。他指出，远程高等教育的发展可以归结为与三代技术革新——函授、计算机和电子通信相适应。技术革新和相应的远程高等教育发送模式的转变可以用相互作用和相对独立这两个概念来分析。这些概念反过来又为媒介及相应的远程高等教育发送模式的分类学提供基础。

1989 年，丹麦学者尼佩尔在他的论文《第三代远程学习和计算机会议》中又一次发展了三代远程高等教育的概念。他指出，第一、第二和第三代远程学习是指远程高等教育的三种模式，它们与通信技术开发和传播的历史发展相连结。第一代远程学习即函授教学，其主要媒介是书写和印刷材料。第二代远程学习是 20 世纪 60 年代起发展起来的多种媒介教学，它将印刷媒介和广播电视、录音录像及计算机结合起来。第三代远程学习引进电子通信技术，使远程学习成为一种社会交流过程。从通信技术的观点看，第一、第二代远程高等教育属于从教师到学生的单向通信和有限的双向通信，第三代远程高等教育则是师生之间及学生之间相互作用的双向通信。

尼佩尔的概念在贝茨 1991 年的论文《第三代远程高等教育和技术的挑战》中得到了进一步的阐述和发展。贝茨注重指出第三代信息技术和远程高等教育与前两代在成本结构上的经济学差异及其对发达国家和发展中国家的特殊意义。经由贝茨的论述，三代信息技术及其相应的三代远程高等教育的理论取得了广泛的共识。三代信息技术及三代远程高等教育的

---

① 尼葛洛庞帝. 数字化生存[M]. 范海燕, 译. 海口：海南出版社，1997：24.

理论经加里森、尼佩尔和贝茨三人的讨论和发展,在远程高等教育界取得了广泛的共识。其主要观点如表 2-1 所示。①

表 2-1　三代信息技术及三代远程高等教育

际代	所处年代	主流信息技术	主要使用媒介
第一代:函授教学	19 世纪中叶到 20 世纪中叶	传统印刷技术、邮政运输技术、早期视听技术	印刷材料、照相机、电话、幻灯、电唱机、投影仪、录音机、电影、早期播音机
第二代:多种媒介教学的远程高等教育	20 世纪中叶到 80 年代末	单向传输为主的电子技术、通信技术	大众媒介(广播电视、卫星电视)、个人媒介(录音录像、光盘)、远程电子通信、计算机辅助教学
第三代:开放灵活的远程学习	20 世纪 90 年代起	双向交互的电子信息、通信技术	远程电子通信、无线移动通信、计算机多媒体、虚拟技术

四、学生支持服务

(一)补偿性服务:早期远程高等教育的学生支持服务

19 世纪三四十年代,随着社会经济的发展,社会需要大量受过良好教育及训练的劳动者,但当时传统大学数量很少,培养的人才有限,不能满足社会经济发展的需要,于是一些教育机构和非教育机构(包括某些工矿企业、私人商行等)启用印刷教材和通信指导的方式进行文化知识教学和职业技能培训。1840 年,英国艾萨克·皮特曼通过邮件为学生提供速记教学。1856 年,德国查尔斯·多森特和古斯塔·龙谢特开始运用函授形式进行语言教学。后来,许多国家纷纷仿效,开展远程函授高等教育。

早期远程函授高等教育主要采用媒介教学,教师与学生处于分离状态,学生以个体化自主学习为主,教师主要采用通信的方式对学生的学习进行辅导。由于函授教学缺乏人际交流,学生不能像传统教育那样可以直接与老师和同学进行交流,解决学习中的各种问题,学生从教育机构及老师那里获得的学习帮助非常有限,信息反馈延迟,经常处于孤立无援的境地。同时,接受远程教育学习的学生一般社会和家庭负担较重,文化水平参差不齐,学习时间有限,学习环境相对较差,致使学生大量流失。为解决远程教育中人际交流的问题、降低辍学率,需要补偿性地为学生提供支持服务。如 1887 年,威廉·布里格斯创立的伦敦大学函授学院,提供的补偿性学生支持服务就有四种形式:一是通过邮递的方式提供导学材料,

---

① 丁兴富. 三代信息技术和三代远程教育:远程教育中的信息技术和媒体教学[J]. 中国远程教育,2000(8):15-18.

二是在伦敦和剑桥两地开设白天和晚上的面授教室,三是举办短期的住宿进修班,四是制作和发售特别设计的书面学习指南。①

(二) 综合性服务:学生支持服务的现代转化

鲁姆勃尔比较了前两代远程教育和现代远程教育中学生支持的差异,认为前两代远程教育中的学生支持是补偿性服务,补偿性服务是为了帮助学生克服学习困难而设计的,补偿性服务只发生在学生需要的时候,因此是被动提供的;而现代远程教育中的学生支持是综合性服务,综合性服务是整合或嵌入课程实施过程中的服务,不管学生是否需要。

辛普森从广义上将学生支持服务定义为除课程资源的制作和发送之外为支持、促进学生学习所进行的所有活动。它可分为两大类:教学支持和非教学(咨询)支持。教学支持服务解决学生的认知发展问题,非教学支持服务解决学生的情感问题和组织能力发展问题。②

尼翁多将学生支持服务系统分为三个子系统,即管理、教学、社会子系统。管理子系统的服务包括学习材料和作业的分发、咨询活动的组织、教师辅导的安排等;教学子系统提供学习材料或面授的相关支持;社会子系统则涉及家庭和社区环境的相关服务,如提供图书馆、拥有支持学习的学习同伴或家庭成员。他指出,只有这三个子系统都能有效运作,整个学生支持服务系统才会是有效的。③

中国学者陈丽认为,学生支持的内容、框架按照学生活动的时间线索来划分,分为五个主要阶段④:入学前、入学初期、学习过程、毕业、毕业后。按照学生支持的内容性质,学生支持可以分为以下几个部分:一是管理方面的支持,包括信息提供、咨询、材料分发、教学管理、课程资源管理、人力资源保障、技术支持、财务管理、实践安排、就业管理和职业促进等;二是学术方面的支持,包括答疑、辅导、评价、学习跟踪、支持和组织实践活动等;三是学习社区方面的支持,包括组织学习小组、建构学习社区和编班等;四是社会关系方面的支持,包括帮助学生获得家庭和所在单位的支持等。

(三) 个性化服务:学生支持服务的后现代转化

后现代主义的知识观以量子力学的不确定性和相对性、数学中的混沌

---

① 陈乃林,周慰. 现代远程教育教学与管理研究[M]. 北京:中国人民大学出版社,2005:233.
② 项国雄,张小辉. 学习支持服务思想溯源[J]. 中国远程教育,2005(9):36.
③ 张静,马红亮. 对学习支持服务研究的元分析[J]. 中国电化教育,2004(2):71.
④ 陈丽. 现代远程教育中学生支持的发展方向[J]. 开放教育研究,2005(2):47.

理论、生物学中的进化过程思想为基础，挑战现代的机械形式主义和技术理性。后现代主义知识观并不是取代而是超越现代主义知识观，后现代主义知识观并不否定科学知识，而是反对科学知识的霸权地位，强调人文知识、个人知识的重要性，强调平等、对话、开放等。

远程高等教育不再强调以教定学，不再强调直接塑造人、改造人，而是主张以教助学、按需助学，以个性化的服务帮助人，远程高等教育机构变成了个性化学生支持服务的中心。学习者在这里选择他们感兴趣的教育产品和教学模式，有更多、更直接的选择权。学生组织像一个"教育社区"，这个特殊的社区为每位学习者建立学习档案，这个档案包括了个体的遗传、性格、情绪、爱好、倾向、学习风格、学习偏好、学习策略、学习方法以及其他心理倾向的测试记录，还包括了学习者在学习期间的学习情况、学习经历、学习绩效、学习成绩，还有学习者所接受的来自同学、教师或专家的反馈意见、评价信息、咨询建议等；也像学习共同体，他们有共同的信念、兴趣爱好和价值取向，强调参与、对话，共同去践行自己的理想。

五、教学交互

《麦夸里词典》（Macquarie Dictionary）对"交互"的一般定义是"相互作用（action on each other）"。《教育大词典》将 interaction 翻译成术语"相互作用"，并将相互作用定义为一个因素各水平之间反应量的差异随其他因素的不同水平而发生变化的现象。①术语"交互"被用于描述各种相互作用的事件。在传播学中，交互是在控制论引入传播学的背景下产生的，在信源和信宿之间进行反馈，就形成交互，通过交互可以对传播的过程进行控制和管理。

（一）交互的类型

远程教育专家穆尔按照其交互分类理论，于 1989 年将交互类型分为三种：学生与课程内容的交互、学生与教师的交互、学生与学生的交互。希尔曼（Hilman）于 1994 年提出了第四种交互：学生与界面的交互，即学生要借助网络媒介和网络交流平台等比较复杂的媒介进行学习与交流时的交互。刘凡丰博士建议在穆尔的三种交互类型基础上应加入第四种交互：教师与教学内容的交互。②其基本思想是鉴于网络技术的先进性，允

---

① 顾明远. 教育大词典[M]. 上海：上海教育出版社，1997：692.
② 刘凡丰. 网络教育的四种交互及交互作用[J]. 开放教育研究，2002（6）：28-29.

许教师及时更新网络中的教学内容，从而使学生与内容之间的交互得以改善，进一步促成师生交互质量的进一步完善。其实，大部分学者都是在比较狭窄的经验范围内讨论远程高等教育的交互问题。

远程高等教育教学交互是教育者、学生、课程资源和教学媒介四要素相互发生关系的体现。四种要素多元组合多达15种形式，即存在：①教育者-课程资源-教学媒介-学生；②教育者-课程资源-学生；③教育者-课程资源-教学媒介；④学生-课程资源-教学媒介；⑤学生-教学媒介-教育者；⑥教育者-学生；⑦教育者-课程资源；⑧教育者-教学媒介；⑨学生-课程资源；⑩学生-教学媒介；⑪课程资源-教学媒介；⑫教育者-教育者；⑬学生-学生；⑭课程资源-课程资源；⑮教学媒介-教学媒介这些关系。

（二）交互的形态变化

从早期远程高等教育到现代远程高等教育各要素的演变和发展来看，教学交互发生了三种形态的变化。

1. 简单结构式交互

国际远程教育著名专家穆尔在分析远程函授高等教育学生的"自主"学习时，曾使用"结构"和"对话"这两个核心要素。这里的"结构"其实就是指课程设计结构或教学计划安排，而"对话"其实就是指媒介沟通。在没有"结构"又没有"对话"时，便属于一种独立自主学习的状况。有"结构"但没有"对话"时，学习者只能与课程教材之间进行个别化交互。在没有"结构"但有"对话"时，学习者与教师之间便属于直接近距离的交互。在有"结构"又有"对话"时，全部要素都在场，是一种全方位的交互状态。

在远程函授高等教育中，由于学习者与教师或学习同伴在空间上的分离隔绝，学习主要通过学习者与教材之间的个别化交互活动展开，这些教材虽然也间接体现了教师的教学经验，但缺乏教学内容交互的针对性和主动性，给予学习者与教师之间的社会性交互机会往往很少，即使有也只是通过通信和定期面授来实现的。因此，远程函授高等教育时期，由于技术水平相对比较简单，主要采用以邮寄教材、学生自学为主的方式，教育者、学生、课程资源和教学媒介四要素之间的交互可称为简单结构式交互。

2. 单向结构式交互

随着广播电视大学的兴起，由于教学媒介在功能上的信息单向传递特性，以及传递时间存在漫长的周期，学生在学习中遇到的问题不能得到及时的解答，故很难在学习过程中及时调整自己的学习状态，容易造成学习者的孤立，从而势必影响学习者的学习情绪与学习效果。

3. 双向灵活式交互

20 世纪 80 年代以来，伴随着卫星通信技术和交互视频技术，尤其是网络技术的发展与成熟，远程教学交互有了突破性的进展：允许教育者和学生之间实时（同步）或非实时（异步）地以文本、图像（图形）、音频或视频等形式进行交互式教学活动。在网络远程教学中，学生和学习资源（人力、物力资源）同时是教育传播中的接收者和发送者，教学过程呈现在学生与教学媒介、学生与教育者、学生与学生等之间的双向或多向交流中。

第三章 中国现代远程高等教育实质性增长分析模型研究

第一节 研究的设计和实施

一、基本思路与方法

（一）基本思路

本章以实证分析为主，试图验证中国现代远程高等教育实质性增长的分析模型，基本研究思路和步骤如下。

1. 确定研究目标

在文献研究的基础上，通过理论推导，初步确定远程高等教育实质性增长的基本内涵及其影响要素。为验证第一章理论推导的合理性，以及建构更为可操作的中国现代远程高等教育实质性增长的分析模型，需要进一步收集专家、学者及广大现代远程高等教育从业人员的意见和建议。

2. 阐明研究假设

对"远程高等教育实质性增长是远程高等教育系统要素及其相互作用的结果"这一假设，做进一步的阐述，提出影响中国现代远程高等教育实质性增长核心要素的假设及各核心要素的子因素的假设。

3. 确定研究变量

通过文献研究和专家访谈，对有关中国现代远程高等教育实质性增长的变量进行操作性定义，以便进一步开展问卷调查研究。

4. 编制调查问卷

根据研究假设和所确定的研究变量，征求有关专家、学者的意见后，设计调查问卷表，并对设计好的问卷表进行试测，检查问卷表的合理性和适应性，最后确定中国现代远程高等教育实质性增长调查问卷。

5. 确定样本数，选择调查对象，发放问卷

根据人力、物力、财力等实际情况，确定调查研究具体的样本数量，并根据样本量,分层次、分区域抽取调查对象,然后采取面访调查和网络调查相结合的方式,发放问卷,开展调查活动。

6. 数据收集与统计分析

回收调查问卷,并采取 SPSS 统计软件进行统计分析,了解问卷的信度和效度,对各项假设进行验证,最后得出研究结论。

(二)采用方法

1. 专家访谈法

通过与远程高等教育相关专家、学者的交流和互动,收集他们对本研究的有关态度、看法和建议。借助远程教育国际论坛、中国远程教育高级研修班和中国国际远程教育大会的机会,与著名的远程教育专家和学者交流、访谈,获得他们的支持和帮助,广泛征求专家、学者对中国现代远程高等教育实质性增长研究的看法和意见。

2. 面访问卷调查法

选定受访者当面调查,当面发放纸质问卷,当场回收纸质问卷。主要通过开会、登门拜访、外出调研等途径,对有关现代远程高等教育的从业人员、研究人员等进行面访调查。按设计好的结构式问题进行访谈的同时,个别问题为了深入探讨起见,也采用开放式问题来获取更完整的信息和资料。

3. 网络问卷调查法

本研究通过互联网,按地区抽样开展半开放式在线问卷调查,让受访者通过浏览器直接在网页上作答,答完问卷后,点击"提交"按钮即可。"关于现代远程高等教育实质性增长的调查问卷"详见附录二。

4. 李克特量表

李克特(Likert)量表是属评分加总式量表最常用的一种,属同一概念的这些项目是用加总方式来计分,单独或个别项目是无意义的。它是由美国社会心理学家李克特于 1932 年在原有的总加量表基础上改进而成的。该量表由一组陈述组成,每一陈述有非常同意、同意、不一定、不同意、非常不同意五种回答,分别记为 1、2、3、4、5,每名被调查者的态度总分就是他对各道题的回答所得到的分数的加总,这一总分可说明受访者的态度强弱或不同观点。运用此量表主要是测量专家、学者和其他受访者对"现代远程高等教育实质性增长"的概念特征和内涵要素的认可程度。

5. SPSS 相关性分析法

SPSS(statistical product and service solutions),"统计产品与服务解决方案"是世界上著名的统计分析软件之一。SPSS 最初名为社会科学统计软件包

（solutions statistical package for the social sciences），这是为了强调其社会科学应用的一面（因为社会科学研究中的许多现象都是随机的，要使用统计学和概率论的定理来进行研究），而实际上它在社会科学、自然科学的各个领域都能发挥巨大作用，并已经应用于经济学、生物学、教育学、心理学、医学及体育、工业、农业、林业、商业和金融等各个领域。SPSS 具有完整的数据输入、编辑、统计分析、生成报表、图形制作等功能。本书采用 SPSS for Windows 版，自带 11 种类型、136 个函数，可提供从简单的统计描述到复杂的多因素统计分析方法，如数据的探索性分析、统计描述、列联表分析、二维相关、秩相关、偏相关、方差分析、非参数检验、多元回归、生存分析、协方差分析、判别分析、因子分析、聚类分析、非线性回归等功能。

运用此软件主要是验证远程高等教育实质性增长各构成要素之间的相关程度及要素与子因素的关系，通过对数据进行检验和探索性分析，寻求中国现代远程高等教育实质性增长的分析模型。

二、研究问题的假设

现代远程高等教育实质性增长是相对于现代远程高等教育单纯数量增长而言的，特指现代远程高等教育系统要素质量合理提高的过程，它是现代远程高等教育系统要素及其相互作用的结果。远程高等教育实质性增长涉及的因素有多种可能，通过文献调研及对远程高等教育动态系统要素的分析，认为教育团队、课程资源、教学媒介、学生支持服务和教学交互均为相对独立的变量，它们都对远程高等教育实质性增长有着直接和关键性的影响。因此，本书提出以下假设，试图通过实证性分析进行验证。

（1）前期理论推导的中国现代远程高等教育实质性增长内涵具有一定的合理性和科学性。

（2）影响中国现代远程高等教育实质性增长的基本要素有：教育团队、课程资源、教学媒介、学生支持服务和教学交互。

（3）影响中国现代远程高等教育实质性增长各要素变量的子因素（因子）分别为：

①教育团队：组织管理者、远程教师、教学设计者、技术专家；
②课程资源：专业设置、课程设计、学习资源开发；
③教学媒介：媒介技术发展、教学媒介运用；
④学生支持服务：学术性学生支持服务、非学术性学生支持服务；
⑤教学交互：师生之间的交互、生生之间的交互、师生与课程资源的交互、师生与媒介的交互。

（4）远程高等教育实质性增长可以表述为 $G=\{E, R\}=\{(F_1, F_n), R\}$。其中，$G$（growth）表示远程高等教育系统的实质性增长；E（element）表示远程高等教育实质性增长诸要素变量；F（factor）表示影响远程高等教育实质性增长诸要素变量的各主要影响因素；R（relationship）表示远程高等教育实质性增长诸要素的相互关系，即教学交互。

三、相关变量的操作性定义

为了便于测量和统计，本书对问卷调查涉及的变量给予操作性定义。所谓操作性定义，是指根据可观察、可测量或可操作的特征来界定研究变量的定义[①]，我们可以通过用具体或可直接感知的事物界定名词或变量，着重界定名词或变量的外延或操作过程，就能把抽象的变量转变为可以观察、测量和操作的具体变量。

（一）教育团队

教育团队主要是指影响中国现代远程高等教育实质性增长的人的因素，包括组织管理者、远程教师、教学设计者和技术专家。组织管理者对中国现代远程高等教育的办学理念、政策制度有着决定性的作用，并且实际从事远程教育具体管理工作的人员还决定了远程高等教育的最终管理水平；远程教师是远程教育教学过程的主角，主导着整个教学过程的质量，包括主持教师、主讲教师、辅导教师等直接从事远程高等教育教学过程的人员；教学设计者是远程教育教学过程中不可缺少的角色，这一类人员帮助远程教师有效地组织远程教学过程，特别是帮助策划整个远程教学过程，组织和编排各类远程教育资源，有效利用各种远程教育媒介，以达到最佳的教学效果；技术专家也是因现代远程高等教育的不断发展，技术在远程高等教育中占有越来越高的比例而出现的一类远程高等教育工作人员，他们负责开发适合远程高等教育的专业管理和学习平台，利用技术手段制作各类远程高等教育资源，优化远程高等教育传输，解决存在的问题。

（二）课程资源

课程资源是指远程高等教育的网络课程及其资源，包括专业设置、课程设计和学习资源开发。专业设置是指远程高等教育设置的专业类别，不同院校设置的不同专业类别，既体现了院校自身的专业特长，也反映了远

---

① 李方. 现代教育科学研究方法[M]. 广州：广东高等教育出版社，1997：21.

程高等教育管理者对于市场需求的把握；课程设计体现了远程高等教育课程的特色，经过精心设计的课程并非简单的传统面授课的网络搬家，而是能很好地满足远程学生学习需要、方便学生自学；学习资源开发是围绕网络课程、为远程学生开发的配套学习资源，学生能利用资源扩展学习的知识，更深入理解课程知识，把握所学习课程的最新发展情况，是远程学生必不可少的学习材料。

（三）教学媒介

教学媒介是指远程高等教育为传输教学内容，方便师生、生生之间交互而采用的媒介，如网络、卫星、电视等，包含了教学媒介的开发和运用两个方面，即媒介技术发展和教学媒介运用。媒介技术发展是指开发适合远程高等教育和学习的新教学媒介，以及将信息技术发展的最新研究成果根据远程高等教育的需要引入远程高等教育；教学媒介运用则是指综合利用各种教学媒介，经济有效地传递远程高等教育信息。

（四）学生支持服务

学生支持服务是远程高等教育中特有的要素类型，是远程高等教育系统中的一个重要部分，体现了师生准分离的远程高等教育教学状态，是指为学生整个学习过程所提供的各种帮助的总和，包括学术性学生支持服务和非学术性学生支持服务两种类型。学术性学生支持服务关注对学生专业学习上的帮助，旨在满足学生对学科教学方面的需求，促进学生的学习和理解，包括提供教师教学、课程辅导、答疑、作业、实验等学科教学方面的服务；非学术性学生支持服务则关注除了专业学习之外的其他帮助，包括为学生提供讯息、咨询、心理辅导、校园文化、教务安排、学籍档案、就业指导等非学科教学方面的服务，促进学生的进步。

（五）教学交互

教学交互主要是指在远程高等教育中围绕教与学发生的各种交互活动，主要从以下四个维度来测量：师生之间的交互、生生之间的交互、师生与课程资源之间的交互、师生与教学媒介之间的交互。师生之间的交互顾名思义是远程教师和学生之间发生的交互，既可以是关于教学问题的交互，也可以是情感方面的交流等；生生之间的交互就是学生和学生之间的交流，包括学生在自主学习中产生问题的交流、学习经验的交流，以及学生因协作学习而发生的各种交流活动；师生与课程资源之间的交互是指教师和学生与课程资源之间产生的交互，这种交互虽然是不可见的一种交互，但能有效地促进教师的教和学生的学；师生与教学媒介之间的交互，体现了远程教学过程中教师和学生利用媒介进行教学和学习的有效程度。

四、研究的组织实施

（一）调查研究的筹备

本研究首先围绕远程高等教育实质性增长这一核心问题进行大量的文献研究和定性分析，提出了远程高等教育实质性增长分析模型的研究假设。

拟定专家访谈提纲，详见附录三。利用各种学术会议、工作和学习的机会对国内外的远程高等教育专家学者进行了面对面的详细访谈。笔者重点面访了国际远程教育著名专家穆尔、印度国立开放大学教师培训与远程教育研究所主任桑托什·潘达教授、联合国教科文组织高等教育专家王一兵教授、中国香港大学远程教育专家张伟远博士、北京师范大学远程教育学博士生导师陈丽教授、华南师范大学远程教育研究所所长丁新教授、首都师范大学特聘教授丁兴富博士和蒋丽珍老师等十多位专家学者。访谈的内容得到专家允许后以录音方式进行记录，方便访谈后对资料的保存和整理。通过与专家学者的深度访谈，吸取了专家学者的合理意见，进一步完善本次调查研究的总体方案，形成了调查问卷的初稿。

（二）探索性调查研究

探索性调查研究旨在修正调查问卷的初稿，形成正式调查问卷，为下一步广泛开展调查做准备。为了探索远程高等教育实质性增长概念内涵中的各个变量及其相互之间的关系，检验各个变量计量尺度的可靠性和有效性，笔者分发已形成的问卷初稿，对20名远程教育专业研究生（含博士研究生）和10名网络教育学院在职人员进行了一次试测。在对试测结果统计分析的基础上，将问卷返回给部分接受访谈的专家学者，请他们对问卷提出意见和建议，进行探索性研究。通过反馈回来的意见，进一步修正和完善调查问卷的各项指标和内容，形成正式调查问卷和研究假设。

（三）验证性调查研究

验证性调查研究意在验证远程高等教育实质性增长概念内涵和研究假设。笔者进行了一系列较大范围的专家问卷调查，这包括在广州举办的远程教育国际论坛、中国远程教育高级研修班和在北京举行的中国国际远程教育大会中发放纸质调查问卷。

考虑到调查样本的代表性，除了对受访者当面发放纸质调查问卷外，也通过网络开展调查。按中国七大区域划分，分别在东北地区、华北地区、西北地区、华中地区、华东地区、华南地区、西南地区抽取1所试点高校网络学院和1所直属中央电大管辖的省级电大，共14所。通过电子邮件和电话，邀请14所现代远程高等教育试点高校网络教育学院和省级电大的研究人员、教师、教学设计人员和技术工作人员等在网上填写问卷，对前期探索性研究的结果进行验证性分析。

第二节 研究数据收集与统计

一、验证性问卷的收集

验证性研究问卷采用半开放式，将验证已有的结果与获得新的研究线索结合起来，为保护受访者的隐私，采用了无记名的方式进行。纸质问卷是在三次学术研讨会期间发放的，第一次在广州举行的远程教育国际论坛，发出问卷50份，回收有效问卷32份；第二次在北京举行的中国国际远程教育大会，发出问卷40份，由于分会场较多，只回收到有效问卷20份；第三次在华南某大学举行的中国远程教育高级研修班，发出问卷60份，回收有效问卷42份。

为保证验证性调查的信度和效度，还同时采用网络问卷的形式进行调查。首先，按中国地区的分布来抽取各地的网络教育学院和省级电大。按中国的区域划分，分别抽取的14所现代远程高等教育试点学校和省级电大为：东北地区的东北财经大学网络教育学院和黑龙江电大；华北地区的北京师范大学网络教育学院和河北电大；西北地区的西安交通大学网络教育学院和山西电大；华中地区的华中科技大学网络教育学院和湖南电大；华东地区的华东师范大学网络教育学院和浙江电大；华南地区的中山大学网络教育学院和海南电大；西南地区的西南大学网络教育学院和广西电大。通过电子邮件和电话的形式，邀请各校组织教学和管理人员在网上直接填写问卷，具体内容详见附录二。为保证网上问卷填写的准确性，此地址没有公开。网络回收问卷由于采用了封闭式，有效网络调查问卷为100%，共回收网络调查问卷199份。

验证性问卷的发放和回收，包括三次学术研讨会面向专家学者发放的纸质调查问卷 94 份，以及按地区分布抽取试点高校和省级电大网络调查问卷 199 份，总计有效问卷为 293 份。

二、验证性问卷结果的分析

本研究采用 SPSS 11.5 版对纸质和网络收集的共 293 份有效问卷进行统计和分析，分析结果如下。

（一）问卷调查概念与要素得分概况

表 3-1 是对远程高等教育实质性增长概念的统计描述，表 3-2 是对远程高等教育实质性增长子因素的统计描述。问卷中的 4 个概念题的最高得分为 5 分，最低得分为 1 分；单项得分平均值最高为 4.310 6，最低为 4.095 6，都超过了 4 分；标准差值最高为 0.838 88，最低为 0.746 54，这一变化幅度相对于 293 份的大样本来说，能反映出被调查者对于各概念的意见是比较集中和一致的。

表 3-1　远程高等教育实质性增长概念统计描述

假设	有效问卷数/份	最小值/分	最大值/分	平均值/分	标准差
远程高等教育系统的内部要素包括：教育者、教学内容、教学媒介和学习者	293	1.00	5.00	4.310 6	0.746 54
远程高等教育系统内部要素的相互关系主要体现在教学交互的动态过程	293	1.00	5.00	4.095 6	0.756 99
远程高等教育实质性增长是指相对于远程高等教育学生数量的增长之外的更为实质性的增长，它是远程高等教育系统要素质与量合理变化提高的过程，也是高等教育系统内部要素相互作用的结果	293	1.00	5.00	4.242 3	0.767 03
影响远程高等教育实质性增长的要素有：教育团队、课程资源、教学媒介、学生支持服务和教学交互	293	1.00	5.00	4.283 3	0.838 88

表 3-2　远程高等教育实质性增长子因素统计描述

要素	子因素	有效问卷数/份	最小值/分	最大值/分	平均值/分	标准差
教育团队	组织管理者（其办学理念、政策制度、管理水平等）	293	1.00	5.00	4.317 4	0.676 11
	远程教师（含主持教师、主讲教师、辅导教师等）	293	1.00	5.00	4.406 1	0.782 23

续表

要素	子因素	有效问卷数/份	最小值/分	最大值/分	平均值/分	标准差
教育团队	教学设计者	293	1.00	5.00	4.259 4	0.683 18
	技术专家	293	1.00	5.00	4.088 7	0.784 47
课程资源	专业设置	293	1.00	5.00	4.160 4	0.738 98
	课程设计	293	1.00	5.00	4.440 3	0.772 39
	学习资源开发	293	1.00	5.00	4.133 1	0.635 18
教学媒介	媒介技术发展	293	1.00	5.00	4.296 9	0.778 93
	教学媒介运用	293	1.00	5.00	4.450 5	0.713 21
学生支持服务	学术性学生支持服务（提供教师教学、课程辅导、答疑、作业、实验等学科教学方面的服务，促进学生的学习）	293	1.00	5.00	4.341 3	0.677 10
	非学术性学生支持服务（为学生提供讯息、咨询、心理辅导、校园文化、教务安排、学籍档案、就业指导等非学科教学方面的服务，促进学生的进步）	293	1.00	5.00	4.194 5	0.682 24
教学交互	师生之间的交互	293	1.00	5.00	4.136 5	0.626 30
	生生之间的交互	293	1.00	5.00	4.399 3	0.824 04
	师生与媒介的交互	293	1.00	5.00	4.058 0	0.596 83
	师生与课程资源的交互	293	1.00	5.00	4.194 5	0.819 10

问卷中的 15 个子因素的最高得分为 5 分，最低得分为 1 分；单项得分平均值最高为 4.450 5，最低为 4.058 0，都超过了 4 分；标准差最高为 0.824 04，最低为 0.596 83，这一变化幅度相对于 293 份的大样本来说，也能反映出被调查者对于各概念的意见是比较集中、一致的。其中，平均值最高的 5 项分别为教学媒介运用（4.450 5）、课程设计（4.440 3）、远程教师（4.406 1）、生生之间的交互（4.399 3）和学术性学生支持服务（4.341 3），显示被调查者高度关注的范围遍及本研究所拟定的 5 个影响要素。这也与概念调查的结果显示的"远程高等教育系统的内部要素包括：教育者、教学内容、教学媒介和学习者"单项平均值最高相吻合。

表 3-3 是对概念和 5 个影响要素的统计描述。可以看出，每项的最高分和最低分均为 5 分和 1 分，且平均分都超过了 4 分；标准差最高为 0.636 58，最低为 0.471 65，显示被调查者对于概念与定义的认可度最为集中，但其他各项的变化幅度相对于 293 份的大样本来说也是比较理想的，离散度不高，意见较为集中。

表 3-3　远程高等教育实质性增长概念与要素统计描述

	有效问卷数/份	最小值/分	最大值/分	平均值/分	标准差
教育团队	293	1.00	5.00	4.267 9	0.516 74
课程资源	293	1.00	5.00	4.244 6	0.588 20
教学媒介	293	1.00	5.00	4.373 7	0.563 50
学生支持服务	293	1.00	5.00	4.267 9	0.556 50
教学交互	293	1.00	5.00	4.197 1	0.636 58
概念与定义	293	1.00	5.00	4.270 1	0.471 65

（二）问卷调查的效度分析和信度分析

根据本次调查问卷的特点，可以对问卷的不同部分分别测试效度和信度。把调查问卷的 1～4 题，即理论推导的现代远程高等教育实质性增长概念和定义合成进行验证；调查问卷的 5～15 题是关于理论推导的中国现代远程高等教育实质性增长各要素变量的主要影响因素，采用整体验证和分不同要素验证两种方法进行验证。

1. 效度分析

表 3-4 对问卷调查的概念与要素进行了皮尔逊相关分析，统计结果显示，本调查问卷的概念与要素之间存在着显著性相关，这说明问卷的要素和概念与定义之间也存在着一定的正相关，问卷问题围绕远程高等教育实质性增长而展开，较为集中。

表 3-4　远程高等教育实质性增长概念与要素皮尔逊相关分析

		要素	概念与定义
要素	皮尔逊相关系数	1	0.419**
	显著性（双侧）	0.000	0.000
	有效问卷数/份	293	293
概念与定义	皮尔逊相关系数	0.419**	1
	显著性（双侧）	0.000	0.000
	有效问卷数/份	293	293

**表示相关性在 0.01 水平，双侧显著。

表 3-5 采用了皮尔逊积差相关对 293 份问卷的概念与定义及各不同要素之间的相关性进行分析。从表 3-5 中可以看出，6 项之间的相关性均处于显著性水平，说明各项之间均存在着一定的正相关，问卷问题围绕中心问题而展开，较为集中。

表 3-5　远程高等教育实质性增长要素相关分析

相关分析		教育团队	课程资源	教学媒介	学生支持服务	教学交互	概念与定义
教育团队	皮尔逊相关系数	1	0.650**	0.629**	0.549**	0.553**	0.813**
	显著性（双侧）	0.000	0.000	0.000	0.000	0.000	0.000
课程资源	皮尔逊相关系数	0.650**	1	0.632**	0.644**	0.684**	0.878**
	显著性（双侧）	0.000	0.000	0.000	0.000	0.000	0.000
教学媒介	皮尔逊相关系数	0.629**	0.632**	1	0.479**	0.559**	0.812**
	显著性（双侧）	0.000	0.000	0.000	0.000	0.000	0.000
学生支持服务	皮尔逊相关系数	0.549**	0.644**	0.479**	1	0.609**	0.793**
	显著性（双侧）	0.000	0.000	0.000	0.000	0.000	0.000
教学交互	皮尔逊相关系数	0.553**	0.684**	0.559**	0.609**	1	0.824**
	显著性（双侧）	0.000	0.000	0.000	0.000	0.000	0.000
概念与定义	皮尔逊相关系数	0.813**	0.878**	0.812**	0.793**	0.824**	1
	显著性（双侧）	0.000	0.000	0.000	0.000	0.000	0.000

**表示相关性在 0.01 水平，双侧显著。

2. 信度分析

信度分析采用同质性信度测验内部要素的一致性程度。从表 3-6 中可以看出，测量的项目信度系数总体值比较高，最高为 0.901 2，最低为 0.545 2，表明问卷的信度较高。

表 3-6　远程高等教育实质性增长测量信度分析

信度测量项目	信度系数
概念与定义	0.710 7
基本要素	0.901 2
教育团队	0.662 0
课程资源	0.755 2
教学媒介	0.623 7
学生支持服务	0.545 2
教学交互	0.768 7

（三）问卷基本信息分析

1. 参与问卷调查者基本信息分析

1）性别比例

参加本次调查的男性有 165 人，占总人数的 56.3%；女性有 128 人，占总人数的 43.7%。男性与女性的比例为 1.289∶1。

2）单位分布

参与调查的人员来自不同的单位，具体情况如表 3-7 所示。其中来自校外学习中心的人员最少，问卷回收全部来自中国远程教育高级研修班，高校非网络学院的问卷回收则全部来自中国国际远程教育大会。

表 3-7　参与调查人员单位分布

调查人员单位	人数/人	百分比/%	有效百分比/%
高校网络学院	175	59.7	59.7
高校非网络学院	21	7.2	7.2
广播电视大学	77	26.3	26.3
校外学习中心	20	6.8	6.8
总计	293	100.0	100.0

3）地区分布

本次调查的取样范围比较均衡，纸质问卷的派发是在全国性的会议上，网络问卷则是有针对性地抽样，参加调查的人员来自全国各个区域，分布比例较合理，如表 3-8、图 3-1 所示。来自华南地区的人员较多，是因为广东参加中国远程教育高级研修班的人员占了大多数。

表 3-8　参与调查人员地区分布

地区	人数/人	百分比/%	有效百分比/%
东北	24	8.2	8.2
西北	50	17.0	17.0
华北	33	11.3	11.3
华中	55	18.8	18.8
华东	32	10.9	10.9
华南	66	22.5	22.5
西南	33	11.3	11.3
总计	293	100.0	100.0

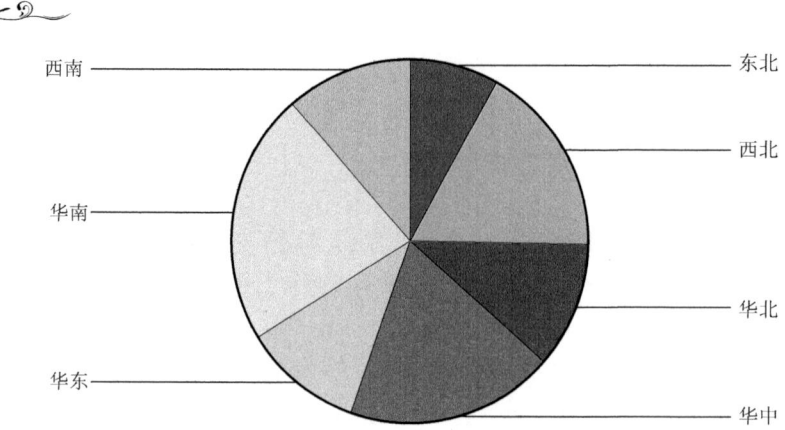

图 3-1　参与调查人员地区分布

4）角色分布

本次调查要求参加的人员以体会最深的工作身份进行角色填写，并以此来区分不同角色的人员之间是否存在观点上的差异，具体分布如表 3-9 所示。参与调查人员中技术者和管理者最多，而决策者最少，问卷填答全部来自中国国际远程教育大会的参会人员。参加调查的教学设计者较少，这也与中国现代远程教育中缺乏专业的教学设计者较为相关。

表 3-9　参与调查人员角色分布

角色	人数/人	百分比/%	有效百分比/%
决策者	8	2.7	2.7
管理者	72	24.6	24.6
教师	69	23.6	23.6
教学设计者	22	7.5	7.5
技术者	77	26.3	26.3
研究者	23	7.8	7.8
学生	22	7.5	7.5
总计	293	100.0	100.0

5）职称分布

参加本次调查的人员职称层次较高，教授加副教授的比例近 50%，其中副教授最多，占总人数的 36.9%；而非教学人员，以及多位远程教育、教育技术、教育学专业的硕士和博士因为没有教学类的职称而选择了"其他"这一选项。具体分布如表 3-10 所示。

表 3-10　参与调查人员职称分布

职称	人数/人	百分比/%	有效百分比/%
教授	17	5.8	5.8
副教授	108	36.9	36.9
讲师	86	29.3	29.3
助教	33	11.3	11.3
其他	49	16.7	16.7
总计	293	100.0	100.0

6）学历分布

参加本次调查的人员学历层次较高，本科及以上学历人员的比例为 91.1%。选择"其他"选项的人员全部来自两次中国远程教育高级研修班，属于各地的现代远程教育学习中心。具体分布如表 3-11 所示。

表 3-11　参与调查人员学历分布

学历	人数/人	百分比/%	有效百分比/%
博士	20	6.8	6.8
硕士	143	48.8	48.8
本科	104	35.5	35.5
专科	21	7.2	7.2
其他	5	1.7	1.7
总计	293	100.0	100.0

2. 参与问卷调查者基本信息与答题的关系

本研究在问卷中设置了性别、单位、地区、角色、职称与学历 6 个调查者基本信息的选项，目的之一是验证、分析这 6 个变量是否对中国现代远程高等教育实质性增长要素的调查结果产生影响。

从表 3-12 中可以观察到，采用一元方差分析法对性别这一变量与影响中国现代远程高等教育实质性增长的 5 个要素进行比较分析，F 检验值均大于 0.05，说明性别对于 5 个要素的选择没有显著性差异。再以此方法对单位、地区、角色、职称与学历这 5 个变量依次进行了 5 次分析，得出调查对象基本信息对要素的影响描述见表 3-13。

从表 3-13 中可以观察到，大部分变量没有对本调查的结果产生显著性影响，说明本次调查问卷的调查选项一般情况下不受人口统计指标的影响，具有跨地域性和跨文化性。但对某些影响了调查结果的因素，我们需要展开进一步的分析,以观察产生显著性差别的原因。本研究采用事后多重比较中的 Student-Newman-Keuls 显著性检验法分别对结果进行检验。

表 3-12 参与调查人员性别对调查结果的一元方差分析

		总平方和	自由度	平均平方和	F 检验值	显著性
教育团队	组间值	0.029	1	0.029	0.110	0.741
	组内值	77.939	291	0.268		
	总计	77.968	292			
课程资源	组间值	0.305	1	0.305	0.882	0.348
	组内值	100.721	291	0.346		
	总计	101.026	292			
教学媒介	组间值	0.040	1	0.040	0.127	0.722
	组内值	92.678	291	0.318		
	总计	92.718	292			
学生支持服务	组间值	0.636	1	0.636	2.061	0.152
	组内值	89.794	291	0.309		
	总计	90.430	292			
教学交互	组间值	0.261	1	0.261	0.643	0.423
	组内值	118.067	291	0.406		
	总计	118.328	292			
概念与定义	组间值	0.059	1	0.059	0.265	0.607
	组内值	64.899	291	0.223		
	总计	64.958	292			

表 3-13 调查对象基本信息对远程高等教育实质性增长要素的影响描述

	性别	单位	地区	角色	职称	学历
教育团队	无	无	无	无	无	无
课程资源	无	无	无	无	无	有
教学媒介	无	无	无	有	有	无
学生支持服务	无	无	无	无	无	有
教学交互	无	无	无	无	无	无
概念与定义	无	无	无	无	无	无

表 3-14 考查了角色对教学媒介的影响。从表 3-14 中可以看出,角色影响结果主要体现在教学设计者与决策者、管理者、技术者和学生的理解

都存在显著性差别。这说明教学设计者从某种程度上来说可能更看重教学媒介的实际效果和使用方法，不会一味追求更新、更好的媒介技术。

表 3-14 角色对教学媒介要素的多重比较分析

(I) 角色	(J) 角色	均值差 (I-J)	标准差	显著性	95%置信区间 下限	95%置信区间 上限
决策者	管理者	0.072 2	0.157 78	0.647	−0.238 3	0.382 8
	教师	0.183 3	0.159 01	0.250	−0.129 6	0.496 3
	教学设计者	0.410 6*	0.186 14	0.028	0.044 2	0.777 0
	技术者	0.063 8	0.184 49	0.730	−0.299 4	0.426 9
	研究者	0.277 5	0.156 89	0.078	−0.031 3	0.586 3
	学生	−0.038 9	0.194 35	0.842	−0.421 4	0.343 6
管理者	决策者	−0.072 2	0.157 78	0.647	−0.382 8	0.238 3
	教师	0.111 1	0.094 73	0.242	−0.075 4	0.297 6
	教学设计者	0.338 4*	0.135 42	0.013	0.071 8	0.604 9
	技术者	−0.008 5	0.133 15	0.949	−0.270 5	0.253 6
	研究者	0.205 3*	0.091 13	0.025	0.025 9	0.384 6
	学生	−0.111 1	0.146 49	0.449	−0.399 5	0.177 2
教师	决策者	−0.183 3	0.159 01	0.250	−0.496 3	0.129 6
	管理者	−0.111 1	0.094 73	0.242	−0.297 6	0.075 4
	教学设计者	0.227 3	0.136 85	0.098	−0.042 1	0.496 6
	技术者	−0.119 6	0.134 60	0.375	−0.384 5	0.145 4
	研究者	0.094 2	0.093 25	0.313	−0.089 4	0.277 7
	学生	−0.222 2	0.147 82	0.134	−0.513 2	0.068 7
教学设计者	决策者	−0.410 6*	0.186 14	0.028	−0.777 0	−0.044 2
	管理者	−0.338 4*	0.135 42	0.013	−0.604 9	−0.071 8
	教师	−0.227 3	0.136 85	0.098	−0.496 6	0.042 1
	技术者	−0.346 8*	0.165 78	0.037	−0.673 1	−0.020 5
	研究者	−0.133 1	0.134 39	0.323	−0.397 6	0.131 4
	学生	−0.449 5*	0.176 68	0.011	−0.797 2	−0.101 7
技术者	决策者	−0.063 8	0.184 49	0.730	−0.426 9	0.299 4
	管理者	0.008 5	0.133 15	0.949	−0.253 6	0.270 5
	教师	0.119 6	0.134 60	0.375	−0.145 4	0.384 5

续表

（I）角色	（J）角色	均值差（I-J）	标准差	显著性	95%置信区间	
					下限	上限
技术者	教学设计者	0.346 8*	0.165 78	0.037	0.020 5	0.673 1
	研究者	0.213 7	0.132 10	0.107	−0.046 3	0.473 7
	学生	−0.102 7	0.174 94	0.558	−0.447 0	0.241 7
研究者	决策者	−0.277 5	0.156 89	0.078	−0.586 3	0.031 3
	管理者	−0.205 3*	0.091 13	0.025	−0.384 6	−0.025 9
	教师	−0.094 2	0.093 25	0.313	−0.277 7	0.089 4
	教学设计者	0.133 1	0.134 39	0.323	−0.131 4	0.397 6
	技术者	−0.213 7	0.132 10	0.107	−0.473 7	0.046 3
	学生	−0.316 4*	0.145 54	0.031	−0.602 8	−0.029 9
学生	决策者	0.038 9	0.194 35	0.842	−0.343 6	0.421 4
	管理者	0.111 1	0.146 49	0.449	−0.177 2	0.399 5
	教师	0.222 2	0.147 82	0.134	−0.068 7	0.513 2
	教学设计者	0.449 5*	0.176 68	0.011	0.101 7	0.797 2
	技术者	0.102 7	0.174 94	0.558	−0.241 7	0.447 0
	研究者	0.316 4*	0.145 54	0.031	0.029 9	0.602 8

*表示均值差在0.05水平上显著。

采用同样的方法对职称对教学媒介的显著性差异进行事后多重比较，发现职称选择"其他"的调查者与副教授、讲师、助教的观点有显著性差异，其他组别之间没有显著性差异。具体如表3-15所示。

表3-15 职称对教学媒介要素的多重比较分析

（I）职称	（J）职称	均值差（I-J）	标准差	显著性	95%置信区间	
					下限	上限
教授	副教授	0.121 5	0.145 41	0.404	−0.164 7	0.407 7
	讲师	0.091 3	0.147 91	0.537	−0.199 8	0.382 4
	助教	0.277 2	0.166 37	0.097	−0.050 3	0.604 6
	其他	−0.106 2	0.156 86	0.499	−0.415 0	0.202 5
副教授	教授	−0.121 5	0.145 41	0.404	−0.407 7	0.164 7
	讲师	−0.030 1	0.080 54	0.708	−0.188 7	0.128 4
	助教	0.155 7	0.110 84	0.161	−0.062 4	0.373 9
	其他	−0.227 7*	0.095 99	0.018	−0.416 6	−0.038 8

续表

(I) 职称	(J) 职称	均值差（I-J）	标准差	显著性	95%置信区间	
					下限	上限
讲师	教授	−0.091 3	0.147 91	0.537	−0.382 4	0.199 8
	副教授	0.030 1	0.080 54	0.708	−0.128 4	0.188 7
	助教	0.185 9	0.114 11	0.104	−0.038 7	0.410 5
	其他	−0.197 6*	0.099 74	0.049	−0.393 9	−0.001 2
助教	教授	−0.277 2	0.166 37	0.097	−0.604 6	0.050 3
	副教授	−0.155 7	0.110 84	0.161	−0.373 9	0.062 4
	讲师	−0.185 9	0.114 11	0.104	−0.410 5	0.038 7
	其他	−0.383 4*	0.125 49	0.002	−0.630 4	−0.136 4
其他	教授	0.106 2	0.156 86	0.499	−0.202 5	0.415 0
	副教授	0.227 7*	0.095 99	0.018	0.038 8	0.416 6
	讲师	0.197 6*	0.099 74	0.049	0.001 2	0.393 9
	助教	0.383 4*	0.125 49	0.002	0.136 4	0.630 4

*表示均值差在 0.05 水平上显著。

利用 SPSS 中的 Report：Summaries in Rows 命令来检查不同职称之间的认可度，如表 3-16 所示。可以看出，职称选择"其他"的调查者对教学媒介的认可度高于教授、副教授、讲师和助教。产生差异的原因可能与选择职称为"其他"的调查者人数较少相关，得分的标准差为 0.53，这对于 5 人的小样本来说是比较高的。

表 3-16　职称对教学媒介要素影响的总结分析

职称	最大值	最小值	均值	标准差
教授	5.00	4.00	4.35	0.39
副教授	5.00	1.00	4.23	0.63
讲师	5.00	3.00	4.26	0.48
助教	5.00	2.00	4.08	0.61
其他	5.00	3.00	4.46	0.53

采用同样的方法对学历对课程资源和教学交互要素的显著性差异进行事后多重比较，发现不同层次学历对课程资源影响有显著性差异的较多，共有 12 对关系显著性水平小于 0.05；不同层次学历对教学交互影响有显著性差异的较少，只有 6 对关系显著性水平小于 0.05。详见表 3-17。

表 3-17 学历对课程资源和教学交互要素的多重比较分析

因变量	（I）学历	（J）学历	均值差（I-J）	标准差	显著性	95%置信区间	
						下限	上限
课程资源	博士	硕士	0.166 6	0.137 60	0.227	−0.104 3	0.437 4
		本科	0.155 8	0.140 73	0.269	−0.121 2	0.432 7
		专科	0.550 0*	0.223 22	0.014	0.110 6	0.989 4
		其他	−0.304 2	0.193 32	0.117	−0.684 7	0.076 3
	硕士	博士	−0.166 6	0.137 60	0.227	−0.437 4	0.104 3
		本科	−0.010 8	0.074 28	0.885	−0.157 0	0.135 4
		专科	0.383 4*	0.188 53	0.043	0.012 4	0.754 5
		其他	−0.470 7*	0.151 94	0.002	−0.769 8	−0.171 7
	本科	博士	−0.155 8	0.140 73	0.269	−0.432 7	0.121 2
		硕士	0.010 8	0.074 28	0.885	−0.135 4	0.157 0
		专科	0.394 2*	0.190 82	0.040	0.018 6	0.769 8
		其他	−0.459 9*	0.154 78	0.003	−0.764 6	−0.155 3
	专科	博士	−0.550 0*	0.223 22	0.014	−0.989 4	−0.110 6
		硕士	−0.383 4*	0.188 53	0.043	−0.754 5	−0.012 4
		本科	−0.394 2*	0.190 82	0.040	−0.769 8	−0.018 6
		其他	−0.854 2*	0.232 34	0.000	−10.311 5	−0.396 9
	其他	博士	0.304 2	0.193 32	0.117	−0.076 3	0.684 7
		硕士	0.470 7*	0.151 94	0.002	0.171 7	0.769 8
		本科	0.459 9*	0.154 78	0.003	0.155 3	0.764 6
		专科	0.854 2*	0.232 34	0.000	0.396 9	1.311 5
教学交互	博士	硕士	−0.062 3	0.131 21	0.635	−0.320 6	0.195 9
		本科	−0.137 5	0.134 20	0.306	−0.401 6	0.126 6
		专科	0.362 5	0.212 87	0.090	−0.056 5	0.781 5
		其他	−0.325 0	0.184 35	0.079	−0.687 8	0.037 8
	硕士	博士	0.062 3	0.131 21	0.635	−0.195 9	0.320 6
		本科	−0.075 2	0.070 83	0.289	−0.214 6	0.064 2
		专科	0.424 8*	0.179 78	0.019	0.071 0	0.778 7
		其他	−0.262 7	0.144 89	0.071	−0.547 9	0.022 5
	本科	博士	0.137 5	0.134 20	0.306	−0.126 6	0.401 6
		硕士	0.075 2	0.070 83	0.289	−0.064 2	0.214 6
		专科	0.500 0*	0.181 97	0.006	0.141 8	0.858 2
		其他	−0.187 5	0.147 60	0.205	−0.478 0	0.103 0

续表

因变量	(I)学历	(J)学历	均值差	标准差	显著性	95%置信区间	
						下限	上限
教学交互	专科	博士	−0.362 5	0.212 87	0.090	−0.781 5	0.056 5
		硕士	−0.424 8*	0.179 78	0.019	−0.778 7	−0.071 0
		本科	−0.500 0*	0.181 97	0.006	−0.858 2	−0.141 8
		其他	−0.687 5*	0.221 56	0.002	−10.123 6	−0.251 4
	其他	博士	0.325 0	0.184 35	0.079	−0.037 8	0.687 8
		硕士	0.262 7	0.144 89	0.071	−0.022 5	0.547 9
		本科	0.187 5	0.147 60	0.205	−0.103 0	0.478 0
		专科	0.687 5*	0.221 56	0.002	0.251 4	1.123 6

*表示均值差在 0.05 水平上显著。

利用 SPSS 中的 Report：Summaries in Rows 命令来检查不同学历之间的认可度，如表 3-18 所示。发现博士、硕士、本科学历的调查者对课程资源的认可度高于专科，其原因是专科生内部调查者的态度有较大差异，标准差为 0.95；而学历选择"其他"的调查者对课程资源的认可度则高于博士、硕士、本科学历的调查者，原因可能与该类调查者人数较少、意见较为集中相关。对学历影响教学交互的结果进行考察，发现博士、硕士、本科和"其他"学历的调查者对教学交互的认可度高于专科学历者，专科和"其他"学历组的调查者的意见存在较大的分歧。

表 3-18　学历对课程资源和教学交互要素影响的总结分析

要素	学历	最大值	最小值	均值	标准差	问卷数
课程资源	博士	5.00	3.00	4.38	0.62	20
	硕士	5.00	1.00	4.22	0.63	143
	本科	5.00	2.00	4.23	0.45	104
	专科	5.00	2.00	3.83	0.95	10
	其他	5.00	3.67	4.69	0.49	16
教学交互	博士	5.00	3.00	4.40	0.64	20
	硕士	5.00	1.00	4.38	0.66	143
	本科	5.00	3.00	4.41	0.52	104
	专科	5.00	2.00	4.00	0.97	10
	其他	5.00	3.00	4.31	0.85	16

从以上统计分析的结果来看，本研究的前三个假设（前期理论推导的中国现代远程高等教育实质性增长内涵具有一定的合理性和科学性；提出 5 个影响中国现代远程高等教育实质性增长的基本要素；提出 15 个影响中国现代远程高等教育实质性增长各要素变量的子因素已经得到了证实，说明前期对中国现代远程高等教育实质性增长的理论研究结果得到了专家学者的认可。

第三节　中国现代远程高等教育实质性增长分析模型的形成

本节将对第四个假设"远程高等教育实质性增长可以表述为 $G=\{E, R\}=\{(F_1, F_n), R\}$"进行验证。为了进一步探寻中国现代远程高等教育实质性增长与要素（含子因素）之间的内在关系，为中国现代远程高等教育实质性增长的实践和理论探讨提供借鉴性的意见，采用多元线性回归分析法对调查问卷的数据进行进一步的处理和分析，寻求中国现代远程高等教育实质性增长的分析模型。

一、回归分析

回归分析主要可以解决以下几方面的问题：第一，通过分析大量的样本数据，确定变量之间的数学关系式；第二，对所确定的数学关系式的可信程度进行各种统计检验，并区分出对某一特定变量影响较为显著的变量和影响不显著的变量；第三，利用所确定的数学关系式，根据一个或几个变量的值来预测或控制另一个特定变量的取值，并给出这种预测或控制的精确度。在回归分析中，研究因变量（被解释变量）对于两个或两个以上自变量（解释变量）之间的回归问题，称为多元回归分析。事实上，一种现象常常是与多个因素相联系的，由多个自变量的最优组合共同来预测或估计因变量，比只用一个自变量进行预测或估计更有效，更符合实际。

远程高等教育实质性增长是与各要素和子因素紧密相连的，采用多元回归分析的方法，实际就是根据要素和子因素的值（变化情况）来控制远程高等教育实质性增长的取值（动向），而当中的数学关系也表现出了各要素和子因素对于实质性增长的贡献度。对影响中国现代远程高等教育实质性增长的要素与中国现代远程高等教育实质性增长进行了多元线性回归分析，通过检验各要素对于远程高等教育实质性增长的影响值，探求了每个影响要素对整体实质性增长的贡献值。从表 3-19 和表 3-20 对中国现代远程高等教育实质性增长要素模型的检验及方差分析来看,通过多元线性回归分析发现,每个要素对远程高等教育实质性增长都很重要,5个要素构成的模型是最完美的,复相关系数达到1,而验证的标准差也最小。方差检验的 P 值也均小于0.05,说明各要素和远程高等教育实质性增长之间存在着显著的线性关系。

表 3-19　中国现代远程高等教育实质性增长要素模型检验

模型	复相关系数	复平方相关系数	校正决定系数	估计值的标准差
1	0.877	0.770	0.769	0.225 10
2	0.924	0.854	0.853	0.179 55
3	0.951	0.905	0.904	0.144 80
4	0.979	0.959	0.958	0.095 89
5	1.000	1.000	1.000	0.000 47

表 3-20　中国现代远程高等教育实质性增长五要素方差分析

模型		总平方和	自由度	平均平方和	P 值
1	回归分析	49.235	1	49.235	0.000
	残差	14.745	291	0.051	
	总计	63.980	292		
2	回归分析	54.631	2	27.316	0.000
	残差	9.349	290	0.032	
	总计	63.980	292		
3	回归分析	57.921	3	19.307	0.000
	残差	6.059	289	0.021	
	总计	63.980	292		
4	回归分析	61.332	4	15.333	0.000
	残差	2.648	288	0.009	
	总计	63.980	292		
5	回归分析	63.980	5	12.796	0.000
	残差	0.000	287	0.000	
	总计	63.980	292		

从表 3-21 中可以看出,5个要素与远程高等教育实质性增长具有较大的相关性,它们对远程高等教育实质性增长的贡献率总体上较为平均。但也存在一定的差异,教育团队和教学交互对远程高等教育实质性增长的影

响较大，而教学媒介和学生支持服务对远程高等教育实质性增长的影响相对弱些。

表 3-21　中国现代远程高等教育实质性增长要素贡献率分析

模型		非标准化回归系数		标准化回归系数	t 值	P 值
		B 值	标准差			
1	常量	4.508E-07	0.000		0.002	0.999
	教育团队	0.267	0.000	0.295	3 451.593	0.000
	课程资源	0.200	0.000	0.251	2 575.422	0.000
	教学媒介	0.133	0.000	0.181	2 182.903	0.000
	学生支持服务	0.133	0.000	0.160	1 954.380	0.000
	教学交互	0.267	0.000	0.317	3 657.075	0.000

从表 3-22 和表 3-23 对中国现代远程高等教育实质性增长子因素模型的检验及方差分析来看，通过多元线性回归分析发现，本研究中的子因素对远程高等教育实质性增长都很重要，15 个子因素构成的模型是最完美的，复相关系数达到 1，而验证的标准差也最小。方差检验的 P 值也均小于 0.05，说明各子因素和远程高等教育实质性增长之间存在着显著的线性关系。

表 3-22　中国现代远程高等教育实质性增长子因素模型检验

模型	复相关系数	复平方相关系数	校正决定系数	估计值的标准差
1	0.843	0.710	0.706	0.253 68
2	0.948	0.898	0.896	0.151 04
3	0.963	0.927	0.924	0.128 82
4	0.977	0.955	0.953	0.100 97
5	1.000	1.000	1.000	0.000 00

表 3-23　中国现代远程高等教育实质性增长子因素方差分析

模型		总平方和	自由度	平均平方和	P 值
1	回归分析	45.447	4	11.362	0.000
	残差	18.533	288	0.064	
	总计	63.980	292		
2	回归分析	57.479	7	8.211	0.000
	残差	6.502	285	0.023	
	总计	63.980	292		

续表

模型		总平方和	自由度	平均平方和	P 值
3	回归分析	59.284	9	6.587	0.000
	残差	4.696	283	0.017	
	总计	63.980	292		
4	回归分析	61.115	11	5.556	0.000
	残差	2.865	281	0.010	
	总计	63.980	292		
5	回归分析	63.980	15	4.265	0.000
	残差	0.000	277	0.000	
	总计	63.980	292		

从表 3-24 中可以看出，远程高等教育实质性增长各子因素对远程高等教育实质性增长的贡献率较为均衡，但又都各有不同。如最高者为生生之间的交互（$E2$）和师生与媒介的交互（$E4$），其次技术专家（$A4$）、远程教师（$A2$）及媒介技术发展（$C1$）等的贡献率也颇高；而最低贡献者有师生与课程资源的交互（$E3$）、学习资源开发（$B3$）及师生之间的交互（$E1$）等。

表 3-24　中国现代远程高等教育实质性增长各子因素贡献率分析

	非标准化回归系数 B 值	非标准化回归系数标准差	标准化回归系数	t 值	显著性（Sig.）
组织管理者（$A1$）	6.667E-02	0.000	0.096	4.3E+07	0.000
远程教师（$A2$）	6.667E-02	0.000	0.111	4.7E+07	0.000
教学设计者（$A3$）	6.667E-02	0.000	0.097	3.6E+07	0.000
技术专家（$A4$）	6.667E-02	0.000	0.112	4.9E+07	0.000
专业设置（$B1$）	6.667E-02	0.000	0.105	3.9E+07	0.000
课程设计（$B2$）	6.667E-02	0.000	0.110	3.8E+07	0.000
学习资源开发（$B3$）	6.667E-02	0.000	0.090	3.1E+07	0.000
媒介技术发展（$C1$）	6.667E-02	0.000	0.111	4.3E+07	0.000
教学媒介运用（$C2$）	6.667E-02	0.000	0.102	3.6E+07	0.000
学术性学生支持服务（$D1$）	6.667E-02	0.000	0.096	3.6E+07	0.000
非学术性学生支持服务（$D2$）	6.667E-02	0.000	0.097	3.9E+07	0.000
师生之间的交互（$E1$）	6.667E-02	0.000	0.089	2.9E+07	0.000

续表

	非标准化回归系数 B 值	非标准化回归系数标准差	标准化回归系数	t 值	显著性（Sig.）
生生之间的交互（$E2$）	6.667E–02	0.000	0.117	4.2E+07	0.000
师生与课程资源的交互（$E3$）	6.667E–02	0.000	0.085	3.1E+07	0.000
师生与媒介的交互（$E4$）	6.667E–02	0.000	0.117	4.9E+07	0.000

二、具体分析模型

（一）远程高等教育实质性增长与要素（变量）相关性的数学表达

由调查数据分析得出的中国现代远程高等教育实质性增长贡献率分析表，验证了本研究的第四个假设，即中国现代远程高等教育实质性增长可以表述为：$G=\{E, R\}=\{(F_1, F_n), R\}$。当中的具体关系，我们又可以进一步以数学模型的形式表达，即中国现代远程高等教育实质性增长的具体分析模型。

数学模型是针对参照某种事物系统的特征或数量依存关系，采用数学语言，概括地或近似地表述出的一种数学结构，这种数学结构是借助于数学符号刻画出来的某种系统的纯关系结构。从广义上理解，数学模型包括数学中的各种概念、各种公式和各种理论。它们都是由现实世界的原型抽象出来的，从这个意义上讲，整个数学也可以说是一门关于数学模型的科学。从狭义上理解，数学模型只指那些反映了特定问题或特定的具体事物系统的数学关系结构，从这个意义上也可将其理解为联系一个系统中各变量之间的关系的数学表达。

本研究采用多元线性回归模型来表述中国现代远程高等教育实质性增长的数学模型。多元线性回归模型设影响因变量 Y 的自变量个数为 P，并分别记为 $x_1, x_2, \cdots, x_p$。所谓多元线性回归模型是指这些自变量对 Y 的影响具有密切的相关性，即

$$Y = \beta_0 + \beta_1 x_1 + \beta_2 x_2 + \cdots + \beta_p x_p + \varepsilon, \quad \varepsilon \sim N(0, \sigma^2)$$

其中 $\beta_0, \beta_1, \beta_2, \cdots, \beta_p$，$\sigma^2$ 是与 $x_1, x_2, \cdots, x_p$ 无关的未知参数，称 Y 为对自变量 $x_1, x_2, \cdots, x_p$ 的线性回归函数。

根据表 3-21 多元回归分析统计结果，远程高等教育实质性增长与各要素相关性的数学模型可以表达如下：

$$G=A\times0.267+B\times0.200+C\times0.133+D\times0.133+E\times0.267$$

其中，G 为远程高等教育实质性增长、A 为教育团队、B 为课程资源、C 为教学媒介、D 为学生支持服务、E 为教学交互；各数量表示各要素变量的相关系数。该数学模型显示中国现代远程高等教育实质性增长与其要素之间的相关程度很高，可以看出，在该数学模型中 A 要素教育团队和 E 要素教学交互的水平对于中国现代远程高等教育实质性增长的影响较大，这两个要素在现代远程高等教育中应做更加仔细和全面的策划，以保证其质量，从而有利于整个远程高等教育的实质性增长。

根据表 3-24 多元回归分析统计结果，远程高等教育实质性增长与各（要素）子因素相关性的数学模型可以表达如下

$$G=A1\times0.096+A2\times0.111+A3\times0.097+A4\times0.112+B1\times0.105+B2\times0.110+B3\times0.090+C1\times0.111+C2\times0.102+D1\times0.096+D2\times0.097+E1\times0.089+E2\times0.117+E3\times0.085+E4\times0.117$$

其中，G 为远程高等教育实质性增长、$A1$ 为组织管理者、$A2$ 为远程教师、$A3$ 为教学设计者、$A4$ 为技术专家、$B1$ 为专业设置、$B2$ 为课程设计、$B3$ 为学习资源开发、$C1$ 为媒介技术发展、$C2$ 为教学媒介运用、$D1$ 为学术性学生支持服务、$D2$ 为非学术性学生支持服务、$E1$ 为师生之间的交互、$E2$ 为生生之间的交互、$E3$ 为师生与课程资源的交互、$E4$ 为师生与媒介的交互；各数量表示各子因素变量的相关系数。该数学模型显示中国现代远程高等教育实质性增长与各子因素的相关程度也比较高，虽然各子因素的相关性存在一定的差异，但每一个都是不可缺少的。对于相关性稍高一点的子因素，在系统中可以因利诱导，在动态中达到协调。如在实践中对于 E 要素教学交互，可重点发挥 $E2$ 生生之间交互的作用，并通过各种办法努力引导学生提高交互水平，进而促进 $E3$ 师生与课程资源的交互、$E1$ 师生之间的交互和 $E4$ 师生与教学媒介的交互，使教学交互要素达到最佳协调状态。

（二）分析模型的建立

对任何一个领域的探讨都要一个过程，在鉴别出影响特定结果的变量，或提出与特定问题有关的定义、解释和预示的假设之后，当变量或假设之间的内在联系得到系统的阐述时，就需要把变量或假设之间的内在联系合并成为一个假设的模式（模型）。[①]我们在对远程高等教育实质性增长与各变量（要素及其子因素）进行多元回归分析并得出相关性的

---

① 查有梁. 教育建模[M]. 南宁：广西教育出版社，1998：4.

数学模型后，就可以据此来建立中国现代远程高等教育实质性增长的分析模型。

根据远程高等教育实质性增长与要素（变量）相关性的数学模型，中国现代远程高等教育实质性增长分析模型可以简化成图 3-2，也就是说中国现代远程高等教育实质性增长可从第一层面 5 个要素和第二层面 15 个子因素进行建构和分析。其中，第一层面包含教育团队、课程资源、教学媒介、学生支持服务、教学交互 5 个要素；第二层面包含组织管理者、远程教师、教学设计者、技术专家、专业设置、课程设计、学习资源开发、媒介技术发展、教学媒介运用、学术性学生支持服务、非学术性学生支持服务、师生之间的交互、生生之间的交互、师生与课程资源的交互、师生与媒介的交互 15 个子因素。5 个要素及其相应的 15 个子因素的"量变"和"质变"直接影响着中国现代远程高等教育的实质性增长。

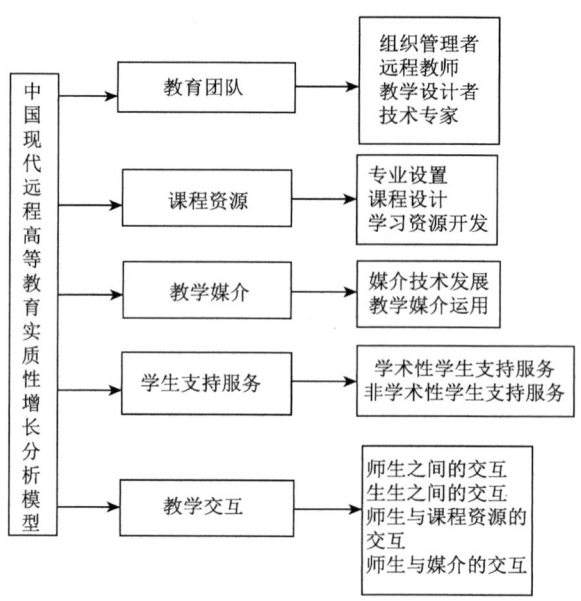

图 3-2　中国现代远程高等教育实质性增长分析模型

模型（或模式）是为了解决特定的问题，在一定的抽象、简化、假设条件下，再现原型客体的某种本质特性；它是作为中介，从而更好地认识和改造原型客体、建构新型客体的一种科学方法。[①]建构中国现代远程高等教育实质性增长分析模型，就是为了分析、评价中国现代远程高等教育增长过程

---

① 查有梁. 教育建模[M]. 南宁：广西教育出版社，1998：5.

更具有本质特性的变化,特别是其核心要素及其相互关系,是体现现代远程高等教育本质特性的关键,通过分析现代远程高等教育内在变量——要素及其子因素的变化,就能更好地认识和改造中国现代远程高等教育。

(三)分析模型的适用范围

中国现代远程高等教育实质性增长分析模型是在理论归纳推导,并经专家调查、多元回归分析验证的基础上建构的,有一定的合理性和适用性。其主要运用在以下两个方面。

1. 对远程高等教育子系统(要素)分析评价

目前,中国对现代远程高等教育系统内部的分析评价大都基于经验来确定各子系统(要素),如《教育部办公厅关于对现代远程教育试点学校网络教育学院开展2003年年报年检工作的通知》(教高厅〔2004〕12号)中,把现代远程高等教育分成12个方面(要素)进行分析评价:学校对网络教育的定位、管理体制和监控措施;招生方式;在学考试办法;教学方式;教学资源的建设与共享;学生支持服务;现代远程教育校外学习中心(点)的规范问题;毕业资格审定与学位授予;试点学校条件;本校在网络教育方面的办学特色;面向西部办学、支持西部教育情况;自我评价。教育部高教司《关于对〈普通高等学校网络教育学院教学工作评估指标体系〉和〈现代远程教育校外学习中心(点)评估指标体系〉征求意见的通知》(教高司函〔2004〕271号),则从指导思想、教学过程管理、学生教育管理、学籍与学位管理、技术支撑环境与资源、队伍建设、学生支持服务、校外学习中心的建设与管理、教育教学效果、教育研究与创新特色10个方面来分析评估现代远程高等教育。笔者认为以上两种划分,从逻辑方面看,标准不一,有待斟酌的问题;从操作层面看,有要素重叠、难以把握的情况,如"学生教育管理"和"学生支持服务"就有重叠现象。

本研究建构的5个要素(含15个子因素)分析模型,对远程高等教育子系统做了较合理的划分,特别是经过多元回归分析表明,5个要素与远程高等教育系统具有非常大的相关性,因此,该分析模型可以作为对中国现代远程高等教育系统要素划分并进行分析评价的依据。

2. 对远程高等教育整体变动情况进行预测

目前,在远程高等教育的实践中,有部分人信奉"技术决定论",认为只要把教学媒介技术提高了,远程高等教育定能跨越时空,取得质的飞跃,因而,把大量的人力物力投入到媒介技术上,忽略了其他方面的影响力。

现代远程高等教育是一个开放的复杂多变的系统,有多个要素及其子因素与远程高等教育系统存在相关性。通过5个要素数学模型的分析可知,媒介技术与远程高等教育实质性增长存在相关性。然而，虽然它是不可缺少的要素，但并不是唯一的决定要素，我们不能仅凭教学媒介技术的提高来推断远程高等教育的未来。

我们所能做的是通过相关性的要素，由点到面，由部分到整体，来预测推断远程高等教育的变动情况。本研究得出的分析模型，可以利用5个要素（含15个子因素）的质变和量变情况来分析现代远程高等教育实质性增长的总体变动情况。

基于以上两点的考虑，将在下一章对中国现代远程高等教育实质性增长做进一步的分析，把定量研究和定性研究结合起来，试图达到完整分析中国现代远程高等教育实质性增长的目的。

第四章 中国现代远程高等教育实质性增长的状况分析

第一节 中国现代远程高等教育团队的状况

中国现代远程高等教育团队是中国现代远程高等教育实质性增长的主体性要素。为此,我们有必要从管理机构和行政管理者制定的方针政策,及远程教师、教学设计人员和技术人员等的内部变化来考察中国现代远程高等教育团队的状况。

一、组织管理者

中国现代远程高等教育的组织管理者主要包括教育行政部门和主办高校相关领导,他们是远程高等教育的决策者、行政管理者,他们通过制定政策法规、管理制度等来影响现代远程高等教育。

(一)教育行政部门和相关领导者的影响

中国现代远程高等教育采用集中管理和属地管理相结合的做法,由教育部和各省教育厅分级管理。教育部高教司下设远程与继续教育处,有专门人员负责现代远程高等教育的监督与管理。

1997年12月,国家教委(1998年3月更名为教育部)下发了《关于高等学校开展远程教育有关问题的通知》(教电〔1997〕5号),原则上明确支持发展远程高等教育,同时提出要全国规划和协调。1998年初,国家教委指令由电教办牵头起草《关于发展我国现代远程教育的意见》和《国家教委远程教育传输系统技术方案》。[1]

1998年5月,教育部通过《关于发展我国现代远程教育的意见》,提出了"统筹规划,需求推动,扩大开放,提高质量"的发展指导方针,主

---

[1] 丁兴富,吴庚生.网络远程教育研究[M].北京:清华大学出版社,2006.

要任务之一为充分利用国家和地区已建立的卫星电视教育网、教育科研网、公众通信网和有线电视网等公众和专业信息传输网络，形成以卫星视频传输系统和计算机网络相结合的多元化现代远程教育专业传输网。与此同时，《中国教育报》开设"制高点"专栏，时任教育部部长的陈至立在专栏创刊号发表了《应用现代教育技术推动教育教学改革》一文。1998年6月5日，陈至立部长签发教育部致国务院的《关于报请批转〈关于发展我国现代远程教育的意见〉的请示》。1998年7月10日，李岚清副总理对上述请示作了如下批示："远程教育是利用现代信息技术发展高素质教育的一种教育方式，是一件很大的事。我们应作为一项重大工程来研究实施，请你们组织一些同志进行周密的研究，并提出方案。"1998年9月，根据李岚清副总理的批示，教育部决定投资4亿作为发展现代远程教育的启动资金，并指定清华大学、浙江大学、北京邮电大学、湖南大学4所普通高校进行现代远程高等教育试点。1999年3月25日，教育部正式发文《关于启动现代远程教育第一批普通高校试点工作的几点意见》（教电〔1999〕1号），对现代远程高等教育试点的目标、任务、条件等提出了要求。1999年8月，教育部批准了北京大学和中央广播电视大学开展现代远程高等教育试点工作。

1999年1月13日，《国务院批转教育部〈面向21世纪教育振兴行动计划〉的通知》（国发〔1999〕1号），明确地提出了"实施'现代远程教育工程'，形成开放式教育网络，构建终身学习体系"的任务，详细规定了现代远程教育工程的战略任务和方针方向、信息基础设施建设和软件开发制作指导方针，实行国家统筹规划管理，通过竞争和市场运作机制的发展策略开发高质量的教育软件，以及鼓励和发展各级各类远程教育、实现资源共享的原则等。

1999年6月13日，中共中央国务院在第三次全国教育工作会议上发布了《中共中央国务院关于深化教育改革，全面推进素质教育的决定》，其中又一次明确强调："大力发展现代远程教育、职业资格证书教育和其他继续教育。完善自学考试制度，形成社会化、开放式的教育网络，为适应多层次、多形式的教育需求开辟更为广阔的途径，逐渐完善终身学习体系。"

2000年7月12日，教育部批准北京师范大学、东北大学、上海交通大学、华中科技大学、华南理工大学5所高校开展现代远程高等教育试点工作；2000年7月14日，教育部批准复旦大学、中国人民大学、北方交通大学（现为北京交通大学）、北京外国语大学、天津大学、同济大学、东南大学、江南大学、山东大学、中山大学、四川大学、西安交通大学、重庆大学、北京理工大学、东北农业大学、北京中医药大学、北京广播学院（现中国传媒大学）、北京语言文化大学（现北京语言大学）、华中师范大学、兰州大学 20 所高校开展现代远程高等教育试点工作。2000 年 7 月 28 日，教育部发布《关于支持若干所高等学校建设网络教育学院　开展远程教育试点工作的几点意见》（教高厅〔2000〕10 号），明确规定了远程高等教育试点工作的主要任务是开展学历教育和非学历教育，强调网上资源建设要加大经费投入，减少重复建设，实行归口管理；对于网络课程则要求，新世纪网络课程建设工程所建设的网络课程，不仅要用于若干所高等学校网络教育学院的试点，而且还要用于校内和校际之间的网上选课及学分的承认；在资源使用方面也提出要树立资源共享的观念，积极保护知识产权，建立资源共享的形式和机制等。政策的出台给现代远程高等教育的发展指明了总体方向，也做出总体的发展规划蓝图。同时，给试点学校充分的办学自主权，允许试点学校根据社会需求设置专业；自行组织考试并确定招生形式和入学标准；自行确定颁发何种形式的毕业证书等。该文件给当时已获批进行现代远程高等教育的 31 所试点高校规定了方向，也为后面的试点高校建设提供了标准。

2001 年教育部批准开展现代远程高等教育试点工作的高校有 14 所，分别为华东师范大学、石油大学（现为中国石油大学）、厦门大学、中南大学、西南交通大学、西南师范大学（现与西南农业大学合并为西南大学）、哈尔滨工业大学、中国农业大学、南开大学、吉林大学、东华大学、中国地质大学（武汉）、武汉理工大学、福建师范大学。

2002 年 1 月，《教育部办公厅关于印发〈关于现代远程教育校外学习中心（点）建设和管理的原则意见〉（试行）的通知》（教高厅〔2002〕1 号）出台，旨在规范试点高校和校外学习中心（点）的建设和管理。2002 年 2 月 22 日，教育部又发布《教育部办公厅关于对北京科技大学等 21 所学校开展现代远程教育试点工作的批复》（教高厅〔2002〕2 号），批复了北京科技大学、对外经济贸易大学、北京航空航天大学、中央音乐学院、大连理工大学、中国医科大学、东北财经大学、上海外国语大学、上海第二医科大学（现为上海交通大学医学院）、华东理工大学、南京大学、郑州大学、武汉大学、华南师范大学、电子科技大学、西南科技大学、西南财经大学、四川农业大学、西北工业大学、西安电子科技大学、陕西师范大学共 21 所高校开展现代远程高等教育试点工作，同年也批准了中国科学技术大学。2002 年 7 月 8 日，教育部出台《教育部关于加强高校网络教育学院管理提高教学质量的若干意见》（教高〔2002〕8 号），提出现代远程高等教育的性质主要为在职人员继续教育，强调规范管理，要求减少并停止招收普通全日制高中起点本专科学生。

2003 年 3 月，教育部印发了《现代远程教育校外学习中心（点）暂行管理办法》,旨在规范学习中心的审批、招生和教学支持服务等工作。同年,教育部缩紧对试点高校的调控,只批准了东北师范大学1所高校开展现代远程高等教育试点工作。至此,全国共有68所院校获得教育部批准开展现代远程高等教育试点工作,各院校类别、数量及所占比例如表4-1所示。

表 4-1 我国现代远程高等教育试点高校类别情况(2003年)

院校类别	院校数量/所	院校占比/%
理工类	29	42.7
综合类	17	25.0
师范类	8	11.8
外语类	3	4.4
农林类	3	4.4
医药类	3	4.4
财经类	3	4.4
艺术类	2	2.9
合计	68	100.0

2004年1月14日,教育部印发了《教育部办公厅关于对现代远程教育试点高校网络教育学生部分公共课实行全国统一考试的通知》(教高厅〔2004〕2号);2004年6月13日,印发了《教育部关于成立第一届全国高校网络教育考试委员会的通知》(教高函〔2004〕10号);2004年11月26日,又印发了《教育部关于开展现代远程教育试点高校网络教育部分公共基础课全国统一考试试点工作的实施意见》(教高〔2004〕5号),指定统考科目包括"大学英语A/B/C""计算机应用基础""大学语文A/B""高等数学A/B"四门,统考科目按不同学历起点和专业类别确定,以提高远程高等教育的社会声誉。

2005年3月6日,教育部印发了《教育部关于部分现代远程教育试点高校违规办学问题的通报》(教高〔2005〕3号),通报了2002年和2003年两年的违规办学情况,平均每年5～6所试点高校存在不同程度的违规现象,造成不良的社会影响,如部分考点考试作弊、办学规模失控、校外学习中心点外设点盲目招生、不按规定继续招收全日制高中起点普通本专科生、在未经审批的校外学习中心违规招生等。教育部对只求数量不求质量、只求办学经济利益不求社会效益的不良办学行为提出了处理意见,依据违规情节轻重,要求有关试点高校进行1~3年的整改,整改期间停止招生。从2005年5月28日开始,由全国高校网络教育考试委员会组织,以北京、沈阳、上海、杭州、成都、武汉、西安、广州8大考区为单位，在全国范围内开展现代远程教育公共基础课统一考试工作。

2005年12月28日，教育部印发了《教育部办公厅关于进一步加强高校网络教育规范管理的通知》（教高厅〔2006〕1号），对将现代远程高等教育办学定位为非全日制在职人员继续教育、妥善处理违规办学善后工作、注意做好严格执行毕业生学历文凭和就业政策工作，以及高度重视网络教育的稳定问题等做了强调。

2007年4月10日，教育部印发了《教育部办公厅关于进一步加强现代远程教育试点高校网络高等学历教育学历证书和学位证书规范管理的通知》（教高厅〔2007〕1号），指出2007年7月1日以后录取的网络高等学历教育本科生，应按成人高等教育学位标准，授予成人高等教育学士学位。

至此，我国现代远程高等教育经历了以下三个阶段：1999到2002年，鼓励试点并授予试点高校相当完整的办学自主权；2003年到2005年，强调规范管理、停止招收普通全日制学生、全国统考；2006年开始，强调定位于成人继续教育、进一步加强规范管理等。

2015年，国务院发布《国务院关于第一批取消62项中央指定地方实施行政审批事项的决定》（国发〔2015〕57号），对《现代远程教育校外学习中心（点）暂行管理办法》（教高厅〔2003〕2号）中省级教育行政主管部门的审批权力做了明确规定，即取消校外学习中心（点）审批。

此后，教育部继续大力推进行政审批制度改革，深入推进简政放权、放管结合、优化服务，加快政府职能转变，不断提高政府管理科学化、规范化、法治化水平。

为深入落实《国家中长期教育改革和发展规划纲要（2010—2020年）》，切实办好开放大学，推动学习型社会建设，教育部于2016年印发《教育部关于办好开放大学的意见》（教职成〔2016〕2号），强调要适应经济社会发展新需求，运用现代信息技术发展新成果，探索具有中国特色、体现时代特征的开放大学办学模式。

为规避"有的高校办学定位不清，招生管理粗放，教学管理制度不健全，出口把关不严，对学习中心监管乏力"等问题，2019年12月，教育部发布了《关于服务全民终身学习　促进现代远程教育试点高校网络教育高质量发展有关工作的通知》（教职成厅〔2019〕8号），旨在"加强高校继续教育治理能力建设，强化办学主体责任，完善人才培养体系，规范发展网络教育，提高人才培养质量"。

这些"自上而下"的政策在很大程度上对中国现代远程高等教育的办学行为起着监控和管理作用。但是要促进中国现代远程高等教育的实质性增长，还需要进一步遵循远程高等教育的内在逻辑规律，也需"由下而上"制定一些行业自律公约。只有"自上而下"和"由下而上"有效结合，才能为现代远程高等教育实质性增长创设良好的制度环境。

（二）试点高校管理者及其采取的措施

1. 试点高校总部管理人员

中国 68 所现代远程高等教育试点高校都成立了专门的办学机构，组成专门队伍从事现代远程高等教育工作。据教育部年报年检统计[①]，中国现代远程高等教育办学机构有三类设置方式，一是独立的网络教育（远程高等教育）机构，有 42 所；二是网络教育与成人教育机构合并的机构，有 9 所；三是网络教育、成人教育机构与继续教育机构合并的机构，有 17 所。其中，25 所试点高校的主管校领导（副校长、副书记或校长助理）兼任学院院长，其他 43 所院长由试点高校直接任命。

办学机构采用学校独立运作（有 47 所）或校企合作（有 21 所）的方式运行，学院管理人员一般设置有院长 1 名、书记 1 名、副院长 2~3 名、副书记 1 名、院办主任 1 名，招生管理部、教学管理部、资源开发部、技术部和学生指导服务部等各部门人数也有若干名。除了学院正式在编人员外，一般学院各业务部门也聘用一些兼职人员或是合作企业人员（1~10 名不等）。中国现代远程高等教育试点高校办学机构的全职人员总数为 2 774 人，兼职人员总数为 1 747 人，校均 70 人[②]。从 2002 年开始，各试点高校管理人员队伍基本保持平稳发展。

2. 校外学习中心管理者

中国现代远程高等教育主办高校在办学中需要依托其他单位建立校外学习中心，落实各项教学与管理工作。校外学习中心主要由试点高校网络教育学院和一些具备教学条件（人员、设施）的单位（依托建设单位）签署协议合作建立。学习中心在行政上隶属于依托建设单位，在业务（主要是教学、管理）上接受试点高校网络教育学院的指导。同时接受所在省（自治区、直辖市）或计划单列市的教育行政部门的指导、监督和检查。校外学习中心从 2001 年的 1 013 个，增加到 2017 年的 16 162 个，数量不断扩大，随着部分高校退出远程高等教育，至 2020 年下降到 9 546 个，如图 4-1 所示。管理人员总数也不断增长，2002 年为 22 896 人，2004 年为

---

① 教育部从 2002 年开始，要求参加远程高等教育试点的院校，每年统一进行年度检查报告，并向教育部报送招收学生数、教学管理、资源建设、基础设施等基本数据。

② 教育部 2002 年统计数据（参与统计的院校为 65 所，不包括南京大学、石油大学（北京）和中国科学技术大学）。

47 000 人，2005 年为 48 879 人，校外学习中心管理人员平均为 14 人。在省级教育行政主管部门取消校外学习中心（点）审批后，校外学习中心管理人员基本保持平稳发展。

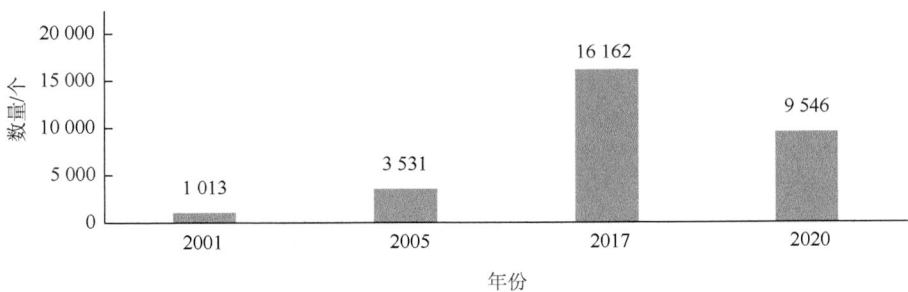

图 4-1　中国现代远程高等教育主办高校校外学习中心增长情况①

3. 试点高校管理者制定的规章制度

中国现代远程高等教育 68 所试点高校在办学中，主要是通过制定一些规章制度来确保各项工作顺利进行，特别是 2002 年初始阶段，需要制定的基础性规章制度较多，进入正常办学后，相关规章制度更新较少，高校网站公布的相关管理制度大多为 2007 年之前制定的，现有制度更多的是对原有制度的修订，下面以 2004 年与 2005 年为例。

2004 年，68 所试点高校共发布有关规章制度 1 264 篇。其中，校级发文 171 篇，院级发文 1 093 篇。发文部门级别比例如图 4-2 所示。

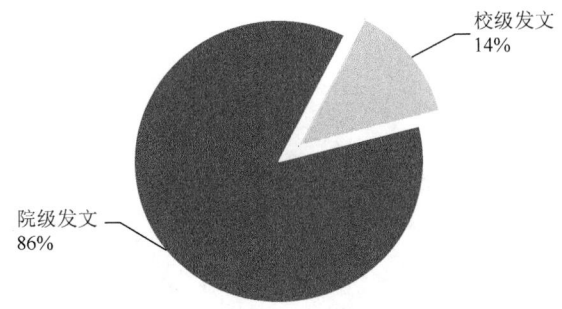

图 4-2　规章制度发文部门级别比例（2004 年）

2004 年规章制度类别及其所占比例为：综合类 14%、招生类 18%、学籍类 4%、教学类 15%、考试类 9%、毕业类 7%、奖惩类 5%、技术类

---

① 数据来源：全国网络教育阳光招生服务平台（http://cdce.moe.edu.cn/#/Sunshine）。

2%、学生管理类 7%、校外学习中心管理类 15%、科研类 1%、其他 3%。如图 4-3 所示。

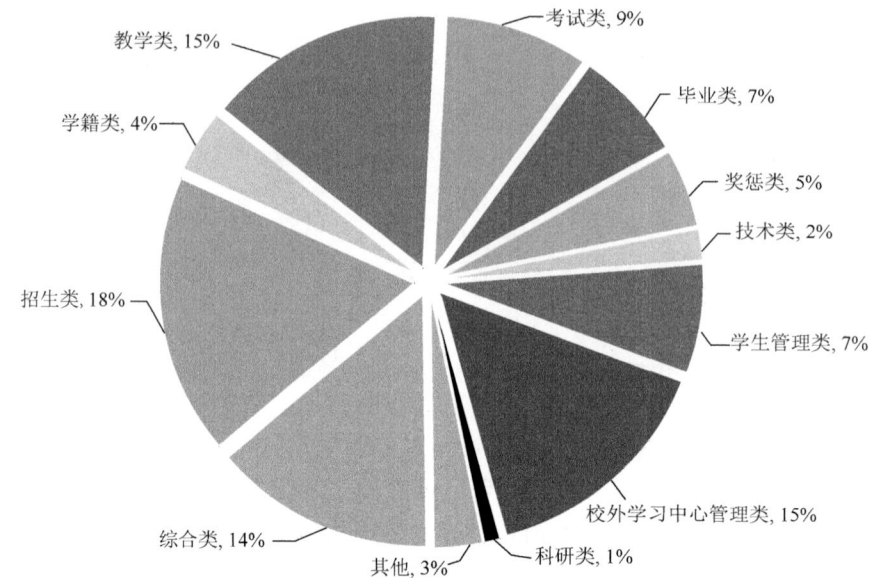

图 4-3　规章制度类别（2004 年）

2005 年，68 所试点高校有关规章制度共发文数为 1 052，其中，校级发文 177 篇，院级发文 875 篇。校均发文数 15，发文部门级别比例如图 4-4 所示。

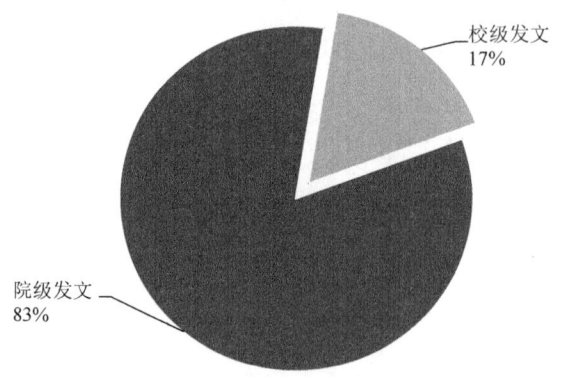

图 4-4　规章制度发文部门级别比例（2005 年）

2005 年规章制度类别及其所占比例分别为：综合类 13%、招生类 8%、学籍类 7%、教学类 18%、考试类 9%、毕业类 7%、奖惩类 7%、技术类 7%、学生管理类 9%、校外学习中心管理类 11%、科研类 1%、其他 3%。如图 4-5 所示。

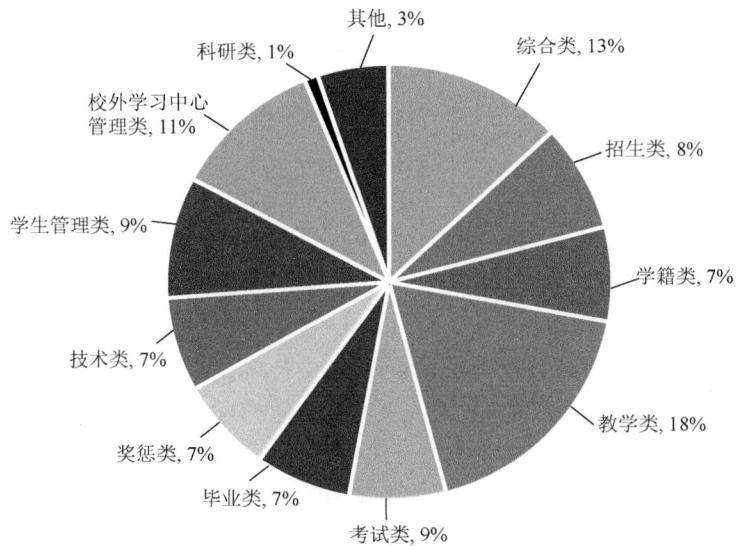

图 4-5　规章制度类别（2005 年）

从 2004 年和 2005 年各试点高校制定的规章制度来看，校级层面制定的规章制度并不多，只占总数的 14%和 17%，每年每个学校平均发文 2～3 篇。80%以上的规章制度是由实施远程高等教育的二级单位网络教育学院来制定，每个学校内学院平均发文 13～16 篇。其中，涉及教学、校外学习中心管理和招生方面的规章制度较多，而有关科研和技术方面的规章制度较少。

二、远程教师

远程教师是直接从事远程高等教育教学的人员，作为远程高等教育教学过程的主要负责者，直接影响着远程高等教育的质量。远程教师主要包括主讲教师和辅导教师等。下面我们从教师人数、组成、年龄、学历、职称等方面分析中国现代远程高等教育的远程教师的情况。

（一）远程教师人数

中国现代远程高等教育试点初期，随着学生规模的扩张，远程教师的人数也相应增长，据试点高校年报数据显示，2002 年试点高校的教师总人数为 7 009 人（不完全统计），2003 年为 13 164 人，2004 年为 14 000 人，2005 年为 14 335 人，增长的幅度并不大。如表 4-2 所示。

表 4-2　中国现代远程高等教育远程教师的数量

年份	2002	2003	2004	2005
人数/人	7 009	13 164	14 000	14 335

（二）远程教师组成

远程教师主要由主办高校教师组成，一般包括专职教师、校内聘任兼职教师和校外聘任兼职教师。

2002 年，远程教师有 7 009 人，其中，远程高等教育专职教师有 642 人，占总数的 9.2%；校内聘任兼职教师有 4 600 人，占总数的 65.6%；校外聘任兼职教师有 1 203 人，占总数的 17.2%，其他教师有 564 人，占总数的 8.0%。

2004 年，远程教师有 14 000 人，其中，远程高等教育专职教师有 840 人，占总数的 6.0%；校内聘任兼职教师有 9 940 人，占总数的 71.0%；校外聘任兼职教师有 3 080 人，占总数的 22.0%，其他教师有 140 人，占总数的 1.0%。

2005 年，试点高校网络学院及中央电大远程教师总数为 14 335 人（中央电大远程教师有 139 人，其余为试点高校网络学院远程教师），其中，远程高等教育专职教师有 846 人，占总数的 5.9%；校内聘任兼职教师有 10 579 人，占总数的 73.8%；校外聘任兼职教师有 2 853 人，占总数的 19.9%，其他教师有 57 人，占总数的 0.4%。如表 4-3 所示。

表 4-3　中国现代远程高等教育远程教师组成情况

组成	2002 年		2004 年		2005 年	
	数量/个	占比/%	数量/个	占比/%	数量/个	占比/%
专职教师	642	9.2	840	6.0	846	5.9
校内聘任兼职教师	4 600	65.6	9 940	71.0	10 579	73.8
校外聘任兼职教师	1 203	17.2	3 080	22.0	2 853	19.9
其他	564	8.0	140	1.0	57	0.4
合计	7 009	100.0	14 000	100.0	14 335	100.0

（三）远程教师年龄

从 2002 年、2004 年和 2005 年教育部年检统计情况来看，从事中国现代远程高等教育的教师有年轻化的趋势，年龄在 30 岁及以下的教师，2002 年为14.2%，2004年为15.0%，2005年为19.9%；年龄在31～45岁的教师最多，2002年占41.9%，2004年占57.0%，2005年占52.6%。如表4-4所示。

表4-4 中国现代远程高等教育远程教师年龄情况

年龄	2002年		2004年		2005年	
	数量/个	占比/%	数量/个	占比/%	数量/个	占比/%
30岁及以下	993	14.2	2 100	15.0	2 853	19.9
31～35岁	1 021	14.6	2 520	18.0	2 609	18.2
36～40岁	1 208	17.2	2 520	18.0	2 458	17.1
41～45岁	709	10.1	2 940	21.0	2 480	17.3
46～50岁	597	8.5	1 400	10.0	1 290	9.0
51～55岁	400	5.7	980	7.0	803	5.6
56～60岁	344	4.9	700	5.0	731	5.1
60岁以上	207	3.0	700	5.0	552	3.9
其他	1 530	21.8	140	1.0	559	3.9
合计	7 009	100.0	14 000	100.0	14 335	100.0

注：教师年龄为"其他"指数据收集到的年龄指代不清的。

（四）远程教师学历

从2002年、2004年和2005年教育部年检统计情况来看，远程教师具有学士学位的约占37.0%；具有博士学位的约占16.0%；具有硕士学位的教师所占比例较大，2002年为38%，2004年为39%，2005年为44%；无学位或其他情况的也有少部分，见表4-5。

表4-5 中国现代远程高等教育远程教师学历情况 （单位：%）

学历	2002年占比	2004年占比	2005年占比
学士	37.0	37.0	36.0
硕士	38.0	39.0	44.0
博士	16.0	15.0	16.0
无任何学位	0.3	4.0	3.0
其他	8.7	5.0	1.0
合计	100.0	100.0	100.0

（五）远程教师职称

中国远程高等教育教师的职称，以建设初期2002年情况统计为例，以副教授和讲师为主，两者占总数的 71.3%，拥有教授职称的只有 17.9%，还有 10.8% 是助教和拥有初级职称的教师，如表 4-6 所示。

表 4-6 中国现代远程高等教育远程教师职称情况（2002 年）

职称	数量/人	占比/%
教授（包括正教授、正教授级高级工程师和正研究员）	1 251	17.9
副教授（包括副教授、副教授级高级工程师和副研究员）	2 806	40.0
讲师（包括讲师、中级职称等）	2 195	31.3
其他（包括助教、初级职称等）	757	10.8
合计	7 009	100.0

从以上的数据分析可知，中国远程高等教育的远程教师，不管是在数量还是水平质量上都有所欠缺，特别是还没有充分吸收普通高校学术水平高、教学质量好的教授学者参与到远程高等教育来。其主要原因有：一是远程高等教育主要面向成人教育，试点高校没有从学校的层面统一安排优秀教师参与到远程高等教育中来，而是由网络学院自行聘用和管理远程教师，远程教师的教学工作量往往没有得到普通高校职称评聘和年度考评等方面的认可，这在一定程度上影响了普通高校教师参与远程教学的积极性；二是远程高等教育需要熟练运用计算机网络信息技术开展教学，部分习惯于面对面教学的教授不太愿意面对机器教学；三是远程教师所花费的时间和精力较多，经常要在规定的时间内回复大量信息平台中学生的问题，所以普通高校教学和科研任务较重的优秀教师，会没有足够的时间和精力参与远程高等教育的教学活动。

三、教学设计人员与技术人员

相对于普通高等教育，中国现代远程高等教育对教学设计人员和技术人员提出了许多新的要求，使他们的内涵有了许多新的变化，也会使他们出现自我适应的问题。

（一）教学设计人员

远程教学设计人员负责课程教学的设计和开发，对于提高课程教学的质量具有重要的作用。

教育部 2004 年年报统计数据显示，68 所试点高校本部软硬件技术人员（含教学设计人员和技术人员）共 1 272 人，校均 19 人，占校本部教职员工总数（13 164 人）的 9.7%。实际上，中国现代远程高等教育专职的教学设计人员很少。

经过对 25 所试点高校网上调查和电话访谈发现，80%以上的试点高校没有专职的教学设计人员，大多是由其他人员兼任，通常由负责课程开发的管理人员或技术人员（1～3 名）配合各课程主讲教师完成教学设计任务，其中有 36%的试点高校采用企业开发的教学软件把教师讲课的音频、视频和电子文本直接录制成课件，几乎不存在教学设计人员的参与。只有 16%的试点高校设有专门的教学设计团队，他们注重对网络教学系统、课件、学习环境、交互技术的设计，开发出来的课程效果较好。

（二）技术人员

试点高校本部的技术人员通常有 1～10 个，他们负责教学设备的维护、开发、更新和管理。校外学习中心技术人员有 20 737 人，占校外学习中心全体工作人员总数 203 539 人的 10%。[1]按当年校外学习中心在读学生有 360.2 万人计算，1 名技术工作人员需负责 174 名学生的技术指导。

有关数据表明，近年来技术人员数量并没有增长，反而出现减少的趋向，深入个别试点高校调查发现，"跳槽"的大部分是编制外的年轻人，他们积累一定经验后倾向选择到待遇更好的互联网公司从业。

另外，中国 68 所试点高校中，23 所试点高校由校企共同投资、2 所试点高校全部由企业投资，这意味着有 37%的试点高校与企业合作，这类试点高校的技术工作几乎由企业承担。随着奥鹏、弘成、知金等公共服务体系的推进，试点高校"技术外包"的现象增多，参与公共服务体系的各类"第三方机构"的技术人员承担着大量的技术工作。由非试点高校技术人员参与的远程高等教育技术的开发，是否符合远程高等教育的需要？能否内生为中国现代远程高等教育实质性增长的力量？这是远程高等教育主办高校面临的技术困境。

第二节 中国现代远程高等教育课程资源的状况

课程资源是远程高等教育教学知识的集中反映，也是远程高等教育实质性增长的内容性要素，分析远程高等教育的实质性增长不能缺少课程资源这一核心要素。课程资源的增长状况直接体现为专业设置、课程

---

[1] 教育部 2005 年年报统计数据。

设计和学习资源开发的水平和状况，因此，本节主要从专业设置、课程设计和学习资源开发三方面分析中国现代远程高等教育课程资源的状况。

一、专业设置

本研究根据 68 所现代远程高等教育试点高校门户网站中的"专业设置"栏目及相应的招生简章，对中国现代远程高等教育试点高校发展的第三年、第十年及第二十年前后的专业设置现状进行了网上调查和个别访谈。以"中国普通高等学校本科专业设置"为依据，依托"中国现代远程高等教育试点高校专业设置类目分析表"，采用内容分析，从试点高校开设的专科起点升本科、高中起点升专科、高中起点升本科和研究生四个层次，对各试点高校专业设置情况进行分类，统计出现的频率及分布情况等。[①]

（一）本科专业目录设置情况

中国 68 所现代远程高等教育试点高校开设的专业，根据《普通高等学校本科专业目录》[②]（1998 年版）的 11 大学科门类 249 个专业（不含目录外专业），2002 年教育部年报年检数据显示，开设的本科专业已覆盖哲学、经济学、法学、教育学、文学、理学、工学、医学、农学、管理学 10 大学科门类，专业数为 89 个，占总专业的 36%。

2008 年开设的本科专业覆盖经济学、法学、教育学、文学、历史学、理学、工学、农学、医学、管理学 10 大学科门类，专业数为 94 个，占总专业的 38%。2017 年开设的本科专业覆盖除军事学外的 12 大学科门类，2020 年开设的本科专业覆盖除哲学和军事学外的 11 大学科门类。

2008 年比 2002 年只多开设了 5 个专业，增长了 5.6%，2017 年比 2008 年增加 86 个专业，增长了 91.5%，但 2020 年反而比 2017 年减少 35 个专业。各本科专业开设情况如表 4-7 所示。

---

① 数据统计由高等教育学专业硕士薛达、杜洋洋、王晓琳，以及网络教育从业人员赵新月、黄维洁等协助调查和统计，共分六个步骤：第一步，确定研究对象，选择了教育部批准的 68 所现代远程高等教育试点院校为研究对象；第二步，按招生层次（高中起点升专科、专科起点升本科、高中起点升本科、研究生）分别收集各学校的专业设置，归入表，作为原始数据表；第三步，设计分析类目表，按四个招生层次，设计了四个类目表；第四步，调查核实，对网络调查不清楚的或有疑问的进行电话访谈，分别进行评判；第五步，信度分析，对几位研究者填写的类目表分别进行信度分析，最后计算出他们的平均相互同意度 K，再计算出信度 R；第六步，由笔者对数据进行全面分析。
② 教育部颁发的《普通高等学校本科专业目录》，1998 年版分设哲学、经济学、法学、教育学、文学、历史学、理学、工学、农学、医学、管理学 11 大学科门类；2012 年版新增了艺术学，共 12 大学科门类；2020 年版再增设了军事学，共 13 大学科门类。

表 4-7 68 所试点高校本科专业设置情况　　　　　　（单位：个）

学科门类	2002 年专业数量	2008 年专业数量	2017 年秋专业数量	2020 年春专业数量
哲学	1	0	1	0
经济学	4	4	9	7
法学	4	4	6	3
教育学	3	4	8	8
文学	13	15	11	8
历史学	0	1	1	1
理学	10	10	13	12
工学	25	26	68	58
农学	5	5	7	8
医学	9	8	12	7
管理学	15	17	34	23
艺术学	—	—	10	10
合计	89	94	180	145

在普通高等学校设置的本科专业中，2008 年最热门的是法学、工商管理，共有 52 个院校开设了这 2 个专业，占试点高校的 76.5%，占全部高中起点升本科专业的 26.1%，占全部专科起点升本科专业的 6.5%。其次是计算机科学与技术、会计学等专业，十大热门专业及其所占比例如表 4-8 所示。

表 4-8 2008 年试点高校开设本科目录十大热门专业

专业名称	院校数量/个	院校占比/%	占高中起点升本科专业比例/%	占专科起点升本科专业比例/%
法学	52	76.5	26.1	6.5
工商管理	52	76.5	26.1	6.5
计算机科学与技术	50	73.5	25.1	6.2
会计学	45	66.2	22.6	5.6
土木工程	30	44.1	15.1	3.7
行政管理	28	41.2	14.1	3.5
金融学	26	38.2	13.1	3.2
汉语言文学	23	33.8	11.6	2.9
英语	22	32.4	11.1	2.7
公共事业管理	19	27.9	9.5	2.4

2017 年最热门的是工商管理，共有 53 个院校开设了该专业，占试点高校的 77.9%，占全部高中起点升本科专业的 15.6%，占全部专科起点升

本科专业的 5.3%。其次是会计学、计算机科学与技术这两个专业，占试点高校的 72.1%，十大热门专业及其所占比例如表 4-9 所示。

表 4-9　2017 年试点高校开设本科目录十大热门专业

专业名称	院校数量/个	院校占比/%	占高中起点升本科专业比例/%	占专科起点升本科专业比例/%
工商管理	53	77.9	15.6	5.3
会计学	49	72.1	14.4	4.9
计算机科学与技术	49	72.1	14.4	4.9
法学	44	64.7	12.9	4.4
人力资源管理	36	52.9	10.6	3.6
行政管理	36	52.9	10.6	3.6
金融学	36	52.9	10.6	3.6
市场营销	34	50.0	10.0	3.4
土木工程	32	47.1	9.4	3.2
电气工程及其自动化	29	42.6	8.5	2.9

2020 年有 10 所高校停止远程教育招生，58 所招生单位中，最热门的专业是工商管理和计算机科学与技术，共有 46 个院校分别开设了这两门专业，占试点高校的 67.6%，占全部高中起点升专科专业的 27.1%，占全部专科起点升本科专业的 5.3%。其次是会计学专业，占试点高校的 63.2%，十大热门专业及其所占比例如表 4-10 所示。

表 4-10　2020 年试点高校开设本科目录十大热门专业

专业名称	院校数量/个	院校占比/%	占高中起点升本科专业比例/%	占专科起点升本科专业比例/%
工商管理	46	67.6	27.1	5.3
计算机科学与技术	46	67.6	27.1	5.3
会计学	43	63.2	25.3	5.0
法学	39	57.4	22.9	4.5
金融学	31	45.6	18.2	3.6
土木工程	28	41.2	16.5	3.2
行政管理	28	41.2	16.5	3.2
电气工程及其自动化	25	36.8	14.7	2.9
公共事业管理	24	35.3	14.1	2.8
市场营销	23	33.8	13.5	2.7

从以上几次调查统计数据分析看，远程高等教育从 1999 年试点开始

到 2020 年这 20 年中，工商管理、计算机科学与技术、会计学和法学是最热门的几个专业。

（二）各层次专业设置情况

68 所现代远程高等教育试点高校，早期开设专业时，除北京中医药大学、东北农业大学、湖南大学、陕西师范大学、中国农业大学和中国人民大学 6 所高校严格按照教育部 1998 年颁布的《普通高等学校本科专业目录》来设置专业外，其余 62 所试点高校并没有严格按照目录设置专业，也就是说有 91%的试点高校根据市场需求和院校自身的情况来设置目录外专业。开设专业的层次主要有高中起点升专科（简称高起专）、高中起点升本科（简称高起本）、专科起点升本科（简称专升本）三种类型。

2008 年，60 所现代远程高等教育试点高校（占比 88.2%）开设了 617 个（占比 38.1%）高中起点升专科专业，32 所试点高校（占比 47.1%）开设了 199 个（占比 12.3%）高中起点升本科专业，67 所试点高校（占比 98.5%）开设了 803 个（占比 49.6%）专科起点升本科专业，三种类型合计开设专业总数为 1 619 个；2017 年，61 所现代远程高等教育试点高校（占比 89.7%）开设了 1 005 个（占比 43.0%）高中起点升专科专业，33 所试点高校（占比 48.5%）开设了 340 个（占比 14.5%）高中起点升本科专业，64 所试点高校（占比 94.1%）开设了 994 个（占比 42.5%）专科起点升本科专业，三种类型合计开设专业总数为 2 339 个；2020 年，有 10 所高校停止远程教育招生，各类型开设专业相应减少，只有 43 所现代远程高等教育试点高校（占比 63.2%）开设了 307 个（占比 22.9%）高中起点升专科专业，25 所试点高校（占比 36.8%）开设了 170 个（占比 12.6%）高中起点升本科专业，58 所试点高校（占比 85.3%）开设了 866 个（占比 64.5%）专科起点升本科专业，三种类型合计开设专业总数为 1 343。具体专业设置情况如表 4-11 所示。

表 4-11　2008 年、2017 年、2020 年各层次专业设置情况

专业类别	院校数量/个			院校占比/%			专业数量/个			专业占比/%		
	2008 年	2017 年	2020 年	2008 年	2017 年	2020 年	2008 年	2017 年	2020 年	2008 年	2017 年	2020 年
高中起点升专科	60	61	43	88.2	89.7	63.2	617	1 005	307	38.1	43.0	22.9
高中起点升本科	32	33	25	47.1	48.5	36.8	199	340	170	12.3	14.5	12.6
专科起点升本科	67	64	58	98.5	94.1	85.3	803	994	866	49.6	42.5	64.5
合计							1 619	2 339	1 343	100.0	100.0	100.0

现代远程高等教育试点高校几乎不开设研究生层次专业，只有试点初期清华大学、北京大学、华东师范大学、中国传媒大学、中央音乐学院5所大学曾开设11个专业方向的研究生课程，如表4-12所示。2007年开始，清华大学和华东师范大学已经不再继续通过远程教育方式招收研究生；中国传媒大学的远程高等教育只在2006～2007年开办了传媒经济学专业的研究生教育，2008年停止招生。2008年，只有北京大学和中央音乐学院2所试点高校（占总院校数的3%）开设研究生层次的远程高等教育，此后也停止招生了。对68所远程高等教育试点高校开展招生专业进行调查，发现均未招收研究生。

表4-12　2008年招收研究生专业院校

院校	研究生专业
清华大学	计算机应用技术/企业管理/民商法学/教育经济与管理
北京大学	基础医学/临床医学
华东师范大学	教育硕士（数学/汉语言文学/教育管理）
中国传媒大学	传媒经济学
中央音乐学院	研究生课程进修班（音乐学硕士）

（三）专业的分布情况

1. 各层次专业分布

试点高校开设各类专业情况，主要体现在高中起点升专科、高中起点升本科、专科起点升本科三个层次专业设置的具体分布上。我们将院校开设的前10位的专业分别进行统计分析，对开设该热门专业的院校数量及在68所试点高校中所占比例，以及开设该热门专业数量在该层次类型开设总专业数量中所占比例进行统计，发现各层次专业分布热度随当年招生计划有所变化。

1）高中起点升专科专业分布热度

2008年高中起点升专科专业中工商管理（开设院校占比57.4%）和会计学（开设院校占比50.0%）专业热度最高，其次分别是法学（开设院校占比45.6%）、计算机科学与技术（开设院校占比41.2%）、行政管理（开设院校占比27.9%）、土木工程（开设院校占比26.5%）、电子商务（开设院校占比25.0%）、护理学（开设院校占比20.6%）、工程管理（开设院校占比20.6%）、公共事业管理（开设院校占比17.6%）。其分布情况如表4-13所示。

表 4-13　2008 年高中起点升专科专业分布情况

高中起点升专科专业	院校数量/个	院校占比/%	所占总专业比例/%
工商管理	39	57.4	6.3
会计学	34	50.0	5.5
法学	31	45.6	5.0
计算机科学与技术	28	41.2	4.5
行政管理	19	27.9	3.1
土木工程	18	26.5	2.9
电子商务	17	25.0	2.8
护理学	14	20.6	2.3
工程管理	14	20.6	2.3
公共事业管理	12	17.6	1.9

2017 年高中起点升专科专业中会计学和行政管理（开设院校各占比 50.0%）专业热度最高，其次是工商企业管理（开设院校占比 47.1%）、计算机应用技术（开设院校占比 42.6%）、人力资源管理（开设院校占比 41.2%），之后是电子商务和市场营销（开设院校各占比 36.8%），以及法律事务、建筑工程技术和物流管理（开设院校各占比 35.3%）。其分布情况如表 4-14 所示。

表 4-14　2017 年高中起点升专科专业分布情况

高中起点升专科专业	院校数量/个	院校占比/%	所占总专业比例/%
会计学	34	50.0	3.4
行政管理	34	50.0	3.4
工商企业管理	32	47.1	3.2
计算机应用技术	29	42.6	2.9
人力资源管理	28	41.2	2.8
电子商务	25	36.8	2.5
市场营销	25	36.8	2.5
法律事务	24	35.3	2.4
建筑工程技术	24	35.3	2.4
物流管理	24	35.3	2.4

2020 年高中起点升专科专业中工商企业管理（占比 29.4%）专业热度最高，其次是会计学和建筑工程技术（开设院校各占比 23.5%）、行政管理

（开设院校占比 22.1%）、机电一体化技术（开设院校占比 19.1%）、计算机应用技术（开设院校占比 17.6%）、药学（开设院校占比 16.2%）、学前教育（开设院校占比 13.2%）、法律事务和建设工程管理（开设院校各占比 11.8%）。其分布情况如表 4-15 所示。

表 4-15 2020 年高中起点升专科专业分布情况

高中起点升专科专业	院校数量/个	院校占比/%	所占总专业比例/%
工商企业管理	20	29.4	6.5
会计学	16	23.5	5.2
建筑工程技术	16	23.5	5.2
行政管理	15	22.1	4.9
机电一体化技术	13	19.1	4.2
计算机应用技术	12	17.6	3.9
药学	11	16.2	3.6
学前教育	9	13.2	2.9
法律事务	8	11.8	2.6
建设工程管理	8	11.8	2.6

2）高中起点升本科专业分布热度

2008 年高中起点升本科专业中工商管理（开设院校占比 26.5%）专业热度最高，之后是计算机科学与技术（开设院校占比 23.5%）、法学（开设院校占比 22.1%）、会计学（开设院校占比 17.6%）、电子商务（开设院校占比 10.3%）、金融学和行政管理（开设院校各占比 8.8%）、公共事业管理和人力资源管理及土木工程(开设院校各占比 7.4%)。其分布情况如表 4-16 所示。

表 4-16 2008 年高中起点升本科专业分布情况

高中起点升本科专业	院校数量/个	院校占比/%	所占总专业比例/%
工商管理	18	26.5	9.0
计算机科学与技术	16	23.5	8.0
法学	15	22.1	7.5
会计学	12	17.6	6.0
电子商务	7	10.3	3.5
金融学	6	8.8	3.0
行政管理	6	8.8	3.0
公共事业管理	5	7.4	2.5
人力资源管理	5	7.4	2.5
土木工程	5	7.4	2.5

2017年高中起点升本科专业中工商管理（开设院校占比36.8%）和计算机科学与技术（开设院校占比30.9%）专业热度依然是排在前面，之后是会计学（开设院校占比27.9%）、行政管理（开设院校占比20.6%）、市场营销（开设院校占比19.1%）、金融学（开设院校占比17.6%）、法学和人力资源管理（开设院校各占比16.2%）、土木工程（开设院校占比14.7%）、电子商务（开设院校占比13.2%）。其分布情况如表4-17所示。

表4-17　2017年高中起点升本科专业分布情况

高中起点升本科专业	院校数量/个	院校占比/%	所占总专业比例/%
工商管理	25	36.8	7.4
计算机科学与技术	21	30.9	6.2
会计学	19	27.9	5.6
行政管理	14	20.6	4.1
市场营销	13	19.1	3.8
金融学	12	17.6	3.5
法学	11	16.2	3.2
人力资源管理	11	16.2	3.2
土木工程	10	14.7	2.9
电子商务	9	13.2	2.6

2020年高中起点升本科专业中工商管理（开设院校占比23.5%）、计算机科学与技术（开设院校占比20.6%）和会计学（开设院校占比19.1%）依然是排在前三的热度专业，之后分别是法学（开设院校占比14.7%）、金融学（开设院校占比13.2%）、行政管理（开设院校占比11.8%）、英语/土木工程/护理学/汉语言文学（开设院校各占比8.8%）。其分布情况如表4-18所示。

表4-18　2020年高中起点升本科专业分布情况

高中起点升本科专业	院校数量/个	院校占比/%	所占总专业比例/%
工商管理	16	23.5	9.4
计算机科学与技术	14	20.6	8.2
会计学	13	19.1	7.6
法学	10	14.7	5.9
金融学	9	13.2	5.3
行政管理	8	11.8	4.7

续表

高中起点升本科专业	院校数量/个	院校占比/%	所占总专业比例/%
英语	6	8.8	3.5
土木工程	6	8.8	3.5
护理学	6	8.8	3.5
汉语言文学	6	8.8	3.5

3）专科起点升本科专业分布热度

2008年专科起点升本科专业中法学和工商管理（开设院校各占比76.5%）专业热度最高，之后分别是计算机科学与技术（开设院校占比69.1%）、会计学（开设院校占比63.2%）、土木工程（开设院校占比42.6%）、金融学（开设院校占比38.2%）、行政管理（开设院校占比36.8%）、汉语言文学（开设院校占比33.8%）、英语（开设院校占比29.4%）、公共事业管理（开设院校占比27.9%）。其分布情况如表4-19所示。

表4-19 2008年专科起点升本科专业分布情况

专科起点升本科专业	院校数量/个	院校占比/%	所占总专业比例/%
法学	52	76.5	6.5
工商管理	52	76.5	6.5
计算机科学与技术	47	69.1	5.9
会计学	43	63.2	5.4
土木工程	29	42.6	3.6
金融学	26	38.2	3.2
行政管理	25	36.8	3.1
汉语言文学	23	33.8	2.9
英语	20	29.4	2.5
公共事业管理	19	27.9	2.4

2017年专科起点升本科专业中工商管理（开设院校占比76.5%）专业热度最高，之后是会计学（开设院校占比72.1%）、计算机科学与技术（开设院校占比70.6%）、法学（开设院校占比63.2%）、金融学（开设院校占比51.5%）、土木工程和行政管理（开设院校各占比47.1%）、人力资源管理（开设院校占比45.6%）、电气工程及其自动化和市场营销（开设院校各占比42.6%）。其分布情况如表4-20所示。

表 4-20　2017 年专科起点升本科专业分布情况

专科起点升本科专业	院校数量/个	院校占比/%	所占总专业比例/%
工商管理	52	76.5	5.2
会计学	49	72.1	4.9
计算机科学与技术	48	70.6	4.8
法学	43	63.2	4.3
金融学	35	51.5	3.5
土木工程	32	47.1	3.2
行政管理	32	47.1	3.2
人力资源管理	31	45.6	3.1
电气工程及其自动化	29	42.6	2.9
市场营销	29	42.6	2.9

2020 年专科起点升本科专业中计算机科学与技术（开设院校占比 67.6%）专业热度最高，之后是工商管理（开设院校占比 66.2%）、会计学（开设院校占比 61.8%）、法学（开设院校占比 55.9%）、金融学（开设院校占比 45.6%）、土木工程（开设院校占比 41.2%）、行政管理（开设院校占比 39.7%）、电气工程及其自动化（开设院校占比 36.8%）、公共事业管理（开设院校占比 35.3%）、市场营销（开设院校占比 33.8%）。其分布情况如表 4-21 所示。

表 4-21　2020 年专科起点升本科专业分布情况

专科起点升本科专业	院校数量/个	院校占比/%	所占总专业比例/%
计算机科学与技术	46	67.6	5.3
工商管理	45	66.2	5.2
会计学	42	61.8	4.8
法学	38	55.9	4.4
金融学	31	45.6	3.6
土木工程	28	41.2	3.2
行政管理	27	39.7	3.1
电气工程及其自动化	25	36.8	2.9
公共事业管理	24	35.3	2.8
市场营销	23	33.8	2.7

2. 不同层次开设同一专业情况

试点高校为了有效利用教育资源或是减少教学成本，往往在高中起点升专科、高中起点升本科和专科起点升本科三个层次同时开设相同的专业目录。

1) 2008 年不同层次开设同一专业情况

从 2008 年 68 所试点高校开设的高中起点升专科、高中起点升本科和专科起点升本科专业分布来看，有 28 所院校（占试点院校的 41.2%）147 个专业（占总专业的 9.1%）同时开设了高中起点升专科、高中起点升本科和专科起点升本科三种专业培养方向。57 所试点高校（占试点院校的 83.8%）440 个专业（占总专业的 27.2%）同时开设了高中起点升专科和专科起点升本科两种专业培养方向，其层次情况如表 4-22 所示。

表 4-22 2008 年不同专业层次开设同一专业目录情况

同时开设专业类别	院校数量/个	院校占比/%	专业数量/个	专业占比/%
高中起点升专科、高中起点升本科和专科起点升本科	28	41.2	147	9.1
高中起点升专科和高中起点升本科	28	41.2	147	9.1
高中起点升专科和专科起点升本科	57	83.8	440	27.2

2) 2017 年不同层次开设同一专业情况

从 2017 年 68 所（其中清华大学、复旦大学、湖南大学、同济大学、中山大学 5 所高校不招生）试点高校开设的高中起点升专科、高中起点升本科和专科起点升本科专业分布来看，有 33 所院校（占试点院校的 48.5%）1 446 个专业（占总专业的 61.8%）同时开设了高中起点升专科、高中起点升本科和专科起点升本科三种专业培养方向。32 所试点高校（占试点院校的 47.1%）739 个专业（占总专业的 31.6%）同时开设了高中起点升专科和高中起点升本科两种专业培养方向。60 所试点高校（占试点院校的 88.2%）1 229 个专业（占总专业的 52.5%）同时开设了高中起点升专科和专科起点升本科两种专业培养方向，其层次情况如表 4-23 所示。

表 4-23 2017 年不同专业层次开设同一专业目录情况

同时开设专业类别	院校数量/个	院校占比/%	专业数量/个	专业占比/%
高中起点升专科、高中起点升本科和专科起点升本科	33	48.5	1 446	61.8
高中起点升专科和高中起点升本科	32	47.1	739	31.6
高中起点升专科和专科起点升本科	60	88.2	1 229	52.5

3）2020 年不同层次开设同一专业情况

2020 年，从 68 所（其中清华大学、复旦大学、湖南大学、同济大学、中山大学、武汉大学、北京航空航天大学、浙江大学、中南大学、厦门大学 10 所高校不招生）试点高校开设的高中起点升专科、高中起点升本科和专科起点升本科专业分布来看，有 22 所院校（占试点院校的 32.4%）303 个专业（占总专业的 22.6%）同时开设了高中起点升专科、高中起点升本科和专科起点升本科三种专业培养方向。21 所试点高校（占试点院校的 30.9%）312 个专业（占总专业的 23.2%）同时开设了高中起点升专科和专科起点升本科两种专业培养方向，其层次情况如表 4-24 所示。

表 4-24 2020 年不同专业层次开设同一专业目录情况

同时开设专业类别	院校数量/个	院校占比/%	专业数量/个	专业占比/%
高中起点升专科、高中起点升本科和专科起点升本科	22	32.4	303	22.6
高中起点升专科和高中起点升本科	2	2.9	110	8.2
高中起点升专科和专科起点升本科	21	30.9	312	23.2

3. 集中分布的热门专业

从所有开设专业集中分布的情况来看，2008 年，法学、工商管理专业是集中度最高的热门专业，有 76.5%的试点高校同时开设，占总专业的 5.3%以上。之后依次是计算机科学与技术、会计学、土木工程、行政管理、金融学、汉语言文学、英语、电子商务等，排名前十的专业所占总专业比例如表 4-25 所示。

表 4-25 2008 年开设集中度排名前十的专业

序号	专业名称	院校数量/个	院校占比/%	所占总专业比例/%
1	法学	52	76.5	3.2
2	工商管理	52	76.5	3.2
3	计算机科学与技术	50	73.5	3.1
4	会计学	45	66.2	2.8
5	土木工程	30	44.1	1.9
6	行政管理	28	41.2	1.7
7	金融学	26	38.2	1.6
8	汉语言文学	23	33.8	1.4
9	英语	22	32.4	1.4
10	电子商务	21	30.9	1.3

2017 年，工商管理专业是开设集中度最高的热门专业，有 80.9%的试点高校同时开设，占总专业的 9.6%以上。之后依次是会计学（包括高中起点升本科与专科起点升本科层次）、计算机科学与技术、法学、行政管理、金融学、人力资源管理、会计学（高中起点升专科层次）、市场营销、工商企业管理等，排名前十的专业所占总专业比例如表 4-26 所示。

表 4-26 2017 年开设集中度排名前十的专业

序号	专业名称	院校数量/个	院校占比/%	所占总专业比例/%
1	工商管理	55	80.9	2.4
2	会计学	51	75.0	2.4
3	计算机科学与技术	50	73.5	2.1
4	法学	45	66.2	1.9
5	行政管理	38	55.9	1.6
6	金融学	36	52.9	1.5
7	人力资源管理	36	52.9	1.5
8	会计学	34	50.0	1.5
9	市场营销	33	48.5	1.4
10	工商企业管理	31	45.6	1.3

2020 年，计算机科学与技术专业是开设集中度最高的热门专业，有 67.6%的试点高校同时开设，占总专业的 3.4%以上。之后依次是工商管理、会计学、行政管理、法学、金融学、人力资源管理、土木工程、药学、市场营销等，排名前十的专业所占总专业比例如表 4-27 所示。

表 4-27 2020 年开设集中度排名前十的专业

序号	专业名称	院校数量/个	院校占比/%	所占总专业比例/%
1	计算机科学与技术	46	67.6	3.4
2	工商管理	45	66.2	3.4
3	会计学	42	61.8	3.1
4	行政管理	42	61.8	3.1
5	法学	38	55.9	2.8
6	金融学	31	45.6	2.3
7	人力资源管理	30	44.1	2.2
8	土木工程	28	41.2	2.1
9	药学	27	39.7	2.0
10	市场营销	26	38.2	1.9

（四）院校专业数量的差异

2008年，各试点高校开设的专业有所差异，中央广播电视大学开设的专业最多（44个），其次是电子科技大学（42个）、山东大学（36个）、西南大学（32个）和同济大学（32个）。

2008年开设专业最少的5所院校分别是北京外国语大学（1个）、北京语言大学（2个）、上海交通大学医学院（2个）、中央音乐学院（4个）、清华大学（原有4个，后不再开设网络学历教育专业），如表4-28所示。

表4-28　2008年试点高校开设专业数量

学校名称	专业数量/个	学校名称	专业数量/个
中央广播电视大学	44	中国地质大学	15
电子科技大学	42	中国科学技术大学	14
山东大学	36	西南交通大学	14
西南大学（原西南师范大学）	32	华南师范大学	14
同济大学	32	北京大学	14
西南科技大学	30	西南财经大学	13
上海交通大学	27	东南大学	13
四川农业大学	26	西北工业大学	12
华东师范大学	26	江南大学	12
中国石油大学（原石油大学）	24	北京师范大学	12
郑州大学	23	西安交通大学	11
浙江大学	22	武汉理工大学	11
大连理工大学	22	吉林大学	11
华中科技大学	21	湖南大学	11
中山大学	19	哈尔滨工业大学	11
华东理工大学	19	对外经济贸易大学	11
天津大学	18	东北农业大学	11
四川大学	17	北京科技大学	11
陕西师范大学	17	北京交通大学（原北方交通大学）	11
中南大学	16	中国人民大学	10
武汉大学	16	中国传媒大学（原北京广播学院）	10
华中师范大学	16	兰州大学	10
福建师范大学	16	复旦大学	10
重庆大学	15	东北财经大学	10
中国农业大学	15	西安电子科技大学	9

续表

学校名称	专业数量/个	学校名称	专业数量/个
南京大学	9	北京邮电大学	6
华南理工大学	9	中国医科大学	5
东北师范大学	9	上海外国语大学	5
东北大学	9	北京航空航天大学	5
厦门大学	8	中央音乐学院	4
南开大学	8	清华大学	4
东华大学	8	上海交通大学医学院（原上海第二医科大学）	2
北京理工大学	8	北京语言大学（原北京语言文化大学）	2
北京中医药大学	6	北京外国语大学	1

2017年，有63所试点高校招生，5所高校不再招收网络学历教育生源。国家开放大学开设的专业最多（74个）。普通高校开设远程教育专业最多的前5所分别是山东大学（69个）、四川农业大学（68个）、武汉大学（64个）、西南大学（56个）、电子科技大学（55个）；开设专业最少的5所院校分别是中央音乐学院（1个）、东南大学（2个）、中国医科大学（4个）、北京航空航天大学（4个）、中国科学技术大学（6个），如表4-29所示。

表4-29　2017年试点高校开设专业数量

学校名称	专业数量/个	学校名称	专业数量/个
国家开放大学（原中央广播电视大学）	74	武汉理工大学	35
山东大学	69	西南交通大学	34
四川农业大学	68	西南科技大学	33
武汉大学	64	华东理工大学	32
西南大学（原西南师范大学）	56	南开大学	32
电子科技大学	55	华东师范大学	30
中国石油大学（原石油大学）	53	吉林大学	29
北京交通大学（原北方交通大学）	43	陕西师范大学	29
福建师范大学	43	天津大学	29
四川大学	40	北京科技大学	28
江南大学	39	华中科技大学	28
郑州大学	37	华南理工大学	26
西安电子科技大学	36	大连理工大学	25

续表

学校名称	专业数量/个	学校名称	专业数量/个
华南师范大学	25	中国地质大学	19
中南大学	25	北京邮电大学	17
北京理工大学	24	南京大学	17
东北财经大学	24	东北师范大学	16
重庆大学	24	哈尔滨工业大学	16
东北大学	23	厦门大学	16
华中师范大学	23	北京语言大学（原北京语言文化大学）	15
东北农业大学	22	西安交通大学	15
上海交通大学	22	中国传媒大学（原北京广播学院）	10
西北工业大学	22	北京外国语大学	9
西南财经大学	22	北京中医药大学	9
浙江大学	22	上海外国语大学	8
中国农业大学	22	上海交通大学医学院（原上海第二外科大学）	7
兰州大学	21	中国科学技术大学	6
中国人民大学	21	北京航空航天大学	4
东华大学	20	中国医科大学	4
北京大学	19	东南大学	2
北京师范大学	19	中央音乐学院	1
对外经济贸易大学	19		

2020年，68所试点高校中只有58所招生。国家开放大学开设的专业最多（114个）。普通高校开设远程教育专业最多的前5所分别是四川农业大学（44个）、西南大学（44个）、山东大学（43个）、陕西师范大学（42个）、西安电子科技大学（41个）；开设专业最少的6所院校分别是中央音乐学院（2个）、北京大学（2个）、中国科学技术大学（3个）、华东师范大学（5个）、中国医科大学（7个）、上海交通大学医学院（7个），如表4-30所示。

表4-30　2020年试点高校开设专业数量

学校名称	专业数量/个	学校名称	专业数量/个
国家开放大学（原中央广播电视大学）	114	山东大学	43
四川农业大学	44	陕西师范大学	42
西南大学（原西南师范大学）	44	西安电子科技大学	41

续表

学校名称	专业数量/个	学校名称	专业数量/个
南开大学	40	郑州大学	21
中国地质大学（北京）	35	北京交通大学（原北方交通大学）	20
福建师范大学	33	大连理工大学	19
华南师范大学	33	西南财经大学	19
西北工业大学	32	中国传媒大学（原北京广播学院）	19
中国地质大学（武汉）	32	北京外国语大学	17
东北师范大学	31	中国人民大学	17
西南交通大学	27	重庆大学	16
东北大学	26	北京师范大学	15
华东理工大学	26	北京中医药大学	15
武汉理工大学	26	东北财经大学	14
华中科技大学	25	南京大学	14
四川大学	25	上海交通大学	13
西安交通大学	25	中国石油大学（北京）*	13
华中师范大学	24	北京邮电大学	12
江南大学	24	东华大学	12
兰州大学	24	北京科技大学	11
中国石油大学（华东）*	24	北京理工大学	11
东北农业大学	23	天津大学	11
对外经济贸易大学	23	上海外国语大学	10
吉林大学	23	上海交通大学医学院（原上海第二外科大学）	7
西南科技大学	23	中国医科大学	7
北京语言大学（原北京语言文化大学）	22	华东师范大学	5
中国农业大学	22	中国科学技术大学	3
电子科技大学	21	北京大学	2
华南理工大学	21	中央音乐学院	2

*石油大学由石油大学（北京）和石油大学（华东）两部分组成。2005年1月，石油大学更名为中国石油大学。

二、课程设计

　　远程高等教育的课程设计涉及课程的目标、内容、组织实施和评价等问题，直接影响着远程高等教育运行的质量。

(一) 网络课程总体设计情况

远程高等教育课程资源有传统的印刷教材，也有电子文本，还有多种形式的课件和网络课程[①]，中国现代远程高等教育各试点高校一直致力于这方面的建设，课程资源逐年增加。

据教育部 2004~2005 年年报数据，2004 年网络课程 9 900 多门，该年度 3 800 万人次使用。截至 2005 年年底，68 所试点高校（5 所试点高校无统计数据）共建设网络课程 10 069 门，校均 148 门；总学时数 2 886 348 学时，每课程平均 287 学时；网络课程 19 968 662 人次使用，每课程平均 1 983 人次使用。

2012 年，中央广播电视大学转型升级为国家开放大学后，在全国建设数字化资源共建共享联盟——"数字化学习资源中心"，截至 2014 年年底共有 4.2 万门课程。[②]

从以上数据可知，现代远程高等教育试点高校已开发了 5 万余门课程资源，其中大半已建设成网络课程的形式供学员学习使用。网络课程集中反映了现代远程高等教育课程资源的水平，因此，本研究重点调查中国 68 所试点高校网络课程建设情况。但是，各试点高校的网络课程由于知识产权问题，一般不对外开放，而是相对独立和封闭地进行开发，全面深入调查各试点高校的网络课程几乎不可能。鉴于第一手材料的可获得性、代表性和权威性，本研究选取了 2007 年教育部首次针对现代远程高等教育单列评选出来的网络教育精品课程作为研究对象。

2003 年开始，由教育部牵头启动了"新世纪网络课程建设工程"[③]和"国家精品课程建设工作"[④]。2003~2006 年，国家精品课程的评选主要局限于高等院校的在读学生，从 2007 年开始，试点高校网络教育学院可单列申报国家精品课程。2007 年共有 59 所现代远程高等教育试点高校申报了 189 门网络教育课程，申报高校占总试点高校的 86.8%。财经政法类的

---

① 教育部《现代远程教育技术标准体系和 11 项试用标准》把"网络课程"描述为通过网络表现的某门学科的教学内容及实施的教学活动的总和，它包括两个组成部分：按一定的教学目标、教学策略组织起来的教学内容和网络教学支撑环境。

② 杨志坚. 中国远程高等教育发展研究报告（2015）[M]. 中央广播电视大学出版社，2016：9.

③ 教育部. 关于实施"新世纪高等教育教学改革工程"的通知（教高〔2000〕1 号）；关于实施"新世纪网络课程建设工程"的通知（教高司〔2000〕29 号）等。

④ 教育部. 教育部关于启动高等学校教学质量和教学改革工程精品课程建设工作的通知（教高〔2003〕1 号）；教育部办公厅. 教育部办公厅关于印发《国家精品课程建设工作实施办法》的通知（教高厅〔2003〕3 号）；教育部办公厅. 教育部办公厅关于《国家精品课程建设工作实施办法》补充规定的通知（教高厅〔2004〕13 号）等。

课程 58 门，占 30.7%；理工类的课程 58 门，占 30.7%；文科类的课程 53 门，占 28.0%；农林医药类的课程 20 门，占 10.6%。有 7 门课程由于申报人条件不够、课程开设的年限不够 3 年、选修的人数过少等原因没有通过资格审查。对通过资格审查的 182 门课程分 18 个学科组进行了网评，参加网评的专家共有 168 名，其中每组有教育技术专家或网络教育专家 3 名，学科专家 6～8 名，均为教育部高等学校教学指导委员会的委员或国内知名专家。从这 182 门课程中按照网评得分顺序遴选出 66 门进入终审，终审课程分为重点推荐课程和重点评议课程。每门重点评议课程都要在网上进行评议，最后按照专家投票的结果选出 49 门国家精品课程，如表 4-31 所示。这些精品课程中，普通高校有 41 门，广播电视大学系统有 8 门。25 所普通高校有课程入围，占申报高校的 42%，占 68 所试点高校的 37%。普通高校中，5 所高校有 3 门课程入选，7 所高校有 2 门课程入选，共 29 门，占课程总量的 59%。[①]

表 4-31 2007 年度国家精品课程（网络教育）名单

课程名称	学校名称
邓小平理论概论	北京大学
微观经济学	北京大学
计算机应用基础	北京交通大学
远程教育学基础（开放和远程教育）	北京师范大学
项目设计与论文写作-英语教育	北京外国语大学
高等数学	北京邮电大学
电路分析（电路分析基础）	北京邮电大学
工程经济学	东北财经大学
基础会计	东北财经大学
计算机软件技术基础	东北大学
20 世纪中国文学研究专题	福建师范大学
物业管理实务（1）	广州市广播电视大学
物理化学	华东理工大学
刑法学	华南理工大学
大学英语	华南理工大学
高级语言程序设计（C++）	华南理工大学
医学免疫学	华中科技大学

---

① 教育部高等教育司. 关于 2007 年度国家精品课程上网公示的通知(教高司函〔2007〕177 号)[EB/OL].（2007-10-18）[2020-08-20]. http://www.moe.gov.cn/srcsite/A08/s7056/200710/t20071018_93366.html?from=groupmessage&isappinstalled=0.

续表

课程名称	学校名称
工程测试与信息处理	华中科技大学
比较文学	华中师范大学
远程教育原理与技术	华中师范大学
大学语文	南京大学
刑法学	南京大学
计算机组成原理	南京大学
古代汉语	陕西师范大学
外国教育史	陕西师范大学
计算机组成与系统结构	上海交通大学
商法学	四川大学
信息管理	同济大学
大学物理	同济大学
高层建筑施工	同济大学
大学英语	西南交通大学
材料力学	西南交通大学
电子商务系统结构及应用	浙江大学
生理学	浙江大学
园艺产品贮运学	浙江大学
写作与语言艺术	中国传媒大学
中国古典文学（下）	中国传媒大学
电视原理	中国传媒大学
动物解剖与组织胚胎学	中国农业大学
西方经济学	中国人民大学
沉积岩与沉积相	中国石油大学（华东）
领导科学	中山大学
现代货币金融学说	中央广播电视大学
市场营销学	中央广播电视大学
流通概论	中央广播电视大学
中国法制史	中央广播电视大学
英语Ⅰ	中央广播电视大学
中国教育简史	中央广播电视大学
小学语文教学研究	中央广播电视大学

此后，教育部高教司于2014年公布第四批国家级精品资源共享课（网

络教育课程）80门课程立项项目名单①，又于2016年再次公布了160门网络教育"国家级精品资源共享课"名单②。

（二）课程设计目标分析

中国现代远程高等教育在各试点高校网络课程设计思想的介绍中，普遍存在3种课程目标设计模式。

1. 以教为主的目标模式

中国现代远程高等教育的部分工作者认为，远程高等教育课程知识可以通过分解成不同的目标，逐一传授给学生。这部分人主张"远程教育工业化理论"，认为远程高等教育如同工业化生产，同样存在合理化、劳动分工、机械化、学生的成批生产、教学内容的标准化、教学资源的垄断等特点。

主张课程设计，就是把教师传授的教学内容制作成课件传输给学生，它是一种技术过程，设计是由已知的规则、原理、程序和方法所驱动的。设计者从情境中提取标准的信息类型，清晰地定义目的和对象，亦步亦趋地获得一种"最优化"的设计。这个过程是有逻辑的、理性的和系统的，设计者很像一个技术员或工程师。

在网络课程设计时，较为注重课程教学目标、教学大纲、重点难点、学习目的、学习指南等栏目的设置，同时，把教师的教学内容和教学过程事先录制成视音频课件，供学习者使用。从2007年网络教育精品课程设计思想的介绍来看，49门课程中有20门提出"以教为主导"，占总课程数的41%。从实际课程教学的安排来看，大部分还是以教为主的，如91%的网络课程提供了教学音视频录像，另外9%提供教学音频录音，他们大多是借助教师的讲授来完成教学任务。

2. 以学为主的经验模式

中国现代远程高等教育的另一部分工作者认为，课程是学习者在教育中所获得的一系列经验，课程不是事先编制好的物品，而是学生与学习环境交互作用的结果，工作重心应由"教"转向"学"。基于这样的课程观，他们主张远程高等教育的课程设计应该以学习者为主，注重学习者的自学和经验。

---

① 教育部高等教育司. 关于公布第四批国家级精品资源共享课（网络教育课程）立项项目名单及有关事项的函（教高司函〔2014〕1号）[EB/OL]．（2014-01-03）[2020-08-20]. http://www.moe.gov.cn/s78/A08/tongzhi/201401/t20140107_161994.html.

② 教育部办公厅. 教育部办公厅关于公布第一批"国家级精品资源共享课"名单的通知（教高厅函〔2016〕54号）[EB/OL]．（2016-07-01）[2020-08-20]. http://www.moe.gov.cn/srcsite/A08/s5664/s7209/s6872/201607/t20160715_271959.html.

课程设计上强调学习者对某个学习任务能持续不断地努力，以获取高标准的学业成绩；学习者对学习更有主动性和责任感；学习者可以选择多种可行的学习方法；学习者既能进行小组（协作）学习，又能进行个体学习；学习任务和学习方法的设计对学习者更有吸引力；教师的角色更像"旁边的指导者"，而不仅仅是"讲坛上的圣人"；设计良好的学习资源和学习伙伴，更能起到"教学"的作用；先进的技术是学习过程中的一个有机组成部分。

在 2007 年笔者调查的 49 门网络教育精品课程中，课程设计思想提倡"以学为主"的有 25 门，占总课程数的 51%。但在实际课程教学设计中，真正体现以学为中心的并不多，倡导学生个性化服务的只有 2 门，占总课程的 4%。几乎所有课程都具备了类似传统的课程章节的主目录的线性导航系统，导航系统可以说是网络课程的"舵"，它直接关系到是否能把学习者引领到想去的地方，从而使他们能方便地寻找学习所需的资源位置或活动场所。一般网络课程设计主要通过课程说明、目录结构、知识单元间的链接，以及在线帮助、信息检索系统、视频和书签等实现导航功能。调研统计表明，几乎所有网络课程都具有课程说明和目录结构两类导航功能。但像知识单元间的链接、在线帮助、信息检索系统等帮助学生自主学习的导航工具却很少，提供视频导航系统的仅有 18%，书签导航的设计比例更低，仅有 10%。

3. 教与学的整合模式

此外还有一部分中国现代远程高等教育工作者认为，远程高等教育是"教"的行为与"学"的行为重新整合的活动，它既有"教"的内容，也有"学"的进程，这两种行为需要经常交互，缺一不可。这种观点认为，把课程作为孤立的领域，或将课程内容、课程组织、教师、学生作为相对独立的对象是毫无意义的，只有从整体联系的角度出发，把教师、课程内容、课程组织、学生作为完整的、联系的对象，才能真正把握课程教学的实质，发挥相互作用的、整体的魅力。

课程设计，是一种师生共同参与和建构的过程，既有教师的导学、促学和助学，也有学生的自学和自我建构。它以建构理论为基础，是一种教师引领式教学模式和以学生为中心的自主性学习模式的有机结合，主张教师与学生的交互，学生与学生的交互，还强调师生之间基于教学内容的互动和基于媒介的互动等。

在 2007 年网络教育精品课程中，设计思想明确提出把教和学有效整合的并不多，只有北京大学陈占安的"邓小平理论概论"、北京交通大学王移芝的"计算机应用基础"、北京外国语大学顾曰国的"项目设计与论文写作-英语教育"、北京师范大学陈丽的"远程教育学基础（开放和远程教育）"4门，占总数的8%。在实际的课程教学中，真正做到教与学完美结合的并不多。

（三）课程内容设计分析

1. 课程学科分布

课程内容的选择和设计往往要结合本学科门类专业的特点进行，本次调查的课程内容涉及9大学科门类，如表4-32所示。其中，缺少哲学和历史学类课程，最多的是工学类课程，这类课程内容的设计上较为注重实际操作能力的培养，12门课程中有8门课程（占67%）设置了虚拟实验或仿真实验、实验录像等，文学类的课程内容设计上较为注重知识点的讲解和测试练习，10门课程中，几乎都配有文字的内容和教师的讲解视音频多媒体课件，同时还配有作业练习和在线测试等模块。

表 4-32 网络教育精品课程学科门类及数量

课程学科门类	课程数量/门
02 经济学	4
03 法学	5
04 教育学	5
05 文学	10
07 理学	3
08 工学	12
09 农学	2
10 医学	2
11 管理学	6
总计	49

2. 课程内容的呈现

课程内容是网络课程设计的主体，教学内容的设计是否按照网络环境的需要和教学目标进行合理分解、重组，是否根据不同内容的知识特点选择不同的媒介表现形式，是否使教学内容适于以网络化形式和手段表现出来，对于网络课程来说显得尤为重要。本次调查过程中，笔者主要从内容的模块化组织、立体化设计、知识点间的链接、表现形式多样化、关键知识点的呈现等方面来进行分析，具体统计结果如图4-6所示。

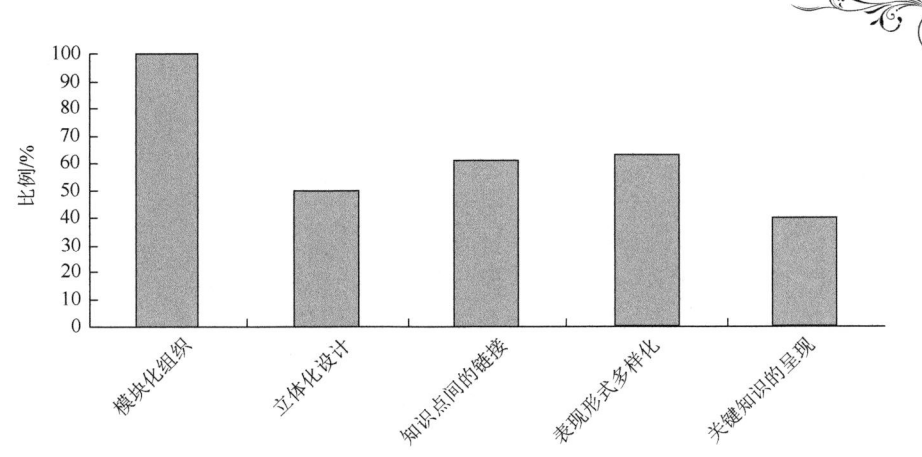

图 4-6 课程内容的呈现情况

统计结果发现，所调查的网络课程在一定程度上实现了学习内容的模块化组织。有 50% 的课程对内容进行了教材、电子文本、音视频课件、教学互动、教学实践（实验）、作业、测试等立体化设计。有 61% 的课程内容提供知识点间的链接。有 63% 的课程内容有 3 种以上的表现形式。对于关键知识点的呈现方面则有所欠缺，仅有 40% 的课程能够对关键知识点进行多层次、多媒体化的重点设计。

（四）课程教学活动设计

调研网络教学活动组织功能模块具体划分为音视频讲授、答疑交流讨论、测评与练习、教学实践、学习跟踪 5 个环节。

统计结果发现，通过音视频讲授来组织课程教学的占 90%，也有 10% 的课程只提供电子文本供学生自主学习。

借助 BBS 课程论坛或其他方式开展答疑交流讨论活动的有 29 门课程，占总课程（49 门）的 59%，能做到经常使用 BBS 课程论坛学习的学生比例普遍较低，人均参与次数还不到 1 次，能做到有效地利用 BBS 课程论坛组织教学或设计教学活动的并不多。

96% 的课程均设计了综合练习题供学生课程学习后自测使用，其中只有 20% 的课程教学提供作业系统供教师与学生之间进行教学交流。

教学实践活动的情境设计对于远程高等教育是一种考验。东北大学的"计算机软件技术基础"网络课程设计了虚拟仿真实验；华东理工大学"物理化学"等 10 门课程（占 20%）设计有简单的教学实验环节；南京大学"刑法学"等 10 门课程（占 20%）设计有教学实践案例；其他 29 门课程（占 60%）没有任何教学实践活动的安排。

而对于教师的教学和学生的学习过程进行跟踪方面的功能设计均没有引起足够的重视，只有20%的课程设计有相应的功能。

（五）课程教学评价设计

教学评价作为教学效果的检验方式，是网络课程设计的重要环节，本次调研主要从评价量规、测试系统、作业提交/展示系统、学习过程或活动信息记录等功能实现方面对学习评价设计进行统计分析。

统计结果显示，当前网络课程设计中的学习评价仍然主要沿用了传统的测试评价和课后习题的方式，而网络学习过程中的多元互动评价、作业展示交流评价及以电子学习档案的形式来记录学生学习过程、活动信息等数字化评价方式还远没有引起足够的重视。或者也可以说，目前网络课程设计的指导观念主要还局限在传统常规课程教学的认识层面上，而对于如何设计和实现信息化教学的功能认识还不足。例如，3/4左右的课程都为学生提供了评价量规（或标准）、课后习题及参考答案等，1/3左右的课程具有在线测试和客观题自动阅卷功能，而只有极少数的课程为学习者设计了成绩查询、作业提交或作品展示交流及学习过程记录功能等。

（六）课程设计总体评价

通过对网络课程的调研分析可以看出，随着中国现代远程高等教育事业的推进，网络课程的开发和建设工作已经取得一定成效，从总体情况来看，教学设计水平有了一定程度的提高；教学对象的定位逐渐明确，教育内容的适用性有所增强，学习资源有所增加；开始注重根据学科内容选择恰当的媒介形式和传播方式；课程导学逐步适应成人学习的特点。但也存在以下问题。

1. 对网络课程内涵认识不足，设计观念滞后

目前人们对网络课程的认识依然存在严重的误区：一方面，把网络课程建设仅仅当作"资源"开发，而缺乏有效的活动过程和教学管理设计；另一方面，设计观念明显滞后，多数课程延续传统教学理念，以知识传授和测试考评作为主要功能模块。仅仅重视资源设计而忽视资源的应用和教学管理，实际上是将网络课程与网络课件或电子教材相混淆，而不是将其作为通过网络表现的某门学科的教学内容及实施的教学活动的总和的课程。这种课程设计，自然无法适应现代远程高等教育教学开展的实际需要。

2. 重教学内容呈现，轻学习环境设计

在网络环境下的学习，要求学习者必须更加自主地进行意义建构，因此情境的创设尤为重要，网络课程不仅提供资料，也影响学生，使其成为自己的"教师"。而目前大部分网络课程仍过分强调教和知识的传授，一开始就教授知识，而没有给予一定的情境导入。

3. 内容表现形式单一，教学单向传输较多

大部分的网络课程都以网页的形式呈现，这是符合网络教育特点的。然而许多网页都以静态的方式展现，其组织方式也是线性的，更新频率也不够快。目前，教学内容的呈现有三种方式：一是只呈现文本和静态图像；二是只呈现教师的 PowerPoint 讲稿；三是主讲教师的讲课录像和讲稿同时呈现。很多网络课程上的流媒体教学材料上出现的不是教学情境，而是将网页拆成两部分，一部分是主讲教师坐在摄像机前念讲稿的录像，另一部分是讲稿的内容。学习者长时间面对教师一成不变的姿势、讲课方式，很容易失去学习的兴趣，起不到良好的教学效果。

4. 忽略在线教师的作用，缺乏教学活动设计

教师在网络学习中的作用并不只是提供教学材料，教学活动的每一步都需要教师的精心组织和指导，如网络环境下学习情境的创设、学习策略的指导、交流和反馈等。目前的网络课程仅限于教师的在线答疑、师生讨论，缺少教师对讨论活动的组织、指导和对学习者学习活动的关注，没有真正实现小组学习、协作学习等。

5. 教学评价不及时，缺少鼓励与反馈

网络教学的评价方式仅限于教师对学习者的评价（作业和考试），很少考虑学习者自身的评价、同伴的评价，而这两种评价对于学习者获得学习成就感非常有效。评价的形式一般是客观题和主观题，缺乏基于案例和问题解决目的的练习。对于客观题，网络教学平台往往仅给出答题结果，而没有给出适当的分析、评语，学习者只能自己猜测、思考问题的解决方法。对于主观题，大多采用人工收集—教师批改—邮寄返回的方式，学习者不能及时得到教师的反馈信息，缺少正面的积极的鼓励，在一定程度上降低了远程教育学生的学习热情。

三、学习资源开发

学习资源是学习者学习过程中不可缺少的内容，试点高校能否为学习者提供有利的学习资源是保障教学成功的关键一环。

（一）学习资源的主要类型

中国现代远程高等教育学习资源的主要类型有以下几种。

1. 印刷材料

印刷材料包括学习所用的教科书和学习参考资料等，以纸张为载体，使用便捷，成本很低，目前它仍然是远程高等教育中最主要的学习资源。

2. 音像材料

音像材料是指以录音带、录像带、VCD 或 DVD 碟片等为载体记录知识的教材。它将知识点以电、磁、光信号的形式记录下来，再通过录音机、录像机、VCD 机或 DVD 机播放。它出现得比较晚。当初人们为了解决某些地区学生上课不方便、教师短缺或是学生由于工作等原因不能上课的问题而制作音像教材，供学生在家中播放，使用上述设备自学。

3. 课件

课件是一种基于计算机的辅助教学软件，它在计算机中播放，由计算机提供一种虚拟的教学空间，学生操作鼠标、键盘进行学习。学习可以是线性的，也可以是非线性的，强调人机交互和学习的自主性。课件库中的软件，要求既能够自成体系，又能够独立使用，能够对一个或几个知识点实施相对完整的教学。根据运行平台，可将课件分为网络版课件和单机版课件。网络版课件要求能在主流的标准网络浏览工具中运行，并支持通过网络教学环境进行并行操作，被学习者共享；单机版课件可通过网络下载后，在本地计算机上运行。

4. 图书馆

传统图书馆能为远程学习者提供的支持服务包括提供资料目录、邮寄图书和音像资料或复制材料等。这些服务对于学习者和传统图书馆来说都比较费时，且成本高。对于远程高等教育学生学习帮助较大的是数字图书馆。数字图书馆能将各种图书、期刊、报刊信息数字化处理，以便用户检索、阅读。它具有信息存储数字化、多媒体化、信息处理智能化、信息共享网络化、信息空间呈分布式等特点。

（二）现代远程高等教育学习资源开发状况

1. 印刷材料

在中国现代远程高等教育试点初期，学习资源印刷材料建设主要是依托普通高校现有图书馆的藏书和学习参考资料等。2004 年，试点高校本部拥有印刷图书 1 000 多万册，校均 15 万册；2005 年底，63 所试点高校（5 所试点高校无统计数据）共拥有印刷图书 1 001.923 1 万册，校均

15.903 5 万册。①试点高校网络教育学院自行开发和印刷的学习材料非常少，许多课程学习用书都与校本部普通大学生的一样，订购时直接与学习教材中心或出版社联系即可。至于远程高等教育特定的学习用书，如《远程学习方法》，则由试点高校自行编写和出版。

近些年来，试点高校网络教育学院中高中起点升专科、专科起点升本科、高中起点升本科三个层次近 2 000 个专业的教学计划，几乎都有指定的印刷材料用书，但自行编写和出版适合网络教学的印刷教材的并不多。如某试点高校的 400 多门课程中，只有 20 多门课程编写出版了教材，占比 5% 左右。

2010 年 8 月，网络教育公共基础课全国统一考试统考课程"计算机应用基础""大学英语""高等数学""大学语文"2010 年版的考试大纲正式发布。随后，根据 2010 年版的考试大纲编写的全国高校网络教育公共基础课统一考试用书，分别由清华大学出版社、中国财政经济出版社、北京师范大学出版社出版。②

除了统考课程教材外，有些网络教育联盟单位也联合出版一些教材，如"百校千课共享联盟"，截至 2018 年年底，其成员已达 72 家，其中高校 50 家、出版社 21 家、教师发展中心 1 家。目前联盟的共享课程已达 200 余门，3 家出版社成立了融媒体专业系列教材编委会，参与建设的 9 家出版社共认领制作 70 余门课程教材，第一批融媒体教材在 2019 年下半年正式出版并投入使用。③

2. 音像材料

在中国现代远程高等教育试点初期，教育部年报数据显示，2002 年，40 所（占比 59%）试点高校开发了 420 001 盒录像带，25 所（占比 37%）试点高校开发了 47 904 盒录音带，61 所（占比 90%）试点高校开发了 724 032 个光盘。④2004 年，试点高校开发了 50 000 多盒录像带，60 000 多盒录音带。2005 年底，63 所试点高校（68 所试点高校中 5 所试点高校无统计数据）开发录像带 50 835 盒，校均 807 盒；开发录音带 61 581 盒，校均 977 盒。

近 10 年来，随着计算机网络信息技术的发展，录像带、录音带、光盘

---

① 教育部 2004 和 2005 年年报年检数据。
② 严继昌，李德芳，侯建军，等. 奋进 20 年：中国网络教育发展大事记[M]. 北京：清华大学出版社，2019：59.
③ 严继昌，李德芳，侯建军，等. 奋进 20 年：中国网络教育发展大事记[M]. 北京：清华大学出版社，2019：103.
④ 教育部 2002 年年报年检数据。

等存储设备逐步被 USB 闪存盘、移动硬盘、服务器、云存储等取代，音像材料大都可在试点高校网络教育学院网站服务器上下载查看或在线观看。

3. 课件

在中国现代远程高等教育试点初期，课件开发随着试点高校的增加逐渐增多，从 1999 年 6 所试点高校开发了 223 个多媒体课件，到 2003 年累计开发了 10 045 个课件。①其增长情况如表 4-33 所示。

表 4-33　中国现代远程高等教育课件增长情况

年份	新增试点高校/所	新增多媒体课件/个
1999	6	223
2000	25	593
2001	14	2 236
2002	22	3 217
2003	1	3 776
合计	68	10 045

2004 年开发了 9 900 余个网络课件。2005 年开发了 10 025 个网络课件（占当年资源总数的 67%）。

此后，随着互联网的发展，从网络搜索到社交化网络，再从 PC 互联网到移动互联网，网络课件的内涵和表达形式也发生了变化，微/短视频、在线点播课件、微课、网络课程、慕课等逐渐成为试点高校网络教育学习资源开发的重点。

2007 年 6 月 28 日，教育部高等教育司发布《关于 2007 年度网络教育精品课程建设与申报工作的通知》（高教司函〔2007〕103 号），启动网络教育精品课程建设与评选工作。截至 2010 年，网络教育共有 209 门课程入选国家精品课程。②

2011 年 10 月 12 日，教育部印发《教育部关于国家精品开放课程建设的实施意见》（教高〔2011〕8 号），提出在"十二五"期间，建设 1 000 门公开课，同时升级改造国家精品课程后建成 5 000 门资源共享课，免费向公众开放。③

---

① 张尧学. 高校现代远程教育调查与思考[J]. 中国远程教育，2004（16）：18-22.
② 严继昌，李德芳，侯建军，等. 奋进 20 年：中国网络教育发展大事记[M]. 北京：清华大学出版社，2019：57.
③ 严继昌，李德芳，侯建军，等. 奋进 20 年：中国网络教育发展大事记[M]. 北京：清华大学出版社，2019：65.

2013年10月，清华大学推出首个中文慕课平台——学堂在线。截至2018年，学堂在线已上线269所高校的1 188门课程。2014年4月8日，上海交通大学推出慕课平台——好大学在线。2014年5月8日，网易云课堂与爱课程网合作推出"中国大学MOOC"。截至2018年年底，中国大学MOOC已上线1 463门课程。[①]

2017年7月24日，教育部发布《教育部办公厅关于开展2017年国家精品在线开放课程认定工作的通知》（教高厅函〔2017〕40号），同年12月29日，教育部发布《教育部办公厅关于公布2017年国家精品在线开放课程认定结果的通知》（教高厅函〔2017〕80号），公布490门国家精品在线开放课程认定结果。

总体看来，中国现代远程高等教育的网络课件不断增加，表达形式也从以教为主的多媒体课件，到注重以学为主的短视频、微课、慕课等。但部分课件只是对教材书本内容的"搬家"，制作水平并没有大幅度提高。

4. 电子图书

据教育部2002年年报年检统计数据，拥有电子图书的中国现代远程高等教育试点高校并不多，只有29所，拥有的电子图书占总体的43%，数量为273 081册，并且这些电子图书受知识产权保护，大多仅限于校内部使用，校外远程学习者难以查阅，不利于学习者的远程学习。

近些年来，随着现代远程高等教育与普通高等教育的融合发展，电子图书资源的共建共享有所增加。

5. 其他资源

另外，据教育部2005年年报年检统计数据，还有媒介素材库199个，占资源总数14 956个（含10 025个网络课件）的1%；试题库955个，占资源总数的6%；专题讲座973个，占资源总数的7%；教学案例库157个，占资源总数的1%；常见问题解答库381个，占资源总数的3%；其他类型2 266个，占资源总数的15%。

2015年4月，由中国石油大学（华东）牵头，中国石油大学（北京）、北京石油化工学院、西南石油大学、西安石油大学、重庆科技学院、河北石油职业技术学院、辽宁石油化工大学联合成立了"石油石化院校在线教育联盟"。该联盟旨在发挥石油石化院校和企事业集成优势，推动石油石化院校成人教育课程资源共建共享、课程互选、学习成果认证、积累和转

[①] 严继昌，李德芳，侯建军，等. 奋进20年：中国网络教育发展大事记[M]. 北京：清华大学出版社，2019：72-74.

换机制，探索创新石油化工行业现代远程教育发展模式、教学模式、管理模式和运行机制，联合建设面向石油化工的继续教育资源。2015年10月9日，由北京大学医学网络教育学院、中国医科大学网络教育学院、四川大学网络教育学院、山东大学继续教育学院等31家医学专业院校、医疗机构、出版、咨询、技术等单位组成的"医学在线教育联盟"宣告成立。该联盟旨在促进成员间的合作与发展，并集中优势、整合资源、相互协作，打造中国医学在线教育的权威平台，并在2016年7月27日启动"'十三五'医学在线教育课程创新工程"，建设100门数字化创新课程，促进医学类优质课程资源共建共享。①

2017年，由清华大学、北京大学、四川大学等50所高校参与的教育部、财政部项目，共建成国家网络教育精品课程320门，国家级网络教育精品资源共享课程432门，中国大学视频公开课608门，虚拟实验课程2 600门。②

（三）学习资源使用情况

2004年，各类网络教育学习资源总数近2万个，计250余万学时。2005年底，68所试点高校（其中5所试点高校无统计数据）的现代远程高等教育机构共建设学习资源17 886个（其中，中央电大共有607个，占3.39%；其他网络院校17 279个，占96.61%），校均263个，其中合作开发数2 533个，校均37个；单元课件数25 010单元，校均368单元；2005年度学习资源使用近2 000万人次，平均使用1 900余人次。③从教育部不完全统计的数据来看，现代远程高等教育试点初期，高校学习资源校均较少，对于规模较大的学生群体来说，使用率相对较高，但乡村边远地区的学生受信息网络硬件不足的影响，无法有效利用学习资源进行学习。

2013年1月1日，"网络教育教学资源研发中心'内部'学分互认——小学分共享课程"项目正式发布，8家联盟单位陆续接入互认平台。截至2018年12月31日，已有69门课程上线运行，8所高校选修人数达到117.74万人次，在线课程有效学习时长达到185万小时。④

---

① 严继昌，李德芳，侯建军，等. 奋进20年：中国网络教育发展大事记[M]. 北京：清华大学出版社，2019：78-87.

② 严继昌，李德芳，侯建军，等. 奋进20年：中国网络教育发展大事记[M]. 北京：清华大学出版社，2019：92.

③ 教育部2004年和2005年年报年检数据.

④ 严继昌，李德芳，侯建军，等. 奋进20年：中国网络教育发展大事记[M]. 北京：清华大学出版社，2019：69.

(四)学习资源开发总体评价

中国现代远程高等教育在学习资源开发方面,各试点高校围绕本校教学需要开发了一些学习资源,取得了一定的成效,但总体而言,还有不少需要完善的地方。

1. 自主学习资源不足

目前学习资源只是体现学习者自己学习这一点,并没有为他们提供种种有利于进行自主学习的资源。学习者非常需要相关课程知识的电子图书馆式的资源库。但是,大部分试点高校不能真正提供学生自主学习的网上图书馆,且住在校外的远程学习者难以获取试点高校总部丰富的教学资源。

2. 缺乏通用性标准,难以共享

现代远程高等教育试点高校在建设学习资源库时,由于采用各自的技术和表现方式,在资源库的结构、资源类型和属性等方面缺乏通用性标准和规范,影响了信息内容的交换和共享。加之,现代远程高等教育试点高校间还没有形成一个资源共享机制,不少试点高校只是在低水平地重复建设学习资源,难以开发出高水平、高质量的学习资源。

3. 自主学习导航系统不强

在现代远程高等教育的学习资源中,有一小部分课件只给出单元数、学时数、学习目标,而没有建立帮助学习者了解学习该课件所需要的知识水平、知识层次、学习进度和学习方法的系统;课件的组织是线性的,不是层次状或网状的,也不支持学习单元之间的查询、检索功能,学习单元之间的切换只能靠前进、后退或从头开始实现,不便于跳跃性学习;系统不能记录学习者的学习路径、学习心得,学习者只能靠记忆来确定自己的学习位置,一旦中断学习进程,只能再次从头开始进入;缺少课程学习的帮助系统,学习者只能靠自己的网络知识来进行操作。

第三节 中国现代远程高等教育教学媒介的状况

以多媒体(或称媒介)技术、网络技术和通信技术等为代表的现代信息技术,正以惊人的速度改变着人们的生活、工作和学习方式,特别是远程高等教育的教与学。中国现代远程高等教育的实质性增长跟媒介有着内在的逻辑联系,媒介或媒体是连接远程环境下教与学的中介,脱离了这一中介,远程高等教育将无法实施。媒介技术的发展为远程高等教育提供了各种可能,而选择和应用何种媒介又直接影响远程高等教育的质量。因此,媒介作为一个关键要素,不能不做深入探讨。

本节对中国现代远程高等教育教学媒介的研究[①],选取中国现代远程高等教育 68 所试点高校的网络教育学院为对象,通过文献调研,全面了解远程高等教育教学媒介技术的演变情况,根据各试点高校网络教育学院门户网站提供的信息,并结合电话访谈调查等方式,调查研究各试点高校网络教育学院教学媒介技术发展和教学媒介应用等情况。

一、中国现代远程高等教育教学媒介技术的演变

远程高等教育中,从教育者到受教育者,从教学信息到教学传播,都需要一个中介或载体,这就是媒介,中国教育技术学界的部分学者也称之为媒体。媒介是事物之间发生关系的中介体、手段和工具等,它是信息的载体和传递信息的工具。远程高等教育媒介,也称远程高等教育教学媒介,主要是指承载和传递教学信息的工具。一般来讲,语言、文字、印刷材料、图片、黑板、幻灯、投影仪、广播、电视、网络等都是教学媒介。支撑信息载体和传递信息工具得以进步的方法手段称为媒介技术。技术作为一种人类实践方式,通常与对自然界的改造与控制联系在一起。教学媒介技术只是人类所有技术创造中的重要一维,教学媒介技术的发展,离不开其他诸多技术的开发和应用。但并不是所有的技术都对教育产生直接影响,在技术发展史上,蒸汽机的出现对人类生活产生了巨大的影响,但这些技术却没有直接进入学校教育过程,也没有进入人们研究教学媒介技术的视野。本书所谈的教学媒介技术,是直接参与远程高等教育过程的信息载体和传递信息的工具。远程高等教育的教学媒介技术,主要经历了三种形态的变化:第一阶段是口头语言;第二阶段是书面语言;第三阶段是数字语言。

---

① 本研究邀请计算机专家潘战生博士,以及远程教育网络技术人员王添财和吕文丰协助研究,分别进行内容归类分析,将原始数据表中各试点院校网络教育学院媒介建设和应用情况分别标注在分析类目表上。计算几位研究者的平均相互同意度 K,再根据内容分析法的信度公式: $R=nk/[1+(n-1)k]$(李克东. 教育技术学研究方法[M]. 北京师范大学出版社,2003:229-233)计算出信度为 R_1=0.990, R_2=0.992, R_3=0.998。本研究共分七个步骤:第一步,确定研究对象,选择了教育部批准的 68 所现代远程高等教育试点院校为研究对象;第二步,按传输技术、交互技术分别收集各高校远程高等教育媒介使用信息,归入表,作为原始数据表;第三步,设计分析类目表,按两大技术,设计了六个类目表;第四步,评判记录,几位成员按照预先制定的类目表,分别进行评判;第五步,信度分析,对几位研究者填写的类目表分别进行信度分析,最后求平均相互同意度 K,再计算出信度 R;第六步,数据分析;第七步,撰写研究报告。

（一）口头语言

口头语言是人类教育活动中最早使用的教学媒介，口头语言媒介也是远程高等教育最先使用的传播知识的媒介。中国有 5000 年的文明历史，中国的语言是人类传播史上应用历史最久、最具表现力的教育传播媒介，具有简练、形象的传播特点。中国的远程高等教育正是建立在口头语言的基础上，并得到不断发展。从远程高等教育初级形态的函授高等教育，到广播电视大学，再到现代远程高等教育，口头语言从来就没有缺席过，只是随着媒介技术的发展，表现形式和储存方式有所变化。从早期函授高等教育的定期面授，到广播电视教育的录像讲授，再到网络教育流媒介音视频的讲解，都离不开口头语言媒介。

远程高等教育中使用口头语言媒介，一般具有如下特点：一是简便快捷，方便人际交流；二是与肢体语言和原始礼仪相伴随；三是真切生动，描述对象更准确；四是承载着更多的信息。语言将人类生活中的各种现象、活动、思维转换为特定的声音符号，用来同他人交流，这就使人们脱离具体的物质环境而随心所欲地交流关于生活中的几乎所有信息；五是不易保存。

口头语言媒介是中国现代远程高等教育最为基础的媒介，在运用中往往通过语言、表情、动作、眼神等进行教育传播活动，这种传播是由人体的感官或器官本身来执行并发生功能，它主要诉诸于人们的听觉、视觉和感觉。口头语言除了使教师与学生之间能够进行有效沟通之外，也为学生与学生之间的沟通提供了有效的方式。

（二）书面语言

文字、造纸术、印刷术促进了书面语言媒介的进步，而中国早期的远程高等教育，也正是利用邮政传递书面教材进行远程教学。

书面语言克服了口头语言的转瞬即逝性而能够把信息长久保存下来，使人类知识经验的储存积累不再单纯地依赖人脑的有限记忆力；书面语言打破了口头语言的距离限制，拓展了人类交流和社会活动的空间；书面语言的出现使人类文化的传承不再依靠容易变形的神话和传说，而有了确切可靠的资料和文献依据。

书面语言媒介具有如下特点。

第一，书面语言媒介使传播的准确性提高。口头语言的误差容易造成信息丢失，口头语言媒介可能使信息完全丧失其本来面目，书面语言则是相当稳定的传播手段。

第二，书面语言媒介扩大了流传范围。口头语言传播无论从时间上或是空间上都是相当有限的，书面语言可以穿越时间，保留历史。

第三，书面语言媒介分离了传者和受者。不要求传者和受者同时在场，这使书面语言媒介传播得以突破口头语言媒介时代的人员和时空限制而获得新的表达自由。

第四，书面语言媒介使权威身份发生改变。口头语言媒介时期，传者的身份无疑更为尊崇，因为他就是信息源，而书面语言传播则赋予受者更丰富的信息，大大提升了他们在传播过程中的地位。

第五，书面语言媒介促使现代传播媒介的出现。在书面语言出现之前，人类一直在进行信息交换活动，在书面语言发明之后，作为稳定的传播载体，传递信息，于是现代传播媒介应运而生。

（三）数字语言

数字语言媒介为基础的远程高等教育既具有口头语言媒介的直观直觉性质，又能像书面语言符号一样克服人类直接交流中的时空限制。同时，由于数字语言媒介可以使远程高等教育通过声音和形象得以传播，从而减少了书面语言媒介对教育过程的限制，这进一步促进了远程高等教育的教与学活动。

1. 听觉媒介

以电力为能源的教学工具和手段，特别是无线电广播等听觉媒介的出现，为中国现代远程高等教育的开展奠定了基础。

1949年11月，中国在文化部科学普及局成立了电化教育处，负责领导全国教育媒介技术工作。1949年，北京人民广播电台和上海人民广播电台开始举办俄语讲座。1951年，上海人民广播电台将俄语讲座改为俄语广播学校，每年参加学习的学员达5 000人，到1960年，累计招生19万余人。

1955年，北京市、天津市分别创办广播函授学校。1956年，上海市创办广播学校。1958年，天津市红专广播电视大学成立，北京人民广播电台也将俄语讲座改为俄语广播学校。1960年，山西人民广播电台和省教育厅联合开办山西省教师进修广播学校，江苏省创办广播师范学校。

从20世纪50年代开始，中国部分高等学校陆续开展电化教育活动。1950年，外国语学校（现为北京外国语大学）英语系开始采用录音进行教学；1951年，西北大学设立电教室；1952年，贵阳医学院（现为贵州医科大学）购进实物反射幻灯机用于辅助教学；1953年，国立西北师范学院（现为西北师范大学）建立电教室，购置了钢丝录音机、幻灯机、电影机，进行外语电化教学的试验；1954 年，上海俄文专科学校（现为上海外国语大学）成立语音实验室，开展外语播音活动，积极开展电化教育；1957 年，上海第一医学院（现为复旦大学上海医学院）利用幻灯片辅助教学，并拍摄了无声的教学影片；1958 年，内蒙古师范学院（现为内蒙古师范大学）建立"电影、幻灯教学小组"，统管全院电化教育工作，交通大学西安部分（现为西安交通大学）利用电影、幻灯、录音、唱片、扩音等辅助教学；1960 年，上海师范学院（现为上海师范大学）在物理楼设置电教室，利用幻灯、电影进行教学。

移动音频是随着移动终端及互联网技术的发展而迅速崛起的。2011 年，国内首家网络音频应用诞生，之后，类似的移动音频应用如雨后春笋般出现。业界通常将移动音频市场分为移动电台和移动听书两种体系。①

2. 视听媒介

视听媒介通过声像并茂的画面为学生提供了近似身临其境的感性经验，弥补了学生直接经验的不足，特别弥补了因实验器材不足而带来的无法进行某些实验的缺憾。

1960 年 4 月，在第二届全国人民代表大会第二次会议上，国务院副总理陆定一做了《教学必须改革》的发言，提出必须采用新的教育工具，如唱片、录音带、幻灯、电影、广播、电视；充分配备必要的仪器、模型等新式教具，对教育媒介技术的发展起到了促进作用。1960 年，北京市、上海市、沈阳市创办电视大学，哈尔滨广播师范大学和哈尔滨电视大学两校合并为哈尔滨广播电视大学。沈阳市于 1962 年把教育电影工作组改为教学电影幻灯组，并于 1964 年成立沈阳市电化教育馆。北京市电化教育馆于 1965 年将放映队改为电化教育工作队，专门负责电影、幻灯、录音等方面的推广工作。与此同时，南京、上海、吉林、黑龙江、四川等省市也陆续建立了电化教育机构。

1966 年开始，"文化大革命"使得教育媒介技术的发展陷入停顿状态。直到 1977 年，邓小平同志代表党中央同意建立中央电化教育馆，1978 年，批准筹建中央广播电视大学。

从 1978 年起，各地也开始建立电化教育机构。到 1986 年，全国各省都建立了省级电化教育馆。到 1987 年，全国建立了地级电化教育机构 320 个，县级电化教育机构 2 218 个。

在此期间，各级各类学校也建立了电化教育机构。根据 1986 年的统

---

① 周海宁. 以互联网媒介为中心的听觉文化转向以及构建[J]. 出版发行研究，2019（7）：53-59.

计,全国建立电化教育机构或设专人管理电化教育工作的普通高等学校有694所,占普通高校总数的65.8%。①

1979年2月,中央广播电视大学与全国28所省(自治区、直辖市)级广播电视大学同时开学。到20世纪80年代末,建立了由1所中央广播电视大学,43所省(自治区、直辖市)级和计划单列市级广播电视大学,575所地级广播电视大学(分校)和1500多个县级广播电视大学工作站(分校)组成的广播电视高等教育系统。①

1980年以后,一些省市为了解决教育发展中的问题,由教育部门或独立或与广播电视部门合作,建立了不同形式的教育电视台。1986年7月1日,"中国教育电视"用卫星试播,10月1日正式播出。中国教育电视台的建立促进了全国各地教育电视台的发展。1997年底,中国已经建立教育电视台、收转台940多座,卫星电视地面接收站1万多座,放像点6.6万多个,初步形成了卫星电视教育网络。

1999年4月,中国广播电视大学卫星电视VBI数据广播信息网正式开通,中央电大要求各省级电大及电大分校要检查接受状况,保证电大分校在1999年5月底前安装好VBI接收卡,并能正常接受VBI广播。②

截至2016年底,中国共批准设立电视台187座、广播电视台2 269座、教育电视台42座。其中国家级电视台有中央电视台和中国教育电视台,每个省(自治区、直辖市)和每个地级及以上城市至少有1座电视台或广播电视台。全国有线电视网络达478万公里,全国电视人口综合覆盖率为98.88%。全国有线广播电视用户数为22 829.53万户,数字电视用户数为20 157.24万户,付费数字电视用户数为5 817.15万户。③

3. 以计算机网络通信为基础的数字语言媒介

受国外教学机器、程序教学和计算机辅助教学(computer aided instruction,CAI)的影响,1981年,中国开始有了自己的计算机辅助教学系统和辅助教学管理系统。为了抵制大量进口教育微机,中国于1986年组织一些高等院校和工厂研制和生产"中华学习机"。1987年,作为国家"七五"重点攻关项目,中国有计划有组织地开发了一批中华学习机教育软件。进入90年代后,PC系列计算机相继进入学校和家庭,多媒体PC机开始应用于远程高等教育。

---

① 李龙. 加强史学研究,促进学科发展(一):"教育技术史"学科初探[J]. 电化教育研究,2006(11):3-5.
② 严继昌,李德芳,侯建军,等. 奋进20年:中国网络教育发展大事记[M]. 北京:清华大学出版社,2019:3.
③ 国家广播电视总局. 2016中国电视收视报告[EB/OL]. (2018-10-20)[2020-08-20]. http://www.nrta.gov.cn/art/2018/10/20/art_2178_39216.html.

中国于 1994 年 4 月通过中国科技网首次和国际互联网相连，成为国际互联网社群中的第 71 位成员。1995 年，中国教育科研网开通。

1998 年 12 月 24 日，教育部发布的《面向 21 世纪教育振兴行动计划》提出"以现有的中国教育科研网（CERNET）示范网和卫星视频传输系统为基础，提高主干网传输速率，充分利用国家已有的通信资源，进一步扩大中国教育科研网的传输容量和联网规模。2000 年，全国全部本科高等学校和千所以上中等学校入网"；同时，"继续发挥卫星电视教育在现代远程教育中的作用，改造现有广播电视教育传输网络，建设中央站，并与中国教育科研网进行高速连接，进行部分远程办学点的联网改造。2000 年，争取使全国农村绝大多数中小学都能收看教育电视节目"。

1999 年 6 月 13 日，《中共中央国务院关于深化教育改革，全面推进素质教育的决定》提出："大力提高教育技术手段的现代化水平和教育信息化程度。国家支持建设以中国教育科研网和卫星视频系统为基础的现代远程教育网络，加强经济实用型终端平台系统和校园网络或局域网络的建设，充分利用现有资源和各种音像手段，继续搞好多样化的电化教育和计算机辅助教学。"

在国家宏观政策指导下，中国的国家信息基础设施建设正在走天地网（即卫星通信传输与地面微波、电缆、光纤传输）相结合、三网（广播电视网、电子通信网、计算机网络）合一的方向。

根据中国互联网信息中心对中国互联网络发展状况的统计[1]，中国网民人数、计算机数、域名数、网站数、国际出口带宽总量等方面有了较大增长，如表 4-34 所示。从 1997 年的第 1 次统计到 2021 年的第 47 次统计，我们可以清晰地对比出近 20 余年来网络媒介在中国的增长变化情况：中国网民人数由 62 万增加到 9.89 亿，网民规模世界第一。中国域名数量由 4 066 个增加到 4 198 万个。中国网站数量由 1 500 个增加到 443 万个。中国国际出口带宽总量由 25.408 Mbps 增加到 11 511 397 Mbps。

表 4-34 中国互联网络增长情况

统计项目	1997 年（第 1 次）	2007 年（第 20 次）	2017 年（第 39 次）	2021 年（第 47 次）
网民人数/万人	62	1.62×10^4	7.31×10^4	9.89×10^4
计算机数/万台	29.9	6 710	*	*

---

[1] 中国互联网信息中心. 中国互联网络发展状况统计调查[EB/OL]. http://www.cnnic.net.cn/hlwfzyj/hlwmrtj/.

续表

统计项目	1997年（第1次）	2007年（第20次）	2017年（第39次）	2021年（第47次）
域名数/个	4 066	918×10^4	4228×10^4	4198×10^4
网站数/个	1 500	131×10^4	482×10^4	443×10^4
国际出口带宽总量/Mbps	25.408	312 346	6 640 291	11 511 397

计算机网络通信媒介的兴起和快速发展，为中国现代远程高等教育迅速发展提供了强大的技术支持，它融合了其他媒介的优势，在很大程度上促进了远程高等教育教与学的整合。数字语言媒介主要有：

（1）电子邮件。

该媒介作为异步交互工具，可传递文本、图片等信息。从时间和速度上来看，电子邮件是异步交互系统，但是它的速度远远大于邮政通信，一封邮件可以在几秒钟或几分钟之内到达对方的信箱。电子邮件的信息通过计算机键盘输入，避免了用笔手写，便于修改和保存。电子邮件系统是永久性信息交互系统。电子邮件系统可以支持同一封邮件同时发送给许多人，因此，它是一点对多点的交互系统。电子邮件系统是完全开放的交互系统，只要你知道对方的电子邮件地址，就可以将邮件发送到其信箱。在网络普及的地方，电子邮件已经成为远程高等教育中教师与学生以及学生与学生之间交互的重要方式，例如教师利用电子邮件发送已经批改的作业、学生利用电子邮件向教师提问、教师利用电子邮件给予解答等。

（2）聊天室。

该媒介也是基于计算机网络的交互系统。它支持文本、图形和声音，在文本和简单图形的交互中可以实现在互联网上的准实时交互，因此，聊天室是准实时交互系统。聊天室支持一点对一点的交互和公开的信息交流，即多点对多点的交互。一旦参加者进入聊天室，就可以自由地发表言论，系统没有任何限制权限，属于无控制交互系统。聊天室是学生间个人交往的重要系统，聊天室内的交互内容，主要是与学生生活和态度相关的信息，少有非常专业的学术内容。聊天室内的交互对学生的情感、态度及人际关系具有重要的意义，但是很少有学生在聊天室讨论深层次的问题。尽管部分聊天室可以通过设置将交互的信息存储在计算机内，然而，聊天室通常作为即时信息交互系统被使用。

（3）即时信息交互系统。

从早期的QQ、MSN，到目前形形色色的即时信息交互系统，该媒介现在越来越被广泛应用。如果将其应用在教学系统中，可作为同步的实时交互工具，实现实时的多媒体交互，更接近面对面交互，拉近学生、教师之间的距离，有时时刻刻在一起的心理感受。

（4）BBS 论坛。

该媒介以电子公告板（bulletin board system，BBS）为核心技术，论坛有各种各样的界面和形式，但对交互的本质意义基本是相同的。万维网上的论坛支持文本、图形和多媒体的交流，可以实现在互联网上的准同步交互和异步交互，论坛可以作为准同步交互系统和异步交互系统使用。在实际教学过程中，论坛通常作为异步交互系统使用。与聊天室不同，论坛不支持点对点的交互，只支持多点对多点的交互。如果需要点对点的交互，需引进电子邮件。与聊天室一样，论坛是完全开放的系统，对所有有权进入论坛的人完全开放，每个人都可以自由发言，是无控制交互系统。论坛上发布的内容可以长期保留在论坛，学生和教师可以反复阅读论坛的内容，论坛属于永久性信息交互系统，具有对信息的组织管理功能。

（5）视频会议系统。

该媒介不仅可以传递语音、数据，还可以实时传递动态图像。视频会议系统属于同步交互系统，也属于更高级别的即时信息交互系统，因为它具有协同操作等更强大的功能。视频会议系统既支持一点对一点的交互模式，也支持一点对多点的交互模式。在点对点的交互模式中，视频会议系统是无控制的，向交互双方都开放。在一点对多点的交互模式中，同一时刻由一点作为主点，可以召集多点参加同一个会议。多点视频会议系统中多点控制单元一般放置在主会场，主会场经常是教师所在的会场，在实际使用中，经常由教师控制由谁发言。视频会议系统还有主席控制和声音控制等模式。[①]

较之早期的传统媒介，计算机网络通信媒介具有如下特征。

第一，多媒体性。传统媒介相对单一，比如，报刊主要使用文字符号，广播只使用声音符号，电视使用的传播符号相对丰富，但综合集成度仍不太高。互联网却集所有传统媒介之大成，它可以将文字、声音、图片、图表、动态图像等媒介符号综合在一个传播单元中，构成多媒体信息，使传播更具综合性、直观性、形象性，最大限度地还原信息的本来面目，也更加符合人们的接受习惯和思维规律，提高传播的综合效果。

第二，即时远程化。任何媒介都讲究信息传播的时效性，也都具有跨

---

① 袁新瑞. 计算机网络教学环境中的交互作用与运用策略研究[J]. 电化教育研究，2006（2）：48-49.

越时空的特点。但传统媒介由于受信息采集、筛选、播发制度和程序上的影响，除去对那些特别重大的新闻事件能给予完全及时的报道外，时效性往往只是一种追求；而其跨越时空的特点在现实生活中又往往受到各种现实因素的制约，很难实现即时性与远程化的统一。互联网的信息传播借助了全球化数字通信通道的特有优势，可以使即时性和远程化同时实现。

第三，大容量。传统媒介都有其固有的容量限制，如版面或播发时段的限制，传播容量只能在一个很小的空间内调整和扩充，但互联网上的信息传播在容量上似乎具有无限的可扩充性，它没有版面和时段限制，允许信息的大容量传播。

第四，多向交互性。网络营造了一个全球性的平台，人们可以单对单交互，单对多交互，多对多交互。

第五，数字化。网络将各种复杂多变的信息，如文字、图片、音频等，转变为可以度量的数据。数字化改变了以往以储存"原子"为主的信息存储方式，它通过特殊的介质存储信息，具有成本低、传输方便、保真度高、有利于再创造等优势。

第六，网络化。互联网利用计算机技术、网络技术和远程通信技术，集各个领域的各种信息资源为一体，编织成庞大的"网中网"。

第七，高速化。不管时空相隔多远，互联网都能实时快速地传递和交流信息。

第八，开放性。互联网没有边界、没有中心的分散结构，使信息跨越了时空界限，实现了自由流动。

第九，多终端。网络技术趋势表明，几乎每一个电子装置，都有可能通过有线或无线方式，接受网络媒介发布的不同信息。例如，给电视机增加一个机顶盒，利用有线电视网，就可以用电视机接受网络信息。

第十，虚拟性。互联网可以仿真和虚拟现实，创设逼真的网络社会环境。

二、中国现代远程高等教育教学媒介的使用情况

（一）口头语言的使用

口头语言是人类最基本的沟通媒介，也是教育中使用最频繁的教学媒介。远程高等教育由于时空分离，常规的面对面的口头语言媒介的使用受到了很大的限制。为此，有学者曾认为，中国的现代远程高等教育是建立在现代高科技的信息技术上，主张不能再使用传统的面对面的口头语言媒

介，否则，远程高等教育将"远教不远"。①

究竟口头语言媒介在中国现代远程高等教育中的运用状态如何呢？在现代信息技术背景下，其是否有新的形态出现呢？

通过对中国现代远程高等教育试点高校网络教育学院媒介使用情况的调查，笔者发现，口头语言媒介在中国现代远程高等教育中，依然是主要的教育媒介之一。68所试点高校网络教育学院中有61所，配合使用面授辅导，占总体院校90%。通过面对面的口头语言媒介来加强教学的现场指导和训练，以满足学员亲见远程教师的需要，提高教学效果。

口头语言媒介，随着传输和交互技术的发展，在远程高等教育中有新的形态变化，出现了"广播教学""电话答疑"和"语音答疑"等听觉教学媒介。在中国现代远程高等教育试点高校中，有43所，即63%的院校为学生提供电话答疑；有41所，即60%的院校提供语音答疑，如表4-35所示。

表4-35 口头语言媒介的使用情况

使用口头语言媒介类型	使用院校数量/所	占总体院校比例/%
面授辅导	61	90
电话答疑	43	63
语音答疑	41	60

（二）书面语言的使用

书面语言媒介，是远程高等教育产生的催化剂，它使作者（知识传授者）和读者（知识接受者）分离，使得远程的教与学成为可能。中国现代远程高等教育离不开书面语言媒介的使用，在调查的68所试点高校中，有66所，即97%的院校为学员提供配套书面教材，如表4-36所示。

表4-36 书面语言媒介的使用情况

使用书面语言媒介类型	使用院校数量/所	占总体院校比例/%
教材	66	97
电子信箱	64	94
文字在线答疑	35	51

书面语言媒介在新的信息技术作用下，有所变化，出现了"电子信箱"

---

① 彭航西. 优势的失落与重建："电教不电""远教不远"现象试析[DB/OL]. http://www.cqvip.com/qk/85662X/199402/11265076.html.

"电子教案"和"文字在线答疑"等形态,在中国现代远程高等教育教学中,主讲教师或辅导教师一般都会给学生提供各种形式的学习、复习指导书或电子文字的资料,而提供"文字在线答疑"的并不是非常多,只有51%的院校为学生提供这种教学媒介。

(三)数字语言的使用

1. 传输媒介的选择与使用

1996年6月13日,《中共中央国务院关于深化教育改革,全面推进素质教育的决定》发布。该文件提出,"大力提高教育技术手段的现代化水平和教育信息化程度。国家支持建设以中国教育科研网和卫星视频系统为基础的现代远程教育网络,加强经济实用型终端平台系统和校园网络或局域网络的建设,充分利用现有资源和各种音像手段,继续搞好多样化的电化教育和计算机辅助教学……运用现代远程教育网络为社会成员提供终身学习的机会,为农村和边远地区提供适合当地需要的教育"。[①]因此,中国现代远程高等教育各试点高校在组建网络教育学院采用远程高等教育媒介技术路线时,大都考虑基于天网(卫星)、地网(互联网)或天地网结合的方式组建教育媒介系统。

现代远程高等教育试点初期,教育部年报年检数据显示[不包括石油大学(北京)和中国科学技术大学,共66所参与统计],有56.7%的院校拥有卫星传输系统;有80.5%的院校拥有基于地网的电话/音频/视频会议系统;各类传输媒介系统总共92个,校均拥有1.4个,如表4-37所示。

表4-37 2002年中国现代远程高等教育各类传输媒介系统

各类传输媒介系统	有该类媒介的院校数量/所	占总院校比例/%
卫星传输系统	38	56.7
电话会议系统	7	10.4
音频会议系统	11	16.4
视频会议系统	36	53.7

在拥有卫星传输系统的38所高等院校中,自主经营的只有7所,占18.4%;租用自卫星公司的有21所,占55.3%;其他获得与经营方式的有10所,占26.3%,如表4-38所示。

---

① 中华人民共和国教育部. 中共中央国务院关于深化教育改革,全面推进素质教育的决定[EB/OL]. (1999-06-13) [2020-08-20]. http://www.moe.gov.cn/jyb_sjzl/moe_177/tnull_2478.html.

表 4-38　卫星传输系统的来源与经营方式

获得与经营方式	院校数量/所	院校占比/%
自主经营	7	18.4
租用自卫星公司	21	55.3
其他	10	26.3

在拥有卫星传输系统的 38 所高等院校中，正在使用的只有 32 所，占 84.2%，如表 4-39 所示。

表 4-39　卫星传输系统的使用情况

使用情况	院校数量/所	院校占比/%
尚未投入使用	5	13.2
正在使用	32	84.2
近一年内从未使用	1	2.6

卫星传输系统的建设成本较高（38 所拥有卫星传输系统的高等院校中，兰州大学的数据未计入），54%的院校花费 50 万以上，其中有 1 所院校花费高达 1 000 万以上，如表 4-40 所示。

表 4-40　卫星传输系统的建设费用

建设费用/万元	院校数量/所	院校占比/%
0～50	17	46
51～100	5	14
101～250	7	19
251～500	3	8
501～750	2	5
751～1 000	2	5
1 000 以上	1	3

2003 年教育部年报年检数据显示，中国已初步建成了计算机网络与卫星网络相结合的、覆盖全国城乡的现代远程教育网络。计算机网络 Cernet 已建成 20 000 公里的 DWDM/SDH 高速传输网。覆盖全国近 30 个主要城市，主干总容量达 40 Gbps。Cernet 高速主干网已经升级到 2.5 Gbps，接入速度 155 Mbps，连接 35 个重点城市。全国已有 100 多所高等学校以 100～1 000 Mbps 速率接入 Cernet。经过改造和专门建设的中国教育卫星多媒体

传输平台已具备了播出 8 套电视、8 套电视语音、20 套以上 IP 数据广播的能力，并且实现了与 Cernet 的高速连接，初步形成了"天地合一"的具有交互功能的现代远程教育网络系统。[①]

经笔者网上调查和抽样电话访谈了解，2002 年有 38 所试点院校采用卫星传输媒介，2008 年减少到 32 所（32 所试点院校使用卫星的同时也采用互联网传输媒介），原因在于使用卫星传输媒介的成本较高，同时，随着互联网的快速发展，许多试点高校不再使用卫星传输媒介。2008 年底，我国计算机数量达到 1.5 亿台，网民数量达到 2.98 亿，超过了 22%的互联网普及率，网民数首次超过美国，跻身全球网民第一大国，标志着互联网在中国已成为主流媒体。2018 年底，全国计算机数量达到 3.36 亿台，网民数量达到 8.29 亿。[②]试点高校正是借助互联网快速发展的优势开展远程高等教育，目前全部采用地网作为传输媒介，常用的地面骨干网有中国公用计算机互联网（电信网）、中国教育和科研计算机网（教育网）、宽带中国 CHINA169 网（网通）和中国联通互联网（联通）。

2. 网络教学平台的建设与使用

网络教学平台，是基于天网和地网传输技术的基础上，综合远程教学、管理和服务于一体的教育媒介。网络教学平台功能模块建设的好坏，直接影响远程高等教育教学质量的好坏。因此，中国现代远程高等教育各试点高校非常重视教学平台的建设与使用。

现代远程高等教育试点初期，教育部年报年检数据显示[不包括石油大学（北京）和中国科学技术大学，共 66 所参与统计]，除了 1 所试点高校暂时没有教学平台外，其他 65 个试点高校拥有 91 个教学平台，校均拥有 1.4 个教学平台。

在 91 个平台中，由试点高校自行开发 26 个平台，占总数的 29%；从其他开发机构购买 23 个，占总数的 25%；与校外机构合作开发 39 个，占总数的 43%，如表 4-41 所示。

表 4-41　网络教学平台的开发

开发类型	平台数量/个	平台占比/%
自行开发	26	29
从其他开发机构购买	23	25
与校外机构合作开发	39	43
其他	3	3

---

① 张尧学. 高校现代远程教育调查与思考[J]. 中国远程教育，2004（16）：18-22.
② 方兴东，陈帅. 中国互联网 25 年[J]. 现代传播（中国传媒大学学报），2019（4）：1-10.

网络教学平台开发或购买费用方面，试点初期，63 所院校参与教育部年报统计，其中，59%的院校花费在 50 万元以内，有 1 所院校最高花费 1 000 万元以上，如表 4-42 所示。

表 4-42　网络教学平台开发或购买的费用

开发或购买费用（万元）	院校数量/个	院校占比/%
0～50	37	59
51～100	10	16
101～500	13	21
501～1 000	2	3
1 000 以上	1	1

2004 年和 2005 年教育部年报年检数据显示，教学平台的建设数量不断增长，由 2002 年的 91 个增加到 260 余个，校均 4 个。2005 年教育部数据显示，中国网络教学平台实际注册使用人数达 400 余万，平台平均注册人数 15 745 人。现代远程高等教育试点高校常见的平台见表 4-43。现代远程高等教育中，学生、远程教师、管理者、技术人员、学习中心工作人员等，大都是借助网络教学平台这一媒介开展教与学活动。

表 4-43　常见的平台类型与数量

常见的平台类型	数量/个
电子邮件系统	30
教务管理平台	29
点播系统	17
视频答疑系统	16
网上教学平台	14
移动短信平台	9
现代远程教育管理平台	5
课件点播平台	9
卫星直播系统	6
网院直播课堂	6

除了普通试点高校加强网络教学平台建设外，2002年也启动了"中央广播电视大学远程教育公共服务体系建设试点"项目建设，由中央电大和电大在线共同组建奥鹏远程教育中心，负责体系的建设、运行及管理等工作。

此外，2003年3月5日，教育部高等教育司印发《关于同意申请注册"北京奥鹏远程教育中心"的批复》（教高司函〔2003〕35号），同意中央电大责成电大在线远程教育技术有限公司申请注册"北京奥鹏远程教育中心"，从事远程教育教学支持服务、培训及其他相关业务，并积极探索我国现代远程教育公共服务体系建设的管理模式及运行机制。[①]2007年2月，教育部先后印发《教育部办公厅关于同意弘成科技发展有限公司和中国人民大学等有关高校联合开展现代远程教育公共服务体系建设试点项目的通知》（教高厅函〔2007〕12号）和《教育部办公厅关于同意知金教育咨询有限公司和北京理工大学等有关高校联合开展现代远程教育公共服务体系建设试点项目的通知》（教高厅函〔2007〕13号）。同意弘成科技发展有限公司和知金教育咨询有限公司分别在北京、上海、江苏、浙江、山东、广东等省（市）新建十个数字化学习示范中心，并与多所试点高校联合开展现代远程教育公共服务体系建设试点项目。同时，教育部高等教育司启动"网络教育资源共享平台建设"项目（教高司函〔2007〕25号），先行开展"数字化学习示范中心建设"和"现代远程教育信息管理系统"两个子项目的研究与实践，将其纳入"质量工程"统一管理。[②]2018年，弘成教育（即弘成科技发展有限公司）自主研发第三代教学教务管理平台，从顶层设计上进行全新建构、全面优化，助推网络教育教学管理全面升级。2018年6月，由全国高校现代远程教育协作组牵头，委托奥鹏教育起草，奥鹏教育、宏成教育、知金教育三家公共服务体系共同参与，先后组织专家进行十余次研讨会和意见征求会，共同修改完成《网络教育公共服务体系质量标准》（征求意见稿），[③]以便强化质量管理体系建设，遵循通用准则和标准，顺应网络教育发展趋势。

2013年10月，清华大学推出首个中文慕课平台——学堂在线。截

---

① 严继昌，李德芳，侯建军，等. 奋进20年：中国网络教育发展大事记[M]. 北京：清华大学出版社，2019：21-23.

② 严继昌，李德芳，侯建军，等. 奋进20年：中国网络教育发展大事记[M]. 北京：清华大学出版社，2019：42-43.

③ 严继昌，李德芳，侯建军，等. 奋进20年：中国网络教育发展大事记[M]. 北京：清华大学出版社，2019：100-101.

至 2018 年，清华学堂在线已上线 269 所高校的 1 188 门课程，注册人数 780 万。①

2015 年 2 月，北京大学推出中文慕课平台——华文慕课。之后，我国很多高校和企业也陆续推出了 MOOC 平台，上线数千门优质课程，开展面向全社会的在线教育。②

中国大学 MOOC 是网易与高教社携手推出的权威大型开放式在线教育平台。它承接教育部国家精品开放课程任务，汇集国内顶尖高校（985 高校，包括北京大学、浙江大学、复旦大学等）的优质课程，向大众提供中国知名高校的 MOOC 课程。该网络教育教学平台于 2014 年 5 月 8 日上线，截至 2020 年 4 月，上线课程 1 600 多门，课程视频数量近 5 万，注册用户数 500 万，报名选课人次 1 200 万。

以上网络教育教学平台的建设与使用，在很大程度上推动了现代远程高等教育网络教学平台的发展，但是许多网络教学平台的运营还是相对独立，试点高校共建共享机制还未建立，即便 2017 年 11 月 10 日由国家开放大学与新教育研究院、超星集团联手打造的新一代开放学习平台"学银在线"正式开通，也只是以慕课为核心应用模式的尝试。现代远程高等教育试点高校间，乃至试点高校内部，普通高等教育与远程高等教育之间的平台都难以共建共享。

3. 多种数字语言媒介的使用

数字语言媒介的出现，使得多种媒介不断走向融合。新媒介往往能向上包容旧的媒介，如网络课程能把教师授课的音视频和电子文字教材等有效地整合在一起，供学生学习和与教师交互。中国现代远程高等教育虽然起步较晚，但是却可以充分利用现代高科技媒介技术，站在高起点、坚持高标准推进中国现代远程高等教育的媒介技术。

各试点高校在现代远程高等教育中，借助天网和地网的传输技术，利用开发的教学平台，通过直播课堂、网络课程、教学光盘、BBS 论坛、音频答疑、文字在线答疑、视频答疑等多种教学交互媒介开展教学、管理和服务活动，学生也借助这些媒介与远程教师、办学机构和管理服务人员进行沟通和交互。其中，网络课程和 BBS 论坛是使用最多的教学媒介形式，分别有 100%和 94%的院校采用这两种形式开展教与学活动。而使用较少的则是视频答疑，只有 23 所试点高校（占总院校的 34%）使用，

---

① 严继昌，李德芳，侯建军，等. 奋进 20 年：中国网络教育发展大事记[M]. 北京：清华大学出版社，2019：72.

② 严继昌，李德芳，侯建军，等. 奋进 20 年：中国网络教育发展大事记[M]. 北京：清华大学出版社，2019：77.

这与视频答疑媒介技术的成熟度、教学效果、开发成本及师生的偏好等有关，如表 4-44 所示。

表 4-44　几种数字语言媒介的使用情况

数字语言媒介形式	使用院校数量/所	占总体院校比例/%
直播课堂	54	79
网络课程	68	100
教学光盘	55	81
BBS 论坛	64	94
音频答疑	41	60
文字在线答疑	35	51
视频答疑	23	34

在现代远程高等教育中，单一使用某种媒介是难以完成教学任务的，因此，各院校常常在教学过程中把多种媒介组合使用。经调查发现，东北财经大学、对外经济贸易大学、华东理工大学、上海交通大学、中央广播电视大学 5 所高校同时使用直播课堂、网络课程、教学光盘、BBS 论坛、音频答疑、文字在线答疑、视频答疑 7 种媒介开展教学活动。使用媒介最少的院校也使用 2 种以上媒介进行教学活动。有约 1/3 的高校采用了 5 种媒介进行教学活动，如表 4-45 所示。

表 4-45　数字语言媒介组合使用情况

数字语言媒介组合数量/种	使用院校数量/所	占总体比例/%
2	1	2
3	5	7
4	16	24
5	22	32
6	19	28
7	5	7
总计	68	100

在教育媒介使用方面，中国现代远程高等教育试点存在着一些亟待解决的问题，如宽带多媒体电信网等的远程教学信息传输质量和稳定性有待提高；教学双向交互信息严重不对称，交互式技术媒介的交互作用与功能

没有得到发挥；教师对网络课程建设投入力量不够，对远程学习学生进行导学和提供支持服务等问题尚未引起重视，并缺乏相应的激励机制予以引导；等等。

第四节　中国现代远程高等教育学生支持服务的状况

对学生的支持与服务，是现代远程高等教育系统不可缺少的要素。远程高等教育是否有实质性增长，取决于学生是否通过远程高等教育获得自身价值的提升，而学生自身价值的提升有赖于创设远程高等教育学习环境，为学生提供学术性和非学术性的支持服务。因此，有必要对中国现代远程高等教育学生支持服务的状况做进一步的研究。

一、学生特点及其分布

根据教育部年报年检数据、教育部发展规划司发布的教育发展统计公报、网络调查和笔者在某试点高校网络教育学院的教学实践，发现远程高等教育学生特点和分布主要如下。

（一）学生数量

中国注册现代远程高等教育的学生不断增加，从 1999 年的 3.2 万，到 2008 年的 147.2 万，前十年试点期招生总数约 690 万。

2013 年开始，每年招生高达 200 多万，2018 年招生数 320 多万，在校（在册）生数 825.6 万。现代远程高等教育试点 20 年，总招生数突破 2 800 万，如表 4-46 所示。①

（二）学生性别比例

中国现代远程高等教育学生性别比例，根据 2002 年教育部年报年检统计数据，报送学生 463 088 人（不包括电大学生），男性为 58%，女性为 42%，参与远程高等教育的男性比女性多，如表 4-46 所示。

---

① 数据来源：中华人民共和国教育部政府门户网站-发展规划司-教育统计-2002 年至 2018 年全国教育事业发展统计公报。http://so.moe.gov.cn/s?siteCode=bm05000001&tab=all&qt=%E7%BB%9F%E8%AE%A1%E5%85%AC%E6%8A%A5.

表 4-46 中国现代远程高等教育学生数量

(单位：人)

年份	毕业生人数			招生人数			在校生人数		
	合计	本科	专科	合计	本科	专科	合计	本科	专科
2018	1 949 189	681 915	1 267 274	3 209 064	1 044 360	2 164 704	8 256 553	2 825 757	5 430 796
2017	1 777 905	659 559	1 118 346	2 861 143	993 253	1 867 890	7 359 267	2 587 338	4 771 929
2016	1 874 787	700 906	1 173 881	2 296 088	847 568	1 448 520	6 449 329	2 339 270	4 110 059
2015	1 799 757	649 086	1 150 671	2 034 032	748 660	1 285 372	6 284 671	2 294 807	3 989 864
2014	1 661 306	586 272	1 075 034	2 061 852	781 445	1 280 407	6 314 472	2 287 010	4 027 462
2013	1 560 762	536 702	1 024 060	2 200 729	804 378	1 396 351	6 146 406	2 175 100	3 971 306
2012	1 360 870	477 949	882 921	1 964 468	696 698	1 267 770	5 704 112	2 002 698	3 701 414
2011	1 299 253	460 149	839 104	1 871 519	643 993	1 227 526	4 924 833	1 754 760	3 170 073
2010	1 105 529	422 543	682 986	1 663 655	555 789	1 107 866	4 531 443	1 640 403	2 891 040
2009	983 521	405 549	577 972	1 625 687	551 287	1 074 400	4 172 721	1 572 642	2 600 079
2008	901 522	403 824	497 698	1 472 194	535 914	936 280	3 558 950	1 446 709	2 112 241
2007	827 875	376 962	450 913	1 233 355	497 605	735 750	3 102 253	1 368 082	1 734 171
2006	885 117	436 707	448 410	1 132 516	509 530	622 986	2 792 945	1 296 893	1 496 052
2005	759 627	392 310	367 317	891 046	408 606	482 440	2 652 679	1 272 292	1 380 387
2004	393 715	211 728	181 987	839 325	427 811	411 514	2 365 908	1 270 458	1 095 450
2003	11 633	6 332	5 301	223 855	179 838	44 017	500 727	417 867	82 860
2002	4 292	1 224	3 068	434 210	275 516	158 694	1 082 226	640 582	441 644
2001				456 000			673 000		
2000				185 000			217 000		
1999				32 000			32 000		

表 4-47　中国现代远程高等教育学生性别比例

性别	学生数量/人	占比/%
男	269 529	58
女	193 559	42

（三）学生年龄特征

参加现代远程高等教育的学生分布在各年龄层次，其中，26 岁及以上的约占 70%。31~40 岁这一层次的学生最多，占 39.2%，如表 4-48 所示。①

表 4-48　中国现代远程高等教育学生年龄阶段

年龄/岁	占比/%
≤18	0.4
19~25	30.0
26~30	23.2
31~40	39.2
41~50	6.9
>50	0.3

学生在不同的年龄阶段，生理和心理特征各有不同，特别是在知识结构、兴趣、爱好、情感、动机等方面存在差异。现代远程高等教育学习者的年龄较多为三四十岁，这个阶段的学习者往往承担着家庭和工作两项重担，其社会特征比较突出，远程学习会受到家庭和工作较大的双重干扰。

（四）学生学习方式

参加远程高等教育的学生，大多数都是以在职学习的方式提升自身学历。远程高等教育试点工作初期，除了 2001~2002 年允许普通高校招收应届高中毕业生入校开展全日制教学外，此后，教育部不再允许招收应届高中毕业生在校全日制学习。因此，学生大部分都是在职人员。在职人员比例如表 4-49 所示。②

表 4-49　中国现代远程高等教育注册学生中的在职人员数量及占比

	1999 年	2000 年	2001 年	2002 年	2003 年
在职人员/万人	2.9	16.6	32.0	63.5	91.5
占比/%	90	90	70	94	97

---

① 教育部 2002 年年报年检数据。
② 教育部 2002 年、2004 年和 2005 年年报年检数据。

远程学生大多是在职人员，在生理、情感、认知、文化同一性和学习方法等方面已经形成了较稳定的一套自我认识，具有独立的自我观念，但该群体往往承担着家庭、社会的多种角色和责任，工学矛盾突出，学习时间紧张。

他们的社会和家庭负担较重，文化水平参差不齐，学习时间有限，学习环境相对较差，遇到的困难和问题比普通在校学生大得多，需要提供更多的支持和帮助。

（五）学生所属院校及学习中心分布

中国现代远程高等教育学生归属于 68 所试点高校及其学习中心，试点高校分布得比较分散和广泛，但主要集中在华北（20 所）和华东（17 所）等教育发达地区，如图 4-7 所示。

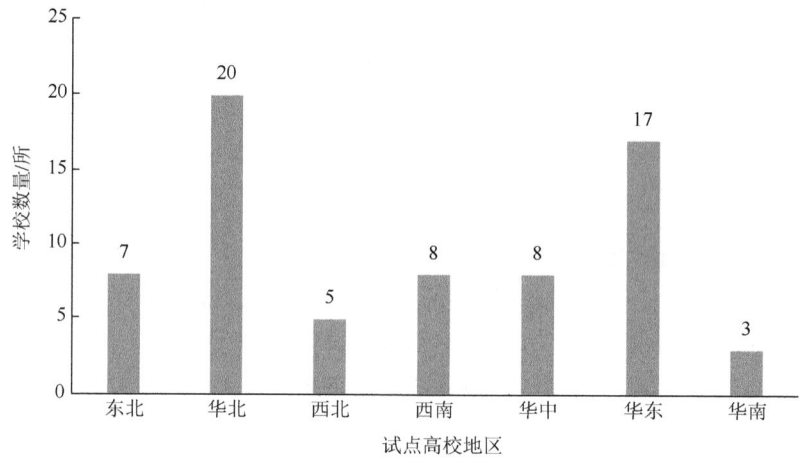

图 4-7 现代远程高等教育试点高校地区分布

现代远程高等教育试点高校的学生主要分布在其校外学习中心（学生支持服务点），校外学习中心主要由试点高校网络教育学院和一些具备教学条件（人员、设施）的单位（依托建设单位）签署协议合作建立。学习中心在行政上隶属于依托建设单位，在业务（主要是教学、管理）上接受试点高校网络教育学院的指导。同时接受所在省（自治区、直辖市）或计划单列市的教育行政部门的指导、监督和检查。试点高校主要依托大专院校、广播电视大学及其分校和其他办学机构合作办学，设立校外学习中心，如表 4-50 所示。[①]

---

① 谢洵. 网络教育质量保证体系中的学习中心：问题与对策[D]. 北京：首都师范大学，2006：28-32.

表 4-50 试点高校校外学习中心依托建设单位性质

依托建设 单位性质	广播电视大 学及其分校	大专院校 （除广播电视大学外）	其他办学机构 （中等专业学校、培训机构等）
占学习中心 总数的比例/%	18.8	42.1	39.1

中央广播电视大学系统设有教学点 3 000 余个，从中央电大到省（自治区、直辖市）级电大，再到各地方的市级电大，延伸至县级电大，都统一设有教学点（学生支持服务点）。按 2005 年和 2006 年两个年度学生注册数 136.9 万计算，平均每个教学点学生人数为 456 人。

2007 年中国试点高校校外学习中心数为 3 000 余个，平均每所试点高校约 44 个校外学习中心，最多的是西南大学，高达 250 余个。按 2005 年和 2006 年两个年度学生注册数 75.3 万计算（通常高中起点升专科和专科起点升本科的学生都是两年修读完课程），平均每个学习中心学生人数为 250 人。学生所在的试点高校校外学习中心分布在全国各地，如图 4-8 所

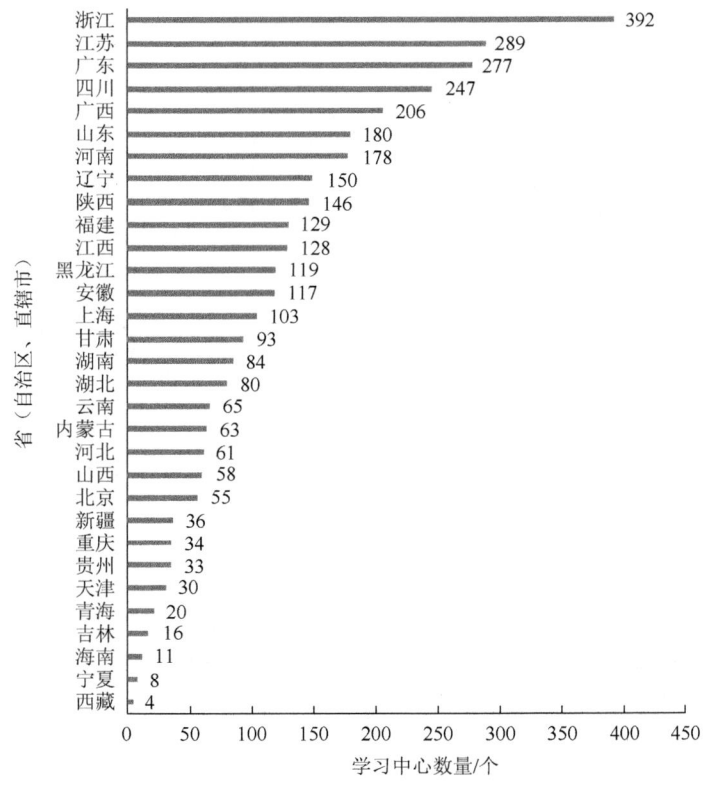

图 4-8 2007 年试点高校现代远程教育校外学习中心分布

示，位于浙江（392）、江苏（289）、广东（277）等经济发达地区的居多，位于西藏（4）、宁夏（8）、海南（11）等经济落后地区较少。分布于不同地区学习的学生在交通、通信、上网学习等条件上有较大差异。

2017年校外学习中心数量高达16 162个，依然是浙江（1 076）、广东（1 055）等经济发达地区为多，如图4-9所示。

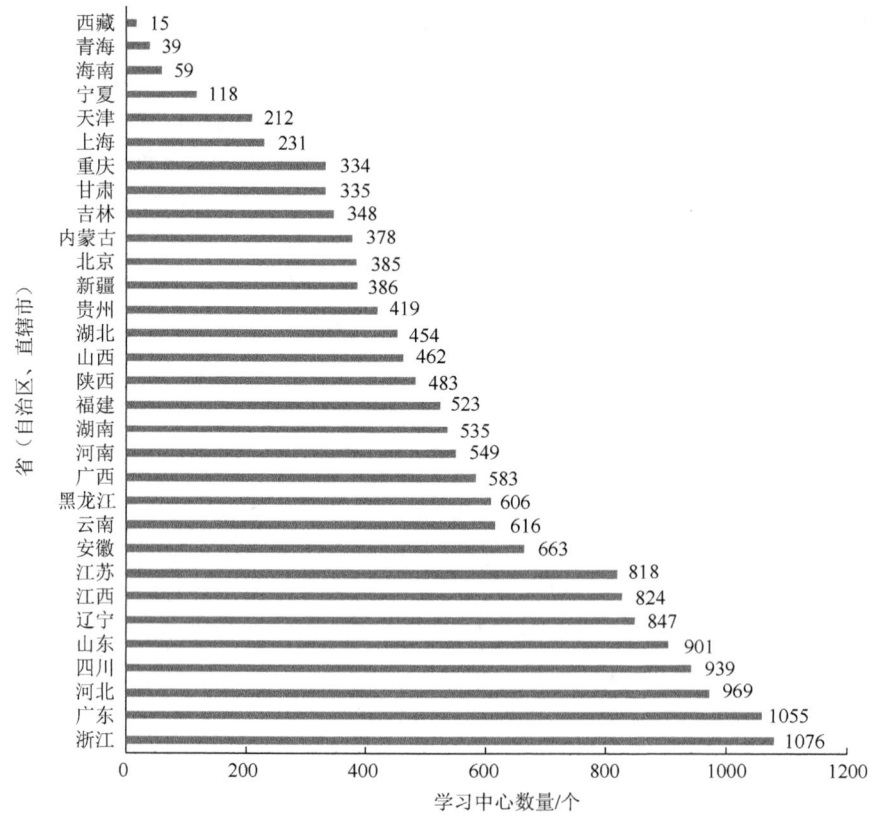

图4-9　2017年试点高校现代远程教育校外学习中心分布[①]

二、学术性服务

为学生提供学术性服务（也称教学性服务），是使学生素质得以保证的重要举措，中国现代远程高等教育主要以主讲教师和辅导教师为学生提供教学辅导、练习作业、教学评价、学科活动与实践等活动，满足学生学习、认知、获取技能的需要。

---

① 数据来源：全国网络教育阳光招生服务平台，http://cdce.moe.edu.cn/#/Sunshine。

（一）教学辅导

教学辅导，在中国现代远程高等教育中仍然是对学生最基本的一种支持服务，是与学生学习课程学科内容直接相关的一项教学服务，通常包含主讲教师和辅导教师的教学辅导。目前现代远程高等教育试点高校本部教师（含主讲教师、辅导教师或主讲辅导兼任型教师）共有14 196人（教育部2005年年报年检数据），他们负责约260多万学生的教学辅导。

1. 主讲教师对学生的支持服务

中国现代远程高等教育的主讲教师又分为网络课程主讲教师和面授课程主讲教师，他们一般由高等院校相关课程的专业教师担任。课程主讲教师主要负责课程的授课，参与部分集中辅导和集中答疑。同时，还参与课程教学的设计、开发、评估，系统地对学生讲授某一门课程，并制作成光盘、录像、习题库或网络课程等教学资源供学生学习和练习。

为了解学生对主讲教师教学支持服务的满意度，笔者在某试点高校网络教育学院，于2006年下半年和2007年下半年，对该网络教育学院所开设课程的学生进行了网络问卷调查。问卷采用李克特量表，1表示非常不满意，2表示不满意，3表示一般，4表示比较满意，5表示非常满意，如表4-51所示。

表4-51　学生对主讲教师满意度调查问卷

评价项目	满意度
网络课程主讲教师敬业精神	5　4　3　2　1　不清楚
网络课程主讲教师专业水平	5　4　3　2　1　不清楚
网络课程主讲教师教学方式	5　4　3　2　1　不清楚
面授课程主讲教师敬业精神	5　4　3　2　1　不清楚
面授课程主讲教师专业水平	5　4　3　2　1　不清楚
面授课程主讲教师教学方式	5　4　3　2　1　不清楚

2006年下半年，有2 739名学生自愿参与了对220门课程主讲教师的满意度调查；2007年下半年，有1 979名学生自愿参与了对227门课程主讲教师的满意度调查。结果如表4-52所示。

表4-52　学生对主讲教师满意度调查结果

评价项目	2006年满意度	2006年平均分	2007年满意度	2007年平均分
网络课程主讲教师敬业精神	4.06	4.05	4.51	4.46
网络课程主讲教师专业水平	4.09		4.48	

续表

评价项目	2006年满意度	2006年平均分	2007年满意度	2007年平均分
网络课程主讲教师教学方式	4.01	4.05	4.40	4.46
面授课程主讲教师敬业精神	4.00		4.35	
面授课程主讲教师专业水平	4.05	4.02	4.35	4.33
面授课程主讲教师教学方式	4		4.29	

从调查结果看，学生对网络课程主讲教师总体比较满意，2006年的满意度为4.05，2007年为4.46，2007年比2006年有所提高，经访谈了解，原因是2007年大部分课程主讲教师做了改版。学生对面授课程主讲教师总体也比较满意，2006年的满意度为4.02，2007年为4.33，但面授课程主讲教师比网络课程主讲教师认可度稍低，因为网络课程邀请的教师大都是副教授以上，教学经验比较丰富；而面授课程大都不是由网络课程主讲教师担任，而是聘请了讲师以上的年轻教师主讲；另外还有个原因是考虑成本，部分面授课程是沿用过去一学年录制的辅导课，通过直播或下载播放的方式由学生观看，教学的针对性、适切性和满意度自然会不足。

2. 辅导教师对学生的支持服务

中国现代远程高等教育的辅导教师通常是以课程BBS论坛、作业布置、考试辅导等形式协助主讲教师对学生进行教学指导。普通高校现代远程教育的辅导教师通常由校本部聘用，直接通过网络完成教学任务，很少去学习中心辅导学生。中央电大系统的课程辅导教师则由地方电大相关专业的课程教师担任，主要的职责是进行集中面授辅导、答疑。总体而言，辅导教师的工作主要有：课程内容的辅导和答疑；与课程学科性质和教学内容有关的学习方法指导和一般学习方法指导；作业、检测和考试的批改评价和指导；实验和其他实践性教学环节和训练项目的指导；组织学生班组讨论和协作学习；其他各种与课程学习有关的教学帮助等。

为了解学生对辅导教师教学支持服务的满意度，笔者采用同样方法与主讲教师一起做了两次调查，调查问卷和结果如表4-53和表4-54所示。

表4-53　学生对辅导教师满意度调查问卷

评价项目	满意度
BBS辅导教师敬业精神	5　4　3　2　1　不清楚
BBS辅导教师专业水平	5　4　3　2　1　不清楚
BBS辅导教师辅导方式	5　4　3　2　1　不清楚

表 4-54 学生对辅导教师满意度调查结果

评价项目	2006 年满意度	2006 年平均分	2007 年满意度	2007 平均分
BBS 辅导教师敬业精神	3.99		4.45	
BBS 辅导教师专业水平	4.03	3.99	4.45	4.43
BBS 辅导教师辅导方式	3.96		4.39	

从调查结果看，2006 年学生对辅导教师的评价接近比较满意，而 2007 年满意程度较高。

（二）练习作业

在中国现代远程高等教育中，主讲教师或辅导教师会通过教学平台或教材，设计一些练习题，由学生自主测试练习。作业的布置通常有两类：一类由计算机判卷，主要是客观性练习题和测试题，如常见的选择题——单选题和多选题，它们主要应用在对课程内容的理解、学科基本知识的掌握和简单的分析、计算和应用上；另一类由辅导教师判卷，主要是主观性和开放性练习题和测试题，如较复杂的运算、案例分析、综合应用、实际问题解决和项目评价等，它们主要应用在对学科教学目标的全面掌握和理论结合实际的应用上。

笔者于 2007 年 12 月通过网上调查和个别访谈方式，对中国 25 所试点高校进行了调研，结果发现：有 70%以上院校的课程设计了测试题供学生练习；而只有 7 所院校有作业系统管理平台，占 28%。作业系统平台既可以支持客观题，又可以支持主观题，只是主观题需要教师参与批改。

（三）教学评价

中国现代远程高等教育的教学评价，通常有形成性评价和终结性评价。形成性评价通常是通过阶段性的作业来完成；终结性评价主要是通过课程考试来完成，通常在课程结束时在学习中心举行。试卷一般由试点高校总部派人（主讲教师、辅导教师等）批改评分。许多试点高校学生总成绩通常由平时成绩（含作业、出勤率及上网次数）和课程考试成绩组成，一般平时成绩占 30%，课程考试成绩占 70%。总成绩合格，则可以取得相应的学分。

经笔者调查，68 所试点高校中，2 所（占 3%）依然采用学年制；52 所院校（占 76%）实行学年学分制；只有 14 所（占 21%）是采用完成学分制。课程考试通常在学年末或学期末举行。所有试卷都由大学总部阅卷人批改评分，以保证考试标准的统一。

（四）学科活动与实践

中国现代远程高等教育中，学生参与学科教师组织的活动，主要是通过远程教学平台进行，有部分通过学习中心管理人员配合学科教师，以班组或小组的形式进行讨论。

为学生提供教学实践是远程高等教育一个难题，中国试点高校极少部分课程设立了网上虚拟试验室，可供学生远程操作演练。个别条件较好的学习中心设有实验中心或实验基地，也可供本中心学生使用。但大部分课程教学还是通过布置作业和毕业论文设计，让学生实地考察。

三、非学术性服务

为学生提供非学术性服务（也称非教学性服务或非学科性活动），目的是满足学生远程学习所涉及的信息咨询、入学交费、面授辅导安排、作业提交、考场安排、社会情感交流、校园文化等方面的需要。非学术性服务有利于保障学术性活动的顺利进行，促进学生的学业。中国现代远程高等教育从只重视学生的教学或自主学习，到逐渐认识并加以改进学生的非学术性支持服务。

（一）设立学生服务机构情况

2008年初，笔者对中国68所试点高校的组织机构进行了网络调查，结果显示：目前中国现代远程高等教育试点高校共有27所（约占39.7%）专门针对学生设置了支持服务部门，名称为学生服务中心或学生支持中心或学生指导中心或学生管理部等；8所（约占11.8%）试点高校设置了学籍管理部。其余33所（约占48.5%）试点高校没有专门的学生支持服务部门。

各试点高校学生支持服务部门，只要是针对学生的非学术性支持服务而设置，通常由几名专职管理人员组成，他们负责为学生提供咨询、指导、建议和服务；为学生提供学籍档案管理；接受学生投诉；处理与学生直接相关的各项事务等。

（二）信息服务

在中国现代远程高等教育中，各类信息的发布是对学生的一项基本的支持服务，主要包括入学信息、注册信息、课程信息、面授辅导课程安排信息、作业信息、考试信息等。学校各类信息的发布可以通过网络教学平台,也可以通过学习中心管理人员通知等。除了向学生发布信息外,对学生信息的反馈、处理和答复也是一项重要工作,试点高校往往通过学生指导服务中心、教学中心或校外学习中心给予回应。

学生对于信息服务方面的评价较高。在被问及"您认为网络学院在招生、入学、考试、交费、毕业、专业等方面提供的信息是否全面"及"网络学院能否及时为您提供学院最新教学信息"时,远程学习者的反映均比较好,超过一半的远程学习者认为网络学院在招生、入学、考试、交费、毕业、专业等方面提供的信息基本全面或全面,试点高校基本可以及时给学员提供学院最新教学信息。①

信息服务的具体情况分别如图4-10和图4-11所示。这表明中国现代远程高等教育在实践中注意到了远程高等教育学习者对信息的需求,并尽量给予满足。

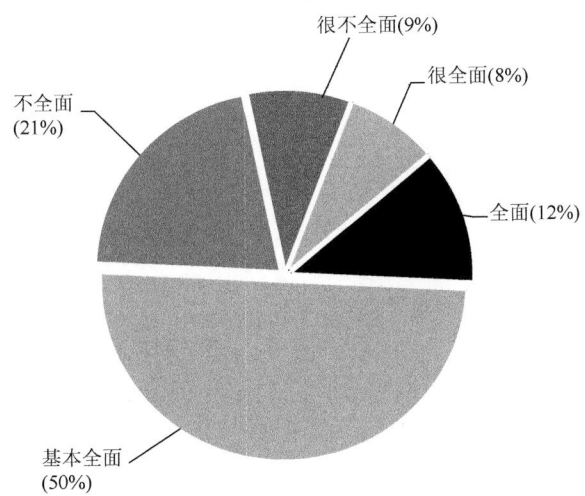

图4-10 试点高校网络学院提供信息的全面性

(三)组织管理服务

为学生提供各种管理性质的非学术性支持服务,是保障学生按照教学计划顺利完成学习任务的重要一环。中国现代远程高等教育对学生的管理性的服务主要集中在学生所属学习中心。学习中心主要为学生提供信息和咨询建议、入学和注册、学费收缴、材料发放、上机学习、督促学生选课、作业收集、考场安排等方面的服务。目前,中国现代远程高

---

① 陈丽伶,张秀梅. 远程教育非学术性学习支持服务现状个案研究[J]. 现代教育技术,2007(2):72.

等教育试点高校设有 6 000 余个校外学习中心,各学习中心的管理服务有所区别。

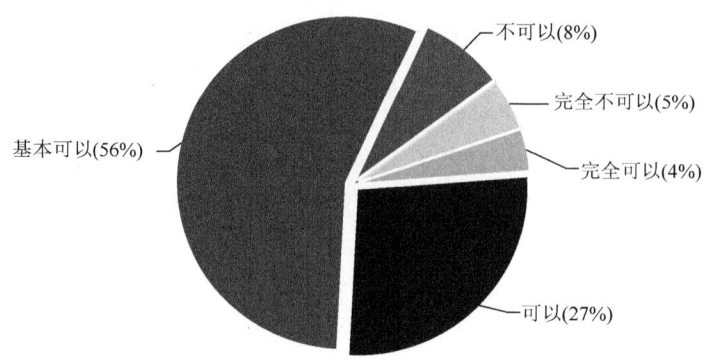

图 4-11　试点高校网络学院可及时提供教学信息

为了解学生对学习中心管理服务工作的评价,笔者于 2007 年 7 月通过书面问卷调查的形式对 A 试点高校 15 个学习中心的在籍学生开展了一次调查,共发出问卷 695 份,回收问卷 672 份,回收率约为 96.7%。评价项目和学生满意度如表 4-55 所示。

表 4-55　学生对学习中心管理服务的评价　　　（单位：%）

评价项目	评价满意程度占比				
	非常满意	比较满意	一般	不满意	非常不满意
为学生发放教材情况	7.7	34.6	21.2	19.2	17.3
为学生提供上机服务情况	15.4	42.3	30.7	5.8	5.8
组织督促学生按时选课、提交作业、考试预约的情况	34.1	36.6	17.1	7.3	4.9
对学生所反映问题的处理情况	12.2	24.4	53.7	7.3	2.4
对学生学籍变更（转专业、办理免修等）处理情况	17.1	31.7	24.3	9.8	17.1
向学生转发传达网络学院各类信息服务情况	24.4	34.1	29.3	7.3	4.9
对学习中心管理服务的总体评价	5.8	63.5	23.1	5.7	1.9

从调查的结果可知,5.8% 的学生对学习中心管理服务的总体评价非常满意,63.5% 比较满意,23.1% 反映一般,5.7% 不满意,1.9% 非常不满意。上机服务、督学服务、传达信息服务等有大半数学生满意度比较高,但教材发放和学生反映问题处理满意度较低,经深入访谈了解,该试点高校教材由原来统一采购改由学习中心或学生自主订购,学生需要的教材往往难

台，也可以通过学习中心管理人员通知等。除了向学生发布信息外，对学生信息的反馈、处理和答复也是一项重要工作，试点高校往往通过学生指导服务中心、教学中心或校外学习中心给予回应。

学生对于信息服务方面的评价较高。在被问及"您认为网络学院在招生、入学、考试、交费、毕业、专业等方面提供的信息是否全面"及"网络学院能否及时为您提供学院最新教学信息"时，远程学习者的反映均比较好，超过一半的远程学习者认为网络学院在招生、入学、考试、交费、毕业、专业等方面提供的信息基本全面或全面，试点高校基本可以及时给学员提供学院最新教学信息。①

信息服务的具体情况分别如图 4-10 和图 4-11 所示。这表明中国现代远程高等教育在实践中注意到了远程高等教育学习者对信息的需求，并尽量给予满足。

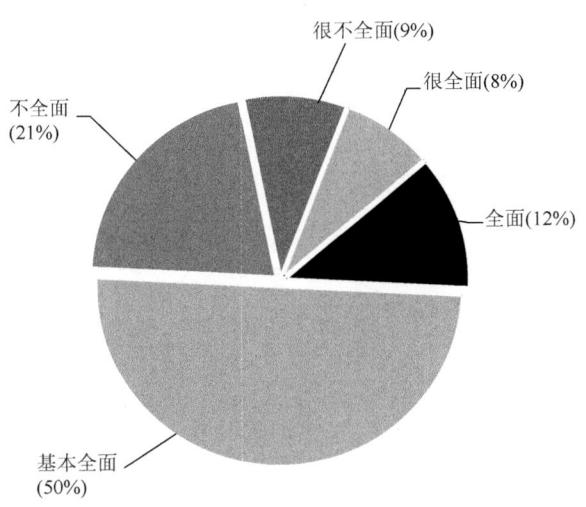

图 4-10　试点高校网络学院提供信息的全面性

（三）组织管理服务

为学生提供各种管理性质的非学术性支持服务，是保障学生按照教学计划顺利完成学习任务的重要一环。中国现代远程高等教育对学生的管理性的服务主要集中在学生所属学习中心。学习中心主要为学生提供信息和咨询建议、入学和注册、学费收缴、材料发放、上机学习、督促学生选课、作业收集、考场安排等方面的服务。目前，中国现代远程高

---

① 陈丽伶，张秀梅. 远程教育非学术性学习支持服务现状个案研究[J]. 现代教育技术，2007（2）：72.

等教育试点高校设有 6 000 余个校外学习中心,各学习中心的管理服务有所区别。

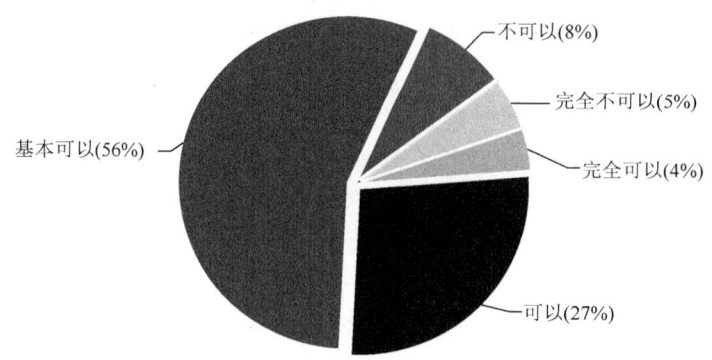

图 4-11　试点高校网络学院可及时提供教学信息

为了解学生对学习中心管理服务工作的评价,笔者于 2007 年 7 月通过书面问卷调查的形式对 A 试点高校 15 个学习中心的在籍学生开展了一次调查,共发出问卷 695 份,回收问卷 672 份,回收率约为 96.7%。评价项目和学生满意度如表 4-55 所示。

表 4-55　学生对学习中心管理服务的评价　　　　（单位：%）

评价项目	评价满意程度占比				
	非常满意	比较满意	一般	不满意	非常不满意
为学生发放教材情况	7.7	34.6	21.2	19.2	17.3
为学生提供上机服务情况	15.4	42.3	30.7	5.8	5.8
组织督促学生按时选课、提交作业、考试预约的情况	34.1	36.6	17.1	7.3	4.9
对学生所反映问题的处理情况	12.2	24.4	53.7	7.3	2.4
对学生学籍变更（转专业、办理免修等）处理情况	17.1	31.7	24.3	9.8	17.1
向学生转发传达网络学院各类信息服务情况	24.4	34.1	29.3	7.3	4.9
对学习中心管理服务的总体评价	5.8	63.5	23.1	5.7	1.9

从调查的结果可知,5.8%的学生对学习中心管理服务的总体评价非常满意,63.5%比较满意,23.1%反映一般,5.7%不满意,1.9%非常不满意。上机服务、督学服务、传达信息服务等有大半数学生满意度比较高,但教材发放和学生反映问题处理满意度较低,经深入访谈了解,该试点高校教材由原来统一采购改由学习中心或学生自主订购,学生需要的教材往往难

以买到，对学生学习造成很大影响；学生反映问题往往由学习中心上报主办院校网络学院相关部门及有关领导，处理流程较复杂，来回反馈花费时间多，未能及时解决学生问题，因而学生满意度不高。

（四）情感服务

远程学习中的孤独感一直是困扰绝大多数学生的普遍问题，据张建伟博士的一项调查表明，中国有70%的远程高等教育的学生表示自己在学习中感到很孤独。现代远程高等教育的情感支持一般包括帮助学生组织学习小组、创设学习社区、提供心理咨询、帮助学习者解决各种心理和情感方面的问题等内容。

中国现代远程高等教育试点高校在这方面做了一些努力，如为学生配备班主任，以学习中心专业划分班集体等，但在网络教育空间由学生自主创建班集体、为学生提供丰富的网上大学文化、给予学生更多的人文关怀、为学生排除心理问题等方面还比较缺乏，只有中国人民大学等为数极少的几个院校在这方面做出了一些成效。例如：在校园网上，按班级组建校友会，支部生活，举行网络辩论赛，开设学生论坛、学科频道和生活频道等，为学生提供归属感；在线下，则组织学生开展社会服务活动、以学习中心为单位开展各种体育活动等，以增进同学之间的感情和友谊。

（五）非学术性支持服务总体评价

对中国现代远程高等教育非学术性学习支持服务的总体评价，如图4-12所示。[①]学生对所在院校的非学术性学习支持服务的总体评价一般，这说明，非学术性学习支持服务还不能得到大部分远程学习者的认可。

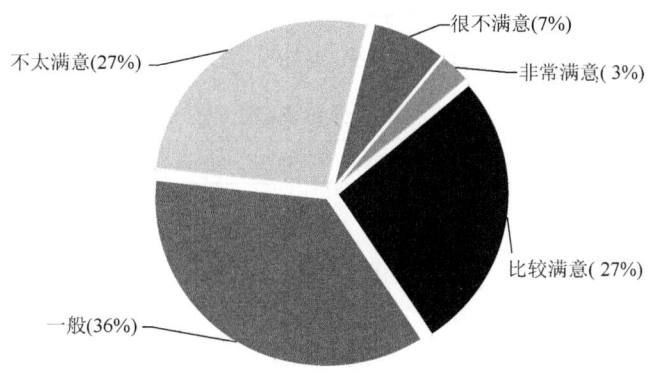

图4-12 学生对所在院校的非学术性学习支持服务的总体评价

---

① 陈丽伶，张秀梅. 远程教育非学术性学习支持服务现状个案研究[J]. 教育技术，2007（2）：72.

从调查结果中可以发现，不同年级的远程学习者对网络学院的非学术性学习支持服务的总体评价有所不同。具体情况如表 4-56[①]所示。

表 4-56　不同年级对非学术性学习支持服务的评价　　（单位：%）

	2002 级	2003、2004 级	2005 级	2006 级
非常满意	0	0	4	8
比较满意	6	49	44	38
一般	43	17	22	54
不太满意	38	17	30	0
不满意	13	17	0	0

从调查结果中我们可以发现，不太满意和不满意率之和随着入学年份的增加而减少（2002 级 51%，2003、2004 级 34%，2005 级 30%，2006 级为 0）。这说明随着试点工作的进展，试点高校的非学术性学生支持服务水平逐年上升，逐渐得到学生的认可。

第五节　中国现代远程高等教育教学交互的状况

在现代远程高等教育中，网络课程，特别是 BBS 和实时答疑系统是广大师生、生生之间发生各种教学交互的主要场所。考虑到调查研究的可行性原则、代表性原则、可测性原则、经济性原则，在不增加样本规模的前提下降低抽样误差，这里笔者采用分层抽样和整群抽样相结合的方法，以 68 所试点高校及其网络课程为抽样对象，研究中国现代远程高等教育教学交互的状况。试点高校及其代表网络课程抽样结果如表 4-57 和表 4-58 所示。

表 4-57　试点高校地区分布及等比例分层抽样结果

地区分布	数量/所	占比/%	按 20%抽样数/所	院校抽样结果
华北	20	29.4	4	中国人民大学、北京大学、中国农业大学、中央电大（广州）
华东	17	25.0	3	福建师范大学、华东理工大学、浙江大学
华中	8	11.8	2	华中科技大学、华中师范大学
东北	7	10.3	1	东北财经大学

[①] 陈丽伶，张秀梅. 远程教育非学术性学习支持服务现状个案研究[J]. 教育技术，2007（2）：72.

续表

地区分布	数量/所	占比/%	按20%抽样数/所	院校抽样结果
华南	3	4.4	1	华南师范大学
西南	8	11.8	2	四川大学、西南交通大学
西北	5	7.3	1	陕西师范大学
合计	68	100.0	14	

表4-58 试点高校网络课程按学科比例抽样结果

院校名称	网络课程名称	所属学科门类
中国人民大学	西方经济学	02 经济学
北京大学	邓小平理论概论	03 法学
四川大学	商法学	
华南师范大学	现代教学论	04 教育学
陕西师范大学	外国教育史	
福建师范大学	20世纪中国文学研究专题	05 文学
华中师范大学	比较文学	
华东理工大学	物理化学	07 理学
华中科技大学	工程测试与信息处理	08 工学
西南交通大学	材料力学	
中国农业大学	动物解剖与组织胚胎学	09 农学
浙江大学	生理学	10 医学
东北财经大学	基础会计	11 管理学
中央电大（广州）	物业管理实务（1）	
合计	14门	14门

在对网络课程BBS论坛中的帖子进行内容分析时，笔者凭借网络课程密码，通过"特殊身份"进入跟踪调查。以2006～2007学年网络课程论坛中每一个主题帖及其回复帖为单位，主要考察师生之间的交互、生生之间的交互、师生与课程内容的交互、师生与媒介的交互的情况。

本节研究采用Excel工具做定量分析的同时，也采用定性分析法。笔者在对14个课程论坛样本中的所有帖子进行定量分析的同时，参与观察了解，写了大量的分析型备忘录。在这些分析型备忘录的基础之上进行定性分析。

一、教师与学生之间的交互

在远程高等教育的基本要素中,教师和学生作为教学活动的主体,是最具有能动性的要素。学生是远程高等教育教学活动中的学习主体,教学的目的是使学生掌握人类积累下来的文化科学知识和生活经验。而教师是教学活动的组织者、实施者和协调者,是教学活动中的施教主体。教学活动是在教师和学生之间进行的双边交互活动,教师与学生交互的活动形式和交互内容直接影响着远程高等教育实施。

早期的远程高等教育,主要采用邮寄信函和教材的方式进行,教师与学生之间的教和学是不同步的,教学交互难以实时进行,这在一定程度上影响了学生学习的效果。广播电视大学时期的远程高等教育在一定程度上使得教师的教学信息及时能传送给学生,但却难以解决学生学习情况及时反馈给教师的问题。现代远程高等教育借助先进的教学媒介,在很大程度上解决了教与学的双向传输和交互问题。现阶段,中国现代远程高等教育中,教师与学生之间的交互情况如何,是否有实质上的进步呢?我们可以通过下面几个方面进行分析。

(一)教师与学生交互活动形式

1. 答疑

远程学习者经常与教师处于准永久性分离状态,学生在学习过程中,难免遇到许多困惑,因此,答疑解惑乃是远程高等教育师生交互的重要一环。

中国试点高校几乎都提供教学答疑这一环节,只是采取的方式有所不同,正如本章第三节对中国现代远程高等教育媒介的使用情况调查所示,有63%的高校提供电话答疑,60%提供语音答疑,51%提供文字在线答疑,34%提供视频答疑。

2. 讨论

远程高等教育教与学过程中,师生之间就学科知识问题进行交流、讨论是不可少的一环,它能促进学生对学科知识的了解、把握、运用和升华,也能促进教师的教学技能和水平。据笔者对14所试点高校的抽样调查,有71%的高校为师生之间的教学互动提供了"课程BBS论坛"或"文字在线论坛",有93%的高校为师生提供了公共的"校园BBS论坛"。

3. 作业

作业的布置、完成、提交、批改和反馈,是远程高等教育课程教学形成性评价的重要一环，早期的远程高等教育师生之间大都是通过信函的方式进行作业，随着通信技术的发展，现代远程高等教育在作业这一环节，提交和反馈的速度方面有了很大的提高，师生之间可以通过作业与批改进行充分的交互。据笔者对 14 所试点高校的抽样调查，有 86%的课程通过电子邮件的方式提交作业，其余 14%课程通过非电子邮件的方式提交作业；有 36%开发了远程作业系统，有 64%的高校还是采用纸介的书面作业，由学习中心统一收集学生的作业，再上交网络学院，由学科教师统一批改。

4. 咨询与建议

远程学习中，学生通常会向远程教师了解和咨询各类学科知识或学习方法等问题；而教师则需根据学生的问题和情况给予指导和建议。中国现代远程高等教育试点高校大都为师生提供"留言本""电子信箱"等个人通信空间，以便师生能进行较为个性化的交流和互动。有 85%的高校设有免费接听的电话，由专职的咨询教师（教辅人员）解答学生的问题。

5. 阶段性或期末考前辅导

阶段性的学习辅导或期末考前辅导是目前中国现代远程高等教育教学活动常用的一种方式，通过这种活动方式，教师可以集中解答学生一个阶段以来在学习中遇到的问题，学生可以与教师进行实时交流互动。据抽样调查，85%的高校安排有阶段性或期末考前辅导，其中，采用音频交互答疑的有 44%，采用视频交互的有 32%，采用轮流到学习中心面授交互辅导的有 14%。

（二）教师与学生参与交互人数

1. 中国现代远程高等教育的生师比

根据教育部年报年检统计数据，2004 年注册学生为 90 万人，2005 年注册学生为 98.9 万人，按照学习年限 2 年算，试点高校教师人数两年内基本不变，大约为 14 000 多人，由此推断，全国总的生师比约为 135∶1。

2. 参与网络课程交互的生师比

根据 20%的试点高校的抽样调查，实际上有教学交互记录的只有 10 门课程，平均每门课程的在读学生数量为 660 人，平均每门课程的教师（包括主讲教师、辅导教师和技术支持人员）为 4.8 人，由此算来，生师比为 138∶1，这与教育部的统计基本相符，但是从参与教学交互过程来看，主要是由课程辅导教师与学生进行交互，平均每门课程的辅导教师为 1.7 人，实际上提供可能参与交互的生师比为 388∶1。这比传统的面授辅导型的远程高等教育规模大得多。

（三）教师与学生交互行为分析

通过跟踪观察记录分析，笔者发现，教师与学生在课程 BBS 论坛交互时，大都存在创建帖子、促进帖子讨论或回复帖子、积极参与帖子讨论等行为表现，他们的交互过程既存在个体的不同，也存在总体的差异。

1. 师生交互行为类型

就某一主题帖的交互过程而言，不管是教师创建的主题帖，还是学生创建的主题帖，大体分为以下三种行为类型。

1）教师主导型

这种类型的交互表现为教师深度参与，始终处于交互的核心地位，学生尽管也参与交互，甚至人数上占优，但教师始终引导和激发着交互的内容和方向。教师在整个学期积极主动地创建主题帖，引导学生讨论课程的相关教学内容，激励学生积极参与讨论。在调查中，笔者发现，有95%以上人气旺、回帖数高和深度讨论的主题帖都是教师在起作用，教师主导和激发着交互的内容和方向。这种类型的教师，往往教学责任心强，投入远程教学的时间和精力较多。

2）学生主导型

这种类型的交互表现为学生始终处于交互的核心地位，学生引导和激发着交互的内容和方向，教师对交互的影响不大或没有影响。最极端的例子就是交互参与者只有学生，而没有教师。在这种交互中，教师很少主动创建主题帖，很少主动引导学生讨论，教师的活动基本以被动回复学生的帖子为主，甚至很少回复或长时间不回复学生的帖子。笔者发现，在学生主导型交互的论坛中，主导型的学生甚至能充当教师的角色，帮助其他同学排忧解难。

3）师生互动型

在调查中，笔者发现在有些主题帖中，师生双方参与讨论次数相同或相近，同时也很难区分是教师还是学生主导或激发着交互的内容和方向，只能说师生共同主导着该主题的交互，因此将其称之为师生互动型。这种类型的交互，师生之间往往互相尊重，民主协商，共同引导着交互的内容与方向，共同营造良好的教学氛围。

2. 师生交互行为主动性分析

从课程 BBS 交互中教师和学生发帖的数量来看，这两类群体参与交互的主动性存在差异，如表 4-59 所示。马红亮的博士论文《虚拟学习社区中的互动结构——"华师在线"的教育社会学分析》中，从另一角度对 20 门课程师生互动的情况进行了统计：学生角色创建主题帖的总数占该类角色发帖总数的 32.3%，教师角色创建主题帖的总数占该类角色发帖总数的 15.3%，前者是后者的两倍多。[①]这也表明，教师和学生两种角色交互的主动性存在一定差异。

表 4-59　教师和学生主动发帖的数量

交互者	主题帖数/条	占比/%
教师	643	38.2
学生	1 041	61.8
合计	1 684	100.0

一方面，学生在发起话题方面的主动性要明显高于辅导教师的主动性，这也就是说在整个课程交互中主动权更多地掌握在学生手里，与课程辅导教师相比，学生在交互过程中的行为更多的是一种主动性行为。另一方面，教师实际上主要扮演着答疑解惑的角色，即教师在整个课程教学交互中主要表现为一种反应性行为，主动性行为相对还比较少，体现在 84.7% 的帖子是回帖。

二、学生与学生之间的交互

在现代远程高等教育中，计算机、网络和卫星的运用为学生的学习提供了更广范围和更多种类的交互，学生除了利用媒介加强与教师之间的各种教学交互之外，更突出的一点是，学生与学生之间也出现了不同程度的交互，这比早期的远程高等教育前进了一步。分析学生系统内在相互作用的情况，对于我们加深远程高等教育的了解有一定的好处。

（一）交互活动的形式

在远程高等教育中，学生与学生物理时空分离，比起在校普通大学生，交往和互动的可能性自然受到很多限制。但作为一起求学的群体，他们常常遇到许多类似的学习和生活问题，这在一定程度上使他们之间产生交互的需要。学生与学生之间的交互活动主要有以下三种形式。

1. 生活情感交流

参加远程高等教育的学生大多是成年在职人员，他们往往身负家庭

---

① 马红亮. 虚拟学习社区中的互动结构："华师在线"的教育社会学分析[D]. 广州：华南师范大学，2006：75.

和工作的重任,学习压力较大,孤独感强,不少学者的调查资料也表明,学生之间是渴望交互的。笔者对中国现代远程高等教育14所试点高校的抽样调查也发现,有86%的院校同时提供了"校园BBS"和"公共论坛"等平台以便学生之间交互使用;基本上每所院校都为学生配有个人专用的电子邮件,以便学生个人情感交互使用;有57%的院校为学生提供网上创建班集体通信录,这为学生之间情感、生活、社会交往提供了便利条件。

2. 自由讨论

自由讨论是中国现代远程高等教育中教学交互的主要形式。[①]可以是个别化的,也可以是集体的;可以限定主题,也可以不限定主题;学生自由发言,自由交流,可以有教师参与,也可以没有教师参加。教师在这个过程中只是作为一个平等的参与者和促进者。大量的研究表明,自由交流对学生的学习有极大的促进作用。成人学生非常喜欢自由交流的交互形式,并希望教师进行适度管理。笔者的抽样调查中,有71%的课程BBS论坛提供了自由讨论的学习园地。

3. 协作学习

协作学习,也有人称之为合作学习,这种形式在远程高等教育教学中正处于探索阶段,它作为学生与学生交互的一种重要形式,已经得到广泛的关注。在现代远程高等教育教学平台中,学生与学生之间不仅可以实现点对点的异步交流,还可以组成学习小组,以专题或基于教师布置教学任务的方式开展协作活动。在实施中,由辅导教师设定具体任务或由小组成员协商设定任务,针对该任务进行交流讨论,制定行动计划,分工负责,展开研究,做出总结评价等。这是学生与学生进行深度交互的一种形式。笔者的抽样调查中,有2所院校(占14%)在教学活动时采用协作学习的方式组织学生与学生进行交互学习。

(二)参与交互情况

学生与学生之间的交互范围比较广泛和复杂,既有面对面的,也有基于虚拟环境的;既有实时的,也有非实时的;既有公共论坛的,也有私人论坛的。从研究的可行性出发,本研究仅选择课程BBS论坛中学生与学生的交互情况为分析框架。

1. 课程组织学生数量

根据14所试点高校的抽样调查情况来看,学生与学生之间的交互是

---

① 陈丽. 远程学习中的教学交互[D]. 北京:北京师范大学,2004:63.

以课程组织[①]的团体存在，学生最少为 163 人，最多为 1 994 人，平均每门课程组织学生数量为 637 人，如表 4-60 所示。

表 4-60　课程组织学生数量

学校名称	课程名称	学生数量/人
东北财经大学	基础会计	275
中国人民大学	西方经济学	1 994
北京大学	邓小平理论概论	1 415
中国农业大学	动物解剖与组织胚胎学	305
中央电大（广州市电大）	物业管理实务Ⅰ	486
福建师范大学	世纪中国文学研究专题	298
华东理工大学	物理化学	400
浙江大学	生理学	790
华南师范大学	现代教学论	210
华中科技大学	工程测试与信息处理	200
华中师范大学	比较文学	662
陕西师范大学	外国教育史	163
四川大学	商法学	982
西南交通大学	材料力学	736
合计		8 916

2. 参与交互的频数

在课程组织学生数量不变的情况下，学生参与交互越多，其发帖数、回帖数和浏览帖子数就越多。课程组织虽然是师生共同存在的交互组织，但毕竟教师的数量很少，每门课程不到 2 名辅导教师，大部分主题的跟帖和浏览都是学生之间进行交互的结果，因此，可以假定除了教师的主题帖和教师对学生问题的回复外，大都是学生与学生参与交互所发的帖子和浏览帖子所发生的"人气"数。

如表 4-61 所示，通过对 10 所试点高校提供课程 BBS 论坛的调查表明，有 97.4%的浏览数是由学生之间互相浏览传递信息体现出来的；有 70.0%的总帖子数是学生之间参与交互所跟的帖子，有 61.8%的总主题帖是学生创建的帖子。

[①] 所谓课程组织，是指以课程为单位结合在一起的学生团体，主要活动于课程 BBS 论坛和实时答疑室等网络环境，它是现代远程高等教育教学活动的基本组织单位。

表 4-61　学生之间参与交互情况

分类	频数	参与类型	频数	占比/%
总浏览数	95 757	学生浏览数	93 289	97.4
总帖子数	8 233	学生跟帖数	5 765	70.0
总主题帖	1 684	学生创建主题帖数	1 041	61.8

通过进一步的跟踪调查，笔者发现，有少部分学生课程组织团体观念不强，一学期下来几乎没有参与同学间的交互，只是作业或期末考试时出现，属于旁观者。还有部分学生不习惯网上自由交互的形式，只是偶尔浏览其他同学的帖子，几乎不发帖或跟帖，属于较少参与者。而也有少部分学生，一学期下来发帖高达 100 个以上，充当着学生交互的"领头羊"，属于积极参与者。

三、师生与课程内容的交互

远程高等教育，因时空分离，其系统中的各种要素在时空上也有很大的分化，课程内容作为独立的要素，常常游离在教师与学生之间。如何与课程内容交互、如何促进知识的生成，这就需要探讨教师和学生如何与课程内容交互的问题。

由于时间和精力有限，本书主要以课程 BBS 论坛为对象，探讨其中交互的内容分类体系。经过观察发现，课程 BBS 论坛中师生发生交互的内容相当广泛，并非仅仅围绕着课程内容，还有许多其他方面的主题。

（一）师生与课程内容交互分类

首先，笔者把课程 BBS 论坛中林林总总的交互内容划分为学术类和非学术类两大类。其次，笔者再对这两大类交互内容进行了进一步的分类，并在对 14 所大学 14 门课程 BBS 论坛的所有帖子进行一一归类统计的过程中，反复地修改最初确定的较为细致的内容分类体系，最后分为以下三类。

1. 学科教学类

学科教学类交互内容是指围绕着专业学科科目的认知学习或情感（态度）学习而展开的帖子内容。课程学习类交互内容具体又可以划分为以下两类：一是学习内容类，指有关课程知识或技能的记忆、理解、运用、分析、综合、评价等，但不包括认知策略类；二是学习态度与方法类，包括关于课程的学习态度和学习方式、方法、策略等。

2. 教务管理类

教学管理类交互内容是指围绕着教与学活动的计划、组织、领导、协调及控制等而展开的帖子内容。根据远程高等教育中教与学活动的不同，教学管理类交互内容具体又可以划分为以下四类：一是作业管理类，主要涉及从作业的布置直至作业成绩的公布这一过程中的有关管理活动；二是学习材料管理类，其中学习材料主要包括教材、光盘、网上导学资料等；三是考试管理类，指有关考试方面的计划、组织、领导、控制等；四是其他管理支持服务类，指除了上述三类管理类交互内容之外的其他教学管理方面的帖子内容。

3. 日常生活情感类

日常生活情感类交互内容泛指类似于传统校园中师生在日常社交生活进行的，除课程学习、教学管理类的交互内容之外的非学术方面的交往内容。

（二）师生与课程内容交互频数

笔者按照课程 BBS 论坛中师生交互的主题帖出现频数及涉及的内容进行统计分析，结果如表 4-62 所示。

表 4-62 师生交互内容出现频数及占比

一类交互内容	出现频数	占比/%	二类交互内容	出现频数	占比/%	合计/%
学科教学类	868	51.5	学习内容	738	85.0	100.0
			学习态度与方法	130	15.0	
教务管理类	672	39.9	作业管理	269	40.0	100.0
			学习材料管理	67	10.0	
			考试管理	255	37.9	
			其他管理支持服务	81	12.1	
日常生活情感类	144	8.6	（日常生活情感类无细分）			
合计	1 684	100.0				

从该表中可以看出，在课程 BBS 论坛中师生与内容交互具有如下几个特征。

首先，三大类交互内容均比较明显地存在于课程 BBS 论坛中。师生交互的内容相当广泛，既有学科教学类、教务管理类，也有情感社交类，此外在各类交互内容中又包含有多种多样的内容。

其次，在课程 BBS 论坛中，学科教学类交互内容所占比例为 51.5%，是三大类目中最高的，这说明中国现代远程高等教育教学中，教师与学生之间的交互主要是在学科教学方面，其中又主要体现在学科内容的学习方面。

最后，在非学术类交互内容中，教务管理类所占比例最高，且相对集中于作业管理类、考试管理类两个方面。

（三）师生与课程内容交互对比

1. 教师与课程内容交互情况

从调查的 14 所试点高校的情况看，真正提供课程 BBS 论坛供教师与学生交互的只有 10 所，占总体的 71%；有 29% 的高校聘请外派教师或由学习中心聘请教师与学生面授交互。这说明中国现代远程高等教育中，教师参与教学内容交互还存在一定的局限，有些课程根本无法提供与学生交互的可能。

能参与交互的 10 所院校的 10 门网络课程中，从辅导教师参与内容交互的情况看，共有 17 位辅导教师，给学生回帖 2 468 次，人均 145 次，发布主题帖引导学生学习 643 次，人均 38 次，如表 4-63 所示。

表 4-63 教师参与内容交互情况

参与交互类型	出现频数	人均参与次数
参与回帖	2 468	145
发主题帖	643	38

2. 学生与课程内容交互情况

从学生参与内容交互的情况看，10 门课程注册学生数量为 6 598 人，参与课程 BBS 论坛浏览的次数为 95 757，人均 14.5 次；参与交互发布或回帖 5 765 次，人均 0.9 次；参与交互发布主题帖 1 041 次，人均 0.2 次，如表 4-64 所示。

表 4-64 学生参与课程内容交互情况

参与交互类型	出现频数	人均参与次数
浏览	95 757	14.5
参与回帖	5 765	0.9
发主题帖	1 041	0.2

3. 师生的差异

从参与内容回帖看，学生总数（5 765）是教师总数（2 468）的 2.3 倍，但教师人均回帖数（145）是学生人均回帖数（0.9）的 161 倍。

从发主题帖看，学生总数（1 041）是教师总数（643）的 1.6 倍，但人均发帖教师数（17）是学生数（0.2）的 85 倍。

这说明中国现代远程高等教育中,参与教学内容交互的教师数量较少,承担的教学工作任务较重;同时,也说明学生总体规模较大,与教学内容深度交互得较少。

四、师生与媒介的交互

远程高等教育,因师生时空分离,使得教师教的行为和学生学的行为都必须借助一定的媒介,才能完成教与学的任务。师生与媒介的交互,主要是为了传输教学内容或师生之间的信息交流,而对媒介进行操作和反应的过程,本质上是人与媒介之间信息的输入和输出的交换过程。中国现代远程高等教育系统要素之间,教师—媒介—学生需要进行各种各样的交互,才能完成教学任务。师生与媒介的交互既有共性,也有差异。共同点是师生都是使用媒介进行传输教学信息;不同之处是学科教师往往参与和技术人员一起设计和开发教学媒介,而学生更多是使用教学媒介学习。本节试图通过中国现代远程高等教育抽样调查了解的情况,分别分析中国教师与媒介交互、学生与媒介交互的现状。

(一)教师与媒介的交互

1. 教师与媒介交互的类型

远程教师常常采用问答对话、命令语言、直接操纵和菜单控制等方式与各种教学媒介进行交互,以完成远程教学任务。从 14 所试点高校的介绍情况看,14 门网络课程涉及各类教师共 187 名。教师与媒介交互的活动方式主要存在以下几种类型。

一是教学设计时的交互。远程教学与普通面对面的教学有所不同,更需要远程教师精心设计。在抽样调查的 14 所试点高校中,通过参与教学设计与媒介交互的人员有 32 人,占总人数的 17.1%。从教学目标的确定,到教学内容的选择和组织,再到教学的总结评价的设计,都与远程教学多功能媒介发生了交互。

二是技术开发与维护时的交互。远程教学需要提供大量的技术条件和保障才能确保教与学的相互传输,在抽样调查的 14 所试点高校中,常与媒介交互的技术人员有 48 人,占总人数的 25.7%。

三是教学反馈时的交互。为学生提供教学信息反馈的主要是网络课程辅导教师。在抽样调查的 14 所试点高校中,通过参与网络课程辅导与媒介交互的人员有 31 人,占总人数的 16.6%。

2. 教师与媒介交互的频数

从实际运行过程看，14 所试点高校，只有 10 所院校的教师（占 71.4%）提供与网络课程 BBS 论坛发生交互的平台。31 位网络课程辅导教师中，只有 17 位网络课程辅导教师（占 54.8%）有参与媒介交互的记录。17 位网络课程辅导教师参与课程 BBS 交互回帖的次数为 2 468，人均 145 次。远程教师参与的教学设计时的交互和技术开发与维护时的交互，往往在前端或后端出现，难以调查准确的频数。但总体来看，学生规模大，生师比大，教师与媒介的交互也随之增加。不通过与媒介交互，进而促进学生的学习，是难以促进中国现代远程高等教育实质性增长的。

（二）学生与媒介的交互

学生与媒介的交互，主要是指学生与媒介之间通过某种对话方式，为完成学习任务而进行的学生与媒介之间信息交换的过程。中国现代远程高等教育中，学生常接触的媒介有印刷教材、电子邮件、电话、网络课程 BBS 等，交互程度较高的当属融多种媒介为一体的网络课程。因学生与媒介的交互更多属于计算机服务器后台信息的输入和输出，在网络调查的 14 所试点高校的所有网络课程中基本没有显示学生与媒介交互的信息，为此，笔者选取样本中某一试点高校，采用个案调查法了解学生与媒介的交互情况。

如图 4-13 所示，交换机总出口日流量记录了 2007 年 1~12 月某试点

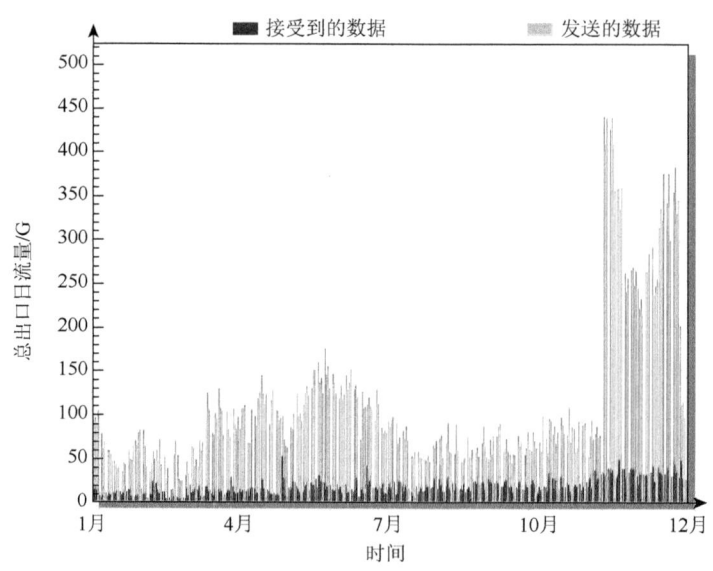

图 4-13　2007 年某试点高校交换机总出口日流量

高校学生每天与媒介交互的数据。交换机接收到学生输入的数据信息为深色，计算机给予输出反馈发送的数据信息为浅色。该试点高校当年在读学生共2.5万人，从图可知，交换机接收到学生输入的信息流量并不多，最高日为50G，生均参与度少，说明学生总体上与媒介的交互比较少。另外，5、6月份和11、12月份学生与媒介的交互明显高于其他月份，出现两个高峰期。经访谈了解，两个时间段均为该试点高校要求学生提交作业和临近期末考试时间，说明学生上传作业和考前复习时与媒介交互得最为频繁。

第五章　英国和美国现代远程高等教育实质性增长经验分析

第一节　英国现代远程高等教育实质性增长

英国开放大学是英国最大的大学，有 50 余年的办学历史，该校学生遍布英国、欧洲及世界各地。据英国开放大学官网显示，截至 2019 年 7 月 31 日，学生总人数为 168 115 人。该校新生入学平均年龄为 27 岁，70% 的学生都是一边工作一边学习，超过 27 000 名学生是残疾人，且残疾学生比其他一些大学的普通学生还要多。英国开放大学致力于创建适合学生需求和愿望的课程，将开放大学的学生培养成寻求职业和个人发展的学习群体，并使他们取得成功。英国开放大学在全国大学生满意度调查中多次名列前茅。因此，探讨英国现代远程高等教育的实质性增长，英国开放大学是最典型的代表。

一、教育团队的增强

（一）政府官员

最初提出创建开放大学设想的是政治家哈罗德·威尔逊，他在作为反对党参加的一次竞选活动中，首次提出"空中大学"（University of the Air）的设想，并于 1963 年 9 月 8 日在著名的"格拉斯哥竞选演说"中阐述了关于创办"空中大学"的计划。他认为广播电视媒介是普及英国高等教育的最佳途径，应把广播电视作为整个教学体系的一部分，创设一种家庭学习的大学。

1964 年，威尔逊作为英国工党政府新首相上任组阁，任命珍妮·李作为教育和科学部部长，全面负责实施"空中大学"的计划。

1965 年，珍妮·李成立了一个咨询委员会探讨开办空中大学的可行性，并于 1966 年向国会提交了一份关于开放大学的白皮书，其中正式使用了开放大学的名称，开放大学的计划获得了法律承认。

1967年，珍妮·李成立了由地方政府、大学成人教育部门、广播电视机构、技术部门的专家学者组成的规划委员会，开始根据开放大学白皮书制定开放大学的总体规划，起草开放大学的条例和章程。

1969年，总体规划得以完成并被发表，为开发大学的建设发展制定了蓝图，还成立了开放大学理事会，并召集广播电视公司、授课老师共同协商制作广播电视教学节目的事宜。同年6月，英国开放大学依据获得的皇家法令宣告正式成立，成为一所有权授予学位的独立的自治的大学。

从英国开放大学的创建过程来看，它与英国政府有着千丝万缕的关系，与其他大学相比，更受政府的偏爱。开放大学自规划创建至1992年一直从教育和科学部直接领取财政拨款，而其他大学则须通过评比竞争，从大学拨款委员会或基金委员会获得拨款。

1992年，英国高等教育体制完全并轨之后，英国开放大学进入主流的高等教育拨款体系，和普通大学一道直接参与经费竞争。主要由英格兰高等教育基金委员会负责拨款，遵循五年一个周期的拨款标准，按学年度拨款。多年来，英国开放大学的公共事业费拨款额一直稳居英国大学的首位，其大学公共事业费拨款占年总收入的56.27%以上。①

（二）中介机构人员

英国的大学一直拥有大学自治的传统，政府承认大学是自治和独立的机构，不对大学的内部事务进行干预，一般是通过中介机构对大学进行间接影响。英国高等教育的中介组织机构类型较多，有英国大学协会（前身为英国大学校长委员会）、高等教育基金委员会、高等教育质量保证署等，其中对英国现代远程高等教育影响较大的是高等教育基金委员会。

1. 高等教育基金委员会来源

英国1919年成立大学拨款委员会，于1989年被新成立的"大学基金委员会"所取代。1992年3月，英国政府颁布了《1992年继续教育和高等教育法》，部分多科技术学院被改称为大学，英国高等教育从二元制转变为一元制。大学基金委员会和多科技术学院与其他学院基金委员会被撤销，成立高等教育基金委员会，新的基金委员会是一个独立的非政府公共机构，它由四个分机构组成：英格兰高等教育基金委员会、威尔士高等教育基金委员会、苏格兰高等教育基金委员会和北爱尔兰教育部。

2. 高等教育基金委员会职责

高等教育基金委员会成员的职责主要有以下几点。一是制定和执行政

---

① 韦润芳. 英国开放大学经费结构与财务机制分析[J]. 开放教育研究，2009（12）：19.

策，保证科研项目、计划及各种活动与教育大臣的指示及继续教育和高等教育条例保持一致；二是为教育大臣提供咨询，提出合理的资金分配原则和意见；三是帮助高等教育研究机构、大学和学院提升高等教育质量，促进发展并有效地使用资金。基金委员会根据对高等院校教学和科研的评估情况进行拨款，具体拨款过程如图 5-1 所示，具有一定的合理性和透明度。高等院校可根据自己的需求，决定如何使用这些费用。①

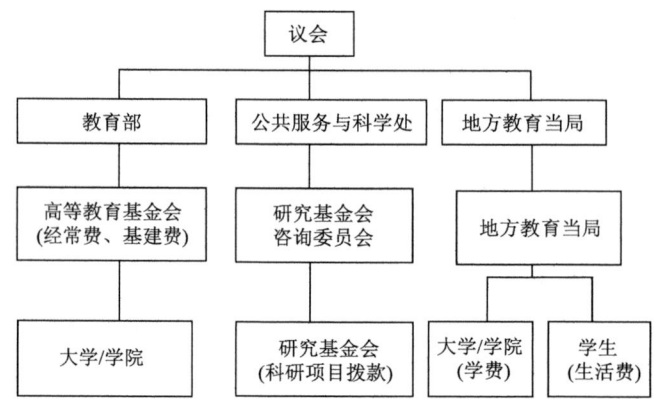

图 5-1　1992 年以后英国高等教育具体拨款过程②

3. 对英国开放大学的拨款

英国开放大学在 1971～1992 年一直由教育和科学部直接拨款。1993 年起，开放大学被纳入英国高等教育新的资金规划，主要从英格兰高等教育基金委员会获得拨款。由于开放大学覆盖整个联合王国，所以它也可以从威尔士、苏格兰和北爱尔兰的高等教育基金委员会获得资金。开放大学的财政年度也从每年的 1～12 月改为每年的 8 月至次年 7 月。③

1992 财政年度，开放大学获教育部拨款 8 950 万英镑，占总预算（1.518 亿英镑）的 59%，学费收入占总预算的 34%（5 170 万英镑），其他收入 1 060 万英镑，占 7%。

1993～1994 财政年度，英格兰高等教育基金委员会给予开放大学约 1.01 亿英镑的拨款，其中包括科研经费 470 万英镑，学生增加费 450 万英镑。

1996～1997 财政年度，开放大学资金总额为 2.14 亿英镑，其中拨款

---

① 张建新. 英国高等教育从二元制到一元制变迁的研究[D]. 北京：北京大学，2004：150.
② 张瑞璠，王承绪. 中外教育比较史纲（现代卷）[M]. 济南：山东教育出版社，1997：147.
③ 朱雪文. 英国开放大学的管理概述[J]. 开放教育研究，1999（19）：89.

总额为 1.22 亿英镑,学费收入为 7 400 万英镑,研究/合同收入 900 万英镑,其他收入 900 万英镑。

2004~2005 财政年度以来,英国开放大学收入连年增长,平均年增幅达到 6.8%。以 2007~2008 财政年度为例,英国开放大学年收入首次突破 4 亿英镑,达到了创纪录的 4.009 亿英镑,2008~2009 财政年度收入高达 4.2 亿英镑。即使在国际经济衰退的大背景下,公共事业费的拨款收入仍在增加,来自各基金委员会的拨款额自 2004~2005 财政年度至 2007~2008 财政年度的年增幅达到 6.31%,光是英格兰高等教育基金委员会到 2009~2010 财政年度的经常费拨款的年平均增幅就达到 5%。

2007~2008 财政年度的决算中,年总收入 4.009 亿英镑的 56.27% 来自公共事业费拨款,课程费收入占年总收入的 32.13%,研究经费收入占 3.6%,其他运营及利息收入占 8%。各基金委员会、北爱尔兰就业与学习部、学校培训开发署下拨的经常费占到英国开放大学公共事业费拨款总额的 91.67%,其中英格兰高等教育基金委员会占经常费总额的 86.32%。[1]

(三)英国开放大学领导者

1. 领导者的办学理念

早在 1969 年英国开放大学成立典礼上,英国开放大学首任名誉校长克劳瑟爵士(Lord Crowther)就曾坦言,开放教育的根本宗旨和办学理念就是对教育对象开放、教学地点开放、教学方法开放和教育观念开放。直至今天,这"四个开放"理念依然被奉为英国开放大学的使命,一直引领着英国开放大学不断创新和发展。

1)教育对象开放

教育对象开放理念,是指不仅对英国公民开放,而且对全世界开放。它实行申请入学制,对申请入学的学生没有国籍、种族、性别、年龄、身份等方面的限制,也没有入学考试。

2)教学地点开放

教学地点开放理念,是对传统大学集中面授、固定场所学习的超越,它适应数量众多、居住分散、学习时间不固定的学生的需要,让学生根据自己的实际情况选择合适的学习场地,实行开放的学习地点。20 世纪 70 年代,英国开放大学主要面向英国本土,80 年代后延伸到众多的工商企业,为所有驻外的英国公民服务,90 年代初开始全方位走向世界。

---

[1] 韦润芳. 英国开放大学经费结构与财务机制分析[J]. 开放教育研究,2019(12):14.

3）教学方法开放

教学方法开放理念，是指开放大学的学生可以根据学校提供的多种课程，选读自己最需要、最有用的课程或单元，而不必进行全面的系统的学习；可以根据自己的学术兴趣和职业需求制定个性化的课程计划，同时可以在课程计划的范围内自定学习进度；可以在不同的教育层次之间选择课程，可以选择不同的知识起点，也可以在学完部分课程后休学一段时间，并在重新开始课程学习时不用再重新申请注册。

4）教育观念开放

教育观念上的开放，使英国开放大学的缔造者们能够抵制来自各方面的压力，突破既有思维方式的禁锢，创造性地提出新的办学模式，率先成立了全世界第一所全方位、专业化的开放式大学，并将这种开放性观念在实际办学的各个环节中充分应用并体现出来。观念上的开放不仅体现在教学方法上的各种创新，同时还蕴含着义无反顾地开展学术研究，并且以研究促进教学质量的提高。

2. 管理者及机构设置

英国开放大学作为一所自治学校，在课程的设置与开发、教学的组织与实施、学生的考评与颁发学位等方面享有充分自主权。开放大学由理事会和评议会共同管理。由开放大学教师代表、教育顾问、指导教师代表及英国枢密院、英国大学校长委员会、英国广播电台、英国皇家学会、地方教育机关、学生会、毕业生协会等组织代表所组成的理事会，负责对财政、人事等开放大学的日常事务进行决策；由学习中心专职教师、兼职教师、英国广播公司高级技师、技术员代表所组成的评议会，对学校的教学研究工作进行决策。在这两个最高决策机构领导之下，学术委员会负责保证开放大学教学的学术水平，策略规划和资源委员会、运行计划和预算委员会负责向理事会、评议会提出工作报告。开放大学的管理工作由校长总负责，副校长、行政长、主任等分工负责学生、教学、行政等工作（如图5-2所示），同时采取院、所、学习中心建制。学院设置有商业学院、文艺学院、理学院、教育和语言学院、健康和社会福利学院、数学与计算机学院、社会科学学院、科学学院、技术学院9个；研究所设置有教育技术研究所和知识传播媒体研究所2个，研究中心设置有公民身份管理中心、比较犯罪学研究国际中心、计算机研究中心、教育和教育技术研究中心、地球行星太空和宇宙研究中心5个。此外，还有13个地区中心，下设约300个学习中心。

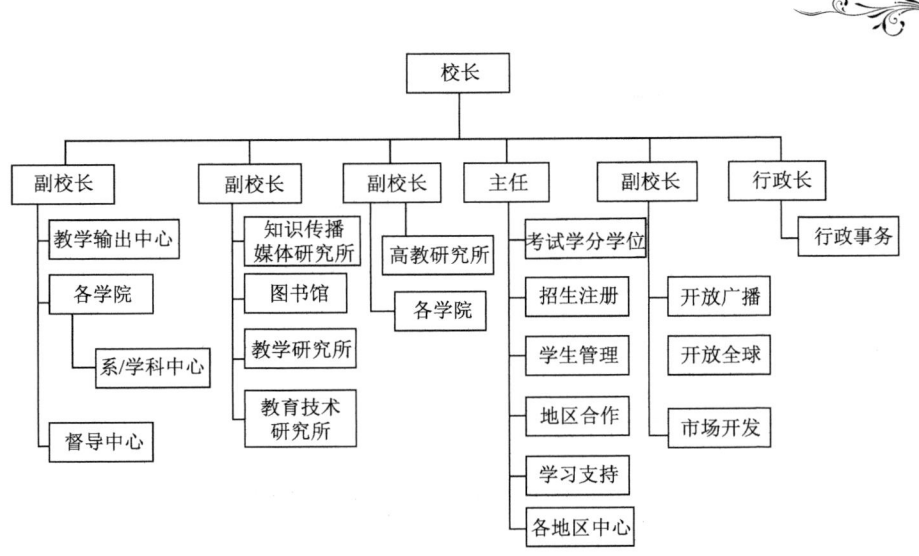

图 5-2 英国开放大学的管理人员及机构设置

(四) 教师队伍

英国开放大学的从业人员,从来源看,可分为全职人员和兼职人员两种。全职人员主要在总部和 13 个地区中心供职;兼职人员大多是由 13 个地区中心聘请的教师,主要在 300 多个学习中心直接负责学生的课程教学指导工作。

1. 全职人员

英国开放大学的全职人员的队伍不断壮大,据英国开放大学访问学者毛汉领统计,截至 2007 年,全职人员共有 4 752 人(包括由总部委派到 13 个地区中心的全职人员),其中,学术研究人员 1 222 人(占 25.7%)、与学术相关(教学兼科研型)的人员 1 583 人(占 33.3%),非教学科研(管理、后勤、服务等)人员 1 834 人(占 38.6%),其他人员 113 人(占 2.4%),如表 5-1 所示。①

表 5-1 英国开放大学全职人员成分变化情况

类型	年份				
	2003	2004	2005	2006	2007
学术人员	1 164(24.7%)	1 116(24.5%)	1 096(25.0%)	1 165(25.8%)	1 222(25.7%)
与学术相关的人员	1 446(30.7%)	1 418(31.1%)	1 424(32.5%)	1 442(31.9%)	1 583(33.3%)

---

① 毛汉领. 英国开放大学办学状况初探[J]. 广西广播电视大学学报,2007,18(3):5-12.

续表

类型	年份				
	2003	2004	2005	2006	2007
非教学科研人员	1 890（40.1%）	1 817（39.9%）	1 724（39.4%）	1 786（39.5%）	1 834（38.6%）
其他	215（4.5%）	205（4.5%）	137（3.1%）	125（2.8%）	113（2.4%）
总计	4 715（100.0%）	4 556（100.0%）	4 381（100.0%）	4 518（100.0%）	4 752（100.0%）
与前一年度变化率/%		−3.4	−3.8	3.1	5.2

据英国开放大学官网公布的数据来看，截至 2019 年 7 月 31 日，英国开放大学的理事会成员、高级管理人员（包括副校长的成员）和在校人员的总数为 8 495 人。其中，理事会成员中大学在编工作人员/教师有 8 人（女性 5 人，男性 3 人），外聘工作人员/教师有 13 人（女性 7 人，男性 6 人）；高级管理人员（不包括理事会成员）中在编工作人员/教师有 12 人（女性 8 人，男性 4 人）；其他在编员工有 8 462 人（男性 3 279 人，女性 5 183 人）。从人员的变化看，英国开放大学逐渐加大教学和科研人员的力量。

英国开放大学教师队伍的流动性相对较大，年均人员流动率约 14%。由表 5-2 可见，2005 年和 2006 年高达 16.4%和 18.6%。离职的原因中，学校主动终止聘期的越来越少，大多是自然退休；而因私人原因和找到更好工作的也为数较多，他们中不少被聘任到其他大学远程教育机构，也有个别受聘于牛津、剑桥等著名高校。

表 5-2　英国开放大学全职人员离职情况分析

离职情况	年份					
	2002	2003	2004	2005	2006	2007
临时聘约到期	54	116	97	73	69	50
找到更好的工作	112	94	59	91	114	96
不讲理由离职	39	145	169	146	149	98
私人原因	57	111	155	204	262	126
申请退休	87	182	183	158	237	144
终止聘期	66	54	70	45	11	7
离职总人数/人	415	702	733	717	842	521
教职工总人数/人	4 648	4 715	4 556	4 381	4 518	4 752
离职率/%	8.9	14.9	16.1	16.4	18.6	11.0

英国开放大学的全职人员，大都是经验丰富的教职工，如 2007 年数据显示，他们的平均年龄为 46 岁，51~60 岁的最多，占 32%；其次为 41~50 岁的，占 29%；再次为 31~40 岁的，占 23%，如表 5-3 所示。

表 5-3　英国开放大学全职人员年龄情况

年份	年龄										总数/人	平均年龄/岁
	<21岁	21~25岁	26~30岁	31~35岁	36~40岁	41~45岁	46~50岁	51~55岁	56~60岁	>60岁		
2003	8	121	356	530	595	650	698	819	700	238	4 715	45
2005	8	74	296	463	505	622	663	757	727	266	4 381	46
2007	5	96	308	521	567	664	696	744	765	386	4 752	46

英国开放大学的全职人员热爱开放大学，往往全身心供职于本校，他们的平均校龄为 11 年，最长的有 30 多年，从英国开放大学的创建一直到现在，如表 5-4 所示。

表 5-4　英国开放大学全职人员的校龄情况

年份	校龄							总数/人	平均校龄/岁
	0~5岁	6~10岁	11~15岁	16~20岁	21~25岁	26~30岁	>30岁		
2003	1 885	1 020	666	334	340	293	177	4 715	11
2005	1 397	1 157	701	429	200	305	192	4 381	11
2007	1 418	1 354	731	522	223	254	250	4 752	11

2. 兼职教师

英国开放大学除了全职人员外，还聘请了一批兼职辅导教师，2011~2015 年英国开放大学全职人员和兼职辅导教师的人数发展情况如表 5-5 所示。[①]因 2012 年以来英国高等教育学费大幅上升，学生贷款政策也同步收紧，英国高等教育中的在职学生数量呈明显减少趋势，据统计，英国开放大学在 2010~2014 年，学生数从 26 万下降到了 18.7 万，辅导教师也相应减少。[②]

[①] 李慧迎. 战后英国大学开放教育资源研究[D]. 长沙：湖南师范大学，2019：164.
[②] 王向旭，蒋亦璐. 开放大学政策法规比较研究——以英、美、日、中四国为例[J]. 成人教育，2021，41（1）：89.

表 5-5　英国开放大学全职人员和兼职辅导教师人数发展情况

年份	全职人员人数/人	辅导教师人数/人
2011	5 274	6 625
2012	5 175	6 066
2013	5 245	5 603
2014	5 272	5 234
2015	5 126	4 713

兼职辅导教师，主要分布在 13 个地区中心，300 多个学习中心，负责学生的课程教学指导工作。兼职教师又分为兼职的教育指导教师和课程指导教师。他们分别担负着不同的对学生的指导任务，发挥着不同的指导作用。①

教育指导教师，来自地区中心附近的高校，主要负责对新入学学习基础课的学生（英国开放大学各学院不分专业，基础课为一年级学生必学的课程）进行教学指导。在学生提出入学申请后，就被指定一位教育指导教师，教育指导教师通过对学生进行全面的入学准备教育，使学生了解开放大学的教学特点和要求，帮助学生根据自己的需要或特点选择适合的课程和学习方法。在学生正式入学后，每位指导教师通过集体辅导、课堂讨论及个别辅导等方式，对 15～20 名学生进行全面指导，着重于帮助学生解决思想和生活方面的问题，可以说教育指导教师是学生学习和生活的顾问。

学生进入非基础课程的学习后，学校会按课程设置给学生指定课程指导教师，以前的教育指导教师仍然负责其教学管理工作，保持学生与总校的联系直至毕业。英国开放大学每门课程约按（1∶20）～（1∶25）的比例配备课程指导教师，每位课程指导教师负责对学习这门课程的学生进行指导，其职责主要是组织并辅导学生按时完成作业。每次学生作业完成后，课程指导教师要认真按时批改作业，写出反映作业水平的评语和评分，同时写出书面辅导材料，赶在下次作业完成前寄给学生。同时，他们通过信函、电话、电子邮件等方式对学生的学习问题进行答疑，对学生的学习方法进行个别化的指导和咨询。

（五）教学设计人员

英国开放大学非常重视课程教学的设计与开发，从 2001 年开始就有

---

① 齐丽莉. 英国开放大学教育特色研究[D]. 西安：陕西师范大学，2004：25.

1000 余名专门负责课程设计的教师。①目前教学设计人员更多一些,许多全职的课程教师都参与了课程的设计与开发。

课程设计与开发采用课程组模式,课程组的主要任务包括:确定和开发课程教学策略;整合可利用的教学资源和学习者支持服务;创建和实施适宜的课程评价策略;确保教学材料制作的高质量;策划、实施、监控和检查课程的呈现方式等。②课程组成员分工明确,职责清晰。人员组成主要由两支队伍构成。

第一支队伍包括:课程主席,对课程全面负责;课程教师,具体负责课程的各方面;课程秘书,承担课程资源建设的各种准备工作。

第二支队伍包括:教材编辑、英国广播公司(BBC)节目的制作、课件设计人员、顾问、技术协助人员等。

(六)技术人员

英国开放大学除了设有教育技术研究所从事教学科研活动外,还设有知识媒体研究所等,在 1 000 多名学术专职人员中,有一批专门从事教学媒介技术研究的高端人才,同时也有一批为学生提供技术支持服务的工作人员。

教育技术研究所有 110 余人,包括教师和研究人员 47 人,教辅职员 35 人,专职秘书 17 人,学生 14 人,以及其他人员若干。教育技术研究所下设研究中心,目前,研究院主要由 3 个中心和 1 个服务部组成,各中心下设若干小组:教育发展中心(Centre for Educational Development)、组织机构研究中心(Centre for Institutional Research)、教育技术研究中心(Centre for the Study of Educational Technologies)和学院服务部(Institute Services)。

英国开放大学于 1995 年开始投资 600 万英镑建立知识媒体研究所,经过多年发展,目前有 60 余人从事研究,KMI 已经发展成为世界级的研发中心,成为互联网技术、语义网技术、数字化学习技术及新媒介技术的带头人。并使英国开放大学在创新与技术研究领域独具特色,拥有世界最大的远距离教学研究院。③

另外,英国开放大学还与 BBC 亲密合作,从 20 世纪 70 年代中期开始,就有 300 多名 BBC 的工作人员参加开放大学的工作。④现在 BBC 更加

---

① 刘超球. 英国开放大学观感[J]. 广东广播电视大学学报,2002(3):28.
② 丹尼斯·克伯蒂克. 远程教育的质量保障[M]. 侯建军,译. 北京:中央广播电视大学出版社,2009:117-118.
③ 孟湘来. 英国开放大学远程教育技术应用活动探析[J]. 现代远距离教育,2007(5):80.
④ 英国新闻处. 英国开放大学介绍[J]. 比较教育研究,1977(10):6.

深入与英国开放大学的合作，大量技术人员为开放大学提供全方位服务。

二、课程资源的增长

（一）课程设置

英国开放大学课程设置具有较大的灵活性，往往随社会需求的变化而不断变化，总量不断扩充的同时，更为注重结构的合理化。

1975年，共开设本科学位74门课程，其中文科12门、社会科学15门、教育研究9门、数学11门、理科17门、技术10门，同时还为有工作经验的人设置5门专题课程（继续教育）。

1991年以后，开放大学增设很多新课程，如"英国法"研究、管理课程、现代语言课程等。随着信息技术的发展，又陆续开设了诸如信息技术在开放与远程学习中的应用、数字电信系统、电信及多媒体的教育运用等十几门新兴学科课程。2007年数据显示，英国开放大学设有334门本科课程，179门研究生课程[1]，共613门学历教育课程，其中学科专业涉及企业管理、心理学、教育和教师培训、人文科学、信息技术与计算、技术工程与制造、继续专业发展、社会科学、环境、科学、数学统计、法律和犯罪学、健康与社会保障13个领域。近些年，课程设置随社会需求不断调整，学科门类有所变化，本科和研究生课程都涉及艺术与人文、工商与管理、儿童与青年、计算机与信息技术、教育、工程技术与设计、环境发展与国际关系、健康和社会关怀、语言、法律、数学与统计学、心理学与心理咨询、科学、社会科学14个学科门类。博士课程设置主要包括哲学博士（PhD）、教育学博士（EdD）、文学博士（DLitt）和理学博士（DSc）。[2]

本科和研究生教育分为认证（certificate）教育、学历（diploma）教育和学位（degree）教育3个层次，全部采用灵活的学分制，学生可以根据自己的实际需要和兴趣等选择课程，学校只是通过对学分比例的规定来间接地影响学生所要学习的课程。对取得每种证书需要的总学分有明确的规定，取得某个认证证书一般需要60个学分，取得某个学历证书一般需要120个学分，取得基础学位证书一般需要240个学分，取得普通学位证书一般需要300个学分，取得荣誉学位（大学本科）证书则需要360个学

---

[1] 胡炳香. 中英远程开放教育比较分析[D]. 济南：山东师范大学，2007：14.
[2] 李曙光，王迎. 世界典型开放大学专业设置的比较分析[J]. 广播电视大学学报（哲学社会科学版），2019（2）：102.

分。①本科课程每年分两学期安排，学员可根据自己的学习时间选择每学期的课程学分，如每周有 14 小时以上学习时间的，可选 60 个学分；如每周有 7~14 小时学习时间的，可选 30 个学分；如每周只有 7 小时以下学习时间的，可选 15 个学分。一年最多有 120 个学分。因此，开放大学最短的本科学制为 1 年，最长的可达 12 年。另外，英国开放大学还实行一种学分转换机制，有专门机构负责对学生在本校或其他教育机构已经获得的学分进行认证和转换。

与英国传统教育中的研究生培养方式一样，英国开放大学除了培养课程型硕士以外，也通过实际的研究项目培养研究型硕士，有专门的"研究学位团队"负责研究型硕士的培养。首先对学生进行项目研究所应具备的各种能力进行系统的锻炼，然后让学生参加实际的研究项目，最后撰写项目研究论文。研究型硕士学位分为两类：全职研究学位和在职研究学位，学生可以根据自己的实际需要进行选择。

英国开放大学还根据成人需要提供继续教育类课程，内容非常丰富。英国开放大学的继续教育类课程主要是为了满足社会在职人员发展职业技能的需要而设置的，以在职人员的工作经验为出发点，重点关注学生知识的更新和职业技能的提高。英国开放大学与行业技术协会及专业机构保持密切的合作，以确保课程能够满足行业的需求。因此，此类课程多数都能得到该领域内的专业组织机构的认可。除此之外，也有为公司机构量身定做的课程。

另外，英国开放大学自 20 世纪 90 年代开始，逐渐将办学区域扩大到海外。从 1992 年起，英国开放大学无条件招收原欧共体成员国学生，用英语为这些海外学生开设课程，并在学生相对集中的地区提供教学支持服务。至 2004 年，英国开放大学已有 40 000 名海外学生参与课程学习。开放商学院曾为满足苏联集团的特殊需要，开设管理培训课程，现已在匈牙利、俄罗斯等国家开设了译成当地语言的相应管理课程，并且大多数课程的教学节目都可以被全欧洲甚至世界其他地区接收到。

（二）课程设计与开发

课程组机制是开放大学自建校以来便积极探索并取得巨大成功的课程建设机制。课程组的人员包括学科专家、教育技术专家、媒介专家、编辑人员、课程管理者。课程组实行组长负责制，组长由学术水平较高

---

① 齐坤，张振虹，徐琤，等. 远程教育课程体系设置研究：以英国开放大学信息技术专业课程设置为例[J]. 中国远程教育，2007（9）：38-39.

的学科专家担任。课程组规模可大可小,可以是几个人,也可以是几十个人,这取决于课程开发的需要。学科专家自始至终参加课程开发,课程管理者(又称课程经理)负责课程开发的日常行政工作,其他专家则在不同的阶段参与开发工作。根据课程开发需要,课程组还经常邀请版权专家、图书情报专家、软件设计和网络专家及对教材进行批评性阅读的审读员一道工作。另外,课程组还聘请校外同行(该专业的权威人士)作为评估专家,以确保开放大学课程开发的质量。课程组机制成功的秘密在于其人员组成充分体现了实施现代远程高等教育所必需的团队精神、跨学科交叉、科学的劳动分工原则和将教材编成"书面教学辅导"(tutorial-in-print)的课程开发原则。具体课程开发人员分工职责如表5-6所示。①

英国开放大学课程开发的流程大体分三个阶段:策划阶段、编写阶段和制作阶段。首先由各学科小组在对课程的设置进行市场需求分析的基础上提出课程报告,经系学术委员会初审后,送校学术委员会审批;通过后,送交课程组,由课程组全权确定课程的风格和教学方法,选定所需的媒介,完成教材和其他媒介脚本的编写;然后制定版式设计方案,编辑加工,按设计方案完成制作。在编写的过程中,要反复讨论和听取各方面的意见,包括学生的意见。据英国开放大学原公关部主任多米尼克(Dominic)介绍,一门课程的开发要持续2~5年时间,平均一门课程的投入在200万英镑以上,多的高达1000万英镑。

表5-6 英国开放大学课程开发人员分工

成员职务	职责
课程组主席	通常由系里的高级成员(如系领导或主要执行官)承担,对课程负全责,分配任务给各个课程组成员
学术作者	负责教材内容的编写
课程经理	通常由具有本科及以上学历和丰富管理经验的人员承担。主要任务是协助课程组主席完成日常的管理工作,如控制、执行预算;与校外的作者或专家签合同;拟订会议时间并下发通知;与编辑协作解决版权问题,将需要交版权部门处理的问题填表上交等
文字出版编辑	负责完成教材的编辑出版,要使教材以恰当的叙述形式和版面设计出版,同时不能存在版权问题
教育工艺学家	一般不经常参加课程组的活动。但如有需要,他们可以提供关于教育学、方法论、评估方法及怎样使教材具有交互性、多媒体之间如何呼应等许多方面的理论支持
电视编辑或制片人	负责完成与课程配套的录像节目

---

① 王跃. 中英远程教材编制的差异[J]. 中国远程教育,2002(6):36.

续表

成员职务	职责
图表与插图设计师	负责图表与插图的设计及教材的版式设计
软件设计师	负责 CD-ROM 和网上课程的制作
图书馆馆员	提供教学资源服务，同时协助处理部分版权问题
版权顾问	处理教材中所有需要确认、购买版权的事宜
校外评估员或顾问	这是为保证教材质量、促进教材发展而邀请的其他大学的高级学术作者。通常在教材编写初期便请来就教材内容的质量、与其他大学的比较及教学法等方面提供咨询
项目总管	为课程组制作时间表。与校内各系部联系，控制进度
辅导教师	直接与地区学习中心的学生接触，对学生的需求很了解，通常能给教材的编写提供很好的建议和补充

在课程内容的编排上，英国开放大学创造了"模块课程"：即将相关的学科糅合为一个"模块"（module），在每个子模块下设有若干单元课程，"模块课程"既方便了学生的学习，又避免了课程内容不必要的重复。学生一经课程注册，就会收到相应课程的"教学包"。课程"教学包"的内容包括：文字教材、音像教材、学习指导、作业要求、设计/课题指导、学年学习进度表、学生须知、面授计划等，理工科课程的"教学包"往往含有实验箱。"教学包"把丰富多样的教学资源进行合理组合使用，充分体现了远程高等教育个别化学习的需求，从而确保了教学的效果和质量。

近年来，英国开放大学以创新性思维大力开发网络课程，在网络课程设计上，开放大学充分考虑到学生之间、学生与教师之间的交互活动需求，重点解决学生在网上选课、提交作业、接收课程资源及进行模拟实验和得到及时指导与评价等问题。开放大学已开发大量采用互联网作为教学辅导工具的课程，已有多门课程完全作为网络课程实行在线教学，学生完全可以采用在线的方式进行各种学习活动。英国开放大学的网络课程不仅针对成人，而且越来越多地考虑在校学生和工商企业界的广泛需求。

（三）学习资源

为了进一步扩充学生学习的视界，英国开放大学通过协商，与一些公共图书馆签约，通过在这些公共图书馆设立开放大学角，利用这些图书馆的资源优势，为学生开拓资源的获取途径。利用这些大型公共图书馆所拥有的全球联网的特点，为学生就近提供更广泛、更快捷的信息服务，创造良好的学术氛围和便捷的教学环境。

学生可通过开放图书馆（open library）获得的电子资源包括：课程相关的网站，并能链接到 3 825 个外部资源库；由课程小组或图书馆员选择的与课程相关的因特网资源；由电子服务平台提供给学生的有关课程的学习材料、在线讨论内容等。①

2006 年开始，英国开放大学在威廉·弗罗拉-休利特基金会的资助下，投资 990 万美元，启动实施开放内容创新项目（open content initiative，OCI），该项目旨在通过网络，为全世界的学习者和教育者提供免费的教育资源和学习支持与协作。项目开放的资源涉及文学、历史、自然科学等学科。通过项目网站，全英国乃至全世界的学习者和教师都可以获得英国开放大学的学习资源，学习者可以利用这些资源和学习支持工具进行自主的远程学习，教师们也可以根据自己的需要下载、改造和共建学习资源。

三、教学媒介技术的提高

（一）媒介技术的革新

1. 电子视听媒介技术的推广

英国开放大学在不断提高印刷媒介教材设计技术的同时，早在 20 世纪 70 年代就把广播、电视作为印刷教材的辅助媒介，通过与英国广播电视系统的合作，设计、录制视听教学节目，率先突破了基于传统印刷技术和邮政运输技术而进行的以函授教育为主导的远程教育的局限。通过精心设计、制作与课程单元相配套的广播电视教学节目和录音、录像带，极大地延伸了学生的视觉和听觉，使学生全身心融入学习环境。个体化的学习环境，也有助于学生通过自主学习，准确掌握教学内容，发展认知技能。广播、电视、录音、录像等多种媒介有着制作成本低廉、受众面广、易于操作等优点，在开放教育中一直发挥着不可替代的作用。

2. 多种媒介技术的结合

多媒体教学体系是英国开放大学建校的基础。把印刷教材、电视、广播、面授辅导和咨询、电话答疑、函授辅导、学生支助活动等多种媒介结合运用于教学之中，已成为英国开放大学成功办学的主要特点之一。20 世纪 80 年代，多种媒介结合的内涵不断地丰富，先后增加了录像、计算机会议、电子邮件、网络和 CD-ROM。

---

① 江苏电大考察团．"获得支持的开放学习"：英国开放大学的成功实践及其启示[J]．江苏广播电视大学学报，2006（2）：27．

3. 数字信息网络技术的兴起

自 1990 年起，英国政府大力推动网络信息化工程，在全国范围内开始实施一项名为"计算机用于教学创新"（computer teaching initiative，CTI）的项目，目的在于通过计算机、多媒体与远程通信技术相结合，实现对高等院校所有学科从教学模式、教学内容到教学组织形式的彻底变革。1995 年，英国政府推出题为"教育高速公路——前进之路"的行动计划，同年 10 月，布莱尔竞选英国首相时宣布了一个代号为"英国网络年"的五年计划。1998 年 4 月，英国政府公布了题为《我们的信息时代》的政策宣言，宣言指出，应该在教育中利用新技术，使人们能够获得信息时代所必需的知识和技能，以及扩大信息受益面。英国网络信息化政策为英国开放大学现代远程高等教育的开展提供了良好的大环境。①

从 20 世纪 90 年代开始，英国开放大学逐渐加大现代远程教育网络技术的研究。1994 年，英国开放大学议事会（UKOU Senate）制定了一个关于未来技术策略的"激活框架"（enabling frame-work）文件，用于为思考未来技术在英国开放大学的角色提供一种共同的框架，该文件列举了那些在英国开放大学的价值链活动中可能应用新技术方法获得改进的所有方面。在这一文件获得来自教学人员的高度支持的情况下，英国开放大学财政委员会同意在 3 年（1995～1997 年）内从其储备金中投资 1 000 万英镑用于刺激采用新技术，并进而形成了整合新系统和技术于终身学习（integrating new systems and technologies into lifelong learning，INSTILL）项目。该项目包括 7 个专项领域，其中有 3 个项目项共计 600 万英镑金额直接涉及知识媒体研究所的建立，包括第一项 150 万英镑帮助建立起新机构即知识媒体研究所；第二项 350 万英镑用于招聘新技术专业人员；第三项 100 万英镑用于满足知识媒体研究所的空间场地要求。其他 4 个项目都间接地为促进知识媒体研究所的发展发挥了重要作用。②

目前，英国开放大学开展现代远程高等教育开发的数字信息网络技术有如下几种。

1）First Class 技术

开放大学在其教学平台中主要使用 First Class 异步教学平台，提供 E-mail 和在线讨论功能，开放给全校师生使用，目前，已有 370 000 多名学生和教师使用 First Class 来进行在线交流。First Class 经过实际教学中的

---

① 徐文闻，马治国. 国外网络高等教育的发展及其模式[J]. 辽宁师范大学学报，2006（1）：70.
② 孟湘来. 英国开放大学远程教育技术应用活动探析[J]. 现代远距离教育，2007（5）：80-81.

不断测试和修改，已有许多周到细致的服务功能，唯一缺点是只适合班级教学，此平台非常适用于有大量讨论的完全在线课程。

2）Lyceum 技术

在同步教学的工具选择上，英国开放大学采用基于音频的 Lyceum 同步会议系统。它是一种包括校内的语音会议系统，这一系统能够做到学生之间、学生与老师之间进行在线交流和能包含在线白板的实时会谈系统。系统内集成有可视化工具，如在线白板、文档及文本聊天、即时通信等。目前大约有 5 000 名学生和辅导教师在课程中使用这一工具。

3）Flash Meeting 技术

Flash Meeting 是一个基于浏览器插件方式的网上大规模视频会议系统，兼有文本聊天、投票、视频博客和 URL 共享功能，当然在使用时需要 Flash 浏览器插件，并且需要获得会议许可，它不仅具有举手发言和轮流交互等功能，同时还具有对会议内容再编辑、注释，对视频编辑，发通告等功能。

4）MSG 技术

MSG 技术是 KMI 在开放源码基础上开发的基于标准浏览器下的即时通信工具，尤其是在某些安全条件要求较高的环境，例如有一些防火墙、代理服务器限制的条件下，使用该软件有特殊优势，由于 MSG 是开源代码，它使用通用的 Jabber/XMPP 协议。它的主要功能是：能知道谁在线和在哪里、提供即时信息、通过语义匹配来解决当前遇到的问题、个人信息。

5）开放式内容创新项目网站

2006 年 3 月 10 日，英国开放大学宣布投入 565 万英镑，启动实施开放内容创新项目（OCI）。将基于互联网的、有选择地开放共享英国开放大学的优质教育资源，供所有人免费使用，并提供学习支持和协作工具连接学生和教师。在技术上 OCI 使用开源软件 Moodle，搭建网站虚拟学习环境主框架，主要是 PHP。然后嵌入由 KMI 开发的一些软件，如视频会议系统 Flash Meeting、知识媒体中的超媒介资源映射，以及即时通信软件 MSG 等。此外在处理文字资源时使用 XML 技术，等等。[①]

（二）教学媒介的选择和使用

教学媒介的选择和使用上，英国开放大学坚持"哪些媒介适合于哪一种课程的教学"，而不是所有课程都使用最新、最现代化的媒介。在开设课程前，课程组先对本门课程所使用的媒介进行论证，为什么要用这些媒

---

① 孟湘来. 英国开放大学远程教育技术应用活动探析[J]. 现代远距离教育，2007（5）：80.

介，它们的好处在哪里，是否经济，是否方便学生，其完全是基于教学的需要。

1. 印刷媒介

教材是远程高等教育媒介使用中重要的组成部分，每一课即一个"单元"，包含一周的作业。全部课程分周进行讲授，课程教学内容装订成册，分期发给学生。除教材外，英国开放大学还用到了信函、问题页和活页文本等印刷媒介作为学习工具。

2. 基于口头语言的面授辅导

这种面授辅导主要由其他大学和学院聘请的兼职教师负责，每人辅导约 20 个学生，他们批改作业，对集体进行当面辅导，并对个别学生加以指导。学生每一门课程都有专门的导师和一个兼职辅导员。从 1973 年起，初级阶段的导师与辅导员一并兼职，只有到更高一级阶段时，才配备各种分科专业教师。学生可以在附近的教学中心见到他们的导师和辅导员。教学中心现有 300 多个，一般设在地方学院和教育中心，配备有电视机、收音机、录音录像广播设备和计算机的终端设备等。教学中心还允许学生互相讨论他们的作业。从第二级以上阶段，提倡学生组织互助讨论小组。

学习基础课程和其他一些高级课程（特别是科学技术方面）的学生必须在 7 月中旬到 9 月初在寄宿的暑期学校学习一周。教师由开放大学教师、兼职导师、主办大学的教学人员担任。暑期学校进行一周全日制的集中学习，包括讲授、辅导、现场实习、实验室工作和非正式讨论。

3. 视听媒介的使用

英国开放大学几乎每门课程都收编在无线电和电视广播节目之中。每门基础课程每周有一次无线电和电视广播。第二、第三、第四级课程广播课较少，通常连同印刷材料一起，把广播记录稿寄给学生。

英国开放大学认为，录音带有着独特的作用，它可以为学生提供语言对话和会话，以及学习指导的内容，包括对练习和作业如何来完成等。它可以方便学生在做其他事情的时候收听。电视录像不是课堂搬家，也不是简单的课时压缩。如对一些抽象的概念用电视手法表达能起到直观的效果，而对一些不能在现场见到的实验则用动态的慢动作表现，也能起到事半功倍的效果。播出的电视节目不仅方便学生在家观看，而且也吸引了很多其他观众，学校能从他们那里得到很多评论与反馈信息。另外，一些可视性的资料、档案及戏剧性的表演用录像提供给学生，将丰富他们的学习内容及知识，提高他们的学习兴趣。

4. 基于计算机的多种媒介的使用

从 1988 年起，英国开放大学提供了计算机会议系统，每年有 1 500 名学生使用。自 1996 年起进一步扩大，最大的一门课程当年有 4 500 名学生使用，这一年共有 1.5 万学生使用；1997 年有 2.5 万学生使用；1998 年达到 4 万学生使用。另外，共有 40 多万张计算机磁盘邮寄给学生。从 1997 年开始，在英国开放大学的 130 门课程中有 20 门课程的 2 万多名学生开始使用计算机进行学习，其中 1/3 的学生自己家里有电脑。[①]近年来，英国开放大学更加注重运用多种媒介来组织教学，他们称之为"受支持的开放学习"。

四、学生支持服务质量的提高

在远程高等教育中，学生是否获得及时的支持服务，是其学习能否得以继续和成功的关键，英国开放大学在远程教育实践中，非常重视学生支持服务的研究，使学生支持服务质量得以不断改善。纵观英国开放大学的学生支持服务，大体经历了三个阶段。

一是 20 世纪 70 年代的补偿性学生支持服务。除了提供教材和广播课程外，通过组织提供暑期面授辅导一周的形式，为学生解决学习、实验、作业等问题。

二是 20 世纪 80 年代的综合性学生支持服务。将学生的个别需要全部综合到教学包的设计中，试图通过设计开发制作完善的课程材料教学包（课程单元、指定参考书、广播电视节目、课程辅导等）来实现学生的支持服务。

三是 20 世纪 90 年代后的个性化支持服务。先前通过构建一系列完善的教学包来为学生提供支持服务的做法日益难以满足学生多样化的需求，为此，90 年代后，随着网络通信技术的发达，英国开放大学的学生支持服务逐渐转向了个性化服务。

英国开放大学现代远程高等教育的实质性增长也充分体现在学生支持服务这一核心要素的不断提高和完善中。目前，英国开放大学的学生支持服务围绕"获得支持的学习"这一战略目标，在满足学生多样化需求、提供完善的学术性支持和非学术性支持等方面取得了很大的成效。

（一）满足多样化的入学需要

20 世纪 90 年代，英国开放大学的人数在 80 年代的基础上继续扩充。1993 年，英国开放大学注册在校生 127 500 多人，另外有 82 000 人购买了

---

① 陈信．西欧行：国际远程学习新观念[J]．开放教育研究，1999（4）：4．

学校的学习资料，即使不计算重复使用这些学习资料的人数，在 1993 年约有 20 万人学习学校的课程。其中，有近 8 000 人攻读硕士学位。2004 年，英国开放大学的注册学生是 160 000 人，还不包括海外学生。当时全英 1/5 的兼时制大学生在英国开放大学学习。

英国开放大学的创设为英国成人学生或继续教育者提供入学机会。发展高峰期，在册学生近 25 万，约占全英国业余学习人数的 23%。各地区中心的学生占本地区成人人口的比例如图 5-3 所示。各地区中心的学生占本地全日制学生的比例如图 5-4 所示。

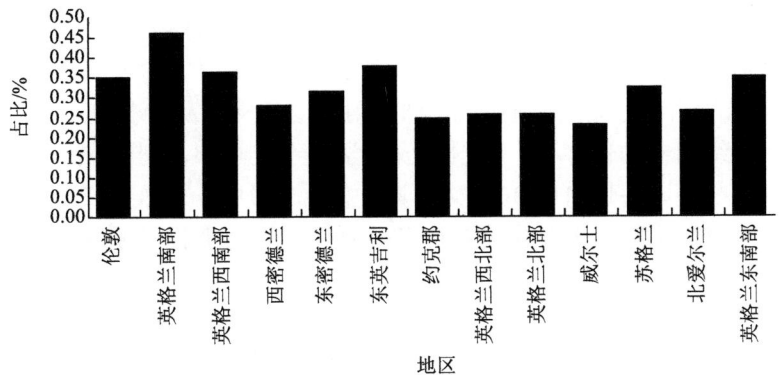

图 5-3　英国开放大学各地区中心学生占本地区成人人口的比例[①]

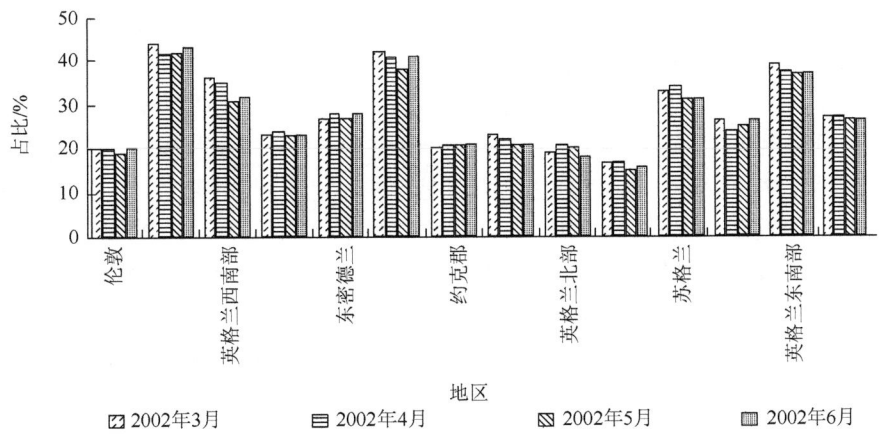

图 5-4　英国开放大学各地区中心学生占本地全日制学生的比例

---

① 毛汉领. 英国开放大学办学状况初探[J]. 广西广播电视大学学报，2007（9）：10.

（二）组织机构的保障

英国开放大学的学生支持服务管理模式是一种横、纵向相结合的管理模式。[①]由于总部直接负责地区中心主任的聘任和考核，他们需要与地区中心主任始终保持密切的关系。总部与地区中心主任每年要举办6～8次正式会议，研究有关政策性问题，其中包括地区中心未来发展、学生维持率、人员结构、教学策略等重要问题。地区中心负责地区人员的聘任和管理。这样职责分明、管理到位，体现了直线管理的优势。与此同时，地区中心与院校各教学部门也保持着密切的联系，全职的地区中心管理人员和指导教师虽扎根在地区中心工作，但同时又是总部相关教学或管理部门的成员，参与总部举办的教学研究活动。地区中心和总部教学、科研与管理保持着十分紧密的横向联系，沟通渠道畅通无阻，信息反馈及时准确。

在组织结构的保障下，英国开放大学从学校总部，到13个地区中心，再到分布在英国各地区的300多个学习中心，形成一个既分级统一领导，又照顾地方民族特色的学生支持服务体系，为学习者提供系统、周到的支持服务。

如中西部地区中心是13个地区中心之一，它位于伯明翰哈伯姆地区。这个地区中心为12 000名学生提供支持，它拥有75名教职员工和600名辅导教师。作为地区中心，它的职能体现在3个广泛的领域，即提供学生支持，聘用、管理辅导教师和实施社区服务。[②]地区中心的员工结构分为三级，第一级为地区主任，第二级包括主任助理、教学管理负责人和指导教师，第三级为学生支持服务管理人员，负责为学生组织短期课程，开展学生支持项目和人员培训，负责提供咨询，并组织其他教学支持活动。指导教师往往是总部各院的教学人员，但他们以地区中心为基地，需要对主任和地区主任负责。他们的主要职责是负责课程制作和研究，担任辅导教师的指导教师，也是课程组和辅导教师的联系人。指导教师要负责对辅导教师的选拔、聘用和培训，设计地区辅导课程；负责了解辅导教学的进度，对批改作业的质量进行控制；同时还要负责使教学与地区实际发展相结合，促进与企业的合作，并指导落实大学委员会各项政策的贯彻实施。地区咨询人员主要是为学生提供专业导向建议和咨询服务。学习者咨询的问题大多是有关课程选择和学分转换的问题，还有一些是职业选择和其他有关教学的相关问题，对残疾学生的特殊支持也包含在内。

---

① 李亚婉. 开放远程教育学生支持服务的理念与实践：中英开放远程教育学生支持服务的比较研究[J]. 中国远程教育，2005（9）：20.

② 维基·古德温. 学生支持的地区结构与管理[J]. 陈海山，译. 中国远程教育，2005（9）：15.

（三）学术性支持服务质量的提升

为学生提供教学辅导、咨询等各种细致的支持服务，满足学习者各自不同的需要和同一学习者在各学习阶段的不同需要。英国开放大学为学生学术性支持服务的主要形式如下。

1. 面授辅导

面授辅导有两种情况。一是到学习中心学习。英国开放大学的 300 多个学习中心都面向学生定时开放，学生根据自己的情况自愿选择参加。在学习中心，学生可以参加面授辅导，参与专题讨论会，收看电视、录像，使用计算机查阅资料，与教师、同学直接交流等。二是参加夏季学校学习。夏季学校是英国开放大学在每年 6~8 月利用传统大学放假期间空置的校舍、设备为学生开办的学习辅导形式，主要内容是进行面授教学、完成相关实验，还包括一些与课程内容密切相关的讲座、讨论会等。

2. 课程辅导

课程辅导一般由专门的学科教师承担。学校开设的每一门课程都配置一定数量的教师负责辅导工作。课程教师的主要任务是负责学生的作业辅导、作业批改及作业后的辅导。英国开放大学十分重视平时作业（占课程总成绩的 40%~50%），规定了具体而严格的作业批改抽查制度，辅导教师要对每人每次作业填写详细的作业批改情况表，并针对学生不同的基础和特点提出不同的意见。

3. 教育指导

英国开放大学共聘请有 8 000 名专门的兼职教师承担对学生学业的指导任务，其角色有远程学习顾问的性质，每个指导教师负责 15~25 名学生在学习期间的全程跟踪指导和服务。指导教师提供的服务主要包括三种。一是入学前的指导。一旦学生向学校提出入学申请，学校就会给他指定一位指导教师，为他提供关于学校及远程学习情况和特点的相关资料，帮助他分析参加学校学习的优势和问题，提出选择课程的建议；二是基础课程的学习指导。在第一年的基础课程学习中，指导教师的服务是主持课堂讨论，指导小组学习，批改学生作业，回答提问，帮助学生训练学习方法技能、进行测试等；三是学业之外的相关指导，包括在学生遇到学习与工作的矛盾、学习与家庭的矛盾、学习策略问题、学习信心问题、心理问题、就业问题等的时候给予帮助和支持。

（四）非学术性支持服务的完善

英国开放大学突出加强职业人生咨询服务，根据大学的相关政策制定了一系列职业人生咨询服务的规定、标准，并在各学习中心实施。对于不同的咨询对象如初次咨询者、注册学生、毕业生或研究生，其信息内容是各不相同的，目的就是通过引导学生正确认识自己、学习开发相应的技能，提高自己的工作能力，有效地适应就业市场的需求。

帮助学生制定个人发展策划，是职业人生咨询服务的核心，个人发展策划是根据个人的学习能力、学习基础和性格策划自己该接受的教育以满足想聘职位要求的全过程。其目的就是支持学生的学习和进步、让学生获得想聘职位所要求的知识、技艺和能力，时刻提醒学生学习活动是与其职业人生紧密相关的，以提高学生的学习责任感和积极性。

英国开放大学的职业人生咨询是由地区中心的职业人生咨询员和总部的职业人生咨询队组成覆盖全国的职业人生咨询网络。每年的 3 月、6 月和 9 月举行网上就业咨询会，邀请相关的用人单位参加，其就业信息专栏长年不断地提供各种有效的就业信息，建立起与全国就业市场信息网络和其他合作大学的就业信息网络的便捷的链接。[①]帮助学习者基于自身的需求和环境，更好更快地培养职业能力。

而在企业方面，英国开放大学则注重开展与企业联合的员工培训项目，他们提供的培训资格证书受到企业主及超过 5 万个机构的高度推崇与肯定。英国伦教 FISE 指数（英国指数公司富时集团）100 强公司中有 75%正在实施或者已经实施了员工在英国开放大学的进修计划，其中包括英国电信、皇家苏格兰银行、劳埃德制药公司（Lloyds Pharmacy）等。[②]为适应这一市场需求，开放大学对学生的支持服务也包括了职业引导等方面的内容，即让学生意识到在获取资格证书的同时，更应重视自己的市场定位及如何运用自己的技能发展自己的事业或转变职业。学校开设的职业咨询服务提供以下帮助：指导选择符合学员职业观念的课程、与学员商讨职业计划、帮助学员填写求职表格或履历表、做好面试准备、帮助寻求工作机会及制定进修和职业培训计划等。

（五）特殊学生的服务

英国开放大学致力于为残疾学生提供周到的特别服务，帮助他们排除各种学习障碍从而获得高等教育。学校已成为世界残疾人高等教育的领先者。目前，在开放大学学习的残疾学生达 2 万余名，是英国最大的残疾大学生群体。面对庞大的残疾学生群体，英国开放大学为这部分学生提供了

---

① 毛汉领. 对学习者支持服务的英国开放大学范式[J]. 广西广播电视大学学报，2007（12）：6.
② 王剑珊. 真正开放的大学、高质量的远程教育[J]. 厦门广播电视大学学报，2006（12）：14.

手段完善、内容丰富的学习支持服务，由专门的团队为残疾学生提供各种专业、深入的服务。[①]每个残疾学生都会得到学校持续不断的、多样的特殊服务。[②]

1. 详细的信息查询

设有专门为残疾学生提供学习指导服务的网站，其中有较为详细的关于残疾学生在校学习的各种信息指导。

2. 特别的教师指导

为每位残疾学生指定顾问，为他们提供在校学习期间一般性问题的咨询和支持服务。

3. 特别的学习辅导材料

开发适合各类残疾学生的不同教材，如给有听力障碍的学生分发听力资料的文字版本或有字幕的视频资料，给有视力障碍的学生分发印刷材料的音带等。

4. 到中心学习

南弥尔顿的残疾学生可以到位于弥尔顿·凯恩斯的英国开放大学主校园的学习中心。在那里，学校有专门职员负责进行残疾学生的需要评估，并为他们训练一些特别的学习技能，提供他们学习所需要的帮助。

5. 对个别学生的额外教学活动

为特别困难的残疾学生提供上门的特别辅导；为听力受损者提供手语翻译、唇谈者、记笔记者等支持；提供适合个人的特别的作业形式；考试时的支持则包括了文书助手的提供、时间的相对延长、考试中途可以适当休息、考试地点可以在家里或其他特别的地方、考卷形式的多样等。

（六）学生支持服务的成效

1. 减少辍学率

据英国开放大学调查显示，早期由于缺少学生支持服务，开学初学生流失率为 6%，未交第一次作业的有 28%，学期中主动退学的有 13%，学期后半期中（终）止学习的有 11%，期末考试未通过的有 1%，最后能通过课程考试顺利完成学业的只有 41%，即一学期下来学生的流失率为 59%，如图 5-5 所示。

[①] 张佳妮，江颖. 学习支持服务如何使远程教育更具吸引力？——英国开放大学 MILLS 对我国远程教育的启示[J]. 外国教育研究，2019，46（6）：57-73.

[②] 江苏电大考察团."获得支持的开放学习"：英国开放大学的成功实践及其启示[J]. 江苏广播电视大学学报，2006（2）：25-30.

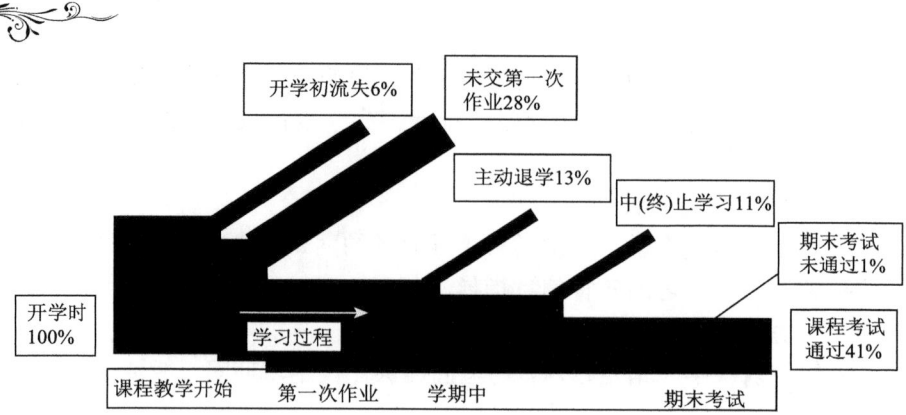

图 5-5　英国开放大学学生流失河流图[①]

从连续几年的数据看，英国开放大学在学生支持服务方面取得了很大成效，流失率逐年下降。如表 5-7 所示，完成 1/3 课程学习任务时，2005 年流失 8.5%，2006 年流失 7.8%，2007 年流失 7%；顺利通过课程的，2005 年为 61.6%，2006 年为 61.9%。比早期顺利完成学业的比例高出约 21%。[②]

表 5-7　英国开放大学注册学生情况

	2005 年		2006 年		2007 年	
	注册人数	课程注册率/%	注册人数	课程注册率/%	注册人数	课程注册率/%
预报名时	133 947	129.3%	120 534	130.5%	114 172	132.7%
注册时	109 643	105.8%	98 205	106.3%	90 733	105.5%
课程开始时	103 629	100.0%	92 353	100.0%	86 011	100.0%
完成 1/3 时	94 788	91.5%	85 133	92.2%	79 970	93.0%
参加考试时	68 441	66.0%	61 327	66.4%	1	0.0%
及格人数	63 874	61.6%	57 203	61.9%		
重修注册	41 132	39.7%	34 814	37.7%		

2. 毕业就业良好

英国开放大学毕业生的素质得到社会的普遍认可，受到社会各方面的欢迎和重用，2005～2006 年毕业生就业状况调查如表 5-8 和表 5-9 所示。[③]调查表明，英国开放大学学生就业情况是良好的，有工作能力而且

---

① 辛普森. 对远程学习者的支持服务[M]. 李亚婉，郭青春，李林曙，等译. 北京：高等教育科学出版社，2007：139.
② 毛汉领. 英国开放大学办学状况初探[J]. 广西广播电视大学学报，2007（9）：6.
③ 毛汉领. 英国开放大学办学状况初探[J]. 广西广播电视大学学报，2007（9）：11-12.

想找工作的都基本就业了，就业的工作职位大多较好，经理或高级职员、专业人员及与专业和技术相关人员占本科毕业生的 78.8%，博士研究生毕业的经理或高级职员和专业人员职位的比例高达 84.6%。

表 5-8 英国开放大学毕业生就业情况

就业状况	本科毕业生		硕士毕业生		博士毕业生	
	人数/人	占比/%	人数/人	占比/%	人数/人	占比/%
全职聘用	3 236	53.2	1 707	75.6	31	64.6
兼职聘用	888	14.6	212	9.4	4	8.3
自由职业	341	5.6	124	5.5	4	8.3
旅游度日	20	0.3	5	0.2	0	0.0
准备工作	17	0.3	6	0.3	2	4.2
正找工作	294	4.8	51	2.2	0	0.0
未聘不找工作	206	3.4	31	1.4	2	4.2
其他	323	5.3	34	1.5	1	2.1
无薪志愿者工作	110	1.8	13	0.6	0	0.0
永不能工作或退休	455	7.8	43	1.9	3	6.2
临时病休或照顾家庭	197	3.2	31	1.4	1	2.1
总计	6 087	100.0	2 257	100.0	48	100.0

表 5-9 英国开放大学毕业生就业工作职位调查统计

工作职位类别	本科毕业生		硕士毕业生		博士毕业生	
	人数/人	占比/%	人数/人	占比/%	人数/人	占比/%
经理或高级职员	899	19.7	641	31.2	4	10.3
专业人员	1 576	34.5	981	47.7	29	74.3
与专业和技术相关人员	1 127	24.6	303	14.7	4	10.3
行政管理和秘书	499	10.9	74	3.6	2	5.1
需要技能的商人	73	1.6	3	0.2	0	0.0
个别服务业	197	4.3	20	1.0	0	0.0
销售和客服	80	1.7	10	0.5	0	0.0
操作工人	58	1.3	13	0.6	0	0.0
基层员工	66	1.4	11	0.5	0	0.0
总计	4 575	100.0	2 056	100.0	39	100.0

3. 支持服务质量优秀

全国大学生满意度调查（national student survey，NSS）始于 2005 年，是由英格兰高等教育基金委员会组织，学习就业部等机构提供资金，在全国学生会的积极配合下，面向英国所有高等院校应届毕业生的一项调查研究。它通过调查问卷的形式，向学生征求对就读学校在教学实施与管理方面的意见，并将统计结果向全社会公布。NSS 使用的问卷是由英格兰、苏格兰、威尔士和北爱尔兰四家高等教育基金委员会组织设计的，实施由第三方机构伊普索斯·莫里（Ipsos MORI）公司完成。

英国开放大学自 2005 年起每年都参与 NSS 调查，2005～2016 年英国开放大学 NSS 调查结果及排名情况如表 5-10 所示。在这 12 年中，英国开放大学在全英高校有 2 次名列榜首，除 2016 年的满意度低于 90% 外，其他年度的满意度都在 90% 以上。[①]特别是学生学习进步和成果、学习支持服务和指导两项评估指标，英国开放大学往往位居"学生整体满意度"前茅。

表 5-10　英国开放大学 NSS 调查结果及排名情况

	年份											
	2005	2006	2007	2008	2009	2010	2011	2012	2013	2014	2015	2016
满意度/%	95	95	95	94	94	93	93	93	92	91	90	89
排名	3	1	1	2	3	2	4	4	10	12	10	10
高校平均满意度/%	81	80	81	82	81	82	83	85	85	86	83	82

五、教学交互的增进

英国开放大学的教育者、课程资源、教学媒介、学生支持服务等系统要素不断演变和进步的同时，其系统要素也在动态关系中不断建构着新的教学交互。考察英国开放大学的教学交互，笔者发现，其主要经历了两次转型，即 20 世纪七八十年代从简单结构式交互转向异步结构式交互和 20 世纪 90 年代开始从异步结构式交互转向灵活结构式交互。

（一）师生交互

教师与学生之间的交互是远程高等教育得以有效进行的基础，英国开

---

① 李慧迎. 战后英国大学开放教育资源研究[D]. 长沙：湖南师范大学，2019（5）：171.

放大学教师与学生之间的交互和沟通是非常有保障的,通常体现在以下两方面。

1. 教育辅导教师与学生的交互

英国开放大学教育辅导教师高峰期有近 8 000 人,他们大都是由地区中心聘任的来自当地其他高等教育机构的教师,负责 20 多万学生的跟踪、指导和顾问,每一个新入学的本科学生都有一名固定的教育辅导教师,负责他们在第一年的学习。基础阶段之后,学生将被指定一名课程专业教师,而教育辅导教师仍然与他们在一起,负责学生与学校的基本联系,就学生的学习问题和长期教育计划提出建议。2005 年 10 月的数据显示,英国开放大学各地区中心员工配备及师生比如表 5-11 所示。①

表 5-11 英国开放大学各地区中心员工配备及师生比

地区中心	员工人数	辅导教师(兼职)人数	学生人数	师生比例
伦敦	100	850	18 000	1∶21
英格兰南部	90	730	20 000	1∶27
英格兰西南部	60	500	12 000	1∶24
西密德兰	60	600	12 000	1∶20
东密德兰	91	425	12 000	1∶28
东英吉利	70	700	17 000	1∶24
约克郡	70	500	8 000	1∶16
英格兰西北部	93	860	14 000	1∶16
英格兰北部	70	550	11 000	1∶20
威尔士	50	325	6 000	1∶18
苏格兰	87	500	15 600	1∶31
北爱尔兰	54	409	8 500	1∶21
英格兰东南部	74	671	11 500	1∶17
合计	969	7 620	165 600	1∶22

教育辅导教师与学生的比例约为 1∶22,1 名教师与 22 名学生之间可以随时就学习问题进行交互,或是个别电话交互,或是电话会议系统交互,或是网上音视频交互,等等。由于有相对固定的辅导教师,学生与教师之间在面对面或远距离交互中逐渐产生了感情,在此,远程高等教育师生关系并非"冷漠无情"的。

---

① 谢洵. 网络教育质量保证体系中的学习中心:问题与对策[D]. 北京:首都师范大学,2006:24.

2. 专业课程辅导教师与学生的交互

基础阶段之后，学生在学习专业课程时，通常需要转向与课程专业辅导教师进行交互。专业课程辅导教师大都是本部各学院派驻地区中心的教师，也有从其他高校聘请来的教师。专业课程辅导教师为学生提供学科专业知识的教学，每门课程教学的生师比通常也是不超过 25∶1，这样学生可以就学术问题与教师进行充分的交互。

专业课程辅导教师可以在各地学习中心或暑期学校与学生进行面对面的交互，也可以通过电子邮件、网络课程教学平台等进行交互。对于学生的提问，教师通常都能及时给予反馈。

（二）生生之间的交互

1. 暑期学校期间的交互

基础课程和某些高级课程的学生通常需要参加为期一周的寄宿学习，学生在暑期学校期间主要是参加面授辅导、听专题讲座、做实验或进行讨论和交流等活动。学生们非常珍惜短暂的在校寄宿生活，他们自发地组织一些舞会、茶话会及讨论会等，以便增进友谊，增加交流和了解；同时，同学之间还可以相互了解彼此的学习方法和学习经验，有利于促进彼此顺利地完成学业。

2. 学习小组成员的交互

英国开放大学的学生，可根据自己所学的相同课程参加各种学习小组活动，也可根据共同兴趣爱好自发组成各种兴趣小组。他们的活动地点通常在当地学习中心，活动主题和内容由组员共同协定。有些小组还建有自己的虚拟空间，大家在虚拟空间保持亲密的联系。学生间这种非正式群体的交互，在很大程度上也促进了学生的学习和生活。

3. 协作性学习

在英国开放大学，布置实践性作业时，不少教师采用协作性学习的方式来组织教学，这就要求学生们必须要围绕目标任务不断加强交互，共同合作来完成作业。

（三）师生与内容的交互

1. 教师与内容的交互

社会、经济、科技的进步使得知识的更新速度日趋加快，因此，英国开放大学教师需要根据社会不断发展、学生需求的不断变化，对教学内容进行适时调整，这就涉及教师与教学内容的交互问题。

英国开放大学教师在设计教材过程中，不断地采用活页教材或电子文本的形式，解决内容更新与充实的问题。所有课程的使用年限一般也设计为 8 年，每 3 年进行一次重大修改。① 课程组的成员定期开会，以便制定新的考试内容和布置新的作业，保证使经过修改的整套教材中有最新的知识，并能跟上时代的步伐。

2. 学生与内容的交互

英国开放大学不少学者认为，远程高等教育的学习过程是一个自我建构的过程，学生根据自己的情况分阶段、分进度地与教师提供的文本、影视教学或多媒体教学内容进行会话式交互，从而不断地生成自己的知识。

基于以上认识，英国开放大学较为注重编写和制作一套高质量的适用于远程高等教育学生交互式学习的课程教材。他们把各个专业的全部课程编制成板块组合课程，即每门课程由相关的教学内容构成几个部分，每一部分就是一个课程板块，每个板块又分成若干周学习单元，每学完一个或几个学习单元，就需要完成一次作业，学生在这种课程教学设计中，可以根据自己的情况自由选择教学内容，参与知识的讨论与建构，进而完成自己的作业。

英国开放大学为学生设计了独特的教学包，教学包内容涵盖在教科书、磁盘、光盘、教学要求、学习方法指导、作业安排、考试说明、教学组织过程、辅导和答疑方法、教学包的使用方法及理科学习用的实验材料等项目中，学生通过教学包提供内容的学习与交互，能自我了解学习要求，掌握学习方法，并建构自己的知识。

此外，学生与内容的交互还体现在网络课程的交流与互动上，英国开放大学的大量课程都提供了网上在线学习，设计了很多形式灵活的对话式的单元结构、练习题及作业系统等教学内容。学生可以随时与这些内容交互，发表自己的看法和评论，学生之间也可以就某些内容展开发散式讨论。

（四）师生与媒介的交互

1. 教师与媒介的交互

教师与媒介的交互主要体现在利用媒介设计教学教材、制作课件及回复学生的问题。在 CD-ROM 和网络上制作了交互程序，也有非交互的单独的磁盘版本。交互程序的作用之一是在学生选择课程或注册学籍时给予指导，作用之二是帮助使用者对已做出的决策性选择做进一步修改。

2. 学生与媒介的交互

学生能否与媒介顺利交互，是有效学习的保证，英国开放大学曾对学

---

① 齐丽莉. 英国开放大学教育特色研究[D]. 西安：陕西师范大学，2004：16.

生与媒介交互的频数做了调查,如图 5-6 所示。结果显示,学生与文字教材交互得最多,达 96%。①

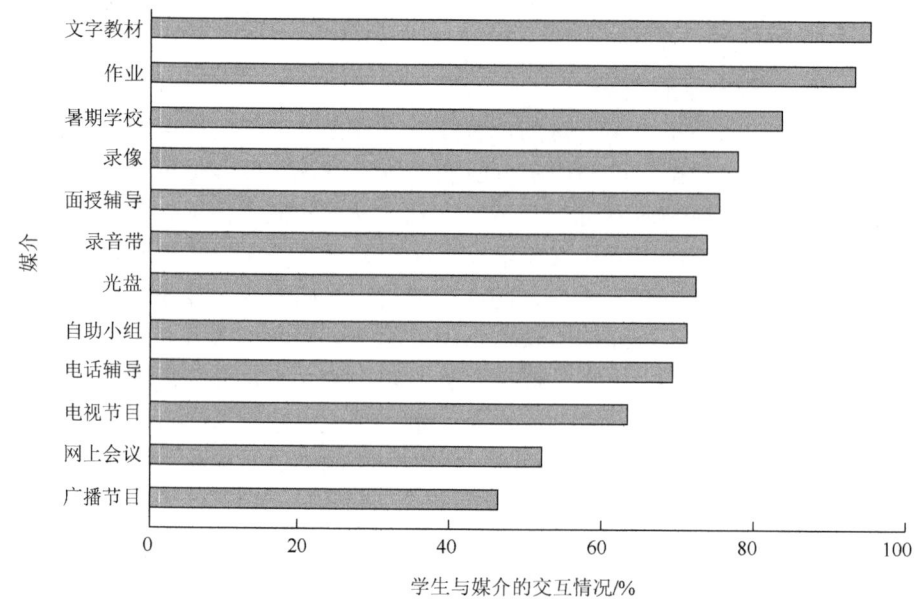

图 5-6 英国开放大学学生与媒介的交互情况

在网上学习方面,到 2003 年有超过 18 万名学生在家通过互联网与开放大学进行在线互动,并学习相关课程。其详细情况见下列数据②:

(1) 每周有 25 000 名学生在网上浏览开放大学提供给他们的学习资料;

(2) 当考试结果公布时,有 85 000 名学生在网上浏览其成绩;

(3) 每周有 70 000 人点击开放大学的"学生指南"网页;

(4) 每年有 2 500 000 人点击开放大学的网上图书馆;

(5) 每年有 110 000 名学生使用开放大学的网上会议系统;

(6) 每年举行 16 000 场网上会议,其中 2 000 场由学生自己组织和主持。

保证学习者能得到 365×7×24 即一年 365 天、一周 7 天、一天 24 小时的服务;提供更多相关课程;提高对学生问题答复的效率,保证信件能在 10 天内答复,E-mail 在 2 天内答复。③

---

① 辛普森. 对远程学习者的支持服务[M]. 李亚婉,郭青春,李林曙,等译. 北京:高等教育科学出版社,2007.
② UK Open Uuniverstiy. About the OU.(2005-09-06)[2007-03-08]. http://www3.open.ac.uk/about.
③ 孙淑艳. 关注英国开放大学的学习支持服务[J]. 天津电大学报,2002(6):34.

（五）取得成效

英国开放大学注重师生之间的教学交互，获得学位的学生人数不断增加，在全球的影响力也不断加强。

1. 取得学位人数

从 1972 年起，英国开放大学就开始有学生毕业，1972～2005 年度获得学位的人数如图 5-7 所示。①

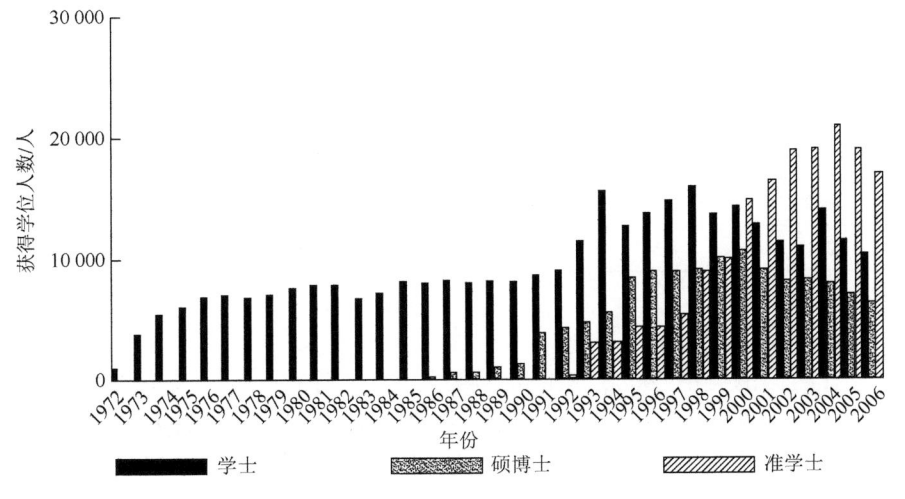

图 5-7　英国开放大学授予准学士、学士、硕博士人数

从图中来看，获得学位的学生逐年增加，特别是从 20 世纪 90 年代开始，从准学士到硕博士，各种层次人才辈出。

在攻读学位的过程中，每个人所花的时间不同，严格按照学分制进行，如表 5-12 所示。②

表 5-12　英国开放大学经过不同年限学习取得学士学位的人数

学习年限/年	经过不同年限学习取得学士学位的人数/人			
	2003 年	2004 年	2005 年	2006 年
1	49	57	42	48
2	431	466	429	358
3	439	615	565	523

---

① 毛汉领. 英国开放大学办学状况初探[J]. 广西广播电视大学学报，2007（9）：7.
② 毛汉领. 英国开放大学办学状况初探[J]. 广西广播电视大学学报，2007（9）：6.

续表

学习年限/年	经过不同年限学习取得学士学位的人数/人			
	2003 年	2004 年	2005 年	2006 年
4	940	1 007	1 084	1 011
5	982	1 730	1 350	1 499
6	1 954	2 271	2 359	1 922
7	1 084	1 397	1 081	1 291
8	745	934	674	597
9	562	749	439	387
10	342	521	378	289
11	249	447	269	217
12	164	302	189	161
>12	662	1 511	907	660
总计	8 603	12 007	9 766	8 963

2. 质量评估成绩

在英国的英格兰、威尔士和苏格兰 3 个高等教育基金委员会对英国境内大学的学科教学总体质量进行的考察评价中，英国开放大学位于英国所有大学的顶尖 10% 中。在英国《星期日泰晤士报》2003 年度全英大学排行榜上，英国开放大学更以 1995 年以来专业课程 86.67% 的优秀率名列第五名。①

英国高等教育质量保障署（The Quality Assurance Agency for Higher Education，QAA）受英格兰高等教育基金委员会的委托，负责英国高等教育质量的保障工作，是一个非官方性质的独立机构。QAA 的使命是通过制定明确、健全的质量评价标准来保障英国高等教育的质量，并促进英国高等教育质量的持续改进。英国高等教育质量保障署曾于 2015 年 12 月 7~10 日对英国开放大学进行评审，其目的是调查由开放大学提供的高等教育，并判断其学术标准和质量是否符合英国期望。在对开放大学的评审报告中，给出的判断是开放大学在学术标准的设置和维护、学生学习机会的质量、关于高等教育信息的提供及学生学习机会的强化方面均符合英国期望。②

---

① 丁兴富，谢洵. 英国开放大学的教学质量优于牛津大学？——英国高等教育质量评估及其对中国的启示[J]. 电化教育研究，2006（1）：58.
② 李慧迎. 战后英国大学开放教育资源研究：基于质量文化的视角[D]. 长沙：湖南师范大学，2019.

第二节 美国现代远程高等教育实质性增长

美国是计算机和互联网发源地,1946年研发了第一台电子计算机,1969年又创建了互联网。借助先进的网络通信技术手段,20世纪90年代开始,美国许多高校纷纷开办现代远程高等教育,在全国范围内掀起了现代远程高等教育的热潮。21世纪,美国现代远程高等教育呈现多元化的发展局面,也取得了较好的成效,在实践上是世界远程高等教育的领头羊之一。我们从远程高等教育系统要素考察分析美国现代远程高等教育实质性增长的状况,吸取其成功经验,对于促进中国现代远程高等教育的实质性增长无疑具有深刻的意义。

一、教育团队的强大

现代远程高等教育具有团队化运作的特点,这往往使得"教育者"变得多样而复杂。考察美国现代远程高等教育"教育者"的变化,我们需要从联邦、州、协会、认证机构及高校系统内部教学管理人员等所采取的行动进行考察。

(一)联邦政府领导者对远程高等教育的影响

美国是一个联邦制国家,教育部设有中等后教育办公室、高等教育激励计划部和国家教育统计中心,其主要职责是管理联邦政府下发给全国高校学生的各种资助资金。联邦政府领导者大都通过立法、拨款和国家有关协会(如美国远程教育协会)、认证机构等间接干预和影响远程高等教育的发展。

1996年8月,美国国会通过了公共法——通信法案[①],以期解决远程高等教育存在的种种问题,该法案针对可能影响到远程高等教育的诸多媒体因素设立了各种参数,法案涵盖的内容包括了如下领域:相互连接的协议和障碍;通用服务;残疾人入学问题;互联的协调;基础设施的分享;通信传送公司;反对歧视原则等。

1998年,美国修订了《高等教育法》,取消了对远程高等教育学生申

---

① Edward "Teb" Raspiller,GeneRoth. 影响美国远程教育的法律和监管行为[J]. 过启渊,译. 开放教育研究,1999(1):42.

请贷款、学校招生等方面的各种限制，并保证每年投入资金帮助高等学校与士商界合作，以便开发优秀教学软件和建立远程教学评估系统。《高等教育法》增加了以下三项措施。

一是建立远程教育示范项目[①]。授权美国联邦教育部免除现行有关法规与制度对资助远程学生的限制，如学习年限、接受面授时间和高校自主远程教育学生的比例等。主要目的是增加学生接受远程教育的机会和推进高校开展高质量的远程教育。

二是建立远程教育合作项目。每年投入1 000万美元，鼓励和资助有关高校与其他机构合作，如社区组织、中小学学区、技术与企业部门等，建立远程教育合作伙伴关系。主要目的是建立优秀远程教育模式、开发教育教学软件和改革远程教育评价体系。

三是建立网络教育委员会。授权美国联邦教育部组织成立专家委员会，对当前教育市场上使用的所有教育教学软件进行研究与评估，并负责择优推荐使用。[②]

（二）州政府领导者对远程高等教育的管理

由于联邦政府没有直接管理教育的权力，"教育在法律上是州的事业"[③]。各州可根据本州情况通过立法、设立高等教育委员会等直接管理远程高等教育。

美国在州一级共设有高等教育委员会或中学后教育部或董事会103个。一般来说，一个州设有1～2个高等教育宏观管理机构，各州的高等教育管理体制自成体系，没有统一的模式。州教育行政组织一般分为代表立法机构的州教育委员会和执行教育法规的州教育厅两个部分。州教育委员会的职责主要是制定教育法规（需经州议会审议批准），州教育厅则主要负责对各学校的办学质量进行监控和宏观管理，并定期向州教育委员会报告工作。在州一级的高等教育管理中，集权和分权因各州情况而异。[④]

---

① 该项目设立于1999年，它选择了包括17个州118所高等院校在内的15个项目合作者，计划进行为期5年的研究。该项目规定了一些优惠的政策：取消高等教育委员会原先规定接收50%及以上远程学生和50%及以上课程以远程方式提供的高等院校不具备获得学生财政援助的资格这一规定，扩展远程课程；取消原来高等教育委员会规定每一学年最少要有30周学习期限的学生，才可以获得政府的财政援助这一规定，满足远程教育学生的需要；加强两年制大学与四年制大学的联合，充分发挥社区大学的作用，规定社区大学毕业的学生可以通过远程学习获得一所大学的学士学位；加强远程教育课程的共享，丰富远程教育课程资源。
② 唐燕儿. 美国远程高等教育政策法规体系探索[J]. 比较教育研究，2005（4）：31.
③ 迈克尔·夏托克. 高等教育的结构和管理[M]. 王义端，译. 上海：华东师范大学出版社，1987：87.
④ 胡娟，李立国. 大学协会组织研究[M]. 北京：中国人民大学出版社，2007：36.

因此，各州都会根据自己的情况确定本州的远程教育发展计划和目标，因地制宜地开展远程高等教育。如特拉华州于 1997 年制定了一个全州范围的虚拟高中计划——远程证书计划，对成人进行中学水平的教育，提供高中阶段全部学习课程。又如 1995 年，南达科他州政府为推动教育、经济及科技的发展，提出了建立向学校和社会开放的远程教育网的宏伟计划。围绕着这一计划，他们采取了一系列举措，包括落实校园网络的布线工程、实施网络教学技术培训会、组建远程教学协会和实现校园网络的互联等。这些根据各州具体环境制定的目标和计划，都为推动当地的远程教育发展起到了极其重要的作用。

（三）协会及认证机构人员对远程高等教育的影响

美国远程高等教育的专业协会和认证机构比较多，它通常通过评估、鉴定、认证、咨询和科学研究等功能来影响高等教育。

1. 美国远程教育协会

1987 年，美国专门成立了远程教育协会（The United States Distance Learning Association，USDLA），协会的目标和使命是倡导和促进远程教育的发展与运用。协会有一个"国家政策论坛"，召集远程教育的领导者商议国家远程教育的相关主题，包括版权问题、法律法规政策及政府指令等，同时提出一些国家政策建议，这些建议很多已成为教育和电信立法及管理的基础。该协会每年对在远程教育工作中取得特殊成就的个人和单位、团体进行奖励，有力地促进了远程教育的发展。

2. 美国高等教育认证机构

美国于 1996 年成立了高等教育认证委员会（Council for Higher Education Accreditation，CHEA），它既代表授予学位的学院和大学，又代表有组织、有计划的认证机构，是美国高等教育认证的总代言人和协调人。在美国主要有如下三类认证机构。

一是地区性认证机构，负责对公立和私立的、非营利性和营利性的、二年制和四年制的高等教育机构进行认证。这是对学院或大学等高等教育机构的全面评估。

二是全国性认证机构，负责对公立的和私立的、非营利性和营利性的，尤其是具有单一目的性的高等教育机构进行认证，包括专门进行远程教育的学院和大学、私立的职业学院、宗教背景的学院和大学等。

三是专业性认证机构，负责对专门学院和专门的教育计划进行认证，包括法学院、医学院、工学院及保健专业的教育计划等。

截至 2006 年，在美国有 8 所地区性认证机构和 11 所全国性认证机构，共 19 所得到教育部和高等教育认证委员会一方或双方认可的机构进行远程教育认证，如表 5-13 所示。①

表 5-13 美国高等教育认证机构

	教育部认可	CHEA 认可	远程教育认证
地区性认证机构（8）			
中部各州院校协会教育委员会（MSA）	O	O	O
新英格兰院校协会高等教育会委员会（NEASC-CIHE）	O	O	O
新英格兰院校协会技术和职业教育委员会（NEASC-CTCI）	O	O	O
中北部院校协会高等教育委员会（NCA）	O	O	O
西北高等教育委员会（NWA）	O	O	O
南部院校协会高等教育委员会（SACS）	O	O	O
西部院校社区学院和初级学院认证委员会（WASC-ACCJC）	O	O	O
西部院校协会高级学院和大学认证委员会（WASC-ACSCU）	O	O	O
全国性认证机构（11）			
卫生保健学院认证局（ABHES）	O	—	O
职业学校和技术学院认证委员会（ACCST）	O	—	O
远程教育和培训协会认证委员会（DETC）	O	O	O
继续教育和培训认证委员会（ACCET）	O	—	O
独立学院和学校认证委员会（ACICS）	O	O	O
高级希伯来语和塔木德经济学院协会认证委员会（AARTS）	O	O	—
美国和加拿大神学院协会认证委员会（ATS）	O	O	O
圣经高等教育协会认证委员会（AABC）	O	O	O
职业教育协会（COE）	O	—	O
全国美容技术和科学认证委员会（NACCAS）	O	—	—
国际基督教院校协会认证委员会（TRACS）	O	O	O
合计	19	14	17

注：O 代表被认可或提供远程教育认证，— 代表当前未被认可或不提供远程教育认证。

美国高等教育认证不是由政府机关，而是由非营利性的民间机构来组织实施的。认证机构从质量保障和质量改善的目的出发，对高校开展的远程教育进行质量检查和评价，通过认证表明其在教师、课程、学生服务和图书馆等方面达到了最低要求。这种认证，一方面为学生、家长和社会了解远程高等教育院校提供了依据，另一方面也促使远程高等教育院校不断改进其教育质量。

---

① 徐海，孙宁. 美国远程教育的认证制度和质量保障及其对中国的启示[J]. 中国电化教育，2006（2）：83.

（四）远程高等教育院校教学管理者

据美国联邦教育部国家教育统计中心对中学后教育机构远程教育的调查，1997~1998年，美国5 020所大学中有1 690所提供远程教育课程，占高等学校总数的34%。①根据美国国家教育统计中心调查，2001年，美国有2 000余所高校开设了各类远程教育课程，占高校总数的50%，全美有近100所著名大学利用互联网开展远程教育。②从2003年开始，美国在线教育联盟，前身为著名的斯隆联盟（Sloan Consortium），连续每年就特定专题对美国在线高等教育做了较全面的调查评估，并依次以抓住机遇（2003年）、进入主流（2004年）、持续增长（2005年）、卓有成效（2006年）、在线全美（2007年）、迎难而上（2008年）、按需学习（2009年）、类型差异（2010年）、走向远程（2011年）、变革课程（2012年）、等级变化（2013年）、等级水平（2014年）、在线报告清单（2015年）等为题发表了调查评估报告。从有关报告可分析美国现代远程高等教育的教学管理者等方面的实质性增长状况。

1. 教学管理人员

在美国，从事在线高等教育的教育机构包括公立院校、私立非营利性院校和私立营利性院校三种类型。从美国在线教育联盟2003年和2004年调查的数据显示，90%以上公立教育机构都提供在线课程；私立营利性院校提供在线教育比例从2003年的44.9%提高到2004年的88.6%；私立非营利性学校2003年提供在线教育比例为54.5%，2004年则为52.6%。从总体平均情况来看，提供在线高等教育的院校高达71.7%，如图5-8所示。

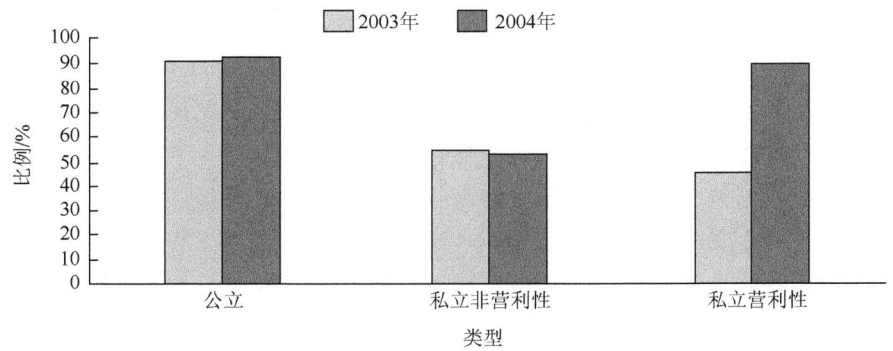

图5-8 美国高等院校提供在线教育比例

---

① 朱雪文. 美国远程高等教育发展的基本态势分析[J]. 中国远程教育，2002（3）：66.
② 蒋春洋. 近年美国高校网络教育迅速发展的原因及存在的问题[J]. 辽宁教育研究，2007（8）：94.

2012～2015年，美国在线高等教育注册总人数共增加了596 699人，公立院校增长显著，增幅达13%，共481 744人；私立非营利性院校增长较稳定，3年增幅为40%，共305 925人；私立营利性院校则逐年下滑，降幅达18%，减少了191 300人。连续3年具体数据如图5-9所示。①

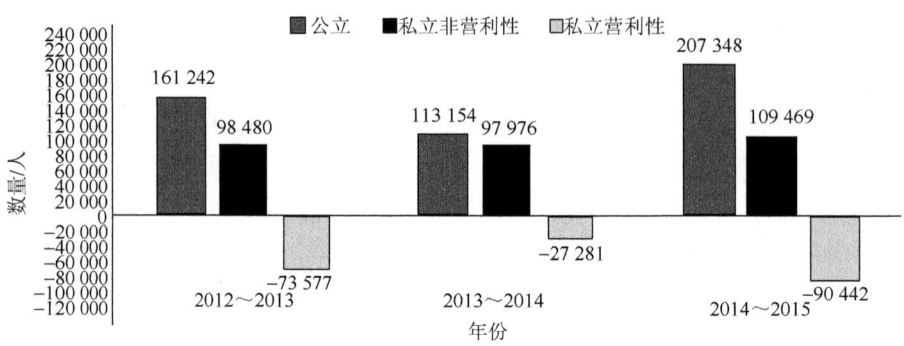

图5-9 美国不同类型在线高等教育注册学生增长情况

美国1999年在校教师290万，包括200万专任教师和90万非专任教师（行政管理人员、教学与研究教师、教学与研究助手、非教学人员等）②，若按71.7%的院校提供在线高等教育来算，全美有5 000多所高校，则有3 500多所院校开展现代远程高等教育，事实上2015年公开招生的4 836所院校中，有3 354所宣称校内至少有一名学生选择在线教育，当年学生注册总数为6 022 105人。

按200万专任教师的71.7%算，美国参与现代远程高等教育的专任教师则有140多万，90万行政管理和非教学人员也会在不同层面参与在线高等教育。可见美国现代远程高等教育教师队伍非常庞大，普及化和专业化程度都比较高。美国在线高等教育团队，自上而下分可三个层次③：

第一层负责决策规划，包括首席学术领导（教务长和主管学术副校长）和首席信息官及首席在线教育领导。他们掌握着美国大学在线教育的进展，能从政策、预算、成本等方面予以平衡和管理。

第二层是管理执行层，包括教学设计师、课程项目经理、教育技术专员、音视频专员、美工设计专员等。这一层次的人员是在线教育专业团队的中流砥柱，主要负责：①在线课程的项目管理、开发与运行；②教师在

---

① 吴世勇，陈伟，赖怡玲. 美国在线高等教育发展规模的样态分布、影响因素及启示：基于2016和2017年在线教育联盟调查报告的分析[J]. 教育发展研究，2017，37（21）：101.
② 高磊，姜远平. 美国高校教师结构优化的趋势及启示[J]. 现代大学教育，2004（3）：76.
③ 钱玲，徐辉富，郭伟. 美国在线教育：实践、影响与趋势：CHLOE3报告的要点与思考[J]. 开放教育研究，2019，25（3）：17.

线教育培训，即运用设计—开发—评价的系统方法，协同技术开发人员、学科教师，完成在线课程的设计与开发运行与支持在线学习平台；③在线考试的技术支持；④为师生提供即时教学支持等。

第三层是应用层，主要指在线教学教师。在线教学教师开展在线教学，需要不断学习在线教与学的基本理论，掌握最新的在线教育技术、在线评价技术等。在线教学教师是教学内容的设计者，他们与学生直接进行交互。美国大学投入大量的人力、物力和财力对在线教学教师进行反复培训，以适应在线学生的需要。

2. 在线高等教育教师的结构

美国在线教育联盟 2005 年度的调查评估中增加了在线教学责任教师在任课教师中所占比例的内容。调查将高等学校教师划分为主讲教师、交叉教师和辅助教师三类。

从调查情况表 5-14 和表 5-15 中可以看出，无论是总体还是各类院校，在线主讲教师的比例都在 60% 以上，这说明美国在线教育的教学工作仍然主要由主讲教师担任。除了准学士院校外，借助教育技术的力量，其余四类院校中在线主讲教师的比例都低于面授教育主讲教师的比例。另外，在线辅助教师也明显多于面授辅助教师（除了准学士院校），学士院校最多，在线辅导教师是面授教育的 6 倍。[①]

表 5-14　美国任课教师总体情况　　　　　　（单位：%）

任课教师	面授教育	在线教育
主讲教师	6.2	65
交叉教师	25	17
辅助教师	13	18

表 5-15　美国各类型院校任课教师情况　　　　　　（单位：%）

任课教师	博士院校		硕士院校		学士院校		准学士院校		专科院校	
	面授	在线	面授	在线	面授	在线	面授	在线	面授	在线
主讲教师	84.8	71.2	69.0	63.0	79.0	60.6	48.0	69.0	66.0	61.0
交叉教师	11.4	12.3	23.0	19.0	15.0	3.8	39.0	21.0	18.0	10.0
辅助教师	3.8	16.5	8.0	18.0	6.0	35.6	13.0	10.0	16.0	29.0

3. 教师业务素质

美国各高等院校和远程教育机构都十分重视远程教育师资的业务素

---

① 张满才，丁新. 在线教育：从机遇增长，到融入主流、稳步发展：美国在线高等教育系列调查评估对我国网络教育发展的启示[J]. 开放教育研究，2006（2）：13.

质，对任课教师要求很高，既注重教师的学历，又讲求其学术水平和教学经验。担任网络远程教育课程的主讲教师都是本校或者是全美，甚至是世界上本专业该学科最优秀的教师。[①]例如，美国国家技术大学远程教育中心从全美各地52所大学中聘请最好的教授，组织教材编写和教学。哥伦比亚大学远程教育中心网上课程的教学人员，都是该学科在美国乃至世界著名的研究学者、教授；同时，注重对网上教学人员的培训，包括网络教育技术的培训和网络教学方法的培训等。加利福尼亚大学远程教育中心规定，凡担任网络远程教育课程的教学人员，必须参加为期6周的网络技术的训练，以提高网上教学的适应性。主讲教师为了展示其才能，往往都精心准备高水平的教学内容，这样，才能保证远程教育教学的高质量。

另外，美国教师联盟也非常重视现代远程高等教育的质量，要求教职员工加强对于网络课程的管理措施，他们在1999年对200名远程教育从业人员深入调查的基础上，提出了14项指导原则。[②]该原则指出：教师应掌握对学术与课程素材的控制、教师应符合远程教学的特殊要求、教师应保持与学生进行面对面交流及远程课程的评价应分三层次。美国教师联盟认为，教师应该多参与远程课程的设计过程。学校提供的远程学习课程事先应经过有评估经验的教师的检查和同意，并进行反复的检查。教师应该自己设计课程与课程材料，并有效地控制材料的质量。如果教师丧失了对课程的控制权，就不能保证学生学习的质量，也无法反映学科的新变化。在远程教学的要求中，美国教师联盟认为应该给予教师足够的培训和技术支持，并对教师额外花费的时间给予经济或其他形式的补偿。另外，由于使用远程教学的手法，使师生之间的交流讨论也将随之增多。在教师与学生交流方面，要求教师借助电子邮件、电话、电子讨论小组、传真、视频/音频会议等形式与学生进行沟通交流。仅大约1/3接受调查的教师在课程中会与学生至少有一次面对面的交流，无论在校内还是校外。[③]

二、课程资源的丰富

（一）课程建设

1. 不同类型院校提供课程情况

据美国国家教育统计中心统计，1997~1998学年里，所有2年制和

---

① 梁创勋. 借鉴美国办学经验促进远程教育发展[J]. 广西广播电视大学学报，2003（9）：6.
② 贺丹丹，丁兴富. 美国远程教育指导原则及对我国网院的适用性分析[J]. 中国远程教育，2005（5）：72-73.
③ 肖平. 美国教师联盟之探究[D]. 福州：福建师范大学，2007：34-35.

4 年制中等后教育院校共提供了 53 860 种远程教育课程[①]，如表 5-16 所示。

表 5-16　美国各类院校开设远程高等教育课程数

		院校总数/个	提供远程教育的院校数/个	远程教育课程的数目/种	本专科以上、授予学分的远程教育课程数目/种		
					两种水平课程总数	本专科课程数目	研究生课程数目
院校性质	公立 2 年	1 230	760	20 410	18 860	18 820	—
	公立 4 年	610	480	23 390	20 500	11 190	9 310
	私立 4 年	2 050	390	10 060	9 740	4 950	4 790
院校规模	<3 000 人	3 800	730	16 180	14 230	10 510	3 720
	3 000～9 999 人	820	610	17 030	15 920	13 530	2 390
	>9 999 人	400	350	21 260	19 550	11 510	8 030

这些课程包括为不同类型、不同层次的学生开设的非学分和学分制课程：如初等/中等教育、大学教育、成人基础教育和继续的职业化教育等。从调查资料中可以看出，1997～1998 年度，本专科以上的远程教育学分课程为 49 690 种，主要是本专科水平的课程有 35 550 门，其余有学分课程 14 440 门是研究生水平的。

1997～1998 年度开展远程教育的院校中约一半的院校提供了 15 门或 15 门以下的远程教育课程，其中有 23%的院校提供了 1～5 门课程。按远程教育课程总数分类的院校百分比分布和按本专科以上、承认学分的远程教育课程数目分类的院校百分比分布是相似的。在提供远程教育课程的院校中仅 2%的院校提供了非本专科以上或不计学分的远程教育课程。这些院校包括提供的课程低于本专科水平（如成人基础教育）的院校，提供不计学分的圣经课程的圣经院校和神院校，及提供不计学分的继续教育课程的职业学校。

从 1997～1998 年度美国国家教育统计中心的调查数据中可以看出，远程高等教育主要开设的科目如下。

农业和自然资源：农业贸易和农产品、农业科学、自然资源的变化和再生；

商业和管理：企业管理、会计学、行政助理/秘书、人力资源管理、市场营销；

教育：普通教师教育、特殊教育、课程和指导、教育管理和监督；

---

① 才巨金. 美国远程教育的发展及现状[J]. 继续教育研究，2001（6）：36-37.

工程学：普通工程、土木工程、电机工程及与工程相关的技术；

数学：数学、统计学；

计算机科学：常用计算机科学、计算机程序设计、计算机系统分析；

物理和生物/生命科学：生物学、化学、物理、地质学；

英语、人文科学、社会和行为科学：英语及英国文学、外语、哲学、历史、经济学、心理学、社会学；

图书馆和信息科学：图书馆科学、图书馆管理业务；

医药卫生：护理、内科学、药剂学、物理治疗、内科和实验技术健康服务管理；

职业、技能领域：空调和加热设备的维修、计算机和电气技术、制图。

2. 不同类型课程情况

美国在线教育中心根据教学过程中在线课程所占的比例将高等教育的各种课程形式分为"传统面授课程""简易网络辅助学习课程""混合/交叉型课程"和"在线学习课程"4 种[①]，如表 5-17 所示。

表 5-17　美国高等教育课程的分类及描述

在线内容比例	课程类型	典型描述
0	传统面授	课程没有采用任何在线技术，课程内容完全由书面或口头传授
1%～29%	简易网络辅助学习	用网络技术辅助必需的面授课程，例如，用网络管理系统或网络来传送课程提纲和作业
30%～79%	混合/交叉型学习	在线课程与面授混合。相当部分的内容在线提供，以在线讨论为特色，也可以部分集中面授
80%及以上	在线学习	大部分甚至全部课程内容都由网络在线提供。几乎没有集中面授

2004～2005 年度的调查侧重在线课程在各类高等教育整个课程体系中所占的比例。表 5-18 中正规教育基本上相当于中国的普通高等教育；非正规教育和继续教育基本上相当于中国业余或成人高等教育。从统计数据可以看出，美国在线高等教育已经渗透到了各类高等院校各个层次的学习者，且正规教育的比例较高，除学士层次院校外，其他各类院校在线课程的比例都相当高。其中准学士院校的正规教育 100%都采用在线课程，是因为这个层次可授学位和文凭的院校不多，而能够授学位和文凭的院校都提供了在线课程。另一个明显的特征是能够授博士和硕士学位的院校在线课程的比例也相当高，即使这些院校开展的是非正规教育和继续教育。这

---

① 张满才，丁新. 在线教育：从机遇增长，到融入主流、稳步发展[J]. 开放教育研究，2006（4）：10-16.

说明美国在线高等教育在高层次教育中受到高度重视，而且在线教育可能更适合高层次教育。

表 5-18　美国在线课程在各类院校、各类教学计划课程体系中的比例（单位：%）

	博士/研究者	硕士	学士院校	准学士院校	专科院校
正规教育	78.9	65.8	32.2	100	58.2
非正规教育	64.3	67.6	33.9	77.5	31.7
继续教育	74.1	48.5	29.1	70.8	26.3

2004～2005年度的年报表明，几乎所有学科都开设了在线高等教育课程，其中在线课程比例最高的是商务类，达到42.7%；比例最低的学科是教育类和心理学类，均不到25%，即使是其他学科（主要是自然科学学科）的总和所占的比例也达到了36.2%，如表5-19所示。

表 5-19　美国在线课程在各学科教学计划课程体系中所占比例　（单位：%）

商务类	计算机与信息科学	教育类	医疗及相关类	人文科学及艺术类	心理学类	社会科学及历史类	其他
42.7	35.1	24.9	31.4	40.2	23.6	28.4	36.2

（二）课程设计与开发

美国的远程教育理论研究认为，过多地强调技术而忽略实际的学习过程将会把远程教育的发展引入歧途，不强调教师和学生的因素会形成一个相对较差的学习环境，只有那些很好地考虑到教师和远程学生各种因素的课程设计方法才是成功的。传统的课程设计理念不能一成不变地运用到远程教育中来，必须建立和实践新的课程设计方法，来赢得新技术带来的有益之处。以下是从美国远程教育理论研究中得出的关于远程课程设计的一些主要观点。

（1）在对传统课堂教学的资料进行修改，准备用于远程教育的课程设计时，应该更多地采用可视、明了的展示方式，更好地规划表达信息的时间。比如，多采用表格、图片、视频、动画及其他可视化描述来说明课程中的主要概念和观点；

（2）课程设计在安排讲课和运用技术的任何时候都要突出交互性。除了教师，学生也应该被要求加入到这类交互活动中去；

（3）远程教育的课程设计应该具有直接教学、基于解决问题的教学和基于发现问题的教学三种模式；

（4）课程设计中要安排学生进行小组讨论。在不同地点的学生可以组成一个小组来对课程中的理论和概念进行讨论，在问题的解决上达成共识。这样可以促进学生间的交流，加深对学习内容的印象和理解；

（5）在技术路线出现故障时，必须准备好替代方案，减少课堂时间的混乱和损失；

（6）由于教师和部分或全部学生在地理位置上是分散的，课程设计时应该考虑有效收集学生反馈的方法，以便教师为学生制订个性化的学习计划，保证所有学生的学习质量。

2019年3月，美国在线教育质量保证机构（Quality Matters，QM）和高等教育研究咨询公司（Eduventures Research，ER）联合发布了第三份《美国在线教育发展全景报告》。报告显示，涉及样本院校280所，不同类型样本高校的课程开发方式不尽相同。大规模院校的在线课程开发以教师和教学设计人员合作为主（44%），也有以团队方式开发的（16%），但没有学科教师独自开发在线课程。这在一定程度上说明，大规模院校对在线课程设计与开发重视程度高。在中等规模院校，教师和教学设计人员的组合开发方式占65%，教师独自开发在线课程占10%。小规模院校教师独自开发在线课程的占14%，教师和教学设计人员组合开发的占64%，如表5-20所示。①

表5-20　美国不同规模院校在线课程开发方式　　（单位：%）

	大规模院校	中等规模院校	小规模院校	平均
教师独自开发	0	10	14	10
教师可选择是否与教学设计人员合作 （Faculty+required ID）	20	45	32	38
教师必须与教学设计人员合作 （Faculty+required ID）	24	20	32	24
团队开发	16	8	7	9
与第三方机构合作	3	1	0	1
其他	18	11	10	11

总体来看，大规模院校和小规模院校都以学科教师和教学设计人员组合的两种方式为主，小规模院校占比高于大规模院校20%。平均来看，62%的在线课程由学科教师和教学设计人员合作开发。与第三方机构合作开发在线课程并不普遍，大规模院校也只有3%的课程采用这种组合方式。总之，越大规模的院校，其课程开发方式越系统，也越倾向于合作。

---

① 钱玲，徐辉富，郭伟. 美国在线教育：实践、影响与趋势：CHLOE3 报告的要点与思考[J]. 开放教育研究，2019，25（3）：12.

（三）其他学习资源

1. 学习资源的建设

美国远程高等教育的资源建设主要有以下两种形式。

第一，院校为远程高等教育自建资源，主要面向各院校的远程学生，专业性较强。建设方式又有三种：其一是学校与公司合作模式，由学校教师搞好资源的教学设计，媒介公司负责制作，如印第安纳大学、夏威夷大学等；其二是公司独立制作模式，即信息技术公司为了公司自身的发展，自己建立了丰富的具有教育职能的网站，开发了大量的教学资源；其三是网络教育学院组织模式，美国许多大学都设有网络教育学院，主要的教学形式是网络教学，其教学资源是由学院根据课程设置组织建设的，既有独立开发的，也有委托开发的，甚至是通过某种途径收集的。[①]这一类型的远程教育资源形式多种多样，界面设计不太讲究。既有用于远程教育的网络教材，也有配合学校教学的素材库，还有配合课堂教学或学生自学的一题一论的多媒体课件。许多杂志发表的论文的全文与摘要都可在学校的网上阅读，学校订阅的"电子图书"（e-Books）也能在网上阅读。有些材料可以下载，有些材料只提供网上阅读，还有一部分只提供内容提要和网上购书的信息。

第二，全国性的远程教育资源库建设，资源免费公开，是巨大的多学科综合性资源库。如美国教育资源信息中心（Education Resources Information Center，ERIC）是一个由美国联邦政府全额资助的全国信息中心，由美国国家教育图书馆负责管理。ERIC 包括一个由 16 个学科主题组成的信息交换中心、附加信息交换中心及支持成分组成的网络。其资源建设计划周密，功能齐全，内容丰富，其内容包括超过 100 万种有关教育研究和教育实践的期刊文章、研究报告、书籍、教学指导及其他教育文献的摘要。除了政府组织建立资源库，美国的企业和高校都非常重视高等教育学习资源库建设。例如，太平洋 Telesis 公司于 1994 年发起一项名为"一流教育"的计划，目标是到 2000 年使加州的 9 000 所学校和图书馆全部联网，以半价收费提供上网服务；美国电话电报公司投入 1.5 亿美元建立了一个学习网，为 100 所学校提供五个月的免费上网服务及后继的折价上网服务。

2. 学习资源的使用

随着美国现代远程高等教育的普及化，其课程学习资源也日益丰富起来，几乎所有提供在线教育的院校都能提供教材、电子图书等资源供

---

① 孔凡士. 高等教育信息化的理论研究与实证分析[D]. 武汉：武汉理工大学，2003：43.

学员学习。丰富的图书馆电子资源基本来源于购买和自建。由于知识产权保护的需要，其中大部分电子资源是限制访问的，只有一小部分是免费访问的。但对合法用户的远程高等教育学员，他们随时随地提供服务。有学者对美国大学合法用户在校外利用图书馆电子资源的访问方式进行了调查与研究，发现美国接近50%的大学（包括其图书馆）提供了3～4种校外访问图书馆电子资源的方式；将近80%的大学（包括其图书馆）提供了2种或以上校外访问图书馆电子资源的方式。[①]美国大学的做法，既让其合法用户对校外访问方式有了一定的选择余地，也保障了他们享有的权益。

丰富的学习资源为美国现代远程高等教育的蓬勃发展提供了有力的支持，据了解，很多开办远程教育的高校都给学生提供相关服务。

第一，网上图书馆。任何一个注册的学生都可以通过网络浏览学校图书馆的目录，也可以浏览其他联盟大学图书馆的目录并借阅。

第二，网上数据库。各大学都与其他提供电子期刊的部门合作或购买数据库的使用权。学生只要输入其代码便可查阅数据库。

第三，教师根据有关合理使用版权资料的原则，将和课程相关的材料数字化后，上传到图书馆的网站上，学生可输入本人代码阅览该材料。

第四，各类辅导性材料。比如评价网上资源的可靠性，如何使用 APA 格式，等等。

三、教学媒介技术的创新

美国现代远程高等教育的媒介技术是建立在其不断发明和创新的媒介技术的基础上，美国教育部教育研究与发展局1999年12月的资料显示，美国远程高等教育媒介技术的演变经历了几个主要发展阶段[②]，如表 5-21 所示。

表 5-21　美国远程高等教育媒介技术主要发展阶段

	第一阶段	第二阶段	第三阶段	第四阶段
基本特点	一般采用单种技术	除电脑之外的多种技术	包括电脑和网络在内的多种技术	包括宽带网在内的多重电脑技术
年限	1850～1960	1960～1985	1985～1995	1995 年至今

[①] 叶新明. 美国大学合法用户在校外利用图书馆电子资源的访问方式调查与研究[J]. 大学图书馆学报，2000（2）：99-100.
[②] 国家教育发展研究中心. 2001 年中国教育绿皮书[M]. 北京：教育科学出版社，2001：195.

续表

	第一阶段	第二阶段	第三阶段	第四阶段
运用媒介	印刷品；无线电；电视	录音机；电视；录像机；电传；印刷品	电子邮件、网上公告、网上交谈；程序化的软盘、CD 及网上资源；电话会议；通过卫星、电缆、电话等技术进行集中式的视听讨论会；电传；印刷品	电子邮件、网上公告、网上交谈；宽带网提供个性化、定制的交互学习资料；程序化的软盘、CD 及网上资源；通过卫星、电缆、电话等技术进行分散式的视听讨论会；电传；印刷品
通信特点	单向；师生之间通过电话或电报交流；偶尔辅之以面授、解疑	单向；师生之间通过电话或电报交流；偶尔辅之以面授、解疑	通过印刷品、电脑程序及可视会议等广泛的通信手段，传送教学内容；双向交互手段，实现师生、学生之间的事先或事后的交流；因特网技术提供课文\可视图像等	双向实时视听交互式教学；双向交互式手段，实现师生、学生之间的事先或事后的交流；通过因特网高速传送教学内容；根据要求传送长时间的教学化教学程序

美国远程高等教育媒介技术是不断进步的，第一、第二阶段技术，主要体现在美国早期远程高等教育中，从 20 世纪中后期开始，美国远程高等教育逐渐开始使用计算机通信技术，即第三阶段技术。本书所讲的美国现代远程高等教育正是基于第三阶段和第四阶段，包括电脑和互联网在内的多种媒介技术综合运用的远程高等教育活动。以下将举例说明美国现代远程高等教育中使用到的几种媒介技术。

（一）电子通信会议系统（teleconferencing）

电子通信会议系统是一种在两人或者更多人之间进行远程通信的电子传播技术。它可以分为电话会议系统（audio conferencing）、电视会议系统（video conferencing）和计算机会议系统（computer conferencing）。通信会议系统在教育中的使用可以扩展传统的学校教育规模，为各个层次的学生提供各种课程，增加受教育的机会。

电子通信会议系统在美国远程高等教育中的应用很早，如 20 世纪 80 年代，密西根大学就研究和利用计算机会议系统，并为在校的大学生提供学分课程、为成人教育提供远程培训课程、组织学生讨论等。

（二）网络技术

20 世纪 90 年代以来，随着以计算机网络技术为标志的信息时代的到来，信息技术开始应用到大学教学和研究的各个方面。建立在网络基础上的多媒体系统，把多媒体技术与网络通信技术紧密结合，大大扩展了单机多媒体系统的功能。它不仅具有各种媒介信息处理和人机交互功能，更重要的是它实现了网上多媒体信息传递和多媒体信息资源共享，形成了一种最理想的多媒体网络教学环境。

计算机网络以其信息传播的双向性、实时性、交互性和信息资源的共享性等突出的优势，逐渐被高校广泛用于开展现代远程教育活动。学生通过网络与教师进行交流和合作，以网络为纽带共同完成某一学习任务。学生们可以突破地域和时间上的限制，进行同伴互教、讨论交流、课外兴趣活动等合作性学习。基于网络传播技术的没有校舍的虚拟大学以全新的面貌出现，学生可以根据自己的需要，通过资格认证而成为一所网上虚拟大学的学生。学生的学习过程全部通过计算机网络来实现，包括进行入学报名、注册、付费、学习、实践、考试、获学分和学位等。

从图 5-10 中可以看出，在课堂教学中，1999 年有 54% 的课程使用电子邮件，而 1998 年、1994 年这一比例分别为 44% 和 8%。1999 年，38%的大学课程使用网上资源作为教学内容的组成部分，而 1995 年为 10.9%，1998 年为 33.1%。1999 年有 28.1% 的大学课程在互联网上建有课程网页，1998 年为 22.5%，1996 年为 9.2%。综上所述，从 1994 年到 2000 年，美国大学在课堂上越来越多地利用信息技术，并几乎均呈直线上升的趋势。

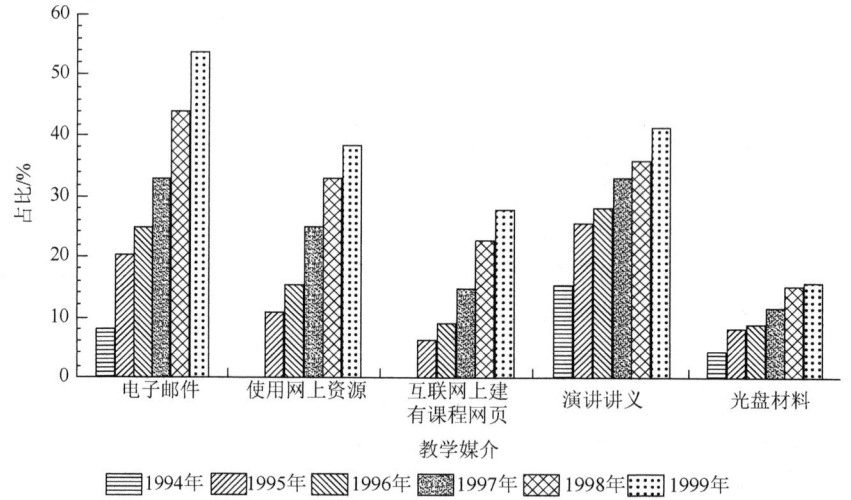

图 5-10 美国高等学校使用媒介技术情况[①]

---

① 资料来源：The 2000 National Survey of Information Technology in US Higher Education: The Struggling with IT Staffing and Support. October, 2000. The Compus Computing Project, http://www.Campuscomputing.net/survey.

图 5-11 向我们展示了美国高校应用无线网络开展远程教育的情况,除社区大学的比例较低之外,2006 年其他各类型高校的无线网络推广率都超过了 50%。而且从 2004 年到 2006 年,所有高校应用无线网络的比例得到了持续的增长。这为美国高校开展远程教育奠定了坚实的物质基础。

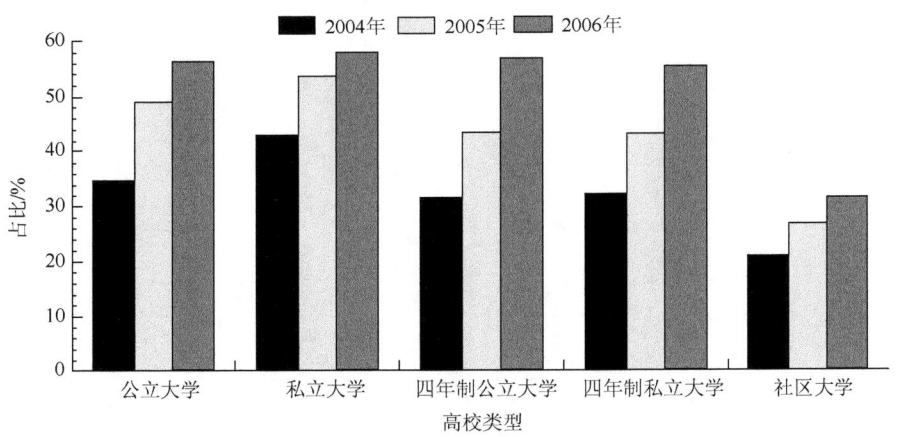

图 5-11　美国各类高校应用无线网络的情况①

美国在线教育发展全景报告将在线学习活动的使用情况分为三类:必须或经常采用、非常普遍的活动,可选用的、一般普遍的活动,以及很少或不使用的活动。如图 5-12 所示,在线讨论是最常见的在线学习活动,其次是预备阅读、短文作业、小测验、长文作业、教师预录制视频、小组项目学习、学生口头报告、第三方机构预录制视频。师生实时视/音频、数字模拟、角色扮演、数字游戏相对较普遍,传统游戏很少被采用。②

值得关注的是,视频已成为重要的教学活动。选择教师预录制视频为普遍和非常普遍的达到 87%,这说明很多教师利用视频辅助教学,选择师生实时视频交流的占 53%。随着美国视频会议技术的发展,学生可通过视频会议系统等便捷地实现在线视频答疑。

四、学生支持服务日益个性化

学生作为参与现代远程高等教育的主体,其获得学习的机会如何?学

---

① 资料来源:The 2006 National Survey of Information Technology in US Higher Education:The Struggling with IT Staffing and Support. October,2006. The Compus Computing Project,http://www.campuscomputing.net/survey.
② 钱玲,徐辉富,郭伟. 美国在线教育:实践、影响与趋势:CHLOE3 报告的要点与思考[J]. 开放教育研究,2019,25(3):14.

习是否有收获？满意度如何？这些都是衡量现代远程高等教育是否有实质性增长的标志。美国现代远程高等教育在为学生提供更多学习选择机会、满足学生的个性化需要等方面有其独到之处。

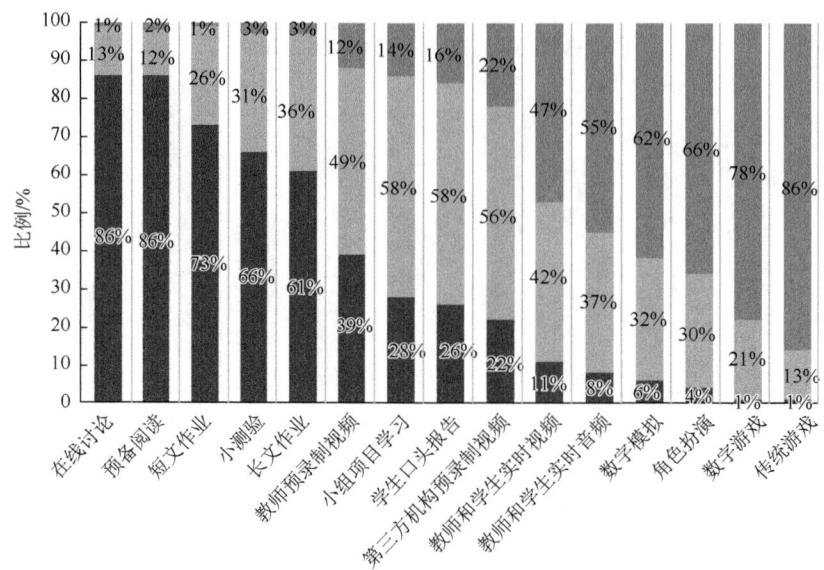

图 5-12　美国在线教育主要采用的教学技术手段

（一）支持学生在线学习机会的增加与分布

美国在线教育联盟自 2003 年开始发表的系列调查评估报告，在一定程度上也反映了美国现代远程高等教育学生支持服务的状况。

1. 在线学习的学生规模

根据美国在线教育联盟的统计调查报告，美国注册在线课程的学生数 2002 年为 160.3 万，占美国高等教育学生总规模 1 661.2 万的 9.6%，此后连续 10 年在线教育人数占比不断攀高，到 2012 年在线课程学生数为 712.7 万，占美国高等教育学生总规模 2 125.3 万的 33.5%，达历史高峰。①从 2002～2015 年，美国在线高等教育人数与总规模人数的对比，如图 5-13 所示。

受美国高等教育整体规模逐年下降和 2008 年金融危机的影响，2012 年后，在线教育注册人数也呈下滑趋势。至 2015 年，在线高等教育注册总人数只有 600 万，勉强恢复到 2010 年的水平。与此相对应，在线高等

---

① 熊华军，汪玉. 2003—2015 年美国在线高等教育发展的主要特征：基于 2016 年斯隆报告的解读[J]. 中国高教研究，2017（8）：92.

教育注册人数占高等教育注册人数的比例亦从2012年的33.5%降到2013年的27.1%。2015年，占比恢复到近30%，具体增幅如图5-14所示。[①]

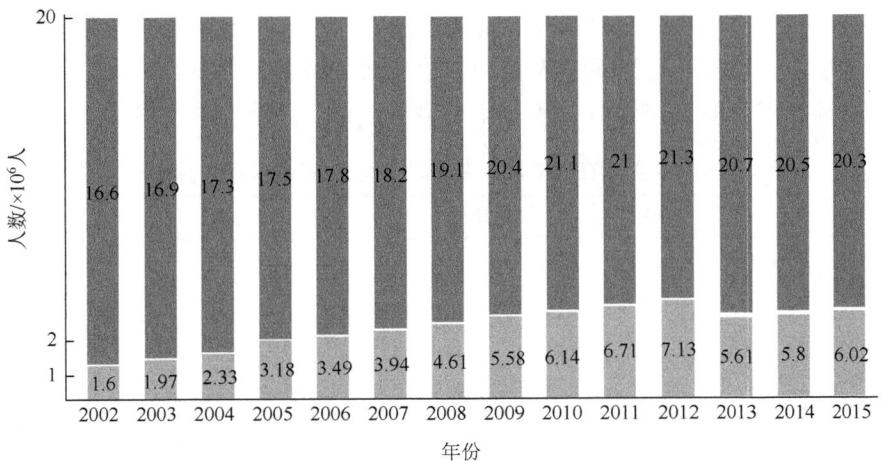

图 5-13　美国高校注册在线学习人数与总规模人数的对比

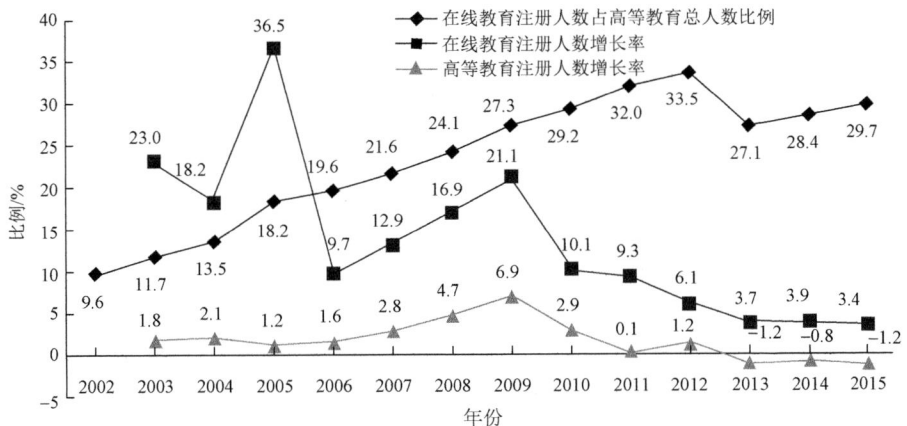

图 5-14　美国高校注册在线学习人数增长情况

2. 在线学习的学生结构

2002～2003年度美国在线教育联盟的调查数据表明，各类在线学习者中，除专科院校外，其他院校的在线学习者人数都超过了10万。准学士院校的学习者人数达到65万，在线学习者在所有院校学生中的比例是最

[①] 吴世勇，陈伟，赖怡玲. 美国在线高等教育发展规模的样态分布、影响因素及启示：基于2016和2017年在线教育联盟调查报告的分析[J]. 教育发展研究，2017，37（Z1）：101.

高的，达到 10.8%。专科院校在线学习者的人数最少，主要是由于这类院校本身数量不多，但这类院校在线学习者在在线院校学习者中所占的比例却是最高的，达到 16.3%，如表 5-22 所示。在线学习者的分布主要集中在高等教育中较高和较低的层次，准学士院校（相当于中国的大专和本科之间的层次）的学习者数量就超过了其他层次在线学生数量之总和。但学位教育却集中在研究生部分，硕士数量最多，博士其次，最后是学士。

表 5-22　美国在线学习者类型的比例及在线学习者的数量

分类	所有院校中学习者占比/%	在线院校中学习者占比/%	在线学生数量/人
博士/研究者	6.3	7.0	209 512
硕士	8.5	10.6	272 096
学士院校学习者	6.3	12.0	105 917
准学士院校学习者	10.8	13.3	653 600
专科院校学习者	6.8	16.3	58 123

在线学习者在院校的分布主要集中在公立院校。从图 5-15 中可以看出，2003 年秋季在线学习的学生中，在公立院校注册的在线学习学生总数多达 163 万，占这类学生总数的 82.9%。私立非营利性院校的在线学生只有 20 万，占这类学生总数的 10.2%。而私立营利性院校的学生（占 6.9%）只相当于私立非营利性院校学生的 2/3。

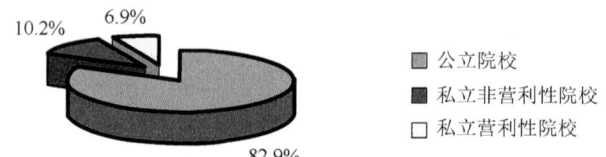

图 5-15　美国在线高等教育学生的结构

十年后，美国在线高等教育的发展有所变化。2012 年，在线教育本科生为 4 559 494 人，研究生为 865 912 人；2013 年，在线教育本科生为 4 706 277 人，研究生为 905 274 人；2014 年，在线教育本科生为 4 833 989 人，研究生为 961 741 人；2015 年，在线教育本科生为 4 999 112 人，研究生为 1 022 993 人。本科生约是研究生的 5 倍。具体情况如图 5-16 所示。

公立院校中，在线教育本科生比例最高，为 90.2%，相比而言，在其他两类院校中，在线教育本科生比例小于整体高等教育学生数中的本科生比例，如私立营利性院校中，在线教育本科生比例为 72.5%，而整体高等教育本科生比例为 80%；私立非营利院校中情况也一样，前者为 64.3%，后者为 69.8%。①具体情况如图 5-17 所示。

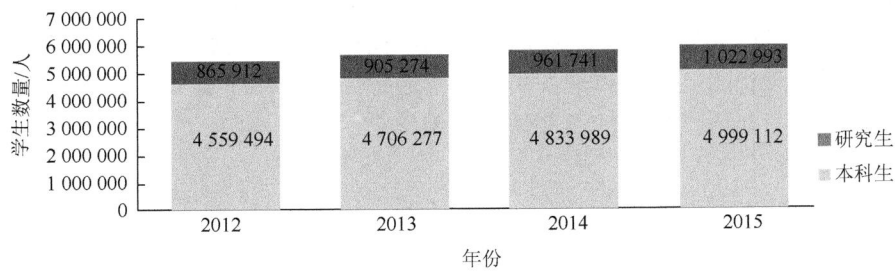

图 5-16　美国在线高等教育本科生与研究生数量对比

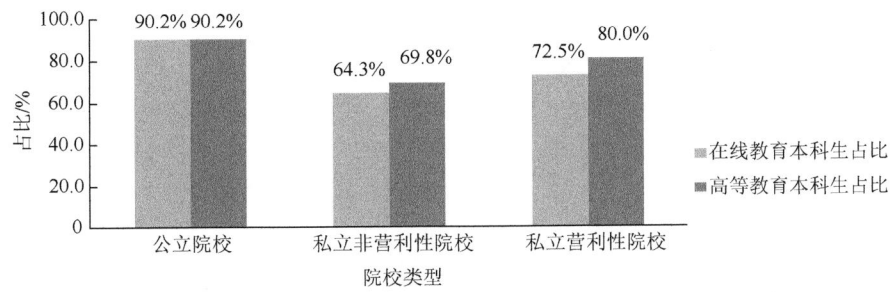

图 5-17　美国在线高等教育不同类型学校本科生比例

2017 年 5 月，斯隆联盟对比 2012～2015 年在线教育录取情况，其中私立营利性院校全部选择在线教育的学生人数在减少，而公立院校和私立非营利性院校的学生人数逐年增加。在 2012～2015 年，公立院校与私立非营利性院校共计增加了超过 20 万名学生，而私立营利性院校则减少了 174 553 名学生。②

3. 注册在线学习的学生与学院规模关系

美国高校在线学习人数的增长和大学学院的规模有内在关联，2005 年调查数据显示，学院的规模和在线学习的人数增长成正比，如图 5-18 所示。

2017 年斯隆联盟公布的报告显示，47.7%的在线教育学生集中在 5%左右的学校中，仅占学校总数 1%的前 47 所院校却容纳了总人数的 23%。美国在线教育以大规模院校、公立院校和私立非营利性院校为主要供给

---

① 吴世勇，陈伟，赖怡玲. 美国在线高等教育发展规模的样态分布、影响因素及启示：基于 2016 和 2017 年在线教育联盟调查报告的分析[J]. 教育发展研究，2017，37（Z1）：104.
② 逄红梅，黄宏军，高健. 美国在线高等教育成长轨迹及启示：基于产品生命周期视角[J]. 电化教育研究，2018，39（10）：35.

源，高度集中了在线教育。[①]其原因是：首先，大的学院提供了丰富的在线教育资源，搭建了比较完善的网络教育平台，有较多的专家学者，学术文献和在线课程资源都是优于较小学院的。其次，在线高等教育也更适合在大学院推广应用。优点是显而易见的，优化了学院的教学资源，突破教师授课的时空约束，有利于学生在教学过程中主体性的发挥。最后，大的学院基数大，所以推广的速度快于小型学院。

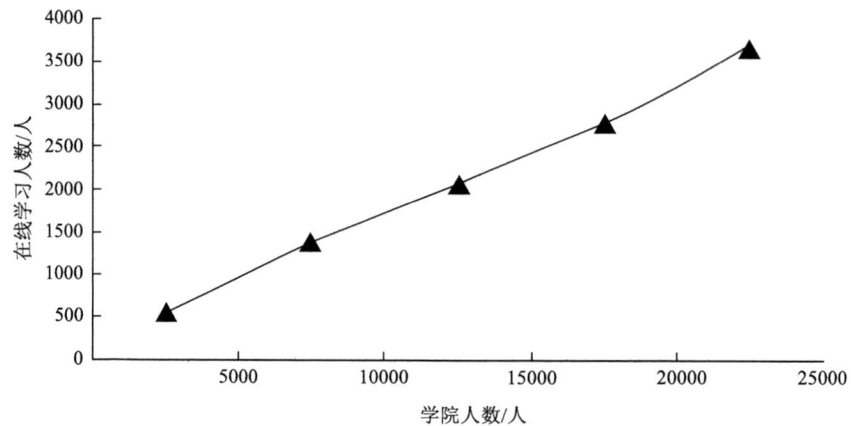

图 5-18　美国注册在线学习人数与学院规模关系

4. 在线学习的学生在各高校中的分布

按照卡内基教育机构分类，把美国高校分为五类院校：授博士学位大学；硕士院校；学士院校；准学士院校；专科院校。美国在线学习学生在不同阶段的高校中的分布如表 5-23 所示。

表 5-23　美国不同类型高校在线课程的学生人数[②]　　（单位：人）

学生类型	授博士学位大学	硕士学院	学士院校	准学士院校	专科院校	合计
在校本科生	252 230	608 210	97 491	1 498 246	69 542	2 525 719
专业高职	5 383	699	549	4 872	8 531	20 034
研究生	129 103	224 904	9 226	600	38 904	402 737
继续教育	4 190	5 990	406	43 804	1 453	55 843
总人数	390 906	839 803	107 672	1 547 522	118 430	3 004 333

---

① 逄红梅，黄宏军，高健. 美国在线高等教育成长轨迹及启示：基于产品生命周期视角[J].电化教育研究，2018，39（10）：35.
② 刘杨，徐辉. 美国在线高等教育评估及启示[J]. 中国电化教育，2007（11）：60.

从表 5-23 中我们可以看出：一方面，有 84.1%的在线学习者是在校本科生，研究生占到了 13.4%。从美国在线教育学习者结构的分析中可以发现，美国在线高等教育主要集中在两个层次：高等教育基础阶段和研究生阶段。另一方面，美国高校的学生大多集中在准学士院校，几乎全部的准学士院校的学生接受在线学习的课程，在线教育已经在高校的教学过程中起到了很好的作用。同时从各类学校毕业后继续接受教育的学生大都采用在线远程高等教育完成学业。

5. 高校在线学习学生缘地分布

全部选择在线教育的学生中，有 53%生活在注册高校所在州；41%常住地在美国，但和他们注册的高校不在同一个州；4%的学生位置不明确；只有不足 2%的国际学生能获得美国高校的在线教育注册许可。

从院校类型来看，公立高校有 84%的学生居住在高校所在州；而私立营利性院校中 75%的学生来自其他州；私立非营利院校则有 56%的学生来自其他州，如图 5-19 所示。①

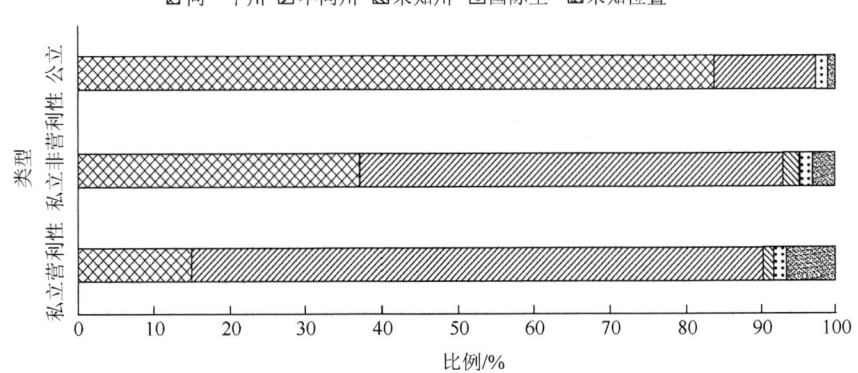

图 5-19 不同类型院校生源地分布

（二）学生支持服务的方式

美国现代远程高等教育学生支持服务随着通信网络技术发展而不断进步，正如美国西部教育远程通信合作组织行政主任萨利·约翰斯顿（Sally Johnstone）博士所说，美国现代远程高等教育经历或正在经历着四个阶段的演变②。

---

① 吴世勇，陈伟，赖怡玲. 美国在线高等教育发展规模的样态分布、影响因素及启示：基于 2016 和 2017 年在线教育联盟调查报告的分析[J]. 教育发展研究，2017，37（Z1）：106.
② 萨利·约翰斯顿. 美国远程教育的发展现状、挑战及策略[J]. 中国远程教育，2004（8）：54.

第一阶段是一组静态的信息呈现网页,作为大部分的服务,并提供一些寻求帮助的指导信息,使网站的访问者能够有机会了解到可获得哪些服务。

第二阶段是增加互动形式、自我评估工具及电子邮件容量,使得学生能够将网站用作一种交流工具,以获得教职员工的帮助。

第三阶段是可以提供一些在与学生一对一的关系之上建立起来的个性化的服务。学生可以访问自己的学习记录,并可以在自己的个人主页上定制这一信息的呈现。

第四阶段,用万维网门户来建立兴趣社区或群体,建立学生与院校之间的持续发展的关系。

从静态被动式服务,到动态交互式服务,再到个性化和亲密式服务,可以说是美国现代远程高等教育学生支持服务的总体写照。但每所高校,由于学习者特征不同,需要支持服务的内容和方式也不同。为进一步探讨美国现代远程高等教育学生支持服务的内容形式,我们有必要选取不同类型的高校做个案分析。下面选取了美国凤凰城大学和西部州长大学进行研究。

1. 凤凰城大学的学生支持服务

凤凰城大学于 1976 年成立,1978 年获北部中心协会高等学习委员会认证。现今已有 110 个校园与学习中心,分布在美国 21 个州、波多黎各及加拿大,是美国在校生规模最大的私立大学。[①]2018 年凤凰城大学学位总注册人数有 97 200 人,其中,注册副学士学位的有 10 200 名学生,注册学士学位有 67 700 名学生,注册硕士学位的有 16 700 名学生,注册博士学位的有 2 600 名学生。注册学生分为五个年龄段,年龄在 22 岁以下的学生占 6.1%,年龄在 23~29 岁的学生占 27.2%,年龄在 30~39 岁的占 38.7%,40~49 岁的学生占 19.5%,50 岁及以上的学生占 8.5%。注册学生划分为 6 个种族,其中,美国黑人占 33.6%,亚洲太平洋岛民占 3.6%,白种人占 39.5%,拉美裔美国人占 17.8%,印第安人占 0.9%,其他种族占 4.6%。这所大学的大多数学生都是第一代大学生,女性占 65.7%,男性占 34.3%,许多学生都是 30 岁以上的在职成年人(平均年龄为 35 岁),超过一半学生(56%)是少数民族。

1)学术性支持

凤凰城大学教师平均有 25 年的专业工作经验,许多人担任领导职务,能很好地为学生提供学术性支持服务。

---

① 毛向辉. 从凤凰城大学看远程教育产业发展[J]. 中国远程教育,2003(10):72-73.

例如，在 2018 年，大约有 295 名教师是首席执行官，211 名教师是副总统，102 名教师是首席财务官，151 名教师是董事，45 名教师是首席运营官，43 名教师是教育专家，30 名教师是首席信息官，29 名教师是地区检察官，17 名教师是警察。

凤凰城大学主页发布的数据显示，目前总共有 8 448 名教师，女性教师占比 53.7%，男性教师占比 45.9%，0.4%的教师性别未知，其中，白人教师占比最高，为 59.2%，其次是非裔美国教师，占比 15.1%。凤凰城大学教师平均教学年限为 11.7 年，6.4%的教师有军事经验。

凤凰城大学采用了一种以成人学习理论为基础的教学框架指导课程和项目的开发，同时也影响着教师的教学方法。凤凰城大学的使命是为有工作的成年人提供高等教育的机会。凤凰城大学的课程是紧凑且具有互动性的，教师通过依靠创新的教学工具，促进学生所学知识和技能的实际应用，所开设的课程以结果和标准为基础，为学生的职业生涯做准备，旨在帮助学生获得理论内容和有用的知识和技能，对于工作的成年人来说，此类课程是他人在学术和专业上取得成功的关键。

学生可以根据自己的需要选择合适的时间和地点，通过凤凰城在线大学的异步电子会议等工具参与教师课堂学习，以此完成课程。该校还研发了一套新的教学工具——FlexNet，它是一种在线和非在线混合的课程传播系统。另外，凤凰城大学的在校生还必须每周参加两次教学指导活动，即为时 4 小时的由教师指导的研习会和为时 4~5 小时的学习小组讨论会。学习小组由 2~5 个学生组成，鼓励组员之间的相互协作，他们认为，这种能力正是信息时代下作为一个优秀的雇员所必须具备的，同时也是凤凰城大学为学生设定的基本学习目标之一。教师们通过审查学习小组的日志和其他书面材料，对学习小组的活动、成果、过程进行密切的监督、管理。

在 2018 年的财政年度会议上，凤凰城大学提供了预先学习评估体系（PLA），评估工作学习者从相关工作和生活经验中获得的学习是否可以应用于大学学分，如企业和专业培训、执照、其他课程和经验学习。此前的学习评估是通过评估学生所写的体验式论文，以此为他们的学位赚取学分。体验式论文是基于库伯（Kolb）的体验式学习模型，这是一种学习理论，学生通过四个周期：具体的学习、反思的观察、抽象的概念和积极的实验来验证一个事实，即经验是学习的来源。该评估方式和课程的安排是为了让学生在学习的过程中不断进步，从而达到对学习内容的掌握和达到既定的学习目标。在职学习者可以在方便的时间和地点参加课程，学生可以在网上、校园或通过混合模式选择地点参加课程。这种模式在许多地方得到了应用。

2018 年，凤凰城大学继续采用学生学习模式，由本专业的教师将相关经验和知识带入课堂，填补理论与实践之间的空白。教师还通过让学生参与各种个人和协作活动来管理学习过程，包括一起完成论文、演讲和其他项目的学习小组。

课堂上教师通过 LPA（学习、练习、实践）教学模型，简化了复杂的教学设计过程。首先，通过设计模型的学习内容促进学习，实现学习者学习目标，这些学习内容可以激活现有的知识并演示新的知识。其次，在练习环节通过成人学习者的社交、互动和及时反馈来促进他们的学习参与。讨论是练习环节的重要组成部门。最后，实践环节让学生有机会应用新知识，解决实际问题。

2）非学术性支持

凤凰城大学为网上学生提供 24 小时在线服务，大量的顾问与教师靠电话与 E-mail 等协助学生学习，包括信息咨询、管理服务和情感支持等非学术性活动。

信息咨询。通常一个由入学顾问（enrollment counselor）、经济资助顾问（financial advisor）和学术顾问（academic counselor）三方人员组成的顾问团队专门负责在学生申请入学和课程学习过程中提供咨询服务，在各个阶段提供不同的帮助。对学生的全程支持包括充分的人际交互、学习过程可跟踪、学习进度和表现可以被教师监控等，这些能够降低学习的困难，从而降低辍学率。凤凰城大学雇用了近 900 名入学顾问（相当于顾客服务代表），由他们完成与打算申请入学的学生的初次接触，解释学术程序、课程结构、学习方式、费用水平、技术要求，以及先前学习水平的测评等内容。在线操作小组根据特定的职业领域，如军人、普通雇员等领域安排咨询师。经济资助顾问与咨询过的、潜在的学生联系，确认学生是否需要经济资助，以帮助学生克服经济上的困难，顺利入学。

管理服务。学生学习第一门课程的时候，由入学顾问为学生分派某一位学术顾问。学术顾问共有 240 人，在学生注册入学后和毕业之前的这段时间里，与学生之间主要的人际接触工作都由学术顾问来完成，他们鼓励学生请教任何问题，帮助学生完成课程的选择、学习进度的安排、理解学校制度等，还要定期检查学生的学习进度；与别的大学互认学分。学生如果在别的大学或经过承认的场所接受过教育或培训，其获得的学分或专业培训证书都被承认，或可换成学分；随时注册学习课程。学生可不分学期，在任何时间和任何地点参加注册、学习和考试。研究生课程一般在连续六周内完成，本科生课程一般在连续五周内完成。一门课程完成后，随后的一周才开始下一门课程。

情感支持。凤凰城大学自创建以来，一直采用能够产生相互影响并且极为注重实效的交流方式。其校园和学习中心的学生每个班平均为 16 人，在线学生班组仅为 8~13 人。[①]尽管指导教师讲授课程的时间不多，但指导学生讨论问题的时间较多，包括模拟实践和指导学生完成与各自工作有关的研究项目。

最近几年，凤凰城大学投资了大量的项目和资源来提高学生的保留率和提高学术成就——从辅导和研讨会到帮助学生管理他们的财务，以及创建一个将教育与他们的专业目标联系起来的职业规划工具。

①预测分析和教员仪表板。在线教育创造了评估学生有用信息的机会，比如他们使用的学术资源、作业表现、每周出勤率、在线课程的时间长度和每周发布的帖子数量。这些数据可以帮助大学工作人员识别在学习中可能遇到困难的学生，以便及时提供有意义的支持。所有教员都可以使用教员仪表板，它还提供数据来帮助识别有风险的学生。这些数据包括学生个人作业分数、累计分数、学习活动参与度、职位数量和预计成绩，以及教师绩效资源。

②家教。认识到学生可能需要额外的学术支持，在一些具有挑战性的科目上，大学提供广泛的辅导服务。

③研讨会。辅导员引导的研讨会，学生可以按照自己的时间表安排参加，旨在建立学生的成功。例如，新的迎新讲习班使新生熟悉这所大学。其他的研讨会则侧重于时间管理技巧或与职业相关的资源等主题。凤凰大学的专题讨论会以结构化的支持工具为特色，包括教程、提示、视频和其他有用的多媒体内容。

④Facebook（脸书）的研究会议。为了努力创造一个更有联系和支持的学生体验，每月的学习会议在凤凰城大学的 Facebook 页面上举行。在这些课程中，学生们可以互相联系，分享有用的建议，并与同伴一起应对挑战。课程的目的是帮助学生进步，为学生提供一个激励的环境。主题和对话包括时间管理、学习技术和建立同伴支持网络。参与学习的学生中有想要了解学生生活的，有想要寻求学习支持的，也有想要获得智慧和鼓励的。

⑤为了帮助学生在获得学位的同时负责任地管理自己的财务，凤凰城大学提供了 iGrad 的财务知识资源，这是一个获取有关个人财务和负责任借贷的宝贵信息的在线门户。它包括文章、视频、课程和互动内容。课程内容包括预算编制、储蓄、未来规划、税收减免、了解未来学生贷款偿还情况以及减少借款。

---

① 祁延莉. 美国远程教育高等院校典型实例[J]. 现代远程教育研究，2001（3）：52.

⑥凤凰城大学致力于帮助学生成功且经济地获得学位。2018 年，凤凰城大学为学生推出学费保障，降低并确定学生的学费标准，使学生更容易负担、更容易预测、更容易理解。有了学费担保，学生在攻读副学士学位或学士学位时，每学分支付的学费不超过 398 美元，攻读硕士学位时，每学分支付 698 美元，攻读博士学位时，每学分支付 810 美元。

⑦凤凰大学通过"凤凰人生历程"的方式为学生和校友提供终身职业资源。职业资源和服务贯穿于学生体验之中，通过在线自助服务设置和面向学生的员工和教员来提供，如编程、课程整合、学生服务和职业指导。此外，学生和校友可以通过 PhoenixLink 在线职业生涯平台，利用职业生涯规划资源获取雇主联系方式，申请工作，并与校友联系进行指导和工作跟踪。随着大学继续帮助校友探索他们未来的职业道路，通过终身学习获得资格，并通过大学与雇主的关系和庞大的校友网络建立联系，职业资源将延伸到整个人生。

⑧生活资源中心。凤凰城大学的学生是多元化的，大多数学生都是成年人，他们在获得学位的同时还要兼顾工作、婚姻、子女和家庭。生命资源中心提供支持，包括电话或在线临床咨询服务。除了生活辅导服务外，学生们还可以接触到成千上万的文章、技巧、自我评估和技能构建，话题包括如何做一个明智的消费者、健康和住房选择、时间管理、儿童和老人护理及安置。

2. 西部州长大学

美国西部州长大学（Western Governors University，WGU）建于 1997 年，是在西部州长协会（Western Governors Association）倡导和推动下成立的一所私立非营利性的虚拟大学，旨在为成年人，尤其是那些正在攻读但还没有获得学位的在职人员提供灵活、快速、低廉、质量合格的学位计划。西部州长大学为学生提供 40 多个商业、信息技术和教育领域的副学士、学士和硕士学位，真正实现了"无围墙大学"的理念，同时获得四个地区级认证机构的认证，这在美国远程教育领域尚属首次。经过十几年发展，西部州长大学注册学生人数由 1999 年的 200 名增加到了 2015 年的 60 000 名，毕业人数超过 50 000 名，学员遍及全美各州和其他十几个国家和地区。2015 年 3 月，全美教师质量委员会（National Council on Teacher Quality，NCTQ）发布的《教师培养研究 2014》对全美 836 所高等院校教师教育质量进行了调查和排名，其中西部州长大学的中学教师教育项目和小学教师教育项目的培养质量分别位居第 1 位和第 16 位。

西部州长大学有着清晰的培养目标，始终将学生通过能力评估测试作为颁发学位的唯一标准。采取"能力本位"（competency-based）教学模式，在培养过程中实施模块化教学和个性化指导，注重教师实践性知识与技能的生成与积累。以低成本、快捷和市场化为宗旨，面向社会开放入学渠道。为学生提供良好的支持服务，主要体现在以下几方面：

①入学前指导。在学生注册成为学员之前，学校会提供一个网上小测验，让学生检验自己是否适合参加远程高等教育。包括对课堂教学的依赖、对事情安排的条理性、自己空余时间和对新技术的态度等。在测验结束之后，会立即给出对学生每道题目选择情况的分析。并且能够针对选择情况，指出该学生在远程学习过程中应该注意的事项并给予相应的建议。

②新生学习指导。几乎所有西部州长大学的教师都是学生学习的全程指导者。学生在学校主页可以登录 My-WGU，这是学校提供给学生进行学习和交流的虚拟空间。在新生注册入学后，指导教师立即与学生进行实时联系，帮助学生设计和开展在学校的一切活动。在西部州长大学师生交互平台，任何时间都会有一位教师在线与学生进行交流，解答学生的疑问。新生注册的第一个月，学校的特别助教（一般由西部州长大学获得硕士学位的学生担任）负责为学生介绍西部州长大学的"能力学习模式"，并介绍学校独创的"教育无边界"特色课程。这门课程旨在向学生介绍如何进行网络学习，使学生参与到集体活动和学习交流中，并帮助学生设计自己个性化的"学术行动计划"。然后，由指导教师正式接手学生，伴随他们直到学业结束。指导教师 80%的工作都是给学生提出建议，而对于新入学的学生，这一比例则达到了 100%。在为期一个月的 EWB 课程中，学生可以一直与指导教师一起学习。通过了解学生原有的学术背景和职业经历，指导教师会帮助学生设计最适合的学术行动计划，这将成为学生整个学习过程的"导航地图"。

③学习过程全程指导。在学习过程中，指导教师将会根据学生的学习背景及优势与不足为学生提供最适合的学习资源（课程、独立研究模块等）。同时，由指导教师和学生一同决定学生是否已经进行了充分的学习而可以参加测评，指导教师随后将为学生安排测评。在整个学习过程中，这一"学习—测评—学习"模式将反复向前推进，教师在全过程中扮演了学术指导者、教练及学生最终成功的支持者等多种角色。

④管理服务。在加盟西部州长大学的西部各州中，每个州都设有能力考试中心，对学生进行测试，并以此为依据颁发学位。西部州长大学是全年招生，六个月为一个学期，每个月月初都可以录取新生。学校要求学生每周用于学习的时间在 15~20 小时，学生们只有通过竞争性测评才能够继续学习，竞争性测评有许多形式，其中包括形成性目标的测试、小论文和成绩任务。

⑤信息服务。西部州长大学设有书店和图书馆。学校的书店是和在线购物的商业网站联合开办的,图书馆则是和其他大学共建的。学校的学生、员工、校友及友人可以通过学校的在线书店获得所有需要的书籍、校服和其他东西。中心图书馆每天二十四小时对学生开放。

(三)学生学习支持服务质量和效果

对于在线教育本身而言,目前还没能确定一个科学、完善的质量评定标准和质量评价体系,因此在进行质量评价时常将传统的面授教育作为一种参照。

美国提供在线课程的高等院校面临着这样的问题:如果学生对所提供的在线课程满意度达不到面授课程的水平,那他们就可能不会选择在线学习。因此,在线教育的教学质量能否与面授教学的质量相提并论是在线教育生存和发展的前提。对在线教育质量的评价是通过问卷"与面授相比,在线教育的学习效果:优、稍优、相同、稍差、差"的五级量表来进行,结果如表 5-24 和表 5-25 所示。①

表 5-24 美国在线远程高等教育的学习效果 （单位:%)

学习效果比较	公立院校比例	私立非营利性院校比例	私立营利性院校比例	平均比例
优	0.8	1.3	0.1	1.0
稍优	12.7	7.0	4.3	10.0
相同	62.0	35.5	78.3	50.6
稍差	22.0	36.8	13.0	28.4
差	2.5	19.4	4.3	10.0

表 5-25 美国在线远程高等教育与普通面授高等教育学生满意度对比 （单位:%)

	公立院校比例		私立非营利性院校比例		私立营利性院校比例	
	2002~2003	2003~2004	2002~2003	2003~2004	2002~2003	2003~2004
优和稍优	17.4	13.0	7.0	8.3	11.9	4.4
相同	57.6	62.0	33.0	35.5	39.6	78.3
稍差和差	25.0	25.0	60.0	56.2	48.5	17.3

从表 5-24 的调查结果可以看出,超过 60%的学习者(61.6%)认为在

---

① 张满才,丁新. 在线教育:从机遇增长,到融入主流、稳步发展[J]. 开放教育研究,2006(4):13.

线教育的质量至少是与面授教育相同的。其中公立院校与私立营利性院校的满意度比较高，分别达到 75.5% 和 82.7%；而私立非营利性院校学习者的满意度相对较低，这可能与他们的管理方式、对教学的投入和学习者的素质等因素有关。从表 5-25 中可以看出，2003～2004 年度与 2002～2003 年度相比，整体上满意度有所上升。

在线教育联盟通过对院校教学主管进行问卷调查得出，肯定在线教育质量等同或优于面授的比率从 2003 年的 57.2% 上升至 2012 年的 77.0%，达到历史峰值。此后，支持率有所波动，2015 年，有 71.3% 的人对在线教育质量抱有信心，如表 5-26 所示。

表 5-26　美国在线远程高等教育认同度　　（单位：%）

年度	2003	2004	2006	2009	2010	2011	2012	2013	2014	2015
比例	57.2	61.5	61.9	67.5	65.9	67.6	77.0	74.1	74.1	71.3

五、教学交互的深化

（一）在线教学交互广泛开展

教师与学生之间的互动是美国远程教学交互中非常重要的一个环节，有利于帮助学生全面系统地学习和掌握知识。对远程学生自主学习的个别辅导和作业批改是教学交互的核心。美国大学将互联网与传统媒介有机地结合起来，有效地解决了教与学的交互性，如通过"公告板服务""讨论组"系统，建立高效迅速的通信联系。学生通过 E-mail 将作业或疑难问题发送给教师，教师可以随时查询电子信箱，批改作业或回答学生疑难问题，进行"异步—非实时"的教学交互。学校还通过"协作学习"的方式，在教师指导下，分配学习项目，让一组学生协作完成，开展"同步—实时"的教学互动。另外，学校还利用传统媒介，包括电话、电视会议以及课堂面授等方式，满足师生信息交流的需求。美国的实践发现，一些在传统课堂上不大愿意提问的学生，更容易通过网络与教师或同学联系，增加了师生之间的教学互动，提高了学习效果。新技术打破了许多局限，满足了学生和教师的需要，教师将要发给学生的材料直接发到网上，作业和考试也是一样，将作业或试卷放在网上，学生答完题后，再通过网络返回给教师，很好地实现了教师与学生的交互。由于远程教学交互相对于传统教学来说，需要教师更多的指导和帮助，师生比也成为了衡量教学交互状况的一个重要指标。如凤凰城大学有 1

万多名教师在网上为 30 万学生提供网上指导,平均 1 名教师为 30 名学生定向服务。①

学生之间的交互是目前美国远程教育关注的一个重点,如何推进和有效地保证生生交互质量是实践中的关键问题。为此,美国的大部分远程教育课程都设置了以小组为单位的协作学习项目。这样学生有机会一起合作,共同完成学习任务。学习任务都是本领域内的实践性的问题,让学生结合自己的经历,进行研究,提交研究工作报告或论文项目。学生还有机会对小组提交的论文项目进行评价,把结果寄给授课教师。另外,课程中还有效地使用了讨论组。每个单元都要求学生在讨论组内参加讨论,讨论的形式是多种多样的,如有的课程要求每个单元回答教师提出的问题,并且必须就两个同学的回答给予评论,而且回答问题要严格按照 APA 格式;有的课程则每单元指定两名学生负责该单元的讨论,包括提出问题、鼓励大家参与讨论,以及总结整个小组的讨论等。以上这些方法都有效地促进了学生之间的交流,把学生之间交流作为学习的一个很好的促进手段,同时也有利于保障远程教育质量。

在美国,师生与内容之间的交互体现在有明确的学习任务和作业规范。课程都有一份明了的教学大纲或合同,有的简单明了,有的十分冗长,但大都包括教学目标、学习任务、评分标准等项目。一些教学大纲还详细地给出每周要完成的内容。这样,学生一开始就对学习目标、要完成的任务、评分要求心中有数,便于制定适合自己的学习计划。

教师必须按照有关标准来设计课程,开展教学。比如保证与学生的交流时间,采用符合教学目标的教学手段及技术。每个教师与一名教学设计人员、多媒体开发人员组成一个团队,共同开发一门课程。该团队根据课程内容和教学目标,结合有效的教学方法和策略,运用适当的技术手段,设计出便于学生学习的在线学习环境与学习活动。同时,帮助教师解决在整个教学过程中出现的方法和技术性的问题。

学校的远程教育部门提供及时技术服务,通过电子邮件、电话及网上 Q&A 等各种方式进行。学生如有问题都能很快得到解决。

据调查,师生与媒介交互中,有 58%采用最易于掌握的 E-mail 和网上信息粘贴;其次是双向交互电视(54%);然后是单向预录电视(47%);最后是同步的网络会议系统或聊天系统(19%)。②

---

① 严继昌. 网络教育防两种倾向[J]. 中国远程教育, 2003 (16): 70.
② 蒋磊宏. 美国大学实行电子化教学的启示[J]. 中国大学教学, 2003 (7): 46.

（二）在线教学交互的实效

美国在线教育发展全景报告显示，无论院校规模如何，异步交互学习已成为在线学习设计的主流。异步交互方便学生灵活参与学习，减少学生因不能按时上课造成的辍学，提高在线学习的保持率。为进一步了解在线学习交互设计方式，该报告将交互设计分为四类：学生与学习材料的交互、学生与学生的交互、学生与教师的交互、学生与管理人员的交互。调查结果显示，学生与学习材料的交互占40%以上，学生与学生的交互、学生与教师的交互各占20%左右，如表5-27所示。[①]

表5-27　在线教学交互类型和交互所占比例

学校类型	学生与学习材料的交互	学生与学生的交互	学生与教师的交互	学生与管理人员的交互
区域中等规模的四年制私立大学	40	26	25	3
低入学率的四年制大学	50	24	23	3
企业型大学	51	24	22	3
CHLOE样本平均数	52	22	23	3
区域中等规模的四年制公立大学	53	21	24	2
社区学院	58	18	21	2

在线讨论是学生与教师、学生与学生交互的重要形式。教师将学生的学习建构过程内置到在线学习内容的设计中，通过对学习内容的精加工和交互，帮助学生实现知识建构。同时，学生与学习内容的交互对学生的在线时间没有特定要求，使得在线学习更为灵活。另外，如果在线课程设计的交互全部为学习内容交互，不需要学生与教师的即时沟通，这类在线学习被称为自定步调或基于能力的在线学习，这也是美国高校许多在线教育努力发展的方向。

第三节　英国、美国现代远程高等教育实质性增长的启示

从对以英国、美国为代表的国际远程高等教育实质性增长情况的分析来看，两国不论是远程高等教育的规模数量，还是水平质量，都有明显的

[①] 钱玲，徐辉富，郭伟. 美国在线教育：实践、影响与趋势：CHLOE3报告的要点与思考[J]. 开放教育研究，2019，25（3）：13.

进步,这充分说明相对于单纯学生规模数量的增长而言,两国现代远程高等教育系统要素都有了实质性的增长。英国、美国现代远程高等教育实质性增长过程中,有许多可借鉴的经验可供分享,也为中国现代远程高等教育的实质性增长带来了一定的启示。

一、教育团队的启示

(一)稳定、科学的政策背景

英国、美国远程高等教育发展的政策背景虽然风格迥异,英国开放大学得到了国家政策的有力推动和保障,美国则是采用立法引导、自由竞争的模式规范远程高等教育的发展,但两者的远程高等教育发展政策背景都因国家的具体情况而定,更重要的还是保证了政策的稳定性和科学性。纵观英国和美国远程高等教育发展的历史,美国一直以法律的形式规范远程高等教育的发展,即使改动,由于必须经过法律程序,需要长时间的调查研究和反复论证才能得以施行,确保了法令导向上的稳定性和科学性。而同观英国开放大学的发展历程,它今天之所以能站在世界远程高等教育桥头的位置,与英国政府一贯的政策支持是分不开的。英国开放大学成立之初即提出了其发展的方向和目标,而这一目标至今仍是远程高等教育界的经典。这说明当时英国政府确实是经过了深思熟虑及反复调研才确立了4个开放的目标。

教育是为社会和国家服务的,任何一个国家的教育都要受到国家政策的影响,远程高等教育也不例外。因此,在订立和修改远程高等教育政策时,必须经过专家的详细调研和较长时间的论证研讨,才能为远程高等教育的发展创设一个稳定和科学的政策背景,才能有效地保障远程高等教育发展的稳定性和科学性。

(二)质量认证民间化,质量保障内外结合

英国和美国在远程高等教育的政策背景上风格迥异,却不约而同地采用了质量认证民间化、质量保障内外结合的模式。两国的质量认证都是由民间负责评估教育质量的协会来负责,国家特别是官方只是通过拨款或建议的方式指导协会的工作,而并不直接插手质量的认证。质量认证的民间化,不仅有利于政府工作的精简,杜绝政府对于远程高等教育工作的直接干预所带来的管理弊病,是教育管理权力下放的一种表现,还确保了质量保障工作的切实有效,并促进了远程高等教育行业对于自身质量的保证和提高,有利于有本行业的自我管理和发展。

另外，英国和美国还强调远程高等教育质量保障的内外结合，即要求院校对自身的质量检查和监督与外在民间的质量认证并重。英国和美国高等教育发展拥有同样的历史渊源，都沿袭了欧洲高等教育的自我管理性很强的特点。这一特点也带到了后来发展起来的远程高等教育上。这种做法更强化了远程高等教育机构的自我约束、自我监督和自我管理，而且对于强调自负盈亏的远程高等教育来说，这一点无疑更为重要，能有效地帮助举办机构通过质量上的提升获得一定的市场地位。

（三）远程教师队伍的专业化

教师专业化已成为国际教育改革的一个重要趋势，教师不再仅仅是一种职业，而逐渐发展为一种专业，它要求从业者具有较高的专业知识、技能和修养。对于远程高等教育来讲，不是把传统面授教育的教学内容搬上屏幕或电脑，而是需要结合学生远程自学及远程交互的特点重新编制教学内容。师生异地使远程高等教育在教学形式上有别于传统面授教育，因此相对传统面授而言，远程教师担负着更多的职责和任务。

英国开放大学和美国凤凰城大学等是典型的单一模式远程高等教育院校，其教师队伍是专业的远程高等教育教师队伍，对于远程高等教育的运作方式、教学方法及课程材料的远程高等教育专业化都有着丰富的经验。而在美国开展远程高等教育的院校，大多为双重模式院校，即同时开展传统面授和远程高等教育，其教师则多数同时从事传统面授和远程高等教育工作。为适应新的教学任务，美国对专门为远程教师展开的培训工作非常重视，无论是专门的远程教师队伍建设，还是对兼职教师的远程教育培训，以及对远程教师队伍的专业化发展都有着至关重要的作用，也对远程高等教育的实质性增长有重要的推动作用。

（四）远程高等教育队伍的完善

从对英国和美国远程高等教育教师队伍的数据和质性调查结果来看，我们不难发现两国远程高等教育教师队伍中有管理者、教师、教学设计人员、技术人员，教师又因教学模式的差异分成更多细类，整个远程高等教育队伍的人员角色齐全、分工明确，又能很好地切合远程高等教育的需要。

首先，英国和美国的许多远程高等教育机构教师队伍中，都有专门的兼职面授教师，这是因为远程学生尤其缺乏人际之间的互动，而任何非面对面的交流，其效果都无法与面授教育匹敌。因此，英国和美国远程高等教育多以非面对面的交流搭配面授教育来开展具体的教学，以满足学生多样化的学习需求。其次，教学设计人员的配备是英国、美国远程高等教育队伍带给我们的第二点启示。教学设计是远程高等教育课程和资源设计的一个最重要的特色，需根据远程学习的具体需要，结合各种媒介的使用，综合全面地进行设计。因此，教学设计人员不但成为了英美远程高等教育队伍中不可缺少的一类人员，更在整个队伍中占有举足轻重的位置。最后，能针对远程高等教育开展特色开发和研究的技术人员，是助力远程高等教育紧跟时代发展、不断完善个性化学习的重要人员。英国开放大学设有专门的知识媒体研究所，美国的专业技术性公司为远程高等教育设计了众多在全球都能使用的远程高等教育平台，这些都反映了技术人员及远程高等教育专业技术产业中的技术人员队伍对于远程高等教育的实质性增长也是至关重要的。

二、课程资源的启示

（一）课程建设的多样化

英国和美国远程高等教育课程建设上的一个显著特点是多样化，这主要反映在两个方面。

一是课程建设的种类水平层次丰富。如美国，开办远程高等教育的高等院校种类很多，从公立院校到私立院校，从二年制院校到四年制院校，虽然每间大学的水平不同，专业方向也不尽相同，但都能依据自身院校的特点建设多种类型的远程高等教育课程。从整体上看，美国的远程高等教育课程覆盖了从专科、准学士、学士、硕士到博士等多个高等教育的学历水平，还有证书教育等非学历教育也非常多。从学科来说，不仅有文科也有理科、医学等学科专业的设置。这种多样化的课程建设，不仅满足了不同学生的不同需求，使学校更有利于在远程高等教育市场取得有利地位，避免恶性竞争；同时，这也是远程高等教育自我发展和自我探索的一个象征，反映了远程高等教育在实践中对多学科内容知识传授规律的探求。

二是远程高等教育课程与普通传统高校课程不尽相同。其中很重要的特点是在培养各类专业人才的同时，注重对跨学科、跨领域的通才培养，注重国民素质教育和公民教养提高，满足社会不同人群的个人学习需求，为学生提供了灵活、多样的自主选课和学习的环境。

（二）资源建设的知识产权保护

远程高等教育的课程资源建设需要大量的信息资料作为学生学习的辅助，而且随着远程高等教育越来越多地使用互联网、光盘、录像等技术手段传送教学信息，知识产权的保护是英国和美国远程高等教育资源建设中非常值得重视的问题。这两个国家在知识产权保护上的一些做法，是值得我们学习和借鉴的。

第一，在观念上，就应认为知识产权是课程资源建设的重要问题，这是一个远程高等教育机构及其教师，包括专兼职教师都要重视的问题。这是因为，远程高等教育机构重视这一问题，才能保证本机构的知识产权不受他人侵害，也才不会侵害聘任教师或他人的知识产权。教师本人也需要重视，在保护自己的知识产权的同时，如果有引用到他人的成果作为课程资源，也要尊重别人的知识产权，在沟通的基础上使用。第二，通过与教师签订合同的形式，具体协商课程资源的使用范围和时间，并依照法律保证合同的顺利施行。

（三）精心设计课程资源

英国和美国都非常重视远程高等教育课程资源的设计，精心设计的课程资源不仅反映了远程教师对于远程课程的正确理解，有利于学生的远程学习，同时也加强了远程高等教育设计的研究，为远程高等教育理论和实践的发展做出了一定的贡献。英国和美国之所以能开发出优良的课程资源，与其观念上的重视是分不开的，另外，其设计上的几个策略也是非常值得我们学习的。

一是资源设计讲求符合远程高等教育的特点。远程高等教育的资源设计不同于传统面授教育，也不同于在校生利用网络进行学习，它对资源设计提出的要求更高，主要是为了消除学生和教师处于准分离状态而带来的心理差距，不但要提供丰富的资源供学生学习，更要让其能有效地利用资源自觉地学习，这都是需要在实际中逐步摸索才能做好的工作。英国、美国远程高等教育对这一点的重视，实际就反映了两国在资源设计上不断探求的精神。

二是课程设计的团队工作方式。优秀的课程资源在需要大量的资源作为基础的同时，还要求有合理科学的设计，如此强大的工作量，并不是一位或几位任课教师就能完成的。特别是现代远程高等教育要求课程资源的设计应融合网络、计算机、卫星等技术于一体，因此为每门课程都成立专门的课程小组，以团队的方式进行课程设计成为英美远程高等教育课程资源设计的共同选择。团队小组成员一般由教师、教学设计人员和技术人员共同组成，针对课程的特点和内容、教学方式等综合因素，讨论商定课程的整体安排及细节内容。

三是定时更新课程资源，保证资源信息的时效性。

三、教学媒介技术的启示

英国和美国在远程高等教育媒介技术上给我们带来的启示,主要体现在媒介技术的多样性和多元化上。无可否认,英国和美国的信息技术的开发和应用都处于全球前列。远程高等教育及与远程高等教育相关的技术发展非常迅猛,也处于国际远程高等教育媒介技术发展的前列。如英国的知识媒体研究所专门为远程高等教育特别是英国开放大学开发各种学习平台或媒介,而美国专业公司开发的 Blackboard 更是在全球范围内都得到了远程高等教育界的认可。而且两国的信息技术环境对于远程高等教育来说也非常适合,如两国的互联网络和无线网络覆盖面都很广,学生通过各种途径登录互联网进行学习是十分便利的。

但是,两国在远程高等教育的媒介技术应用上又都强调技术应适合个人的需要,以学生为本进行设计和运用,而不盲目追求新技术媒介,更不要求学生都使用新技术媒介。如在英国开放大学,录音带是非常重要且应用得较多的一种媒介形式;而美国的许多大学还考虑用无线电广播的形式向偏远地区的学生传送教学资料。

实际上,两国也都走过过分追求新技术媒介在远程高等教育或教育中应用的弯路,但很快远程高等教育界就发现,盲目追求新技术媒介不但加大了学生学习的成本,甚至还不利于学生的学习,很多成人学生由于不习惯新技术媒介学习的方式,学习的热情降低,还有可能导致辍学。在这一点上,我们更应及时吸取英美所经历过的教训,学习他们以人为本运用媒介技术的理念,搞好中国现代远程高等教育的实质性增长。

四、学习支持服务的启示

(一)重视合理的师生比例

学习支持服务是提高远程学生学习满意度的主要方式,而督促学生学习、及时解答学生在学习过程中所遇到的问题,则主要依靠教师的力量。因此,合理的师生比需要考虑教师工作量的负荷,师生比过高,教师根本无法及时解决学生所提出来的问题,更不用说依据学生的特点给予个性化的帮助和指导,将严重影响学生学习的质量。但师生比过低,又直接影响了远程高等教育的经济效益。远程高等教育能从高等教育的边缘不断得到认可,一个重要的原因就是学生的规模化,采用较低的成本为更多的学生带来高质量的教育，是高等教育大众化的过程中非常需要的。师生比如果过低，教师数量增加，无疑增加了远程高等教育的成本。

英国和美国的远程高等教育师生比都是根据本国的国情而确定的，英国的师生比为1∶25左右，美国的师生比为1∶30左右，这样的师生比看起来和传统的面授高等教育差别并不大，是因为远程高等教育更需要教师与学生间的交流和互动，需要教师花费的精力则更多。因此，从两国的经验中看来，远程高等教育成本的节省并没有体现在教师的成本上，这是值得我们注意的一点。当然，师生比的确定需要根据不同国家的不同地区有预测地界定，但是并不意味着师生比可以无限地增加，而更应结合实际国情，结合远程高等教育发展的自身规律，在保障远程高等教育基本质量的基础上，进行综合的考虑。

（二）提供全面的学习支持服务

各国的远程高等教育基本都是面向成人学生，他们在学习前、学习中和学习后都可能因为工作和家庭对学习提出各种各样的要求，这相对于面授高等教育中脱产进行学习的学生而言，在学习支持服务上是更加复杂的。

英国和美国的学习支持服务从学生尚未入学前就已经开始了。学生入学前会咨询远程高等教育学习的学科、学习的方式；入学之初，与学生商定整套的学习规划方案等，都带给了我们提供学习支持服务的新视角。而在学习过程中，学习支持服务可以分为学术性支持服务和非学术性支持服务两类。学术性支持服务专注于对学生学习过程中出现的学科学习问题，通过各种面授、研习会和在线学习及交流完成；非学术性支持服务则专注于学生学习过程中，可能出现的情感、教务等影响学生有效学习的其他因素提供帮助和指导。这种全面而完善的学习支持服务就是力求降低学生的辍学率，保证学生学习的质量。

（三）重视学习支持服务的评价反馈

学习支持服务的质量是远程高等教育的各子系统中最重视学生满意度的环节，从一定意义上来说，远程高等教育学习支持服务是否做得好就是取决于学生的满意度。

英国和美国都非常重视学生对于学习支持服务的评价反馈，美国的多数大学每学期都会要求学生按交作业的要求上交对学习支持服务的评价表，包括对于教师和教学辅导人员、管理人员等服务态度、服务范围和服务方式的评价。通过对这些评价表的分析，全面地了解整个远程高等教育院校中学习支持服务还可能存在的不足和问题，也对个体参与学习支持服务工作的人员给予监督，从而进一步地保证学习支持服务的质量。

五、教学交互的启示

英国和美国在教学交互上，有一个共同的特点，就是强调协作式学习是远程高等教育的学习交互方式。随着信息技术的飞速发展，新的学习型社会正在各国逐渐形成，而随着全球经济的一体化、小地球概念的普及，协作能力成为社会对人才的一个基本要求。协作学习是指学生为达到共同的学习目标，最大限度地扩大个人和他人的习得成果，一起经历学习过程并共同进取的一切相关行为。

从远程高等教育来看，信息技术特别是各种基于互联网络协作平台的开发和成熟，以及电视会议、电话等通信设施的普遍应用，都为远程高等教育的协作式学习提供了最为便利的条件。另外，由于远程高等教育的对象大多为成人学习者，参与同一个学科学习的学习者会在工作上有更多的共同语言，这也使远程协作学习成为必要。英国和美国都非常重视学生之间的协作学习，不仅创设各种各样的协作学习主题，引导学生围绕主题开展研究性学习，还为学生的学习提供各种便利的条件，如导航明确的协作学习平台、就近地区学生面对面的小组讨论会等，都使学生的协作学习得以顺利地开展。另外，强调协作式学习实际上也是建立不同的学习共同体，通过不同的学习共同体有效地促进了学生之间的交流和沟通。两国的许多实践都证明，建立学习共同体，促进学生之间的交互，更有利于促进学生的学习，对于保持学生的学习积极性、解决学生学习中的各种问题都有着较好的效果。

然而不可否认的是，两国在远程高等教育的实质性增长虽然已有了不少成果，但是，也存在着一些问题，是需要我们引以为鉴的。如美国采用远程高等教育自由竞争的形式，也带来了许多质量低下的远程教育大学，影响了美国远程高等教育的声誉；另外，英国和美国的远程高等教育也都存在着学生在网上交互不足的问题，一些大学的教师对学生发出的请求因时间和提问本身存在的问题无法应付、学生和学生之间的交互也存在着讨论浅薄化的弊病等，这些很可能是各国远程高等教育在实质性增长过程中需要不断解决的问题，这也提醒中国在现代远程高等教育的实践中需要加以注意和解决这类问题。

第六章　中国现代远程高等教育实质性增长路径分析

本书选择"实质性增长"的视角来探讨现代远程高等教育系统的变革，试图从事实变化、价值变化和关系性变化三者的统一中寻求中国现代远程高等教育的增长之路。前几章通过对远程高等教育实质性增长的理论分析、实证分析及英国和美国的经验分析，我们知道，远程高等教育的实质性增长不是某一要素的量变的结果，它是各要素及其相互作用整体演变的结果。为此，要探讨中国现代远程高等教育如何实质性增长，必须以远程高等教育各要素及其关系为路径，寻求突破点。笔者认为，中国现代远程高等教育的实质性增长应以教育团队的变革为先导，以课程资源建设为内容，以教学媒介技术为载体，以学生支持服务质量提升为核心，以教学交互优化为保障。

第一节　远程高等教育团队的变革之路

一、树立远程高等教育实质性增长理念

理念是人们对事物或事物之间关系的直觉判断与理性认识的基本观念。远程高等教育实质性增长理念是人们对远程高等教育的内涵要素的质和量的深层次变化的总体看法，是人们关于远程高等教育更为实质的增长变化的理性认识、理想追求及其所形成的思想观念。远程高等教育实质性增长理念核心内容包括："远程高等教育实质性增长是什么""为什么要实质性增长""怎样实质性增长"等问题。作为远程高等教育者，如果没有认清远程高等教育的本质属性，没有树立远程高等教育实质性增长理念，就难以有效促进现代远程高等教育的变革。

（一）认识何为远程高等教育实质性增长

远程高等教育实质性增长是一个内涵丰富的概念，从远程高等教育量

变和质变的辩证关系看，它是指从表层的量变到深层的量变，从深层的量变到表层的质变，从表层的质变到深层的质变，这不断接近远程高等教育深层本质规律的运动变化过程。从远程高等教育系统看，它是指远程高等教育系统要素质与量合理变化并提高的过程，它是远程高等教育系统要素及其相互关系作用的结果。

远程高等教育实质性增长既是一种事实的变化，也是一种价值的变化，还是一种动态关系的变化。这种变化意味着远程高等教育的增长不应是纯粹数量规模形态的增长，而应是合理的、合目的的、有质量的增长。

1. 合理的增长

从远程高等教育的历史演变来看，人们对远程高等教育本质规律的理解是一个不断深化的过程。早期，人们把远程高等教育看作"独立学习"或"自主学习"，认为只要把教材编写好，邮寄给学习者自学，就能完成教学任务。但是，随着媒介通信技术的发展和人们对远程高等教育研究的深化，人们越发认识到，早期人们把"远程教育"等同于"独立学习"或"自主学习"只是一种无奈的选择，因为"独立学习"或"自主学习"只说出了"学"的成分，它并没有揭示一个完整意义的远程"教学"。

其实，远程高等教育的本质特征并不是"教"与"学"的分离，而恰恰相反，远程高等教育的本质特征在于远程的"教"与远程的"学"所涉及的各种要素的重新整合。例如：现代通信技术使远程"教的行为"和"学的行为"重新整合成为了可能，因而通信媒介技术在远程高等教育中本身是内生的，而不是外生的，没有教学媒介作为通道，就不可能存在远程高等教育教与学行为的发生。"教的行为"在远程的条件下，发生了一系列演变，不光是实时的授课，还要非实时地提供各种教学反馈。"学的行为"在远程的条件下，也发生了一系列变化，不只是"自主学习"，还可以和教师"互动式学习"，和同伴"协助性学习"。而教学内容，在远程高等教育中，也发生了许多变化，如从静态的教材到动态的网页，再到智能化的课程资源库。

远程高等教育正是由于其内生要素不断合理地演变，才促使其教与学的各种逻辑力量不断增强，进而促进其更为实质性的符合本质规律的增长和进步。

2. 合目的的增长

远程高等教育本质上仍然是一种以影响人的身心发展为主要目的的、教与学重新整合的、高等教育层次的活动。从远程高等教育的价值目标来看，远程高等教育是为了不断满足人们日益增长的学习需要而发生增长的。远程高等教育以其能跨越时空、随时随地为学员提供多样化的学习支持服务而求得了存在的合理性。要求得更大的生存空间，就需要发挥其自身的优势，注重教育教学的适切性，促进学习者的有效学习。远程高等教育实质性增长，正是不断满足学习者需求的过程，因而彰显着其价值实现的目的性与有效性。

3. 有质量的增长

从远程高等教育系统的关系性存在来看，远程高等教育系统要素的质和量是一对辩证逻辑演绎的过程。作为远程高等教育系统要素的教育团队、学生支持服务、课程资源和教学媒介，只有以教学活动为目标，不断发生教学交互，才能产生良好的教学效果，提高教育质量。远程高等教育内部逻辑力量的展开，正是围绕系统要素及其相互关系矛盾运动的过程。在这一过程中，远程高等教育的质和量不断变化，而更接近远程高等教育本质规律和符合远程高等教育目的性的变化，则意味着质量更高，是一种实质性的增长。

（二）清楚远程高等教育为何要实质性增长

1. 单纯追求数量的增长，不符合远程高等教育增长的逻辑规律

远程高等教育的增长是在其内部要素量变与质变的相互作用下产生的，是一个辩证统一的过程，不存在绝对的量变，也不存在绝对的质变。如果执意强调一方，就容易走向事物的极端。

远程高等教育的实质性增长是一个相对的概念，相对于表层的量变而言，深层的量变是更为实质性的增长；相对于深层的量变而言，表层的质变是更为实质性的增长；相对于表层的质变而言，深层的质变是更为实质性的增长。这种相对的、更为深层的实质性增长是远程高等教育内在逻辑规律的使然，单纯地强调远程高等教育的数量的增长，违背了远程高等教育增长的逻辑规律，是不合理的。

2. 过于追求规模经济效益的增长，不符合远程高等教育的目的

远程高等教育的增长中，规模和质量常常是一对矛盾，它也是量变和质变的对立统一的体现，一味追求规模，往往就会忽视质量。

经济学中"规模越大效益越大"这一追求规模效益的思想深深影响着远程高等教育的办学行为。表现在中国现代远程高等教育试点工作启动后，部分试点高校与公司合作经营，只注重一味地招收学生、广设校外学习中心、扩大教育规模，以争取更多的经济效益，而对于教师的教学、学生的支持服务等难以顾及，这自然就会严重影响远程高等教育的质量。

我们知道，远程高等教育的学生平均成本往往会随着学生人数的增长而出现下降的趋势，远程高等教育同样具有"规模经济效益"。规模大并不是坏事，它可以让更多的人获得学习的机会。然而，只追求规模收益，没法给学习者提供应有的教育服务，远程高等教育就会变成早期的"自主学习"。这种"规模的增长"对于远程高等教育来说，不是进步了，而是退步了。

追求规模经济效益是经济活动的目的，远程高等教育是一种以影响人的身心发展为主要目的的社会活动，只有追求实质性的增长，才符合远程高等教育的目的。

3. 要可持续性增长，就需要实质性增长

事物的发展总有一定的限度，一味地追求数量规模的增长，除了因资源匮乏而难以持续外，质量声誉破坏后，更加难以生存。

中国现代远程高等教育的实践中，就出现过这样的个案。某一试点高校，一味追求招生的数量，扩大办学规模，全国各地到处设立校外学习中心点，甚至"点外再设点"，委托招生，短短一两年时间，招生规模突破10万人。对于一个刚刚起步不久的远程高等教育试点高校来说，在其师资力量、课程资源、教学设施等还准备不足的情况下，大批量招收学生，如何教学？如何提供学习支持服务？如何保障教育质量？在根本没法应对的情况下，自然导致其走向失败。

质量是远程高等教育的生命线，实质性增长就是注重质量的增长，要使中国现代远程高等教育可持续增长，就需要走实质性增长之路。

（三）知道远程高等教育如何实质性增长

远程高等教育实质性增长，包含着教育团队、课程资源、教学媒介、学生支持服务和教学交互等要素的全面协调的增长。为此，要着重从以下几方面考虑远程高等教育的实质性增长。

1. 团队合作

随着远程高等教育组织规模的增长，单个的教育团队已不能满足教学的基本要求，远程高等教育需要以团队合作的方式开展教育活动，需要决策者、管理者、主讲教师、辅导教师、教学教务管理者、教学设计者、技术专家、技术研发人员、技术支持人员、学习资源管理者、艺术效果设计者、产品发行人和研究者等通力合作。只有团结合作，才能激活远程高等教育教学管理队伍，创造丰富的课程资源，选择适切的媒介技术，为学生的成长服务。

2. 资源共享

知识资源共享是人类的理想，是降低成本和提高效率的根本出路。知识资源与自然资源不同，知识资源具有共享性和增值性的优势，知识在生产、传播和使用过程中，可以不断地丰富和充实，产生更大的价值。课程教学资源共享就是对课程教学资源配置的合理调整,是提高资源利用率的有效途径。远程高等教育课程资源共享主要有三个方面。

一是自身共享。信息资源的基本元素或素材是网络信息资源建设的基础,人们在投入精力构建素材的同时,也是这些素材的使用者和受益者,即这些资源的使用不是一次性的,而是可以在使用中不断地丰富、修改、完善和再使用;同一院校自身资源也应共享,接受远程高等教育的学生应与在校普通学生一样具有享受本校优质课程教学资源的权利。

二是与他方的共享。包括个体与个体、个体与群体、群体与群体之间教育资源的交流与互动,如学生可跨校选课、学分可以得到承认和转换等,这样才能为学生的个性发展提供广阔的空间。

三是全球教育资源共享。远程高等教育资源是全人类共同的财富,任何人的知识获取和增长都是在交流、互动和共享的过程中实现的。

目前,中国现代远程高等教育不管是专业设置还是课程资源都非常少,学生的可选择性非常低,并且课程资源建设大多处于孤立分散状态,而且标准不统一,能够用来交流与共享的少。要解决这些问题,必须统一教育资源建设的标准,按照国际通用的 TCP/IP 协议和有关技术标准,以互联网为主要传输和交流的媒介,同时考虑与电视、数字电话等其他传输媒介的兼容性,这样才能避免低水平的重复建设,降低成本,提高质量。

3. 方法灵活

现代远程高等教育是在现代工业化技术、现代信息和通信技术的基础上发展起来的,充满着现代气息,其最明显的特征之一就是突破时空的限制。受教育者不受时空的阻隔,在任何时候、任何地点,只要想学,都可以按照自己的意愿和时间安排自己的学习进程表,选择自己喜欢的媒介和课程进行自由的学习。

远程高等教育的时间是非限定的,可以是全天候的,也可以是某一时段的;可以是按计划的,也可以是不定时的,随时开放。远程高等教育的空间是移动的,可以在家里,也可以在学习中心;可以是固定的,也可以是流动的,随处开放。

远程高等教育正是以跨越时空的优势,为人们提供了广阔的平台。然而,它必须借助媒介技术来完成教与学的任务,媒介成为远程高等教育不可缺少的部分。在远程高等教育中,媒介技术不是外在的,而是内生的,它是连接教与学的通道,常常与课程资源融为一体,共同推动着远程高等教育的实质性增长。

不同的远程高等教育媒介往往表现为不同的教与学的方式。不同的人,可以根据自己的情况选择不同的媒介,媒介的使用是灵活多样的。

媒介是一种远程高等教育内生性要素，不存在独立于远程高等教育之外的最优的媒介，只存在最适合远程高等教育教与学的媒介。这就提醒远程高等教育者在选择媒介进行远程教育时，并非价格越昂贵、技术越先进越好，真正适用于远程学习者参与教与学的、符合远程高等教育内生性要求的才是最好的。

4. 以学生为本

学生是远程高等教育的核心要素，学生数量规模的增长，表征是学生这一要素量的变化，并不是一种实质性的增长。只有学生通过参与远程高等教育，获得认知、技能、情感、品德等方面的提高和进步，才算是具有实质性的增长。

学生的实质性增长具有较大的内隐性，周期也较长，短期内难以观测和度量，唯有通过学生支持服务的满意度来衡量。为此，在远程高等教育中，需要"以学生为本"，不断满足学生的学习需要。教学活动的设计、组织和实施，都要充分考虑学生的实际情况、个体差异、认知特点和学习需求，在为学生提供支持服务中引领学生的成长。

教育的根本目的是培养人、发展人的个性，使受教育者成为有主体意识、能够自觉地调节和控制自己的行为的人。班级授课制大规模教学难以实现个性化教育，广泛运用现代信息技术的远程高等教育使个性化教育成为可能。远程高等教育所提供的灵活学分制、自主安排学习进程等方式，使学生个体在自觉、自愿、自主的状态下进行自我调控学习，有利于促成学习者的主体意识，使学习者从他律走向自律，最终摆脱自我监护式的教育状态，成为独立自主的、完整意义上的人。现代远程高等教育中，若只追求学生数量规模，不能提供个性化教育服务，充其量也是班级授课制的扩大化，并没有实质性的增长。

5. 平等交互

世界是物质的存在，也是事物间相互关联的存在。同样，远程高等教育既是教师、学生、教学内容和教学媒介的存在，也是教与学相互交互、相互作用的关系性存在。没有教学交互，就不存在完整意义的远程高等教育，更不存在远程高等教育教与学的实质性增长。

现代远程高等教育很大程度上融汇了多种媒介，多种媒介可以与师生之间进行形式多样的操作性交互，如超文本与超媒介连接、搜索引擎、表单、脚本语言程序、动态网页、可控音频和视频、交互动画等。借助媒介，教师、学生与课程资源之间也可以充分地进行信息性交互。师生和学生之间也可以通过各种媒介进行实时或非实时的社会性交互。主体间性的关系是民主、平等的，彼此之间可以充分表达自己的观点，相互倾诉心声，心理上几乎可以实现"零距离"。从这个意义上看,现代远程高等教育是一种教学交互的活动,交互隐喻着反馈。交互既促进着理解,也促进着意义的建构。只有重视远程高等教育各要素及其平等的教学交互关系,不断优化教学系统,才能促进远程高等教育的实质性增长。

二、合理的制度安排

(一)立法保障

中国现代远程高等教育没有专门的法律,与教育相关的《中华人民共和国教育法》《中华人民共和国教师法》《中华人民共和国高等教育法》中也几乎没有涉及远程高等教育的内容。法制建设不健全,远程高等教育团队缺乏有效的调控与管理手段。这使得中国现代远程高等教育难以持续有质量的实质性的增长。

完备的法律体制是先进国家远程高等教育实质性增长的重要特征之一,为此,中国现代远程高等教育急切需要法律保障,需要借助法律的力量维护自身权益和参与公平竞争。当前,要通过立法,为远程高等教育实质性增长保驾护航,要明确各级政府或中介机构的监管职责,要维护远程高等教育院校的自主办学,要明晰参与远程高等教育的合作单位、公共服务体系、校外学习中心等的责、权、利等。各级远程高等教育主管部门和有关教育团队要增强法治观念,依法促教;各类试点高校要在政策法规许可的范围和权益下依法治教,充分行使办学自主权,积极争取公正待遇,切实保证应有的权益。

(二)政策导向

与法律相比,政策带有前瞻性、方向性和指导性。政策是远程高等教育实质性增长的根本依靠,也是教育团队管理和调控远程高等教育的重要杠杆。中国现代远程高等教育试点工作初期虽然出台了《关于支持若干所高等学校建设网络教育学院 开展远程教育试点工作的几点意见》(教高厅〔2000〕10号)、《教育部现代远程教育工程资源建设实施意见》(2001年3月)等几个政策,但由于认识上的局限,一些原本作为推动远程高等教育实质性增长的政策在实际操作中产生了预料之外的影响。同时,扶持配套远程高等教育政策的制度并不完善,从而影响了政策的执行力。这些都需要我们认真反省并加以改进。

远程高等教育高层管理者,应从远程高等教育系统内部逻辑规律出发,制定可行的政策,如优质课程资源共享机制等,发挥政策的引导作用,为远程高等教育实质性增长创设良好的环境,增强核心要素的竞争力,逐步改变其"质量差"的社会形象。

(三)评估监控

中国现代远程高等教育试点工作的开展,对于有试点权的68所院校来说,是一次自主独立开展远程高等教育的极好机会。然而,不少试点高校并没有从远程高等教育内部逻辑出发寻求实质性增长,而是一味地抢占生源市场,扩大学生规模,追求更多的经济收益,走的是一种"数量型"规模效益增长之路。原因是:一方面,中国没有一套合适的评估现代远程高等教育准入和退出的制度;另一方面,缺少有效的社会监督机制和评价机制,缺少对远程高等教育院校自主办学行为和教育质量进行评价的社会中介机构。

要促进中国现代远程高等教育的实质性增长,就需要建立远程高等教育的评估制度,鼓励社会中介机构对高校现代远程教育的教育质量和办学行为进行评估,并及时对社会和公众公布,以利于学习者进行选择,并以此规范远程高等教育的办学行为。通过评估,引导学校正确定位,不断提高人才培养质量,达到"以评促建,以评促改,以评促管,评建结合,重在建设"的目的。

三、提升能力和培养素质

提高和培养远程教育团队的能力和素质,是提高远程高等教育质量的重要保证,也是促进远程高等教育实质性增长的一项基础性工作。

(一)一般能力素质要求

1. 远程高等教育专业相关知识

远程高等教育的教育团队应该了解自己所在的这个行业,对于远程高等教育自身的特点,尤其是远程教学的特点、与传统教育相区别的特征等要有深刻的理解,并且还应了解和跟踪世界各国远程高等教育的实践、最新发展趋势和研究成果。

2. 教育学相关知识和技能

只有具备教学经验、理解教育的人,才能够提供更令人满意的教育服务。远程高等教育骨干人员应具有一定的教育学背景,还应具有了解学生的需求、预测和理解学生问题的能力。除了具有教育技术的知识和技能外,还要具备善于将教育技术与学科结合起来应用的能力。教育团队要具有教育学相关知识，经常开展教育原理、教育技术、学习理论等方面的学习和培训。

3. 技术类能力

基本的计算机和网络应用技能已经融入日常工作之中，对基本办公软件和通信技术的应用是远程高等教育的教育团队必须具备的基本技能。基于网络等信息通信技术的远程高等教育院校与信息技术类公司一样，技术的更新和发展非常快，新技术从引进到应用只有很短的时间，教育团队必须能够捕捉和适应这种技术的变化。所以，教育团队要具备计算机的技术知识和应用能力，对专业技术有一个宏观上的把握，并对在实践中怎样促进和应用这些技术有一个比较深刻的理解。

4. 协作能力

随着社会分工的专业化，协作能力已经逐渐成为各行各业重要的基本能力之一，在远程高等教育这样一个需要多种专业技能共同协作的领域，尤其需要参与者具备协作能力。远程高等教育的顺利开展，需要教师、设计人员、技术人员、管理人员等不同岗位的人的协作。

5. 学习能力

在远程高等教育这个领域，各类人员的工作都可能发生变化，尤其是中国现代远程高等教育还处于试点阶段，各方面条件还很不成熟，很多规律尚在探索之中；加之，国外也有许多经验需要学习和借鉴。在这样的背景下，具备较强的学习能力非常重要，因此，远程高等教育团队需要不断提升自身的学习能力。

6. 服务的意识

正如英国开放大学大卫·西沃特教授所说："远程教育的学生支持服务是一个服务行业，它满足服务行业的大多数普遍准则。""远程教育是教与学的一种工业化形态，在世界各地越来越注重顾客时，应该将学生支持模式看作服务产业而不是制造业。特别注重消费者的需要和人际关系处理的当代组织的系统方法，比起近代的古典的和科学的方法，在实践中更有意义。"[①]对学生支持的关注体现了对学生需求的重视，这与早期远程高等教育只注重课程开发和制作相比是一种更为实质的增长，远程高等教育团队需要不断提升对学生的服务意识。

（二）主要角色能力素质要求

国内外许多学者的研究表明，领导和行政管理人员、远程教师、教学

---

① 大卫·西沃特. 国外远程教育的发展与研究：远程教育中的学生学习支持服务系统[C]. 黄清云，汪洪宝，丁兴富，译. 上海：上海教育出版社，2000：251-255.

设计人员和技术人员是决定远程高等教育的关键角色。①

1. 领导和行政管理人员

试点高校以上的领导应具有在宏观层面上把握远程高等教育机构的发展和变革，决策、监控和确保整个远程高等教育机构所有远程高等教育相关项目顺利实施，为远程高等教育项目提供政策和资源方面支持的能力；应该深刻理解远程高等教育在教育中和在社会中的位置与价值，洞察和跟踪国内外远程高等教育的发展趋势，具有较强的宏观调控和管理能力。

院校层面的行政管理人员应掌握远程高等教育的知识。了解先进的远程高等教育技术、把握远程高等教育相关政策，具有决策能力、管理能力、市场洞察和推广能力、社交能力。能负责远程高等教育项目的计划制定、执行和评价，监控项目朝着预定的目标进行，确保项目资源能够更好地支持项目的实施。

2. 远程教师

远程教师主要负责课程内容的组织、设计和开发，课程内容的教授，以及教学的组织和学生学习的支持服务等工作。远程教师包括主讲教师和辅导教师。

对主讲教师能力素质的一般要求有：学科内容知识、教学设计的基本原理知识、提问技能、反馈技能、教学评价技能、网络教学系统的教学设计技能、学业咨询技能、教学策略的知识、认知心理学的基本知识、课件设计技能等。其中，学科内容知识、教学设计的基本原理知识、提问技能、反馈技能、教学评价技能为核心能力。从上述能力要求中，可以归纳出教师的角色能力主要涉及学科知识、教学设计和教学技能三个范畴，其中，学科知识是最为重要的。

辅导教师要求具有：学业咨询技能、反馈技能、促进讨论技能、提问技能、学科内容知识等能力素质。辅导教师应具备的特殊能力主要是与学生交互、促进学生交流的技能，这些能力与辅导教师与学生直接交流、组织学生学习活动的职能密切相关。

总之，中国现代远程高等教育的教师不仅要掌握一般的简单的教学手段、教学技术，还要掌握现代远程教育的通信技术、网络技术、教育技术、多媒体设计等现代远程教学的理论与技术；不仅要具有独立的思考、教学能力与方法，而且要具有团结协作、合作开发与使用计算机多媒体教学的能力；不仅要掌握课堂教学、集中管理、统一考核的本领与方法，而且要学会通过多种途径与方法，指导学生自学、小组讨论和协作性学习，懂得

---

① 李爽. 基于能力的远程教育专业课程计划开放研究[D]. 北京：北京师范大学，2006：16-22.

过程性管理和形成性评价；不仅要掌握普通高等教育的规律与特点，而且要掌握现代远程高等教育的规律与特点，学会在开放的远程的网络条件下搞好导学、助学和育人的一整套方法。

3. 教学设计人员

教学设计人员是整个远程高等教育教学流程的设计者，既要统摄教材设计，包括纸介文本、网络文本、网络多媒体课件和其他音像视听媒介的总体设计，又要进行学习设计，包括对学生学习程序和辅导教学程序的设计。

教学设计人员除了需要具备教学设计的知识和技能，了解一些教育学和心理学方面的理论和原理之外，还需要了解教育对象的特点，适当掌握学科内容，以便根据不同的学习对象和学科特点设计不同风格的教学资源。负责艺术效果的设计人员，要从教学目标出发，遵循普通教育或学习理论的规律设计和创作所需教学媒介中图形元素、音频元素和视频元素的艺术风格、图形布局，并对其进行艺术加工和编辑。

尽管教学设计人员不需要掌握所有常用和新兴技术，但必须对技术敏感，能够及时了解包括新技术在内的各种技术的教育应用价值和特征。另外，教学设计人员还应具有沟通、组织、协调能力，以便统筹与学科教师等共同设计开放课程资源。

4. 技术人员

技术人员除了具备专业的技术技能外，还特别需要结合远程高等教育开发和使用教育技术的能力。技术人员应具有指导或主持技术的研究和开发的能力，创设课程实施的技术环境和开发各种技术工具；支持教师基于媒介的课程开发；提供各种技术培训并协助解决各种技术问题。同时，技术人员应具有提供相关技术培训、咨询、评估、问题诊断与解决的能力，为教师和学生提供技术支持，保障各种设备良好的工作状态；辅助和支持学生使用远程高等教育机构图书馆中的各种音像和电子资源；并给学生提供资源检索、信息处理等方面的技能咨询或培训；管理远程高等教育机构中所有类型媒介的学习资源；等等。

第二节 课程资源的建设之路

一、合理设置专业

（一）按学科增长逻辑拓展专业

按中国《普通高等学校本科专业设置目录》统计，中国现代远程高等教育所开设的专业数仅为 94 个,占中国本科专业目录总数（249 个）的 38%,还有很大的拓展空间。

学科专业的拓展是高等教育课程知识系统持续增长的源泉,也是实质性增长的源动力。正如美国学者梅茨格所说,学科增长首先是学科衍生,即从旧学科孕育发展出来的新学科；其次是学科声望和程序上的从属关系,指先前受排拒的专业被纳入法定的学科领域,标志其正式获得学科的尊严和地位,如先前受到古典文科传统排拒的现代语言、现代科学及现代技术等专业领域都获得了合法地位和声望；再次是学科扩散,指学科扩展了其专业领域,如经济学持续不断地向更多的学科领域拓展,产生教育经济学、政治经济学、生态经济学等。在远程高等教育领域,各种学科专业的拓展以及由于新学科的纳入而导致的学术群体的增长,正是远程高等教育实质性增长的重要表现。因此,我们要在可行的条件下,大力开设适合中国现代远程高等教育的专业,不断扩大中国现代远程高等教育的学术影响力,进而推动中国现代远程高等教育的实质性增长。

（二）调整好专业结构

中国现代远程高等教育主要设有高中起点升专科、专科起点升本科、高中起点升本科三个专业层次。然而,各个层次并没有很好地加以区分和安排,有 83.8%的院校同一学科专业同时开设了高中起点升专科和专科起点升本科,有 41.2%的院校同一学科专业同时开设高中起点升专科、高中起点升本科和专科起点升本科。专业层次的设置并没有遵循学生的学习需要和社会需要,而是根据本校现有专业做简单的加减处理。为此,我们要大力加强学科专业的建设,根据社会文化经济发展和学生成长的需要,合理安排专业层次,可适当增设第二学位和研究生课程进修层次,以丰富学生的选择,提高远程高等教育专业的吸引力。

（三）处理好专业层次的衔接

中国现代远程高等教育中同一学科专业不同培养层次之间的沟通较少,课程内容重叠较多,尤其是高中起点升专科与专科起点升本科的课程设置缺少相互间的衔接,两者的课程体系只是高中起点升本科的课程体系简单拆分的结果。这非常不利于学生的专业成长。对此,我们可以借鉴英国开放大学的专业设置方式,通过建立学科"课程库"的方式将同一学科专业的课程按照难易程度进行统一设置,做好课程内容间的良好衔接。不同专业层次的课程都来自"课程库",这就能较好地避免不同专业课程重复的情况。

（四）学分互换，增加专业学习的选择性

中国现代远程高等教育应努力践行"自由、开放、共享"等精神，允许学生自由选择专业，不同的专业课程尽可能面向全体学生开放，实行网上选课，允许并鼓励学生跨年度、跨专业选课，甚至应建立学分绩点互换制，允许学生跨校选课，校际之间相互认可学分。学分是衡量学生学习的数量，绩点是衡量学生学习的质量，制定学分、学位授予、绩点的科学计算方法，并以学生取得的学分、平均绩点作为学生考核、评优、毕业、就业等的主要依据。通过学分互换机制的推广，一方面有利于学生专业学习的深度和广度，另一方面有利于促进校内或各院校之间的竞争与合作，共同促进远程高等教育的教与学。

二、设计动态的课程

中国现代远程高等教育网络课程资源的设计大都停留在"以教为主"或"以学为主"的设计模式，教与学极度分离，不利于现代远程高等教育的实质性增长。网络课程和其他学习资源其实是教与学知识的存在体，对网络课程的设计其实是对远程教学知识的设计。知识既可以是确定性的，也可以是非确定性的，也就是说，知识没有绝对固定的某种性质。当课程知识尚处于"发现"阶段的时候，知识是不确定的，它以活动的状态处于发现者的头脑中，表现为一种"个人知识"；但是，知识一旦被作为发现的结果，用一种明确的逻辑形式（如某一定理）表述出来，就具有了某种确定性和客观性，而当知识要重新被人理解和学习的时候，知识就必须再次以过程性的方式存在，具有某种动态的特点。因此，在设计现代远程高等教育网络课程时，应以教与学的重新整合为出发点，以动态生成的方式去考虑网络课程的设计与开发。

（一）课程目标设计

课程目标是课程设计首先需要考虑的因素，课程目标与学习者的学习特性、社会需求及学科结构密切相关，中国现代远程高等教育大部分网络课程目标的设计都是统一静态的呈现，很少依据学生的个别需要做动态处理。要促进课程的教学效果，就需要充分了解学生、社会和学科的特点，并对课程目标做层次化、阶段化和动态化处理。

远程学习者面对一门全新的网络课程时，对于教学和学习目标的了解是最起码、最基本的。远程学习者不但要清楚整个网络课程的总体目标，

而且也要明晰各章节、各知识点、各阶段的学习目标，尽量做到层次化、阶段化、可视化，从共性目标转化为符合学习者个性特征的学习目标，由单一目标向不同阶段、不同层次目标转化。网络课程不但要有教师统一制定的课程目标，还要有小组的学习目标及个人的学习目标。

课程往往不是以事先规定的目标展开，而是在教学情境中随着教学过程的展开而自然生成的，因此，网络课程目标的设计需要从教师制定的抽象目标转变为师生共同制定的基于任务的学习目标，只有教师与学生在教与学的动态中提出任务目标、解决任务目标，再提出新任务目标、解决新任务目标……如此，才能不断进步，取得实质性增长。

（二）课程内容设计

中国现代远程高等教育的网络课程，要改变内容静态呈现、无情景渗透、表现形式单一的做法，努力使课程知识鲜活起来，以促进课程知识的实质性增长。

1. 让课程知识内容"动姿化"

"动姿化"这个词是从舍勒（Seheler）那里借用来的，舍勒在《人在宇宙中的地位》一书中认为，人是一个"动姿化的 X"。"X"是一个未知的世界，表明人处于不断生成的、未完成的状态；"动姿化"则精妙地刻画了人因永不枯竭的内在发展冲动而带来的那种积极的、不断趋向创造与进化的生命姿态和内在活力。[①]

知识并不总是静止的，也可以"动姿化"。艺术作品之所以使人"沉迷"，原因就在于它不是一个冷漠的"无言者"，而是一个积极的、饱含着热情的"召唤者"，一个活跃的、"动姿化"的"对话者"。

"动姿化"的知识不仅需要有艺术品般的"召唤力"，它还应具有一种主动走向学习者、向学习者靠近的姿态与倾向。审美体验中的审美者和审美对象只是相互吸引，但作为教育课程内容，不能只是"站在远处"召唤学生，必须主动"走向"学生。要做到这一点，课程内容必须是开放的、主动的，就是面向学生开放、主动。使教材具有开放性、主动性意味着要消除知识的冷漠和封闭，破除包裹于其外的"硬壳"，为学习者进入知识并与知识对话铺设多样的路径。

2. 让课程知识内容"境域化"

课程知识的设计还应是"境域化"的设计。任何知识要具有生命力，都必须作为一个"过程"存在于一定的生活场景、问题情境或思想语境之

---

① 郭晓明. 课程知识与个体精神自由：课程问题的哲学审思[M]. 北京：教育科学出版社，2005：137.

中。"境域化"设计赋予知识以生存空间，只有在这样的空间里，知识才有可能是"动姿化"的。知识本来产生于某种特定"境域"，按科学社会学的观点，产生于知识发现者的生活、情感与信念，产生于研究者的个人知识，产生于研究共同体内外的争论、协商和各种思想支撑条件。因而，在知识的发现过程中，知识是活的，与共同体的整个研究境域和每个研究者的精神世界都有着内在的和丰富的关联。①据此，网络课程要加强课程BBS内容的设计，可通过背景材料、专题讨论、自由论坛、学科频道等内容模块的设计，促进课程知识的"境域化"。

3. 让课程知识内容"立体化"

现代远程高等教育的网络课程内容设计不仅要考虑学科课程内容、活动课程内容和隐性课程内容的融合，同时也要在形式上把文本教材、电子教案、多媒体课件和网络课程等有机统一起来，从而营造信息化、立体化的网络课程内容，在更大程度上改善和提高教师的教学和学生的学习质量与效益。

为了提高浏览的速度和效率，更好地呈现教学内容，网络课程的框架可采用树形结构或"蒲公英"式结构，即所有的主要内容都链接在主页上，每个主要内容再分别展开，主要内容之间还要有能够相互跳转的超链接，从而构成一个纵横交叉而又结构清晰的立体化系统。

（三）课程教学活动设计

1. 设计基于网络的对话与交流活动

远程高等教育的课程教学与面对面的课堂学习模式不同的是，远程课程教学施教者与学习者之间的准永久分离，使得教学只能借助于现代先进的通信技术和媒介，实现施教者与学习者实时或非实时的双向或多向的交流，它依赖于课程内容本身及多媒体展现形式和远程交流方式，强调师生合作，学生互助，是一种知识性对话活动，是学生主动积极的建构过程。

在课程教学实施中，应该更多地采用可视化的、明了化的、层次性的、顺序性的、交互性的展示方式，更多地考虑学习者的学习特点，更好地规划表达信息的转换过程与呈现方式，把握学习的支持与服务，合理安排学习者适宜的学习进程，利用媒介技术强化学习者进行实际操作和协作学习，灵活将直接教学、基于解决问题的教学和基于发现问题的教学模式相结合，突出学习者之间、师生之间在各种技术支持下的各种学习环境中的交互、反馈和增效，注重学生主体对知识的意义建构。

---

① 郭晓明. 课程知识与个体精神自由：课程问题的哲学审思[M]. 北京：教育科学出版社，2005：140.

2. 设计与社会生活和学生个人经验紧密联系的课程教学活动

正如叶澜教授所说,课程教学要重新"激活"书本知识,使知识恢复到"鲜活的状态"。她认为,教学过程的基本任务是:"使学生努力学会不断地从不同方面丰富自己的经验世界,努力学会实现个人的经验世界与社会共有的'精神文化世界'的沟通和富有创造性的转换;逐渐完成个人精神世界对社会共有精神财富具有个性化和创生性的占有;充分发挥人类创造的文化、科学对学生'主动、健康发展'的教育价值。"[①]而课程知识教学的重要途径之一,就是沟通课程知识与人类生活世界和学生的经验世界。

远程高等教育的学生大都是成年人,他们有个人丰富的生活经验,也从事着职业工作,肩负着社会责任。设计能联系学生生活经验和工作岗位的教学活动,让学生把工作、生活与学习有效地结合起来,才能让课程教学充满激情和生命力。

3. 选择教学活动策略

选择教学活动策略主要有以下几种方式。

一是促进合作教学。采用协作性教学,鼓励学生分成小组合作学习和互相帮助。通过向学生说明教学活动的意义,布置独立学习和合作学习相结合的学习任务,明确合作学习中各个角色的职责,促进学生的参与意识和主动性。提供教师与学生、学生之间的各种交互工具,如电子邮件、聊天室、BBS、电子白板、记事本等。

二是保持学生学习兴趣。教学方法和活动形式应经常变化、不断翻新,这样有利于保持学生的学习兴趣。同时,循序渐进、及时强化和生动活泼的教学活动有助于学生获得成功的体验,进一步激发学生的学习积极性。

三是合理安排顺序。教师可以提供一个教学活动顺序的建议,也可以向学生提供教学活动的材料,让学生自行安排活动顺序;更重要的是,能做到基于教学任务的师生共同讨论来安排教与学的进程。

四是针对具体技能。设计的教学活动和练习应该针对教学目标所设定的技能,促进学生技能的形成。

五是尊重个体差异。要考虑学生能力和学习风格的差异性及远程教学的特殊性,在目标要求的范围内,设计的教学活动要有一定的弹性,给学生留有自主选择和调整的余地。

(四)设计课程评价反馈

课程教学评价,尤其是形成性评价,应是网络教学设计的重要内容之

---

① 叶澜. 重建课堂教学过程观[J]. 教育研究,2002(10):24-30.

一。有效的课程教学评价有助于施教者及时了解教学进展情况，发现教学问题，进行教学调整并采取补救措施。

远程高等教育的课程评价是由学习者、施教者、学科专家、教育机构、社会、家庭共同完成的，关于课程的开发、设计、实施及课程的目标、内容、内容编排与呈现的评估，是关于学习者、施教者与课程支持服务等多方面的、相互的、系统化的整体评估。对远程课程评价的方法可以是多种多样的，分数并不是最完美的评价，它只能反映课程的某一个方面，不能代表整体。对远程课程的评价可以是质性评价，也可以是量化评价，还可以是两者结合或者是更多的评价方法综合运用。总之，根据评价的目的、性质、对象和实际条件，为了学习者的全面发展、课程的不断完善和远程教育质量的提高，应当去综合选择最适当、最有效的方法和标准体系，取决于对学习者、施教者、教育管理者、课程资料、媒介技术、学习迁移、成本效益等的总体分析，注重于学习者个体发展过程与形成结果、教育价值与社会收益的评价。①

三、丰富学习资源

中国现代远程高等教育各试点高校，除了按教学计划提供了教材或网络课程外，可供学生学习的图书、电子资源等非常匮乏；各试点高校自建的学习资源，仅限于本校使用，与其他试点高校无法实现共建共享，造成大量水平不高的重复性开发学习资源现象。为了更有效地建设好远程高等教育资源库，促进各资源库系统之间的数据共享，提高教育资源检索的效率与准确度，保证资源建设的质量，制定学习资源开发规范是十分必要的。

（一）统一学习资源通用标准

远程高等教育学习资源质量及其元数据审核是课程资源维护与管理的重要一环。建立资源评审机制，可以筛选合格与优秀的资源，也可以进一步规范资源建设者的行为，把好学习资源的质量关。总体而言，远程高等教育学习资源通用标准有如下几个。

一是科学性。资源内容表述清晰、准确，无二义性；内容健康，无迷信、黄色和反动内容；内容来源须为教育部的各级各类大纲指定教材或其他与之相符的出处。

---

① 吴大军. 论现代远程教育的课程观[J]. 北京大学学报（哲学社会科学版），2004（S1）：156-160.

二是教学性。能有效地支持所属教学单元的内容；适用于相应的使用者；包含应有的信息量；具备完整的文字说明和制作脚本的电子稿。

三是技术性。硬件配置要求程度适当；软件配置要求程度适当；运行效率高；安装效率高；卸载效率高。

四是规范性。资源属性完备，符合《教育资源建设技术规范》中所规定的属性；属性值在必需数据元素、可选数据元素或扩展数据元素的取值范围内；有合法的知识产权。

（二）分类界定学习资源通用标准

学习资源主要分八大类：媒介素材、试题库、试卷库、课件与网络课件、案例、文献资料、常见问题解答和资源目录索引[①]，各类学习资源在符合通用标准的前提下，根据不同资源的特性，其技术要求和选择标准又不一样。

1. 媒介素材

媒介素材是传播教学信息的基本材料单元，可分为五大类：文本类素材、图形图像类素材、音频类素材、视频类素材、动画类素材。其技术要求和选择标准详见表6-1。

表6-1 媒介素材技术要求和选择标准

项目	技术要求	选择标准
文本类素材	汉字采用 GB 码统一编码和存储 英文字母和符号使用 ASCII 编码和存储 存储格式为 TXT、DOC、CAJ、PDF、PDB、RTF、HTM、HTML、PS 之一	文本素材的编辑风格符合其内容 无错别字和英文大小写的错误
图形图像类素材	彩色图像的颜色数不低于 256 色 灰度图像的灰度级不低于 128 级 扫描图像的扫描分辨率不低于 72DPI	色彩搭配合理 元素布局合理
音频类素材	数字化音频的采样频率不低于 11kHz 量化位数大于 8 位 声道数为双声道 存储格式为 WAV、MP3、MIDI 或流式音频格式 数字化音频采用 WAV 格式为主 用于欣赏的音乐为 MP3 格式 MIDI 设备录制音乐使用 MIDI 式 音频数据都要制作成流式媒介格式（RM、ASF、MP3、或 M3U）格式 语音采用标准的普通话（英语及民族语除外）配音 英语使用标准的美式或英式英语配音，特殊语言学习和材料除外 音频播放流畅	声音流畅、清晰

[①] 教育部教育信息化技术标准委员会.教育资源建设技术规范信息模型[EB/OL].（2002-12-25）[2008-06-06]. https://wenku.baidu.com/view/c2e8047a5acfa1c7aa00cca9.

续表

项目	技术要求	选择标准
视频类素材	存储格式为 AVI 格式、Quick Time 格式、MPEG 格式或流式媒介格式之一 在 PC 平台使用的原始视频素材要使用 AVI 格式 Apple 系列使用 Quick Time 格式，即 MOV 文件 单独欣赏较大视频素材使用 MPEG 格式 所有视频数据都需要制作成流式媒介格式（RM、RA、WMV 或 ASF）格式 彩色视频素材每帧图像颜色数不低于 256 色 黑白视频素材每帧图像灰度级不低于 128 级 视频类素材中的音频与视频图像有良好的同步 音频播放流畅 视频集样使用 Y、U、V 分量采样模式，采样基准频率为 13.5 MHz	色彩搭配合理 静止图像，画面布局合理 运动图像，运动速度合理 画面转换方式合理 特技效果运用合理 前景、背景与主体差别显著 布光合理 字幕使用合理 配音与画面协调一致
动画类素材	存储格式为 GIF 格式、Flash 格式、AVI 动画格式、FLI/FLC 动画格式或 QuickTime 动画格式之一 除了 AVI 和 GIF 格式的文件，其他格式的动画数据（Flash、FLI/FLC、MOV 等）需要提交一份转换为 GIF 格式的文件，供在线预览	动画色彩造型和谐 帧和帧之间的关联性强 画面布局合理 静止图像，画面布局合理 运动图像，运动速度合理 画面转换方式合理 配音与画面协调一致

2. 试题库

试题库是按照一定的教育测量理论，在计算机系统中实现的某个学科题目的集合，是在数学模型基础上建立起来的教育测量工具。其技术要求和选择标准详见表 6-2。

表 6-2　试题库技术要求和选择标准

技术要求	选择标准
试题库可以和远程教学管理系统通信 试题库可以在不同的远程教学管理系统中运行 应具备对试题的查询、单个录入、批量录入、删除、修改、组卷、统计分析、自动属性值校正等功能 组卷至少应包括：个人组卷、考试组卷和组卷策略的存储和使用 组卷策略至少应包括：智能组卷、绝对评价组卷、相对评价组卷 统计分析至少应包括：学生分析、试题分析	理论模型：所有学科的试题库，都应遵循经典测量理论的指导 试题组织：试题的组织和编写必须以学科的知识点结构为依据，根据学科特点划分知识点结构 试题的分布结构：试题数量要足够多；在核心属性（知识点、难度与认知分类）形成三维立体交叉网络上的每个交叉结点上都有合理的试题量；试题在题型和区分度上的合理分布，处于基本的均衡状态 试题质量要求：试题内容要科学，无学术性错误；无歧义，表述简单明确；无关联，试题之间不能有相互提示；试题之间不能相互矛盾；试题参数标注要尽可能符合客观实际 试题的抽样测试：抽样方法的科学性

3. 试卷库

试卷是用于进行多种类型测试的典型成套试题。试卷库技术要求和选择标准详见表 6-3。

表 6-3　试卷库技术要求和选择标准

技术要求	选择标准
试卷库可以和远程教学管理系统通信 试卷库可以在不同的远程教学管理系统中运行 试卷库可以调用试题库中的试题,也可以在试题库中引用已有试卷中的题目 试卷库应具备对试卷的查询、删除、修改、统计分析、自动属性值校正、以文件形式上传外来试卷、存储系统自动组成的试卷、以文件形式输出试卷等功能 统计分析至少应包括:试卷的信度、效度、平均难度、考生群体成绩分布及试卷中异常试题警告	试卷库体系：试卷库应具有采用各种组卷策略的大量试卷；试卷库中试卷类型（绝对评价、相对评价）分布合理 试题质量：试卷中的试题内容要科学，无学术性错误；无歧义，表述简单明确；试卷中的试题之间不能有相互提示，无关联；试卷中的试题之间不能相互矛盾；试卷中试题参数标注要尽可能符合客观实际 题型分布：每种题型上试题数量分布合理 参数：试卷总体参数与测试目标一致 知识点：知识点覆盖相对合理 信度：试卷具有较高的信度 效度：试卷具有较高的效度

4. 课件与网络课件

课件与网络课件，是对一个或几个知识点实施相对完整的用于辅助教学的软件，根据运行平台划分，可分为网络版的课件和单机运行的课件，网络版的课件需要能在标准浏览器中运行，并且能通过网络学习环境被大家共享。单机运行的课件可通过网络下载后在本地计算机上运行。课件与网络课件技术要求和选择标准详见表 6-4。

表 6-4　课件与网络课件技术要求和选择标准

技术要求	选择标准
课件库中的课件可以和远程教学管理系统通信 课件库中的课件可以在不同的远程教学管理系统中运行 具备课件产生的评估数据机制，保证不同的工具可以对数据进行分析 单机上运行的课件，必须能够运行于 Windows 操作系统 对于一些基于静态网页的课件，或是基于服务器解释的交互式课件，必须能够通过标准的 WEB 浏览器访问，与浏览器运行的硬件平台无关 课件运行没有故障 开发小组必须具备如下专业人员：学科教学专家、教学设计专家、程序开发人员、美工 开发应采取项目制，由教学设计专家全面负责 开发过程完整，包括：选定教学内容、分析教学内容、设计教学方法、交互方式、设计教师活动、学生活动及评价方式等	体系：网络课件库中的软件要求能够涵盖所有内容领域，没有遗漏 网络课件库中的软件的设计，要以知识点为单位，对每一个知识点，要设计适合本教学单元需要的网络课件，它可以独立用于教学 教学性：提出明确的学习目标，大多数目标要求学习者应用新知识，并与生活实际密切相关；持续使用适当的策略，以便促使学习者在整个学习过程中参与学习和维持他们的学习动机；课件中提供了与先前知识相联系的策略；课件中合理使用例子以促进学习者的认知；提供适当的学习指导，且与学习内容联系紧密，随着学习的进展，能减少学习者的困难；学习内容符合知识的内在逻辑体系和学生认知结构；采取多种教学策略，以便充分体现学生的认知主体作用；有与学习内容有关的练习，这些练习能有效地支持学习目标；大多数练习使用了一系列不同的问题、情境或任务，使学习者能将知识和技能迁移到新的环境和实际任务中；学习者能够将练习中涉及的知识应用在现实生活中；课件提供了综合练习以帮助学习者整合他们所学课程的主要内容；课件有良好的交互性，及时对学生的学习活动做出反馈；反馈的方式应与教学策略相配合，能为学习者提供反思与重试的机会，当学习者没有成功时，课件提供适当的结果或帮助找到答案；表现的知识应该是可操纵的，而不是教材的电子搬家；提供的协作学习有利于高级认知能力及合作精神的培养；教学中持续使用的媒介与学习内容相关，可提高学习效果；一次提供给学习者的信息量应符合学习者的接受能力；课件记录学习者的学习情况；课件对学习者的学习情况给出合理的评价 艺术性：软件界面要美观，符合学生的视觉心理；课件中的各种媒介元素的选择标准符合媒介素材评价的选择标准

续表

技术要求	选择标准
课件中的有关媒介素材，必须符合媒介素材库的要求 提交产品的完整性，包括：安装程序、源代码、素材、开发文档、软件的 ZIP 格式自解压的压缩包	可用性：界面导航非常直观，学习者在没有指导和帮助的情况下就可轻而易举地操作导航路径和使用其他功能；学习者很容易识别当前的位置；在学习者需要时给予反馈提示；提示信息要详细、准确、恰当；链接外观清晰、明确，无链接错误；学习者随时可得到关于使用课件的帮助；学习者根据屏幕的导向能安装课件或使课件自动安装；学习者可以按照屏幕的指导或使用标准操作系统中控制面板的安装/卸载程序来卸载课件；课程开发技术具有一定先进性

5. 案例

案例是指由各种媒介元素组合表现的有现实指导意义和教学意义的代表性事件或现象。其技术要求和选择标准详见表 6-5。

表 6-5 案例技术要求和选择标准

技术要求	选择标准
案例必须统一制作成 HTML 网页 案例中的相关媒介素材，必须符合媒介素材库的要求	案例所属学科必须具有实际意义 案例必须要有现实的指导和教学意义

6. 文献资料

文献资料是指有关教育方面的政策、法规、条例、规章制度，对重大事件的记录、重要文章、书籍，电子图书等。其技术要求和选择标准详见表 6-6。

表 6-6 文献资料技术要求和选择标准

技术要求	选择标准
符合文本素材最低的技术要求 由某个机构正式发布的文件或论文 有实际的参考价值	文章具有广泛影响 事件历史意义重大

7. 常见问题解答

常见问题解答，是针对某一具体领域最常出现的问题给出全面的解答。其技术要求和选择标准详见表 6-7。

表 6-7 常见问题解答技术要求和选择标准

技术要求	选择标准
问题解答中的相关媒介素材，必须符合媒介素材库的要求 问题具有典型性和普遍性 问题具有实际参考价值 应包括问题正文、问题解答、参考资料和关键词等内容	全面性：涉及该问题的各个方面 准确性：解答准确、明了，无偏差和模糊的言语 有效性：解答有效，能解决真实的教学问题

8. 资源目录索引

资源目录索引是指列出某一领域中相关的网络资源地址链接和非网络资源的索引。其技术要求和选择标准详见表6-8。

表6-8 资源目录索引技术要求和选择标准

技术要求	选择标准
符合文本素材最低的技术要求 提供的网址链接没有中断 被索引的资源具有确实的来源	有效性：目录索引中提供的资源能有效地支持该学科的教学 丰富性：资源目录丰富

（三）学习资源开发策略

1. 采取多种形式建设

对于国外比较成熟的学习资源，可以使用引进、吸收、汉化的方式；对于国内企业、个人、新闻机构、高等院校等主体自行开发的优秀资源，可以进行收购、联合、共享；对于紧缺的、急需的现代远程高等教育学习资源，可以面向全社会征集；同时，国家应有计划、有步骤地开发、建设一些资源。通过多种形式、多种渠道，可以大大加快中国现代远程高等教育学习资源的建设，实现其可持续的开发与利用。

2. 统筹规划，分步实施

现代远程高等教育学习资源开发不能一哄而上，也远非短期内能够建成的。先进国家远程高等教育学习资源的规划往往需要经历相当长的时间。因此，中国远程高等教育资源建设必须统筹规划，采取可持续发展的战略。教育行政部门应成立不同专业和主题的学习资源开发与应用专家咨询委员会，专门负责各个主题和专业学习资源开发和教学应用方面的规划及相关项目的咨询、论证。在开展现代远程高等教育工程时，应将学习资源开发、网络课程开发、教学应用及资源的管理服务有机结合起来，分步实施，逐步改进。可以走由网络课程带动学习资源开发的道路，也可以走学习资源开发促进网络课程发展的道路。此外，要加强宏观规划，尽量避免学习资源的重复建设和浪费。

3. 与国家数字化图书馆工程紧密结合

中国分布在各级各类图书馆中的学习资源是极为丰富的，数字化图书馆工程的核心任务之一是对它们进行数字化改造，这样可以使这些学习资源方便地在网络上发布。借助政府和企业的力量，中国期刊网、超星图书等数字化图书馆工程已取得很大成功，因此，寻求一个合理的合作途径，在保证著作权、企业合理利润的前提下，将远程高等教育学习资源开发与各高校数字化图书馆工程有效地结合起来，不但可以使中国现代远程高等教育资源建设的速度和质量得到大幅度提高，而且也能使数字图书馆发挥最大的效益。

4. 发动社会各界参与，建立良性运行机制

现代远程高等教育学习资源开发仅仅依靠政府投资、高校独立经营是不够的，必须鼓励与动员社会各界的力量，尤其一些大中型企业，包括民营企业的参与是十分必要的。对企业来说，这是一个尚需开发的市场，具有长期的效益，现在一些有远见的 IT 企业已经参与到远程高等教育领域中来。在学习资源开发的初期，建立灵活多样的、使企业乐于参与的运行机制，使其在目前能间接获益，并能兼顾长远。这样，将大大加快中国现代远程高等教育资源建设的步伐。

第三节 教学媒介的应变之路

媒介，是连接现代远程高等教育教与学的中介载体，其技术水平如何、是否适合现代远程高等教育的教与学，是中国现代远程高等教育实质性增长需要考虑的重要一环。

一、媒介技术的演进方向

人类信息交流与传播的需要，推动着媒介技术的发生和演变；信息传播技术的演变和提高，推动着远程高等教育教与学技术的进步。总体来看，媒介技术随着社会的进步而不断演进，其经历着以下几种形态的演进。

（一）口头语言媒介

口头语言媒介是语言媒介的一种重要形态，是指以口头语言形式实现人际传播的语言媒介。是人类教育活动中最早使用的教学媒介，口头语言媒介也是远程高等教育最先使用的传播知识的媒介。中国有 5000 年的文明历史，中国的语言是人类传播史上应用历史最久、最具表现力的教育传播媒介，具有简练、形象的传播特点。中国的远程高等教育正是建立在口头语言的基础上，并得到不断发展。从远程高等教育初级形态的函授高等教育，到广播电视大学，再到现代远程高等教育，口头语言从来就没有缺席过，只是随着媒介技术的发展，表现形式和储存方式有所变化。

（二）书面语言媒介

书面语言媒介伴随文字、造纸术、印刷术而产生，克服了口头语言的转瞬即逝性而能够把信息长久保存下来，使人类知识经验的储存积累不再单纯地依赖人脑的有限记忆力，打破了口头语言的距离限制，拓展了人类交流和社会活动的空间，使人们有了确切可靠的资料和文献依据。远程函授高等教育主要就是采用基于印刷媒介的书面语言材料来完成教学任务。

（三）数字语言媒介

数字语言媒介是在数字计算机信息处理技术的基础上形成和发展起来的。早期的电话、广播、电视都是模拟信号技术，模拟信号的缺陷导致不能进行足够精确的测量。计算机技术能把所有的信息都通过二进制的比特信息来表达，不仅可以有效地降低处理、存储、显示和传输信息所需要的数据数量，无限地复制数据，还可以高精度地轻松地控制数据。[①]目前，电子数字语言媒介融合计算机技术、网络技术和通信技术（光纤、卫星和无线）为一体，是一种较为先进的媒介。数字语言媒介是在口头语言媒介、书面语言媒介的基础上演变而来的，它是对口头语言媒介和书面语言媒介的更高层次的回归和超越。口头语言媒介和书面语言媒介受时空范围的限制，而数字语言媒介则可以跨越时空，进行更大范围的传播，通过计算机和网络延伸到全球的各个角落。数字语言媒介为远程高等教育提供了各种可能，现代远程高等教育正是在数字语言媒介的基础上实施的教与学的活动。

从口头语言媒介，到书面语言媒介，再到数字语言媒介，从其演变来看，媒介形态的变化有其内在的逻辑，正如美国媒介研究著名专家罗杰·菲德勒所说，"一切形式的传播媒介都在一个不断扩大的、复杂的自适应系统以内共同相处和共同演进。每当一种新形式出现和发展起来，它就会长年累月和程度不同地影响其他每一种现存形式的发展。新媒介决不会自发地孤立地出现——它们都是从旧媒介的形态变化中逐渐脱胎出来的。当比较新的形式出现时，比较旧的形式就会去适应并且继续进化而不是死亡。"[②]可见，口头语言、书面语言和数字语言媒介各自有不同功能、特点、优势及其独立性，新媒介往往是原有媒介的继承、扬弃、补充和完善。现代远程高等教育媒介，正是按照传播媒介技术演变的内在

---

① 罗杰·菲德勒. 媒介形态变化：认识新媒介[M]. 明安香，译. 北京：华夏出版社，2000：61.
② 罗杰·菲德勒. 媒介形态变化：认识新媒介[M]. 明安香，译. 北京：华夏出版社，2000：24.

逻辑不断推进的，它是一个不断整合、完善的过程，并不是一个标新立异、追求某一最先进媒介的过程。

（四）新数字媒介

随着计算机数字技术的发展，数字媒介有了许多新的动向，出现了诸如数据广播、网络电视、个人移动终端、手机短信等新的媒介。于是出现了何为新数字媒介之争[①]。新数字媒介，也有人称之为第五媒介，是指基于报刊、广播、电视、互联网四大媒介，以个人移动终端为平台，以人机之间、人人之间的互动为传播方式，以海量信息和高速普及的通信网络为依托的新兴媒介。[②]当前，深受人们热捧的新数字媒介是数字智能手机。

2007年12月，中国手机用户数量为5.472 86亿户，手机普及率为41.6%；手机短信发送量达到5 921亿条，同比增长37.8%。同年相比，中国手机用户是互联网网民人数1.62亿的3.4倍；是有线电视用户数1.43亿的3.8倍。[③]2020年2月27日，据工业和信息化部《2019年通信业统计公报》显示，移动电话用户总数高达16亿户，移动电话用户普及率达114.4部/百人，比2019年末提高2.2部/百人。移动网络覆盖向纵深延伸，4G用户总数达到12.8亿户，全年净增1.17亿户，占移动电话用户总数的80.1%。[④]可见，手机用户发展迅速，普及率由2007年的41.6%，到现在的114.4%，是使用率最高的新数字媒介。

从技术上看，手机主要经过了三个阶段的演变：一是短消息服务（short message service，SMS）；二是增强型短消息服务（enhanced messaging service，EMS）。与SMS相比，EMS除了可以像SMS那样发送文本短消息之外，还可以发送简单的图像、声音和动画等信息；三是多媒体信息服务（multimedia messaging services，MMS），它以通用无线分组业务（general packet radio service，GPRS）为载体传送包含图片、声音、视频剪辑等多媒体信息。

手机的概念不再仅限于通信工具，而越来越像一个能够发送和接收各种实用资讯的媒介。短消息的收发不再限于手机对手机，用户可以通过手机输入相关的指令点播互联网上的信息，定制服务商提供的特色内容。手

---

① 新数字媒介之争，主要是在数据广播（广电网和互联网结合的网络广播电视）和手机（互联网信息服务等）之间的争论。
② 程洁. 新数字媒介发展分析[D]. 上海：复旦大学，2004.
③ 中华人民共和国中央人民政府. 信息产业部发布2007年全国通信业发展统计公报[EB/OL]. [2008-02-05]. http://www.gov.cn/gzdt/2008-02/05/content_883563.htm.
④ 中华人民共和国工业和信息化部运行监测协调局. 2019年通信业统计公报[EB/OL]. [2020-02-27]. https://www.miit.gov.cn/gxsj/tjfx/txy/art/2020/art_2d61a3d279ba4d53aa944359d20b8d7f.html.

机的多媒体化真正实现了传媒与通信的结合，无线上网的功能使它变成了一个可以随身携带的小电脑。手机作为讯息的终端，它可以别在腰间，挂在颈上，或放在口袋里，如果需要，用户可以随时随地把它取下来，放在掌心里用手指拨弄几下，就可以上网、看书读报、接收各类资讯、收看电视或录像、游戏娱乐，以及谈情说爱等。也可以把个体拍摄的相片或视频发送到网上或对方的终端上和大家共享。而今，无论是吃饭睡觉，还是工作学习，我们中的多数人基本上已是机不离身，从某种意义上讲，它成为和五官一样重要的人体"第六官"。[①]

随着移动手机、互联网技术及多媒体技术的不断融合，学生和教师通过使用移动媒介（数字化手机或移动教育平台）来更为方便灵活地开展现代远程高等教育教学活动，将成为一个新的增长点。

二、教学媒介运用选择的策略

在中国现代远程高等教育实践中，不少试点高校往往急于引进各种新媒体，但是，在新媒体的选择和应用过程中，常常片面追求技术的先进性，忽视媒体应用的条件和媒体的教学适应性。其实，教学媒介的运用和选择是有策略的，并非技术含量越高价格越昂贵越好。本书第二章的研究已经证实这点。英国开放大学学者劳丽拉德（Laurillard）的媒介选择理论也认为，应从远程教学功能的角度选择媒介，即考虑媒介的会话性、交互性、适应性和反思性4个方面。加拿大学者贝茨（Bates）提出了远程教育中教学媒体选择的原则包括：可获得性、成本、教学、交互性、用户友好性、组织管理问题、新颖性和速度。冯晓英和陈丽则主张应用技术维度、教学维度和组织管理维度（实现维度）三维模型分析和选择远程教育媒介。[②]综合几位学者的研究和远程高等教育实践的经验，笔者认为，应从技术维度、教学维度和成本效益维度考虑教学媒介的运用和选择。

（一）技术维度的选择

媒介技术维度方面的选择策略包括可获得性、可靠性、可重复使用性、灵活性、通信性能、智慧友好性六个方面。

1. 可获得性

可获得性是指学习者是否可以获得所选择的媒介，这是选择媒介时要

---

① 程洁. 新数字媒介发展分析[D]. 上海：复旦大学，2004：13.
② 冯晓英，陈丽. 远程教育中媒体分析和选择的三维模型[J]. 中国电化教育，2006（1）：29-34.

首先考虑的因素。不管媒介的其他特征如何重要，如果学习者根本就得不到，这样的媒介一定不能真正帮助学生。

2. 可靠性

可靠性是指某种媒介在使用过程中的稳定程度。许多仍处于试用阶段的新媒介，尽管具有旧媒介不可比拟的新功能，但在运行中容易出现不正常现象，如死机等，在实际教学中会干扰教学，造成学生学习的中断。

3. 可重复使用性

可重复使用性是指媒介可反复使用的程度。例如，CD-ROM 和多媒体教学软件通常是可以重复使用的教学媒介，数据库更是便于学生多次访问；音视频会议教学由于其实时性，不便于重复使用，但如果将教学过程录制成录像带，就大大提高了可重复使用性。

4. 灵活性

灵活性是指媒介在时间上和空间上两方面的灵活性，它反映了媒介对于时间和空间的限制程度。在灵活性方面，学生可以在任何时间、任何地点利用印刷材料进行学习，而其他媒介都需要有特殊的设备作为支持，因此与印刷材料相比，其他媒介的灵活性都相对不足。对于为分布式学习的成人和在职学生服务的课程，灵活性应该作为重点考虑的因素。

5. 通信性能

通信性能是指媒介能够实现的交互类型。例如，单向还是双向，实时还是非实时，一点对几点还是多点对多点。媒介的通信性能直接影响教学策略的选择和教学活动的组织，不同的通信性能适合不同类型的学习目标。例如，双向实时交互的电视会议系统对激发学生的持续性学习动机非常有效，但是对于培养学生深层次思维能力明显不如网络环境中非实时交互的 BBS。通信性能是教学设计人员在为特定课程或者特定内容选择媒介时要重点考虑的因素。

6. 智慧友好性

智慧友好性是指媒介是否操作智能和方便，界面是否美观、清楚，是否有清楚的操作指南或者是错误帮助。例如，在现代远程高等教育试点高校中，网络教学平台和双向交互教学系统在具有强大功能的同时，操作也更复杂。信息素养较弱的学习者，常常会因为不能很好地操作这类媒介而造成学习的不顺畅。为了帮助学习者较好地利用复杂媒介进行学习，媒介应该为使用者提供操作帮助和错误提示。

（二）教学维度的选择

教学维度应该是媒介选择中重点考虑的因素。中国现代远程高等教育试点高校常常是"大一统"地选择教学媒介，很少深入考虑课程的学习目标、学习内容和学习活动等教与学过程的因素，这就造成媒介选择不能符合课程学习的需要。教学媒介选择从教与学的因素看，可从教学目标、教学过程和教学模式三方面考虑。

1. 根据教学目标选择

学生的学习总是围绕一定的教学目标展开，媒介选择时必须考虑不同的媒介对于教学目标实现的作用。以布卢姆（Bloom）认知领域的目标分类（识记、领会、运用、分析、综合和评价）为例，选择媒介时应有所侧重。

1）识记能力

识记能力是指对所学习的知识材料的回忆，它所要求的主要心理过程是记忆。有些媒介，如印刷教材，比较有利于学习者对学习内容的记忆。

2）领会能力

领会能力是指理解和把握知识材料意义的能力。是否领会了知识材料，可以通过转换、解释、推断等多种形式来验证。与实时交互的视频会议系统相比，非实时的在线论坛，由于让学习者有更多主动参与学习过程的机会，以及更多消化、表达、转换学习内容的机会，从而更加有利于实现"领会"的学习目标。

3）运用能力

运用能力是指把学到的知识应用于新的情境，解决实际问题的能力。运用的能力要以识记和领会为基础，是较高水平的理解。传统的印刷材料在帮助学习者识记和领会学习内容上具有一定的优势，但在运用能力的培养方面，其他媒介，如非实时在线论坛、Web Quest 等，更具有优势。

4）分析能力

分析能力是指把复杂的知识整体分解为组成部分并理解各部分之间联系的能力。与印刷材料、光盘、视频会议系统等媒介相比，非实时在线论坛、实时在线聊天工具等媒介，由于能够更多地、更深层次地促进学习者与学习者之间的教学交互，因此更加有助于对学习者分析能力的培养。

5）综合能力

综合能力是指将所学知识的各部分重新组合，形成一个新的知识整体，它所强调的是创造能力。例如，曾经在美国教育界流行一时的 Web Quest，在培养学习者的综合能力方面就比较突出。

6）评价能力

评价能力是指对材料做出价值判断的能力。有利于学生协作学习的媒介，往往更有助于对学习者评价能力的培养。例如，非实时在线论坛，由于能够为学生提供一个交流和分享观点的空间，有利于促进学生对学习内容的反思，因此对学生评价能力的培养比较有利。

2. 根据教学过程选择

根据教学过程，选择教学媒介时，应重点考虑媒介的呈现性、交互性、适切性、反馈性和可控性等。

1）呈现性

呈现性是指媒介在呈现学习内容上的丰富性。例如，印刷材料只能以文本的、静态的形式呈现学习内容，而网络课件则可以以音频流、视频流、flash 等多种形式，动态地、多元化地呈现学习内容，这种强大的呈现特性有助于培养学生的多元智能。因此，呈现特性是媒介在教学过程方面非常重要的一个特性。

2）交互性

通过媒介，促使教与学的交互，是远程高等教育顺利开展的关键。在远程高等教育发展的前期，教师与学生、学生与学生之间的交互主要通过面对面的方式进行，媒介传播教学模式主要是单向信息传播，学生作为学习者只能被动地接受信息，不能与媒介之间进行真正意义上的交互。现代远程高等教育中，学生可以通过与媒介的直接交互进行学习，学生与学生之间也可以通过媒介开展多种形式的远程交流与协作。

3）适切性

适切性是指媒介能够为学习者提供适切的个性化的学习方式。学习者可以通过媒介与教师进行个别化交互，教师能够通过媒介及时了解学生对学习内容的理解、掌握情况，为学生提供个性化的学习指导；学习过程中，媒介可以像教师一样，根据学习者对现有学习内容的理解等信息来不断调整以后的学习策略，为学习者提供个别化学习的环境。例如：某些网络课件中采用的代理，甚至智能代理，就能够根据学习者的反馈，即时地提供有针对性的帮助和指导。

4）反馈性

反馈性是指通过教学媒介能够对学习者做出适当的教学信息的反馈。例如，BBS 或异步论坛，由于是非实时交互，教师或其他同学都能够给学习者反馈信息，从而促进学习者的学习和反思思维。

5）可控性

可控性是指学习者在使用某种媒介开展学习活动的过程中，对媒介的控制程度。远程教学活动中，学习者是学习的主导者，媒介应当给予学习者一定的控制权利，使学习者能够根据自己的需求和学习状态，自主地决定学习步调、学习方式、学习策略、学习顺序等。学习者对学习过程的控制程度直接决定了学习的主动参与性。但是，学习者控制权过低或过高都不利于有效的学习发生，只有媒介提供的学习者控制权在合适的教学控制平衡点时，才能够最大限度地促进学生的学习。例如，电子邮件和非实时网上论坛，由于能够给予学习者充分的思考时间和自由，学习者可以决定什么时间提问、什么时间答复、什么时间学习他人经验等，因此具有很好的学习者控制特性。相反，视频会议系统由于是实时的，而且通常由教师来控制这一段集中教学时间里的教学内容和进程，学习者通常很难自行决定教学的过程和节奏，因此学习者控制性较低，学习者在学习过程中往往更多的是被动地接受知识。

3. 根据教学模式选择

教学模式是在一定的教学思想指导下，形成的相对稳定的教学程序。不同的模式，应考虑选择不同的教学媒介。

1）同步讲授

同步讲授模式是指分布在不同地点的教师和学习者在同一时间同时登录到教学平台，进行实时交互的教学活动，而且以教师讲授为主。例如，视频会议系统就是典型的适合于同步讲授的远程教学媒介。

2）异步讲授

异步讲授模式是指教师讲授的材料和资源（文本、音频、视频等多种形式）被记录或录制下来，学习者可以在任何时间、任何地点获得这些讲授资源，进行学习。例如：光盘、流媒介等多种媒介形式都可以用来支持异步讲授。

3）自学辅导

自学辅导模式是指以学生自学为主，教师在关键环节上给予指导的学习模式。自学要求能够激发学生学习兴趣，给予学生自学方法上的指导。辅导要求教师能够与学生进行实时或非实时的双向交互。例如：网络CAI课件，就比较适合于自学辅导的学习模式。

4）案例学习

案例学习模式是指从给定案例的应用和研习中获得解决问题的具体方案。例如：网络资源库就特别适合为学习者提供案例学习的环境。

5）探索学习

探索学习模式是指设立一些适合由特定学生对象来解决的问题，同时提供大量的、与问题相关的信息资源，通过具体的活动实例来培养学生归纳思维能力的学习模式。例如：从最简单的电子邮件到邮件列表，再到复杂的学习系统如Web Quest，都适用于探究学习模式。

6）讨论学习

讨论学习模式是指以同步或异步的方式，在教师指导下，由学习者围绕某一问题或主题展开教学交流、切磋，从而进行相互学习的方法。在远程教学模式下，讨论学习必须注意在专业教师的指导和监控下进行，以保证讨论不偏离学习主题。例如：基于 Web 的软件视频会议系统，可以用作同步讨论学习的平台，它可以允许多名教师和学习者同时登录到会议系统平台上，实时、在线地进行讨论。BBS 则可以用作典型的异步讨论学习平台。教师在 BBS 上创建专门的主题讨论帖，学习者可以随时发表自己的观点，或者对别人的意见发表评论。

7）协作学习

协作学习模式是指学习者通过小组或团队的形式进行学习，学习者之间相互合作，共享学习资源，共同承担学习责任，共同完成学习任务。协作学习的基本模式包括竞争、辩论、合作、问题解决、结成伙伴、主题设计、角色扮演七种。

（三）成本效益维度

教学媒介的成本效益是现代远程高等教育需要重点考虑的问题，不同的媒介成本不一样，对远程教学所发挥的效益也不一样。

1. 成本

不同的技术媒介往往有不同的成本特征。对于广播电视：一般来说，单向媒介具有非常大的规模经济潜力。对广播媒介尤其是这样，固定成本很低。录音带、录像带、CD-ROM、DVD：磁带媒介对于学习者来说，成本效益要低些，因为其高昂的单位成本（生均总可变成本）；现代媒介的开发成本非常昂贵，需要大学生分担固定成本。电话、音频会议、视频会议：双向媒介实现规模经济的潜能一般较差，因此难以期望较好的成本效益。会议媒体一般用在教室教学中，呈现出半可变成本的特点。由于规模经济可能性差，因此原则上说这种模式难以可持续增长。电子邮件、计算机会议：作为双向媒介，实现规模经济的潜能较差，半可变成本受课堂规模影响显著；课程开发成本可能较低，但课程的质量更多依靠教师水平。[①]

对于每一种技术，都需要综合考虑它的成本结构，因为有时选择了一项启动成本较低的技术，但在以后的使用中可能要面对高额的运行费用或人员费用。因此，现代远程高等教育教学媒介的选择应考虑以下四个方面。

---

① 托马斯·赫尔斯曼. 远程教育的变迁：新技术与成本结构变化[J]. 开放教育研究，2006，12（6）：25.

1）启动成本

启动成本是指启动一项媒介技术最初所需要的硬件费用、软件费用及其他相关设备的投入。

2）运行成本

运行成本除了与通信相关的传输费用外，还包括对教学媒介系统的维护和更新费用，以及教学组织上的相关费用。

3）开发成本

开发成本是指使用新的媒介技术开发相关教学课件或教学材料所需要的费用，包括初期开发费用和可能的重复开发费用。

4）人员成本

在远程教学过程中，在媒介的选购、运行和开发等各个环节，都会涉及相应人员，如技术人员、媒介专家、教育技术人员、教师等的劳务费用支出。随着信息技术的迅速发展，各种媒介的硬件费用、软件费用，甚至于通信费用，都可能会降低，但各种人员的成本，尤其是专业维护人员的成本，会越来越高。

2. 效益

远程高等教育教学媒介的选择，要考虑教学媒介能否发挥最大程度的效益，以实现媒介的价值目标。通常需要考虑以下三个方面。

1）教育效益

运用教育媒介时，要考虑有一定规模的学生用户、数量较大的浏览者及潜在学生用户。学生用户的参与度高、学习效率高、满意度高，能使学习者运用教育媒介真正学到有价值的知识与技能。

2）经济效益

选择和运用教育媒介时，要考虑人力、物力、财力的"产出投入比"，尽量做到技术系统安全、可靠、故障少，信息流量大，运行速度快，节省用户时间，有较好的经济效益。

3）社会效益

社会效益是指选择运用的教育媒介知名度高，社会影响大，信誉好。与学生用户、教师、投资者、政府部门及竞争对手等的社会关系融洽，有利于促进人际关系的沟通与联系。

第四节 学生支持服务质量的提升之路

招收学生数量规模的增长只是远程高等教育输入量的增大，并非远程高等教育的实质性增长。远程高等教育实质性增长应体现在其产品的增加和提高方面,即学生在接受远程高等教育过程中获得或养成的知识、技能、态度和品行等。远程高等教育产品的实质性增长难以用数量来表示,但是,却可以通过学生支持服务的满意度或服务质量等来观测,因此,本节重点以学生支持服务质量的提升来思考中国现代远程高等教育产品(学生素培养和能力提高)的实质性增长问题。

一、以个性化学生支持服务为导向

(一)从整体划一的服务到灵活多样的个性化服务

在中国现代远程高等教育的实践中,有部分教育教学管理者认为,远程高等教育如同工业化生产,只要按照统一标准制运作,就可以批量地"生产"学生。中央电大远程教育系统实行的"五个统一",即统一教学计划、统一教学大纲、统一教材、统一命题考试、统一评分标准,就是这种"工业化生产"的写照。这种整体划一地"生产"学生的做法,在特定时期,对于"多快好省"地培养社会急需的人才,起到了非常明显的效果。然而,它却无视或忽视学生的个性特点,不顾不同区域社会发展的需要和不同分校(学习中心)的特殊性,以统一的要求、统一的标准、统一的教育内容、统一的教育服务方式,塑造同一规格的人才,否定了学生的独立性和个性差异,使得远程高等教育运行单一、僵化、千篇一律。

其实,接受中国现代远程高等教育的学生都存在个性差异,个人的学习能力、兴趣与习惯、学习基础、思维水平、努力程度等都存在巨大的差异。无视学生的个性差异,只提供整体划一的服务,是一种无奈的做法,某种程度上也是一种不负责任的做法。

因此,远程高等教育更像是"教育服务业",而不是"产品制造业"。中国现代远程高等教育应以个性化学生支持服务为导向,尊重学生和学生的个性,发掘学生个性潜能,培养学生个性素质,发挥学生的创造力。

(二)个性化服务的原则

1. 适应性原则

充分了解学生的年龄、性别、职业、个性、学习经历、学习动机、经济状况等方面的差别,向学习者提供个性化的服务。学生支持服务的内容、项目的设置要切合远程学习者的实际需求,支持服务方式的选用要符合学习者的实际情况,以尽可能保证没有一个学习者有接收的不便,或因为某些原因造成的服务要求受到阻碍。

2. 多元化原则

学习者的学习起点、学习风格、学习愿望、学习步调等方面存在个体差异，学生支持服务需要为学习者提供在学习过程中各个环节所需要的所有支持与帮助。在具体的实践操作过程中，服务项目、内容要逐步丰富并完善。支持服务的开展应该是多方位、多层次的，既有学术性服务，也有信息咨询、学籍管理、情感心理等非学术性服务。

3. 互动性原则

互动性原则，一方面要求现代远程高等教育试点高校或教师对学习者的服务要求做及时、快速的反应，以有效克服、缩短物理时空的影响；另一方面，需要根据学科的发展、社会要求、科技的进步，及时更新服务内容，调整服务策略与方式，使学习者得到及时有效的帮助。可利用网络和信息技术建立人工智能化远程学生服务系统，更多且及时地了解到学生的状况、需求、能力差异、学习进度、兴趣爱好，并动态地根据这诸多因素调整学习计划及进度，让学生得到针对其"个性"的教育；打破单一的、静态的、流程的、固定的为学生提供支持服务的做法，应用人性化模型设计远程学生服务系统，使每个学生都仿佛找到了一位针对自身特点进行教学服务的"老师"，充分发挥学生的主动性；同样一个远程高等教育服务系统，但是对于不同的学习者，表现出不同的页面和教育信息资源，以满足学习者的需求。

4. 分层次服务原则

分层次服务包含两个维度：一个维度是基于学生整体，另一个维度是基于学生个体。对于学生整体，由于学习者的学习基础和自主学习能力的不一致，所以可以采取模糊聚类分析、综合评判、相关分析等方法，根据学生的学习表现将学生分为若干层次；对于基础较差的学习者，教师应该提供更多的对话与关注，努力缩小师生之间的交互距离，同时对于可能出现的问题要有一定的预见性。

另外，从学生个人的维度分析，支持服务的提供也需要体现层次化的特点。可以将学生个体分为初学阶段、探索与适应阶段、独立与成熟阶段等几个层次，对处于不同层次状态的学生提供不同支持服务内容与服务力度。例如，在对初学者的服务中，除了安排入学指南的学习外，教师还可以帮助或代替学生完成诸如网上选课、学习计划制定、交费注册等操作，对其他各类计划、通知、活动安排等信息，教师应给予经常性的提示，并告诉学生操作的要求与规则及以后遇到同样情况的解决方法。

5. 人性化原则

信息技术提供了前所未有的功能，但是有效发挥信息技术的作用仍离不开辅导教师的参与和支持。例如，异步交互论坛对促进学生的深层次学习具有重要的帮助作用，但在有效的异步交互过程中，辅导教师的协调和管理是不可缺少的。①现代远程高等教育学生支持服务需要为学生提供人性化的学习环境。远程教师能够与学生建立良好的人际关系，可以激发学生的内在学习动机，关注和满足学生的情感需要，媒介技术只能提供手段，有效的学生支持仍然需要教师才能完成。

二、以学术性服务为核心

在中国现代远程高等教育学生支持服务中，普遍存在人力资源投入严重不足、没有根据学生的实际需要确定支持内容、只重视考前辅导不注重学生学习过程的指导和管理、辅导教师照搬系统讲解的课堂教学模式。②这些都严重影响了学生素质的提升，对此，需要加大对学生的学术性支持服务，在服务中引领学生走向成功。

（一）远程教师的教学服务

1. 提高网络课程教学服务质量

网络课程主讲教师应精心设计好网络课程的教学，可参照英国开放大学课程设计方法，以灵活模块为单元，充分考虑学生的专业需求，把知识性教学和专业技能性教学有效结合；以引导性教学启发学生的思维、认知，促进学生知识的生成；做好阶段性教学总结和评估，根据学生学习情况和需求，不断调整教学的内容，在动态中促进教学任务的完成。

2. 提高面授辅导教学的适切性

面授辅导主讲教师，既可以是面对面的，也可以是非面对面的；既可以是实时传播的，也可以是非实时传播的。③多项研究表明，学生更希望增加面对面的或实时的辅导机会。为此，中国现代远程高等教育应适当增加面对面或实时的面授辅导机会，通过面授辅导教学，把学生阶段性遇到的学习问题尽量解决，并重新通过协作性教学，与学生商定下一阶段的教学任务。

总之，面授辅导教师应尽量做到：全面了解学生，指导学生制定学习计划；与学生保持联络，及时解决学习过程中存在的问题；指导和参与学生学习小组的活动；精心准备、认真完成面授辅导。

---

① 陈丽. 现代学生支持服务的发展方向[J]. 开放教育研究，2005（2）：49.
② 陈丽. 现代学生支持服务的发展方向[J]. 开放教育研究，2005（2）：50.
③ 周蔚. 现代远程教育学习支持服务现状研究[J]. 中国远程教育，2005（3）：45.

3. 加强辅导教师的教学服务

通常，辅导教师不再系统地传授教学内容，而是根据主讲教师或教学计划安排，做好学生日常教学活动的指导。辅导教师对学生的服务主要包括五个方面：一是保证学生掌握课程的基础知识；二是向学生提供学术辅导；三是帮助学生建立不同模块之间的联系；四是帮助学生建立课程内容与实际经验之间的联系；五是促进学生的全面发展。①

为了真正有效地发挥辅导教师对学生的服务作用，辅导教师应该做到：第一，仔细批改学生的作业，并给予完整的反馈；第二，通过电话、邮件等多种方式，及时向学生提供建议和指导；第三，在集中面授时概括和总结内容重点，组织学生以小组或个人的形式，在具体任务中尝试应用所学的内容；第四，组织辅助性学术交流活动，培养学生的专业兴趣和专业素养；第五，与班主任或者辅导员保持密切联系，关注学生的全面发展。

（二）对学生学习策略的支持服务

学习策略是学生在学习活动中有效学习的规则、技巧及其调控。良好的学习策略可以减轻学习负担，提高学习效率和学习质量。

现代远程教学对大多数学生来说是一种崭新的教育形式，如何利用有限的学习时间顺利完成学习任务，还需要学生掌握一定的元认知知识，从而合理调配学习时间、利用学习资源、制定学习计划并对学习的过程进行有效的监控与调节。

所以，中国现代远程高等教育在实施支持服务的过程中不仅要"授人以鱼"，更要"授人以渔"，加强对学生"学会学习"方面知识的引导与服务。教师可以通过设置情境、在线答疑、师生讨论及基于案例和问题解决的练习等形式与学生进行沟通，给予学生评价、反馈，指导学生调整学习的方法和解题策略。教师也可以通过指导学生之间的协作学习，进行学习策略与经验的交流与借鉴。

（三）以考评促学习

中国现代远程高等教育的考核一般分为形成性考核和终结性考核。

1. 重视形成性考核

形成性考核一般有网络教学平台练习、平时作业、实践环节等形式，是对学习过程的测评。运用好形成性考核，更能维持学习者的学习动机。形成性考核不仅仅是考核学生完成课程作业的情况，还应综合反映学生参加网上

---

① 陈丽. 现代学生支持服务的发展方向[J]. 开放教育研究，2005（2）：50.

学习、面授辅导、专题讨论、学习小组讨论、教学实践活动等多方面的学习情况。形成性考核是评价学生学习过程和效果的重要组成部分，学生形成性考核各个环节的完成情况的档案记录必须完整、真实、有据可查。

2. 合理设计终结性考核

合理设计终结性考核可以采取以下两种措施。

一是改革考试方式。对于终结性考核，可根据学习者自主学习进度，实现随时的计算机和网络化随机组卷考试，这是一个比较好的考核办法，能满足学生多样化需要；可分阶段考试，根据教学需要，部分内容闭卷，集中考试，其他内容通过小论文、口试、答辩、实际操作等多种形式进行检验，也可实行上半场闭卷，下半场开卷的形式完成考试；严惩考试作弊行为，适当实行半开卷式或开卷式考试，发挥学生独立自主完成教学任务的能力。

二是改革考试内容。远程高等教育学生大都是有工作经验的成年人，应结合专业特色和社会需要，以知识的理解、应用和解决实际问题等为考查内容，发挥学生的创新思维和创新能力。

（四）学科教学实践活动

教学实践是保障教学质量的重要一环，中国现代远程高等教育为学生提供学术性服务时，应争创条件为有需要的学生安排教学实践活动。可根据远程高等教育的特点，设计一些网上虚拟试验室，以供学生远程操作演练；也可通过在校外学习中心设置实验中心，或通过与专业相关的企业合作提供社会活动实践基地，供本地区的学生实地考察、参观和实习。

三、以非学术性服务为保障

（一）加强调查研究，全面了解学生的需求

要想提升学生支持服务水平，必须全面了解学习者及其个性化需要。不了解学生，就无从知道他们需要什么帮助，也就不可能满足学生的需要。

首先，可以充分利用学生在入学登记表里录入的信息。通过这些信息，可以了解到学习某个层次、某个专业、甚至某门课程（非学历学习）学生的典型年龄层、职业性质、经济状况、联系方式、个人家庭责任、以前学习经历（含文化程度）等，对学习者进行概况性的了解与把握。

其次，学生入学后，随着支持服务工作的开展，服务教师可以通过多

渠道的对话交流进一步了解他们的学习动机和目的、对学习的要求、学习方法和策略、学习困难、对自主学习的认识、对各种媒介资源的意见、对学校所提供的学科学习和非学科学习支持服务的意见、对自己学习效果的评价、今后的学习计划乃至是否拥有必需的教育技术工具等。

另外，还可以通过针对某一问题开展调查问卷与访谈等方法来研究与了解学生的困难与需求。对取得的信息，教师要善于保存并总结，并充分利用它们，作为自己开展支持服务的依据。

（二）提供全面的信息和咨询服务

各类教学信息的发布是对学生的一项基本学习支持服务，包括注册信息、交费信息、课程设置与选课指导信息、课程播出及变动信息、测试和考试信息等。信息的发布要充分考虑学生可能拥有的接收媒介，针对不同学生的实际情况采用多渠道、多形式的传播媒介。对于重要的信息，如关于毕业信息、考试信息等的接收要通过适当的对话形式予以确认。另外，对学生关于信息方面的疑问与反馈必须给予准确及时的答复。

咨询是教师对学生在学习期间遇到的各类问题提供解答、帮助和建议的服务。咨询服务一般由辅导教师和管理人员来提供。咨询的问题大致分为与学习有关和无关两类，包括学期注册、选课、考试预约、学分认定、入学报名、毕业事宜办理、课程疑难、学习中遇到的方法、技巧等方面困难问题的咨询。不管是何种问题的咨询，教师都要耐心细致地给学生明确的答复，对于不能立即解决的问题，要及时咨询相关责任部门或教师，并给予快速的反馈。

（三）加强引领式管理服务

1. 建立专门的学生支持服务机构

试点高校应建立相应的非学术性学生支持服务机构，如学生指导服务中心，专门负责全校学生事务的管理、组织和服务。相应地，在学生所在区域的校外学习中心也应设置学生管理部，负责所属区域学生的日常管理与学习支持。学习中心学生管理部在业务上受试点高校学生服务部门的指导与监督，两者协作将在线服务与离线服务完美结合。学习中心学生管理等服务的主要任务是：为学生提供必要的学习支持环境；提供人际交流支持服务，如必要的学生组织的建立、当地考场组织与安排等；学生活动的组织，如学习小组的组织、公益活动组织等；收费、教材发放、学籍材料的组织等支持性服务。同时，建立非学术性学生支持服务规范与严格的评估机制也是保证服务效率的关键。

2. 设立班主任

班主任的设立，对于学生的注册管理、考勤统计、作业上交、重修选课、意见反馈等方面都具有重要意义，而且还能够增强学生的归属感，有效减少生源流失。因此，要想方设法保证班主任的配备比例。为了帮助学习中心摆脱班主任聘任编制、经费等方面条件的制约，应该在利益分成中专门划出一部分作为班主任聘任经费。例如：假设规定平均每100名学生配备1名班主任，那么管理700名学生的学习中心，就应该配备至少7名班主任，并划拨7名班主任的经费用于支付班主任每月的薪水。

3. 提供学籍管理服务

加强学籍管理是保证教育质量的一个重要环节，各试点学校应重视学生的学籍管理。从招生环节开始，录取的所有学生都建有详细的学籍档案，不仅按不同层次、不同专业、不同学习中心建有电子版的学籍档案，还建有纸质形式的学籍卡。不论是入学考试的考试试卷，还是要求学生提供的相关证明材料，均按学习中心、批次、专业，分别建档，统一管理。

4. 加强困难学生的帮助与指导

参加远程高等教育的学生中，有部分学习生活是有困难的或需要特别帮助的，试点高校应加强对学生弱势团体的关注，从为了一切学生的成长考虑，可适当设立"特困生奖学金"，鼓励学生弘扬艰苦奋斗精神，积极追求进步。

5. 提供职业规划与指导

参加远程高等教育的学生中，大部分是在职人员，但这不代表不需要给他们提供职业规划与指导。相反，远程高等教育应结合他们的工作实际，给予适切的、长期的、与职业发展相关的帮助和指导，以真正贯彻终身教育的理念。

（四）加强对学生学习动机与情感的支持

动机是指引起个体活动、维持已引起的活动、并指引该活动朝向某一目标的心理倾向。动机是影响学生进行自主学习的重要非智力因素。不可否认，有相当多的学生在参加远程学习时，并不是根据自身兴趣和工作业务的需要，而是为了一纸文凭，为了以后评职称或晋级，具有较强烈的功利主义倾向。这些学生在学习过程中的自我约束、自我控制意识和能力较弱，特别是遇到困难时常常会"知难而退"。教师一方面要帮助他们明确学习目标，并从自身实际出发，引导他们把总的目标分解为远、中、近期目标，确立阶段性的奋斗目标，并在目标的实现中体验成功的乐趣；另一方面，教师要密切联系学生的工作实践与经验，结合成人的认知特点，使学生充分认识到自身优势,认识到目前的学习对自身各方面的提高是有帮助的,从而激发学生的学习动机。

在远程学习中,学生处于独立学习的状态,很容易引起情感缺失而产生孤独与学习焦虑。教师要注意对学生的情感支持,在进行各种对话交流时,要努力营造一个温暖的对话环境,给学生更多的鼓励、支持与关怀。教师可以通过电话联系或面授时面对面的交流,建立起良好的师生互动关系,在对话过程中做到亲切和蔼、平易近人、细致耐心;要充分认识和尊重学生的主体地位,尊重学生的独立人格,相信学生的学习和活动能力;不要因为学生基础差、接受慢、学习动机不纯正而歧视他们。对学生出现的心理障碍、情感缺失,要有相应的观察力和同情心,要注意帮助他们排忧解难;对他们的情感需求,要善于体谅、关怀,让学生从中看到希望和信心。情感心理学的研究表明,情感与动机也有密切的关系,情感起了放大内驱力的作用。教师可以利用这种沟通,发挥情感的强化作用,帮助学生消除心理隐患,提高学生学习效率。

也可以多组织学习小组活动。学习小组讨论和协作学习可以由辅导教师组织,也可以由学生自己组织;可有辅导教师参加,也可以没有辅导教师参加。小组活动对于减少学生的孤独感、增强认同感,激发学生的学习动力,帮助解决学生在自主学习过程中遇到的某些困难和问题,鼓励学生交流和分享学习经验,从而提高每个学生的学习效果和认知水平等方面都是极有价值的。

第五节 教学交互的优化之路

现代远程高等教育实质性增长,既是一种内在要素本质力量的逻辑展开,也是一种内在要素关系性存在的演绎。因而,中国现代远程高等教育实质性增长的路径,除了考虑教育团队、课程资源、教学媒介、学生支持服务四个要素的增长路径外,还需考虑教学交互的优化之路。

中国现代远程高等教学交互的优化过程是中国现代远程高等教育各要素相互交互、相互促进的过程,主要表现为师生与教学媒介的操作性交互、师生与课程资源的信息性交互及学生与教师(含学生群体和教师群体)的人际性交互。操作性交互有利于促进师生操作技能和知识的形成;信息性交互有利于课程教学内容的理解;人际性交互有利于学习共同体及教学意义的生成,如图 6-1 所示。三种类型的交互相辅相成,共同促进现代远程高等教育的实质性增长。

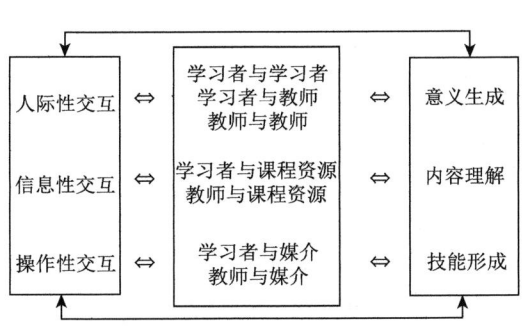

图 6-1　教学交互的优化

一、优化师生与媒介的操作性交互，提高教学的操作性知识和技能

师生与媒介的交互，是师生与媒介之间信息的输入和输出的交换过程。远程高等教育中，不管是教师还是学生，都必须与媒介进行交互，才能进行教与学的活动。

（一）教师与媒介的操作性交互

远程高等教育中，教师与媒介交互的目的是促进远程教学，离开教学意义的交互，那是一般意义的人机交互。因此，要优化中国现代远程高等教育教师与媒介的交互，应重点围绕如何在动态中把握教学媒介的交互设计，以真正实现远程高等教育的教与学。下面以网络课程教学媒介（界面）交互性设计为例加以说明。

1. 教师与媒介交互的方式

1）问答对话式

这是通过媒介的提问和用户的回答来完成的方式，主要用来测试软件，提问方式可以灵活多变。

2）菜单方式

这是利用较为固定的操作选项令用户选择的方式，开发人员可以根据内容的需要和所使用的多媒体软件的特点灵活使用不同的菜单。

3）命令语言、自然语言方式

这是最原始的对话方式，编制人员通过给用户提供丰富的命令或设置成型的操作语言系统让用户完成对软件的使用。

4）填表技术

这是通过让用户填充一些表格来进行教学设计的方式。

5）查询语言方式

这是用户通过使用多媒体计算机软件提供的专门的查询语言来对有关内容进行有选择的教学的方式。

6）图形方式

这是利用较为直观的图形通过对图形的移动、连接、安排来实现的一种教育方式，一般用于实验性的课件中，让用户通过对图形的托放来掌握实验设备的正确连接和实验的正确操作过程。

7）直接操纵方式

此方式较为常用，鼠标、操纵杆是多媒体计算机开发者为方便用户的使用专门设计的硬件设备；触摸屏是一种新型的多媒体输入设备，从原理上看有电阻（电容）式和红外式两类。采用触摸屏技术，可以准确、形象、直观地在屏幕上列出具体的命令和行为，并利用各种各样逼真的图示提供一个友好、形象的人机接口供用户选择。①

2. 教师对教学媒介的交互设计

教师与教学媒介的交互，除了有一般的信息输入和输出的交换外，更重要的是体现在其对教学媒介的交互性设计上，这是与媒介更高层次上的交互。下面以多媒体计算机课件的设计为例，分析教师对教学媒介的交互设计的做法。②

1）调查用户对交互的要求

教学媒介的优劣，在很大程度上取决于用户的使用评价，因此在进行教学媒介设计时，首先要重视教学媒介用户的需求。必须尽可能广泛地向教学媒介未来的各类直接或潜在用户进行调查，也要注意调查教学媒介交互涉及的硬、软件环境，以增强交互活动的可行性和易行性。

2）用户特性分析

用户特性分析是指调查用户类型，定性或定量地测量用户特性，了解用户的技能和经验，预测用户对不同交互设计的反应，保证教学媒介交互活动的适当和明确。

3）任务分析

任务分析是指从学生和计算机两方面共同入手，进行教学媒介交互任务的分析，并划分各自承担或共同完成的任务，然后进行功能分解，制定数据流图，并勾画出任务网络图或任务列表。

---

① 杨红颖. 多媒体 CAI 软件开发的关键技术[J]. 烟台师范学院学报（自然科学版），2000，16（4）：307.
② 彭立，梁立凯. 多媒体课件制作[M]. 长春：东北师范大学出版社，2005：10.

4）建立交互界面模型

建立交互界面模型是指描述教学媒介交互的结构层次和动态行为过程，确定描述图形的规格、说明语言的形式，并对该形式语言进行具体的定义。

5）任务设计

任务设计是指根据来自用户特性和任务分析的交互方式的需求说明，详细分解任务动作，分配到用户、计算机或二者共同承担，确定适合于用户的系统工作方式。

6）环境设计

环境设计是指确定教学媒介的硬、软件支持环境带来的限制，甚至包括了解教学工作场所，向用户提供各类文档等。

7）交互类型设计

交互类型设计是指根据用户特性，以及教学媒介任务和环境，制定最为适合的交互类型，包括确定教学媒介交互任务的方式，估计能为交互提供的支持级别，预计交互活动的复杂程度等。

8）交互设计

交互设计是指根据教学交互规格的需求说明、设计准则及所设计的交互类型，进行交互结构模型的具体设计，考虑存取机制，划分界面结构模块，形成交互功能结构详图。

9）屏幕显示和布局设计

屏幕显示和布局设计，首先要制定屏幕显示信息的内容和秩序，然后进行总体布局和交互元素显示结构设计。其内容包括：根据主系统分析，确定教学媒介的输入和输出内容、要求等；根据交互设计，进行具体的屏幕、窗口和覆盖等结构设计；根据用户需求和用户特性，确定屏幕上交互元素显示的适当层次和位置；详细说明在屏幕上显示的数据项和信息的格式；考虑标题、提示、帮助、出错等信息；用户进行测试，发现错误和不适合之处，进行修改或重新设计。

10）细化设计

细化设计是指最后在上述屏幕总体布局和显示结构设计完成的基础上，进行屏幕美观方面的设计。它包括为了吸引用户的注意所进行的增强显示的设计，例如，采取运动（闪烁或改变位置），改变形状、大小、颜色、亮度、环境等特征（如加线、加框、前景和背景反转），增加声音等手段；使用颜色的设计；关于显示信息、使用省略语等的细化设计；等等。

11）帮助和出错信息设计

帮助和出错信息设计是指决定和安排帮助教学媒介信息和出错信息

的内容，组织查询的方法，并进行出错信息、帮助信息的显示格式设计。

12）原型设计

原型设计是指在经过初步教学媒介交互系统需求分析后，开发人员在较短时间，以较低代价开发出一个满足系统基本要求的、简单的可运行系统。该教学媒介交互系统可以向用户演示系统功能或供给用户试用，让用户进行评价并提出改进意见，进一步完善交互系统的规格和软件设计。

13）交互的测试和评估

交互的测试和评估是指开发完成的教学交互系统必须经过严格的测试和评估。评估可以使用分析方法、实验方法、用户反馈及专家分析等方法。可以对交互的客观性能进行测试（如功能性、可靠性、效率等），或者按照用户的主观评价（用户满意率）及反馈进行评估，以便尽早发现错误，改进和完善交互系统的设计。

（二）学生与媒介的交互

学生与媒介的交互，主要是指学生与媒介之间使用某种对话手段，以一定的交互方式，为完成学习任务而进行的学生与媒介之间信息交换的过程。学生可以通过不同的方式向教学媒介输入信息，教学媒介也可以向学生输出一定的信息。目前，学生与媒介常用的交互方式有：按钮交互、问答式对话、菜单交互、热键交互、条件交互、文本输入、点击对象交互、限定时间交互、限定次数等。学生与媒介交互的关键是：学习者能否融入教学媒介提供的学习环境，以及媒介交互系统能否按照学习者不同的需要调整交互，并提出建议，引导学习者主动参与各种探索活动，进行多层次的思考。[①]

1. 学生与媒介的交互类型

1）反应式交互

这类交互主要是指学生能够对系统呈现的刺激做出反应。例如，对特定的问题进行回答。这种反应是一种被动式的反应，教师几乎全部控制了教学内容的选择、呈现顺序及练习难度等，学生只需要对媒介提供的资料、内容、知识等做出反应。

2）主动式交互

这类交互体现为由学生自己建构知识，学生能够接收提供的知识内容，并主动反映学生思考的过程。这种交互并非单纯补充式刺激—反应方式，而是依学生的需求提供交互。

---

① 彭立. 多媒体课件制作[EB/OL]. [2008-05-28]. http://www.teacher.com.cn/netcourse/ttg022a/index.aspx.

3）双向交互

这类交互融合了虚拟实景和人工智能，不仅鼓励学生依个人需求与系统内容交流，建构知识，而且强调系统能根据学生的反应而调整交互，针对不同的反应给予不同的建议，双向式交互系统记录下学生的每一个动作与反应，通过与学生的各种不同的对话交流及对思考途径的追踪，判断学生学习的状况，并及时提供智能性建议，学生可依此来进行或修正自己的学习路径和学习策略。系统与学生之间相互适应，各自能根据对方的变化而变化。

显而易见，学生与教学媒介的交互，从反应式交互，到主动式交互，再到双向交互，是一个不断上升提高和进步的过程，学生与教学媒介的优化正应该沿着这样的路径前进。

2. 学生与媒介操作性交互的层次

学生与媒介操作性交互，从历时态看，可分为三个层次：一为交互引导层，二为交互维持层，三为交互提升层。[①]下面以多媒体计算机课件为例加以说明。

1）交互引导层

现代远程高等教育中，师生分离，大都时间是非实时的教学，学生只能自主学习。而自主学习首先遇到的是与媒介（界面）的交互问题。

由于多媒体计算机课件信息结构复杂和信息量大，易产生迷失路径，学生难免出现认知负载。特别是超媒介类的计算机课件，其超媒介用节点和链组成的网络结构，允许学生非线性地自由浏览，赋予了学生更大的自由度，学生可以在各种教学信息之间跳转。要快速地进入学习，学生必须寻找"导航"，通过与导航的引导性交互，了解当前学习的路径和可以到达的学习领域。

学生与多媒体计算机课件导航的交互属于交互引导层，引导层主要包括帮助系统、导航系统及各种方便学生使用的提示信息等。交互引导层有利于引导学生围绕教学目标，提高学习效率，进行有效的学习。具体来讲，有五个方面的作用：一是让学生了解当前学习内容在学习过程中、在课件的知识结构体系中所处的位置；二是让学生能根据学习过的知识、走过的路径，确定下一步的前进方向和路径；三是让学生在使用课件遇到困难时，能寻求到解决困难的方法，找到达到学习目标的最佳学习路径；四是让学生能快速而简捷地找到所需要的信息，并以最佳的路径找到这些信息；五是让学生能清楚地了解教学信息的结构概况，产生整体性感知。

[①] 丁国栋. 网络课程中操作交互的研究与设计[D]. 长春：吉林大学，2006：10-12.

2) 交互维持层

学生开始使用多媒体计算机课件后,需要与其交互继续维持下去,只有沉浸到良好的交互状态之中,才能获得满意的学习效果。

网络教学中,师生分离使得学生缺少了人文关怀,注意力容易分散,维持良好媒介交互状态有一定难度。这就需要有丰富多样的交互形式、方便的信息输入、快捷的信息反馈输出、自然流畅的交互场景切换等来调动学生的学习兴趣、激发操作交互的动机,维持学生与媒介操作交互过程。例如,在虚拟实验中,学生对仪器某个部件进行操作时,可以看到该部件的状态(位置、形状等)随之发生了相应的改变,这就提供了丰富的视觉反馈,学生就能知道自己的操作已经被系统所接受,从而体验到直接操作的乐趣,激发学生进一步操作的动机。

3) 交互提升层

学生与媒介的交互,只是一种操作手段,并不是远程高等教育教学的最终目的,学生除了能方便流畅地与媒介进行操作交互,掌握操作性知识和技能外,还需要提升交互层次,进一步与教师、同学探讨课程教学内容知识等,以促成教学目标的实现。

学生与媒介的交互中,交互引导层是操作性交互顺利进行的基础,交互维持层则是交互活动过程持续进行的保障,经历前两个阶段后,需要促进交互提升层,以便与教学信息和人际进行交互,促进教学交互目的和意义的生成。

(三)师生与媒介交互的动向

1. 师生与媒介的多通道交互

目前,多通道媒介交互技术正日趋流行,中国现代远程高等教育师生与媒介的交互应该被给予特别关注。多通道媒介交互指的是利用人的多种感官,通过多种信息通道的整合,利用新的交互手段,以实现更加个性化、自然化的三维交互效果。[①]它以用户为中心,主要关注人机界面中用户向计算机输入信息及计算机对用户意图的理解,它所要达到的目标可归纳为如下三个方面。

1) 交互自然性

交互自然性可以使用户尽可能多地利用已有的日常技能与计算机交互,降低认知负荷。

---

① 付国艳,赵苗苗,胡卫星. 远程教育中学习者与界面交互的分析[J]. 远程教育杂志,2005(3):32.

2）交互双向性

多通道用户界面可以使用户避免生硬、不自然的、频繁的、耗时的通道切换，从而提高了交互的自然性和效率。

3）交互的隐含性

多通道的用户界面不需要显式说明每个交互成分，而是在自然的交互过程中隐含说明。一个好的交互界面应当是能使学生把所有注意力集中于完成任务上而无须为界面分心。在远程高等教育教学过程中，师生的视线应自然地落在所感兴趣的内容对象上，而不是先去注意课程的界面设计如何。

2. 师生与媒介交互的智能化

随着计算机科学技术的发展，计算机不仅能完成传统的科学计算和数据处理工作，而且能够表示、理解、获取和使用知识，还能做出判断、决策，解决现实问题。师生与媒介界面交互的智能化要求系统具备用户、应用、系统及交互各方面的知识，来帮助、协调人机之间的通信交互。媒介界面智能化的内容包括以下两个方面。

1）增强系统灵活性和对学习者的适应性

人机交互涉及不同的用户和不同的交互方式，远程学习倡导媒介（界面）技术能够做到对师生教学的自动调节与适应。目前，基于自适应超媒介技术的智能界面系统已经初步具备知识推理能力，媒介系统能自动匹配适应不同的用户，使原先很多由用户来做的事情可由媒介来做，大大降低了远程高等教育活动的实施难度。

2）降低学习者对媒介的使用要求，使媒介更易学易用

易学易用是人机界面最重要的设计目标。同时，尽可能地提供智能化的学习帮助系统，不仅可以主动帮助用户获取系统的新概念和新功能，而且还能增加学习者的知识和能力。

二、加强师生与课程资源的信息性交互，促进课程教学内容的理解

早期的远程高等教育，教师们常常把知识当作静态的、线性增长的事物，他们与课程教学内容的交互，自然是事先预设好的、线性安排的、无须动态处理的。现代远程高等教育，随着认识水平和技术水平的提高，人们也逐渐认识到，远程教学中，不只是学生与课程教学内容的交互，教师也需要与教学内容进行交互。

（一）教师与课程资源的交互

1. 任务调节式交互

中国现代远程高等教育中教师与课程资源的交互，从教学任务的设定来看，不管是教材、学习指导书、教学录像，还是网络课程，大都是预设的、固定的、按线性计划流程进行的，其理论基础还是基于集体的（大规模）班级授课制和远程高等教育工业化运作，这非常不利于学生的个性化学习，更不利于培养多样化人才。要改变这种状况，远程教师就需要转变传统做法，根据学生的实际情况随时调整课程资源的教学目标和任务。也就是说，教师本身需要与课程资源教学任务进行协商和交互。

远程高等教育要取得好的教学效果，关键看学生的学习状况，而学生的学习状况又取决于其对学习的目的和态度。教师给予学生预设的外在目的没有经过学生的认同或内化，难以对学生学习行为发生作用，况且认定的目的随着教学的进展也会不断变化。从这个意义上说，教学任务不应该是固定不变的，它需要师生围绕教学推进共同协商和建构。

远程教师对课程教学任务的建构是在与学生的教与学的交互过程中动态生成的。教师只有适时地与教学任务交互，不断根据新情况给予调节，才能取得较好的教学效果。较典型的做法是基于任务的远程小组协作性教学。

笔者在某现代远程高等教育试点高校面对 200 多名学生主讲的现代教学论网络课程中，运用"基于任务的远程小组协作性教学"进行了一学年的教学改革，教学效果较好，师生参与互动较为积极，受到该试点高校的好评。主要做法是：依托网络教学平台，以学习中心为单位，划分小组，每组 10 人，每组组长 1 名（由组员民主推选）。先由教师布置多个可选任务（5 个以上），再由各组根据本组的情况和同学的兴趣商定小组任务，整个过程围绕不断完成一系列小任务而展开。先是小组成员互相认识任务、初步讨论任务、进而商定任务；接着讨论计划、拟订方案、分工任务；再次分头落实任务、个人汇报任务完成情况、小组深入讨论主题任务；最后师生及各小组评价教学任务成果。

基于任务的远程小组协作性教学，以师生共同协定的具体的任务为学习动力，以完成任务的过程为教学的过程，以展示任务成果的方式来体现教学成效。教师在动态中把握教学任务，学生在积极主动中完成任务，使得教与学充满活力。

2. 内容更新式交互

中国现代远程高等教育中，为学生提供的课程教学内容，大都使用普通高校本专科生使用的教材,专门针对现代远程高等教育开发的课程资源还有待加强,课程教学内容更新的速度也有待提高。英国开放大学等通常在 3~5 年内会根据社会发展和学生的需求,重新选择教学内容,对教材进行一次大的修改,其先进做法可供学习。

教师对教学内容的选择、编制和使其出版的过程,是教师与课程资源交互的过程。知识是有生命周期的,特别是信息社会时代,知识的更新换代加快,这就要求中国从事现代远程高等教育的教师随时与课程教学内容知识交互,以增强课程教学的适切性。

3. 过程动态式交互

要取得好的教学效果,中国现代远程高等教育应为学生提供真正意义的网络课程。网络课程应回归课程的原意,也就是说,应把网络课程既看作"跑道",又看作"奔跑";既是静态的,也是动态的。课程教学的设计,既有一定时期内不用更新的内容,也有需要及时更新的内容。相对固定的内容应事先由学科专家、主讲教师和教学设计者制作好,而需要及时更新的内容则可以由辅导教师在教学过程中通过教学平台或课程 BBS 论坛及时更新。

由于教师在教学过程中可及时更新内容,即教师与内容在动态中交互,这样就可以根据教学需要加进更多启发或激励学生的内容。在很多情况下,教师更新的内容本身就是来自对学生问题的回复和解答,可以说是教师在教学动态过程不断建构着教学内容和知识,因而,教学内容更具有适切性,更加适合于学生的需要。

现代远程高等教育网络课程中,教师只有根据学生的需要,及时动态地与课程教学内容交互,才能促进教与学质量的提高和完善。

4. 信息反馈式交互

教师为学生提供了课程资源,而课程资源在学生的使用过程中,质量如何?效果怎样?有哪些需要改进的地方?这些都需要教师给予密切关注,并随时与课程资源互动,加以改进。

教师在设计网络课程时,需要为使用者留有信息反馈的余地,广泛收集课程资源使用者的意见和建议,以便进一步改进课程。

这种教师与课程资源信息反馈式的交互,其实也是一种教师对课程资源元评价式的交互,通过这样的交互与评价,教师才能够从更高层次提升课程资源的质量。

(二)学生与课程资源的交互

学生与课程资源的交互,其实是学生与课程教学内容知识相互作用的表现，一般而言，学生与课程教学内容知识交互越频繁，越会强化教学内容知识的认知和理解，学习获得成功的可能性越大。学生与课程资源的交互，主要存在隐性会话式交互和显性动态式交互两种形态。[①]中国现代远程高等教育应重视这两种交互形态的研究和运用，不断促进远程的教与学。

1. 隐性会话式交互及其促进

隐性会话式交互主要指学生与某些课程资源发生作用时，课程资源的信息内容基本不能随学生的反应而发生变化，如文字印刷教材、视频教学片、电子教案等。在利用这些课程资源学习的过程中，学生与课程资源之间的交互行为不明显或难以观测，学生可以在内心与这些课程资源产生会话式交互，会话式交互是学生与课程知识之间意义协商和意义建构的过程，它有利于形成学生的认知、情感和技能等。

从学生与文字印刷教材的交互来看，文字内容不会根据学习者的学习情况发生相应的变化。即使学生向文字教材发问，文字也不会自己发生改变。尽管如此，好的印刷教材确实可以给学生一种与教师交流的感觉，从而使学生产生会话式交互，最终促使学生学习的发生——形成认知、情感和技能等。

英国开放大学的学生 Nazira 在评价学校的文字教材时，特别肯定文字教材的交互作用。她说："阅读教材时，感觉教师就在我旁边。我常常发觉自己在和课文交谈。当我同意的时候，我点头；当我不同意的时候，我摇头；我还提出诸如'你这是什么意思？'之类的问题。我意识到不会有人回答我，但这对我做笔记会很有帮助。"[②]

学生每一次阅读文字教材，都可能产生更深的认识和理解。在这种学习过程中，学生运用他们已有的知识来解释文字教材，同时这些文字也会在一定程度改变学生已有的认识；这种相互作用的、隐性会话式的交互其实是一种教与学的互动过程，它有利于学生建构或生成新的知识。因此，要促进，具体策略如下。

首先，中国现代远程高等教育课程资源的内容应按单元或者可处理的模块结构安排，要对每一单元上做详细说明和时间安排，使得学生一次学完一个单元并不困难。学习进度表可以帮助学生掌握学习步调，也是非常重要的交互方法。课程单元的排列顺序，既要符合学科的逻辑关系，更要符合学生的认知规律。

---

① 陈丽教授在《远程教育中教学媒介的交互性研究》[中国远程教育，2004（4）：18]一文中，从交互的角度把学习资源分为两大类：一类是隐性交互资源，另一类是显性交互资源。据此，笔者认为，从学生与课程资源交互的方式看，应主要存在隐性会话式交互和显性动态式交互两种形态。
② 陈丽. 远程教育中教学媒介的交互性研究[J]. 中国远程教育，2004（4）：18.

其次，有教育意义的印刷教材不会像学术论文那样使用扼要的、没有感情的表达方式。它应该采用各种形式的重复、直接的引用，以及在案例中安排虚拟对话等方法。此外，它还将使用描述性和比喻性的语言来激发学生的想象力。

最后，分层设定学习目标，对主要观点进行总结，自我评估，以及为了减少阅读的枯燥而设计图表等策略，也会使学生更好地与课程资源进行隐性会话式交互。

2. 显性动态式交互及其促进

显性动态式交互，是学生与课程资源交互时，课程资源呈现的内容允许学生进行选择，甚至能够根据学生利用资源的学习情况，呈现适合学生个性化的内容。在这种情形下发生的交互，常常是动态的，并伴有外显的行为特征。如学生与多媒体计算机课件类课程资源交互时就属于显性动态式交互。学生与多媒体计算机课件的显性动态式交互通常表现为以下几点。

一是即时反应。学生与多媒体计算机课件具有即时、快速反应的特点，学生想了解一张图片或其他更多信息，点击鼠标，对课件进行操作，立即能够找到相应的内容。

二是自动调节内容。学生可以根据需求调整课件节奏，课件也能够用不同方法和形式呈现内容，以满足学习者的需要。

三是自动反馈。学生与课件交互时，课件能够提供关于学生完成学习情况的反馈信息。高级的反馈不仅提供"对"或者"错"的信息，还能提供怎样修改错误的建议信息。

四是双向通信。学生可以对课件输入信息，课件对学生的信息内容给予整合输出，实现学生与课件的动态式交互，当然，其中需要借助媒介的作用才能顺利完成。

五是自定步调。学生通过对课件输入信息等操作，自己控制课件学习的节奏。

六是适应性。学生对课件做出反应，课件又反馈给学生，每个反应基于另一方的反应即时发生，并且伴有个性化的反馈。适应性以自动反应、自动调节信息等功能为基础，具有更高级的智能性。

七是学生与多媒体课件的显性动态式交互，有利于学生及时对课程资源教学内容做出反应，减少信息传递的滞后给学生带来的不便。因此，在中国现代远程高等教育中，应加以促进，可采取以下两点策略。

第一，掌握好学生在多媒体计算机课件学习中的控制程度。从学生与多媒体计算机课件的显性动态式交互中可以看出，当计算机媒介程序支持学生与课件进行交互时,必须将一定程度的控制权交给学生。这种转移是课件具有显性交互功能的必要条件,通过给予学生不同的控制权利,可以实现教学的个别化、提高学生对学习的个人责任感及优化学习效率。

第二,掌握好多媒体教学课件中教学控制的平衡点。学生与多媒体计算机课件显性动态式交互达到平衡状态时,教学交互的效果才最好。正如在传统教学课堂上我们经常会遇到的三种教学情形一样,教师站在学生面前讲授,然后离开;教师站在学生面前,只是听学生说话;教师和学生讨论问题,相互做出反应,相互学习。显然前两个情景所呈现的极端现象在第三种情形中得到平衡,平衡处交互性最强。[①]与人和人交互类似,学生与多媒体计算机课件显性动态式交互达到平衡时,才能取得较好的教与学效果。

总之,学生与课程资源的交互是现代远程高等教育的主要环节,也是学生知识建构的起点。在这一类交互中,学生需要阅读课程说明、分析教材、查阅相关信息及回答测试题目等。由于这类交互相对比较单调,缺少人际之间的思想与情感的交流,如果只是单纯地将教学内容转移到单一媒介上,很难引起学生的注意和学习兴趣。因此,中国现代远程高等教育中,课程资源的设置应当合理、有效,其表现形式要使学生容易接受,同时还要向学生提供足够的信息支持和精神鼓励,使他们的学习主动性和积极性得以充分的发挥。

三、形成主体间性交互观,促进教学人际交互

远程高等教育中的人际交互,也称人际交往,存在于教师与学生、学生与学生、教师与教师之间。在中国的现代远程高等教育中主要体现为前两者的交互,因时空分离且缺少有效组织,两者的交互状况并不乐观。而在英国除了前两者的交互比较频繁外,课程组教师与教师之间的交互也非常成功。为此,需要寻求一个可行的路径解决中国现代远程高等教育中人际交互的问题,才能促进中国现代远程高等教育的实质性增长。

(一)树立主体间性交互观

远程高等教育的实践中,从早期的"以教为中心",到现在倡导的"以学为中心",其理论基础都是"主体—客体"关系。前者教师是主体,学

---

① 陈丽. 远程教育中教学媒介的交互性研究[J]. 中国远程教育,2004(4):19.

生是客体；后者学生是主体，教师是客体。在"主体—客体"关系，主体与客体是对立的，客体是主体改造的对象和物化的对象。"以教为中心"的远程高等教育实践中，学生是被动的，是被教师灌输知识的对象，教师可以采用"工业化生产方式"批量传输知识和培养学生；"以学为中心"的远程高等教育实践中，教师是被动的、需要为学生服务的，甚至出现"教师取消论"（媒介代替教师，只见物，不见人）和"无条件服务论"（学生只要交费，就可稳拿文凭）。不管是"以教为中心"，还是"以学为中心"，其实都没有反映远程高等教育内在主体性要素的实质。

1. 主体间性理论

哈贝马斯的主体际（间）交往理论和马克思主义的交往实践观，对于人类的"主体间困境"给出了较为正确的解答，为我们寻求远程高等教育人际交互提供了理论视角。主体间性理论要点如下。

1）多极主体性

所谓多极主体，是指在全球性交往实践中的操作者和交往者，他们是一些具有不同特质、处于世界交往关系中的个体和群体，在交往实践中通过改造共同的客体中介而相互关联。

2）社会交往性

任何社会实践都是"主体—客体"和"主体—主体"双重关系的统一，由此组成"主体—客体—主体"三极关系结构，其中"主体—客体"关系仅仅是这个关系结构中的一个环节。

3）双向建构

交往实践一方面在多极主体基础上建构全球性交往共同体，另一方面促使主体达到自我重构，即构建具有独特个性的多极主体形态。全球化作为"一体化"和"多极化"的辩证统一，其实是交往实践双向建构的结果。

4）主体际关系

在交往实践，即改造和创造共同的中介客体的过程中，多极主体间结成交往关系，这种交往关系作为"主体际关系"是一个包含物质交往、精神交往和语言交往在内的交往体系。

根据这一理论，教育活动其实乃是师生之间的一种特殊的交往（互）实践过程。其特殊性主要表现在它不是一种人对物的认识和改造过程，而是一种以人与人之间的相互作用、相互沟通、相互理解为核心的交流和对话的过程。[1]在这里，师生之间的关系绝非"主体—客体"关系，而是"主

---

[1] 张天宝. 走向交往实践的主体性教育[M]. 北京：教育科学出版社，2005：Ⅱ.

体—客体—主体"关系,即主体教师与主体学生以共同的客体(主要是课程)为中介,而展开主体间的交流与合作,并由此重新构建各自的主体性结构或主体性形态。

2. 远程高等教育主体间性交互观

远程高等教育活动乃是教育活动的一种形态,除了具有教育活动的一般意义外,也存在自身的特殊性和规定性。其"主体—客体—主体"的结构和关系主要表现如下。

1)远程高等教育的主体结构

在远程高等教育中,明显存在着两类多极主体。所谓"两类",是指教师类、学生类两类主体;所谓"多极",是指每一类的主体都有多个,如远程高等教育中教师有"主讲教师""辅导教师""管理教师"等,而远程高等教育的学生更是比常规教育更加分布广泛、数量更多。远程高等教育的教师和学生都作为主体承担职能和任务,不存在一个"谁一定是主体,谁一定是客体"的问题,而是两者都是主体,通过知识的授受他们都使自己的主体性得到了张扬。①

2)远程高等教育的客体结构

根据交往实践观,远程高等教育的师生双方都不能把对方视为客体,远程高等教育的客体只能是也必须是双方共同面对的中介物或认识对象。远程高等教育过程中主体(包括教育者和学习者)共同的客体可细化为三类:一是物质类客体(主要为教学媒介);二是信息类客体(主要为课程资源);三是能量类客体(主要为科学人文精神能量)。

3)远程高等教育的主体间交互

由于"两类多极主体"的存在,远程高等教育的"主体际关系"自然也是复杂的,我们可以认为这是一种"双边多维关系"。两类多极主体在改造作为中介的客体的时候,同时也在彼此改造、建构着自身,从而形成远程高等教育的"主体—客体—主体"三极关系结构。其中,任何一方主体都有中介客体作为对应范畴,符合"主体—客体"相互关系的定义规则,同时,不同的主体通过中介客体而关联和交往,由此建立其"主体间交互"。这种"主体间交互"主要有以下三类。

一是教师与教师交互。与常规教育不同,远程高等教育各门课程的教师不是单一的而是有多个,其中既有负责这门课程的组织工作、多种媒介的一体化设计和日常管理的主持教师,也有文字教材的主编、音像教材的主讲和地方教学部门的辅导教师,甚至还有从事音像教材、网页、

---

① 孙福万. 多极主体的交互作用:远程教育的师生观[J]. 中国远程教育,1999(12):12.

CAI 课件编制的技术人员。这些人员都属于远程高等教育教师的范畴，他们各自作为独立的主体，只有进行真诚的合作，才能共同完成远程教学的任务。

二是教师与学生交互。这是远程高等教育主体间最重要的交互。师生之间围绕共同客体研究和认识的过程中，远程高等教育的教师和学生作为彼此独立的主体，才分别获得了自己的主体性。换句话说，远程高等教育的教师只有通过自己的教学才能成为教师，从而实现自己的社会价值和个体价值；同时，远程高等教育的学生只有通过勤奋的学习才能实现自己的理想，拥有自己所想拥有的东西。这里丝毫没有将某一方作为客体的必要，恰恰相反，这里需要的只有真诚、平等和民主的精神。

三是学生与学生交互。现代远程高等教育中，通过电话、电子邮件、聊天室、课程 BBS 论坛等媒介，学生可以随时与学生之间建立通信关系，开展小组讨论和协作学习等交互活动。他们之间可以平等、自由地进行交互。

（二）加强中国现代远程高等教育人际交互

1. 建构学习共同体

所谓学习共同体，是指为完成真实性的任务或问题，学习者与其他人相互依赖、探究、交流和协作的一种学习方式。它强调共同的信念和愿景，强调学习者分享各自的见解与信息，鼓励学习者探究以达到对学习内容的深层理解。学习者在学习的过程中，与同伴开展包括协商、呈现自己的知识、相互依赖、承担责任等多方面的合作性活动。学习共同体有两个关键特点：一是分布式专长；二是相互欣赏。学习共同体可以分为现实的学习共同体和虚拟的学习共同体。[①]学习共同体一般有以下四大特点。

1）归属感

归属感，是指学习成员之间的精神共同体、成员关系、对共同体的认同感或归属感。它表示共同体成员之间的赞赏感及有助于个人发展的成员友谊、凝聚力和满意度。

2）信任感

信任感，共同体中成员之间可以相互信任或影响，有序或有规章制约。它是一种共同体值得信任，以及能够提供建设性意见和反馈的感觉。一旦人们作为学习共同体的一分子被认可时，他们会有安全感，并信任

---

① 钟志贤. 面向知识时代的教学设计框架[D]. 上海：华东师范大学，2004：219-220.

共同体。随着安全感和信任感的加深,共同体的成员就自然而然会畅所欲言、直言不讳。

3）互惠感

互惠感,共同体成员之间可以相互受益、强化共享价值观念。它是一种从与其他人进行交互而得来相互利益的感觉。

4）分享感

分享感,超越时空和心理藩篱,分享学习的体验或结果,达到情感的沟通或分享。知识和意义是在共同体中主动构建的,共同体促进了知识和理解的获得、促进了知识和情感的分享。作为一种学习方式,学习共同体所具有的意义是多方面的。例如,提高解决真实问题的能力,增进学习者之间的信息流,增大支持性或提高获取支持的效力,投入群体学习目标,增进成员之间的协作,提高群体努力的满意度,以及使个体从共同体成员的互动中获益和培养自己与他人的有效协作能力。

2. 加强互动,促进知识和意义的建构

学习共同体是知识进行社会协商和建构的重要形式。知识的建构有赖于有效的学习共同体。一个有效的学习共同体应能为学习者提供充裕的发展机会[①]。例如,计划、组织、监控和修改自身的研究问题以求解活动过程;协同学习,充分利用分布式技能的优势,鼓励学习的多样性、创新性和灵活性;学习自选的主题,确定与项目相关的子问题,并在此基础上确定相关的资源;运用多样化的不同的技术建构知识,而不是把技术当作知识的传授者;使学习者明晰呈现其思维过程,以使学习者修正其思想、假设和论点;集合管理大量的人力资源,求得共同的目标;倡导基于绩效和学习档案的评价方法;形成性评价与总结性评价并重。在一个学习共同体中,促进知识的协作性建构,需要注意如下四点。

1）设立共同目标

建立一个集体的或真实的共同体目标,让目标成为共同体成员的追求,以促进共同体成员的协作和投入。

2）提供对话机会

通过建立合作学习小组的方式,提供社会性协商和多种对话机会,激励多种观点的产生。

3）鼓励协助精神

个人选择学习材料,小组共同讨论决策,鼓励学习中的自主意识和协

---

① Lin X D,Bransford. Instructional design and development of learning communities: an invitation to a dialogue[J]. Educational Technology,1995,35（11/12）: 55-58.

助精神，促进共同体成员以主人翁的责任感来共同完成任务。

4）选择合适平台

选择一系列相关的技术工具作为共同体的活动的平台，如储存记忆和支持交流。技术的应用要有助于学习者通过建构和操作信息，参与建构知识的学习活动。技术工具要达到支持知识建构学习共同体的目的，必须支持共同体成员之间的交流和信息的共享。

总之，现代远程高等教育需要学习共同体之间不断加强互动，在互动中通过对话、协商，才能促进知识和意义的建构，才能促进远程高等教育的实质性增长。

附录一 中国现代远程高等教育 68 所试点高校名单

序号	批准时间	试点高校名称	院校网址
1	1999 年	清华大学	https://www.sce.tsinghua.edu.cn/
2	1999 年	浙江大学	http://www.scezju.com/
3	1999 年	北京邮电大学	http://home.buptnu.com.cn/
4	1999 年	湖南大学	http://miea.hnu.edu.cn/
5	1999 年	北京大学（含北医大）	http://www.pkudl.cn/ http://www.bytime.com.cn/
6	1999 年	中央广播电视大学	http://zzx.ouchn.edu.cn/
7	2000 年	北京师范大学	http://web.bnude.cn/
8	2000 年	东北大学	http://sce.neu.edu.cn/
9	2000 年	上海交通大学	https://nec.sjtu.edu.cn/
10	2000 年	华中科技大学	http://snde.hust.edu.cn/
11	2000 年	华南理工大学	http://sce.scut.edu.cn/
12	2000 年	复旦大学	http://cce.fudan.edu.cn/
13	2000 年	中国人民大学	http://sce.ruc.edu.cn/
14	2000 年	北方交通大学	http://dis.bjtu.edu.cn/
15	2000 年	北京外国语大学	http://www.beiwaionline.com/
16	2000 年	天津大学	https://www.etju.com/
17	2000 年	同济大学	https://tjee.tongji.edu.cn/
18	2000 年	东南大学	https://jxjy.seu.edu.cn/
19	2000 年	江南大学	http://www.cmjnu.com.cn/
20	2000 年	山东大学	http://www.wljy.sdu.edu.cn/
21	2000 年	中山大学	http://sce.sysu.edu.cn/
22	2000 年	四川大学	http://cce.scu.edu.cn/
23	2000 年	西安交通大学	https://www.xjtudlc.com/
24	2000 年	重庆大学	http://www.cce.cqu.edu.cn/
25	2000 年	北京理工大学	http://sce.bit.edu.cn/sce/

续表

序号	批准时间	试点高校名称	院校网址
26	2000 年	东北农业大学	http://www.neauce.com/
27	2000 年	北京中医药大学	http://www.bucm.edu.cn/jyjx/ycjy/
28	2000 年	北京广播学院	http://ece.cuc.edu.cn/
29	2000 年	北京语言文化大学	http://www.eblcu.cn/
30	2000 年	华中师范大学	http://zjy.CCNU.edu.cn/
31	2000 年	兰州大学	http://dec.lzu.edu.cn/
32	2001 年	华东师范大学	http://www.ecnudec.com/
33	2001 年	石油大学	http://upol.upc.edu.cn/ https://www.cup.edu.cn/wljxjy/
34	2001 年	厦门大学	https://nec.xmu.edu.cn/
35	2001 年	中南大学	https://sce.csu.edu.cn/
36	2001 年	西南交通大学	https://www.xnjd.cn/
37	2001 年	西南师范大学	https://www.eduwest.com/
38	2001 年	哈尔滨工业大学	http://sce.hit.edu.cn/
39	2001 年	中国农业大学	http://jjxy.cau.edu.cn/
40	2001 年	南开大学	http://istudy.nankai.edu.cn/
41	2001 年	吉林大学	http://dec.jlu.edu.cn/
42	2001 年	东华大学	https://cj.dhu.edu.cn/
43	2001 年	中国地质大学（武汉）	https://yjxy.cug.edu.cn/
44	2001 年	武汉理工大学	http://wljy.whut.edu.cn/
45	2001 年	福建师范大学	http://wjzy.fjnu.edu.cn/
46	2002 年	北京科技大学	http://cec.ustb.edu.cn/
47	2002 年	对外经济贸易大学	http://www.sce.com.cn/
48	2002 年	北京航空航天大学	http://cce.buaa.edu.cn/
49	2002 年	中央音乐学院	http://cce.ccom.edu.cn/
50	2002 年	大连理工大学	http://ce.dlut.edu.cn/
51	2002 年	中国医科大学	https://des.cmu.edu.cn/
52	2002 年	东北财经大学	http://www.edufe.com.cn/
53	2002 年	上海外国语大学	http://www.sde.shisu.edu.cn/
54	2002 年	上海第二医科大学	https://www.shsmu.edu.cn/mechina/
55	2002 年	华东理工大学	http://www.ecustmde.com/
56	2002 年	南京大学	https://de.nju.edu.cn/
57	2002 年	郑州大学	http://dls.zzu.edu.cn/

续表

序号	批准时间	试点高校名称	院校网址
58	2002 年	武汉大学	http://cce.whu.edu.cn/
59	2002 年	华南师范大学	https://gdou.scnu.edu.cn/
60	2002 年	电子科技大学	https://www.uestc.edu.cn/
61	2002 年	西南科技大学	http://www.swust.net.cn/
62	2002 年	西南财经大学	https://xczx.swufe.edu.cn/
63	2002 年	四川农业大学	http://www.cnzx.info/
64	2002 年	西北工业大学	http://www.nwpunec.net/
65	2002 年	西安电子科技大学	http://xdwy.xidian.edu.cn/
66	2002 年	陕西师范大学	http://sde.snnu.edu.cn/
67	2002 年	中国科学技术大学	https://ces.ucas.ac.cn/
68	2003 年	东北师范大学	http://jxjy.nenu.edu.cn/

附录二 关于现代远程高等教育实质性增长的调查问卷

尊敬的女士/先生：

您好！

增长有实质性增长和非实质性增长之分。为探讨远程高等教育实质性增长的内涵，了解中国现代远程高等教育实质性增长的状况，我们特设计了这份问卷以征求您的意见。您所填数据仅做学术研究，恳请您拨冗相助。对于您的支持和帮助，我们深表谢意！

现代远程高等教育实质性增长研究课题组

一、您的基本信息（请您在对应的选项上打"√"）

1. 您的性别是：
   A. 男　　　　　　　　B. 女
2. 您所属单位是：
   A. 高校网络学院　　　B. 高校非网络学院　　　C. 广播电视大学
   D. 网络学院学习中心　E. 其他
3. 您所在地区是：
   A. 东北　　　　B. 西北　　　　C. 华北　　　　D. 华中
   E. 华东　　　　F. 华南　　　　G. 西南
4. 您的身份是：
   A. 决策者　　　B. 管理者　　　C. 教师　　　　D. 教学设计者
   E. 技术者　　　F. 研究者　　　G. 学生
5. 您的职称是：
   A. 教授　　　　B. 副教授　　　C. 讲师
   D. 助教　　　　E. 其他
6. 您的学历是：
   A. 博士　　　　B. 硕士　　　　C. 本科
   D. 专科　　　　E. 其他

二、请问您同意以下看法吗？

看法	请您在认为合适的选项上打"√"				
1. 远程高等教育系统的内部要素包括：教育者、教学内容、教学媒介和学生	非常同意	同意	说不准	不同意	很不同意
2. 远程高等教育系统内部要素的互动关系主要体现在教学交互的动态过程	非常同意	同意	说不准	不同意	很不同意
3. 远程高等教育实质性增长是相对于远程高等教育学生数量的增长而言，特指远程高等教育系统质与量合理变化提高的过程，它是远程高等教育系统要素及其互动关系作用的结果	非常同意	同意	说不准	不同意	很不同意
4. 影响远程高等教育实质性增长的要素有：教育团队、课程资源、教学媒介、学生支持服务和教学交互	非常同意	同意	说不准	不同意	很不同意

三、您同意以下因素影响着中国现代远程高等教育的实质性增长吗？

因素	请您在认为合适的选项上打"√"				
1. 组织管理者（其办学理念、政策制度、管理水平等）	非常同意	同意	说不准	不同意	很不同意
2. 远程教师（含主持教师、主讲教师、辅导教师等）	非常同意	同意	说不准	不同意	很不同意
3. 教学设计者	非常同意	同意	说不准	不同意	很不同意
4. 技术专家	非常同意	同意	说不准	不同意	很不同意
5. 专业设置	非常同意	同意	说不准	不同意	很不同意
6. 课程设计	非常同意	同意	说不准	不同意	很不同意
7. 学习资源开发	非常同意	同意	说不准	不同意	很不同意
8. 媒介技术发展	非常同意	同意	说不准	不同意	很不同意
9. 教学媒介运用	非常同意	同意	说不准	不同意	很不同意
10. 学术性学生支持服务（提供教师教学、课程辅导、答疑、作业、实验等学科教学方面的服务，促进学生的学习）	非常同意	同意	说不准	不同意	很不同意
11. 非学术性学生支持服务（提供讯息、咨询、心理辅导、校园文化、教务安排、学籍档案、就业指导等非学科教学方面的服务，促进学生的进步）	非常同意	同意	说不准	不同意	很不同意
12. 师生之间的交互	非常同意	同意	说不准	不同意	很不同意

因素	请您在认为合适的选项上打"√"				
13. 生生之间的交互	非常同意	同意	说不准	不同意	很不同意
14. 师生与媒介的交互	非常同意	同意	说不准	不同意	很不同意
15. 师生与课程资源的交互	非常同意	同意	说不准	不同意	很不同意

16. 除以上选项外，您赞同的影响因素还有：

四、能否请您对本研究提些建议或意见？

附录三 远程高等教育实质性增长专家访谈提纲

一、远程高等教育的增长，既包含量的增长，也包括质的增长。您赞同这一说法吗？

二、能否请您谈谈贵国（或贵地区）远程高等教育近几年来数量、规模、质量、结构、效益等方面的增长或变化情况？

三、中国从1999年开始陆续有68所高校开展"现代远程教育工程"试点，此后，中国远程高等教育的增长很快，在扩展速度、办学规模、学生数量、从业人员队伍、课程资源建设、教学手段等方面发生了很大变化。对此，您有何感想与评价？

四、远程高等教育较之校园大学教育具有较大的规模经济效益，您认为远程高等教育规模的增长是否应保持"适当规模"？

五、您认为应该如何度量远程高等教育的增长？

六、您认为影响远程高等教育增长的因素有哪些？其中哪几个因素是最为核心的？

七、您认为远程高等教育增长的目的是什么？为人们带来了哪些效益？

八、能否请您谈谈，远程高等教育的增长是否有一定的逻辑或规律？其理想的增长模式是什么？

后　　记

　　2020年春,一场突如其来的新型冠状病毒肺炎疫情冲击着全球每个人的生活、学习和工作,也给教育带来了深远的影响,"停课不停学"是我们在疫情期间最常听到的一个词。据艾媒资讯报道,2019年中国在线教育用户规模为2.61亿人,2020年中国在线教育用户规模达3.09亿人,同比增长18.4%。学生用户规模的高速增长,给我们教育教学带来了许多新的问题和挑战。高等教育从业者如何破解疫情期或后疫情期高等教育教与学的难题?如何促进"线上教育"与"线下教育"的深度融合?这是我疫情期"宅家"重新整理《中国现代远程高等教育实质性增长研究》书稿时迫切想探究和解决的问题。

　　早在1999年中国开展现代远程高等教育试点工作以来,我一直在关注远程高等教育的"实质性增长"问题。试点初期,有不少人认为远程高等教育只有扩大学生规模,才能"做大""做强","增长第一"成为许多试点高校的"战略选择"。然而,随着学生数量的增长,远程高等教育内部也出现了学生支持服务不周、课程资源匮乏、教学质量低下等问题。我深切体会到,人们过分追求"量"的增长,已经严重地影响了中国现代远程高等教育"质"的增长。正如疫情期间几万人的同时使用让线上教学平台"瘫痪"一样,"量"的增加,并不能给人们带来"质"的满足。"究竟什么才是真正意义的增长,现代远程高等教育增长的实质是什么?"为了破解这一难题,本书选取"实质性增长"的视角,试图从理论和实践的层面厘清"何为远程高等教育实质性增长""为何要实质性增长""如何实质性增长"等问题,力求为现代远程高等教育的理论研究和实践探索尽微薄之力。书稿的内容能否窥豹之一斑,我一直惴惴不安。

　　书稿完成之际,我没有原先想象的那份激动和喜悦,反而觉得更加忧虑和心情复杂。一方面,囿于水平,拙作肯定还存在不完善之处,内心自然忐忑不安,唯恐辜负了大家的期望;另一方面,毕竟是我十五年博士研究生学习和工作以来的心路历程,凝结了我的心血和思考,希望能和大家一起分享。

　　书稿的写作过程,是我对人生酸甜苦辣体验最多的阶段。在这过程中我经受了磨难的痛苦，也尝到了成功的快乐；我的身体变得越发消瘦，但思想变得日益丰富。我深深地体会到了做学问中"衣带渐宽终不悔，为伊消得人憔悴"的意境和滋味。

伴随无尽的感慨，我还有万千的感谢。在此，我要向许多我所尊敬的老师、前辈、同行、朋友致以最诚挚的谢意。

首先，深深感谢我的导师卢晓中教授，他渊博的专业知识、严谨的治学态度和高尚的生活品性都深刻影响了我。正是由于他的悉心指导和不断鞭策、鼓励，我才有勇气和动力完成书稿。

其次，还要感谢扈中平教授、李盛兵教授、胡中锋教授、郑文教授、周丽华教授和陈伟教授等对我的指导和帮助。

在书稿的写作中，我有幸得到厦门大学潘懋元先生和邬大光教授的指导，更是受益匪浅，两位先生广博深厚的学术素养和敏锐透辟的学术思辨令我深深折服。

书稿能顺利完成，离不开诸多前辈、朋友们给予我的支持和启迪。特别感谢北京师范大学陈丽教授和李德芳教授、清华大学严继昌教授、香港开放大学张伟远教授、华南师范大学丁新教授和张敏强教授，还有刘志文博士、张旺博士、苗素莲博士和杨婕博士，以及硕士研究生薛达、杜洋洋、王晓琳、黄丹贤等对我的关心、帮助和支持。

感谢华南师范大学网络教育学院许晓艺老师、乔东林老师、潘战生老师、张妙华老师、陈小兰老师、卢和琰老师及王添财、吕文丰、李秦英、黄维洁、卢建晖、赵新月等为我提供远程高等教育教学实践案例。

最后，还要特别感谢我家人的无私关爱和照顾。感谢父母的养育之恩和无私付出；感谢爱人陈斌女士多年来对我专注于学习和工作、无暇他顾的理解和为我所做出的一切。感谢孩子卢思睿和卢思宁来到我的世界，给我的生活增添许多幸福和快乐。

路漫漫其修远兮，吾将上下而求索。我将加倍努力回报所有帮助、支持、理解和关爱我的人。

卢 勃

2021 年 5 月